Ganzheitlich Heilen

Buch

Immer mehr Menschen werden sich ihrer feinstofflichen Anatomie bewußt und lernen, Aura und Chakren differenzierter wahrzunehmen und zu beeinflussen. Dieses Buch führt in alle Aspekte der Lehre von den Chakren ein und beschreibt die vielfältigen Möglichkeiten, durch bestimmte Übungen Schwung in den Alltag zu bringen und Lebenskraft zu tanken.

Dargestellt werden die Wirkungen von Farben, Tönen und magischen Symbolen auf die Funktion der Chakren. Der Leser entdeckt zahlreiche Verbindungen von Chakra-Arbeit mit anderen Systemen der Heilung und Erkenntnis. Für den komplexen Bereich der Energiearbeit bietet dieses Praxisbuch eine gute Orientierung und fundiertes Grundwissen.

Autor

Klausbernd Vollmar ist Diplompsychologe und lebt als freier Autor in England. Er veranstaltet Seminare mit den Schwerpunkten Farbsymbolik und Traumdeutung.

Von Klausbernd Vollmar
sind bei Goldmann außerdem lieferbar:

Das Enneagramm (12257)
England (Magisch Reisen; 12296)

KLAUSBERND VOLLMAR

CHAKRA-ARBEIT

Wege zur Aktivierung der Lebensenergie

GANZHEITLICH HEILEN

GOLDMANN

Der Abdruck der Tarotkarten erfolgte
mit freundlicher Genehmigung der AG Müller.

Die Illustrationen auf den Seiten
42, 49, 67, 81, 115, 118, 143, 144, 153, 162, 195, 224, 225, 294, 295
sind von Diane von Weltzien.

Umwelthinweis:
Alle bedruckten Materialien dieses Taschenbuches
sind chlorfrei und umweltschonend.

Der Goldmann Verlag
ist ein Unternehmen der Verlagsgruppe Bertelsmann

Vollständige Taschenbuchausgabe Februar 1999

Umschlaggestaltung: Design Team München
Umschlagmotiv: Design Team München
DTP-Satz: Barbara Rabus
Druck: Presse-Druck Augsburg
Verlagsnummer 13994
Lektorat: Olivia Baerend
Redaktion: Diane von Weltzien
WL · Herstellung: Stefan Hansen
Made in Germany
ISBN 3-442-13994-5

1. Auflage

Inhalt

Vorwort

Die Chakren

»Aber sehr oft stellen diese Figuren nur Begriffe dar; es sind symbolische Hilfsmittel, hieroglyphische Überlieferungsweisen, welche sich nach und nach an die Stelle des Phänomens, an die Stelle der Natur setzen und die wahre Erkenntnis hindern, anstatt sie zu befördern.«
Johann Wolfgang von Goethe, Vorwort zur *Farbenlehre*

Eine erste Annäherung

Sicherlich kennen Sie die Situation, daß Sie gerade aufgestanden sind, Ihr Frühstück gegessen haben und sich am liebsten gleich wieder ins Bett legen würden. Sie haben keine Energie und erst recht keine Lust, sich an Ihre Arbeit zu begeben und fühlen sich müde und schwach.
Oder erinnern Sie sich an Situationen, in denen Sie sich Ihrem Vorgesetzten, Kunden, Ihrem Partner oder wem auch immer gegenüber durchsetzen wollten und es gelang Ihnen einfach nicht?
Solche Alltagssituationen hängen mit der Energie Ihrer Chakren zusammen. Die Chakren oder Energiezentren des menschlichen Körpers regeln genau besehen unser ganzes Alltagsleben. Sie geben uns die Energie, die wir für unsere Arbeit brauchen. Sie lassen uns in Beziehungen offen oder verschlossen sein, und sie sind es, die uns gesund oder krank werden lassen. Ob wir aggressiv oder gelassen, liebevoll oder egoistisch durchs Leben gehen, ob wir Erfolg haben oder uns zu kurz gekommen fühlen, ja sogar ob wir schön aussehen oder nicht, das alles hängt von dem Energieniveau unserer Chakren ab. Die Chakren bestimmen unser Leben, und wenn sie keine Energie mehr aufweisen, dann sind wir gestorben. Kurzum: Wie wir uns fühlen, wie und was wir denken und wie wir

leben und uns verändern, das alles ist abhängig von unseren Chakren und deren Energie.
Kennen Sie nicht auch Menschen, bei denen Sie den Eindruck haben, daß sie Ihnen alle Energie stehlen? Sie sind mit ihnen zusammen und fühlen, wie Ihnen Ihre Kraft abgezogen wird. Dieses Phänomen des Vampirismus ist auf das niedrige Chakrenenergieniveau Ihres Gegenübers zurückzuführen.
Die Energiezentren des menschlichen Körpers sind also nicht etwas, das sich irgendwelche Weisen vor langer Zeit im fernen Asien auf dem Dach der Welt ausgedacht haben und das nichts mit uns zu tun hat. Der Zustand unserer Chakren bestimmt unser Alltagsleben hier und jetzt.
Wenn Sie diese Zeilen lesen, dann wird Ihre Konzentration und die gefühlsmäßige Beteiligung an dem, was Sie aufnehmen und verstehen, von dem Zusammenspiel Ihrer oberen Chakren bestimmt. Die Chakren stellen also ein Konzept dar, das den menschlichen Energiehaushalt und damit verbundene verschiedene Bewußtseinszustände des Menschen zu erklären sucht. Dieser Zusammenhang zeigt sich deutlich in unseren Stimmungen: Sind wir depressiv, dann ist auch unser Energieniveau gering, alles scheint uns zuviel, wir fühlen uns heillos überfordert, würden uns am liebsten verkriechen und die Bettdecke über den Kopf ziehen; sind wir dagegen verliebt oder gutgelaunt, scheint uns unendliche Energie zur Verfügung zu stehen, nichts ist uns zuviel, und wir nehmen jede Herausforderung gerne an.

Das Goethe-Zitat als Motto dieses Vorwortes, und letztendlich des gesamten Buches, gemahnt uns daran, daß Wahrheit immer konkret ist. In diesem Sinne sind die Chakren nur Figuren und Hilfsmittel, um unser Leben besser verstehen und regeln zu können. Das Chakrenmodell hat seine Berechtigung darin, daß es uns Hinweise darauf gibt, wie wir uns physisch und psychisch gesund halten und unser Bewußtsein weiterentwickeln können. Die Chakrenarbeit ist atemberaubend praktisch, und wir sollten nicht der Gefahr erliegen, nur noch das Modell und seine esoterischen Bedeutungen zu sehen, statt es konkret anzuwenden.

Im fünften Kapitel dieses Buches finden Sie all diejenigen Hinweise und Übungen, die Sie zur praktischen Chakrenarbeit brauchen. Experimentieren Sie mit den verschiedenen Techniken, und suchen Sie sich diejenigen Meditationen und Übungen aus, die Ihnen zusagen.

Ein paar Gedanken zum Begriff »Chakrenarbeit«, den ich jetzt schon einige Male benutzt habe. Ich verwende den Begriff so, wie er eingeführt ist, zumal ich zugeben muß, daß mir auch kein besserer einfällt. Dennoch stört mich das Wort »Arbeit« in diesem Zusammenhang, da es leicht zu Mißverständnissen führt.
Wir müssen uns von der landläufigen Vorstellung, mit »Arbeit« sei etwas Verbissenes oder ein unangenehmer Zwang gemeint, befreien. Chakren-»Arbeit« sollten wir eher im Sinne GURDJIEFFS[1] verstehen, als ein Bemühen, sich selbst weiterzuentwickeln. Die Chakrenarbeit braucht nicht etwas tierisch Ernstes zu sein, wo man mit erstarrtem Gesicht dem Höheren auf der Spur ist. Zugegeben, Sie werden zur Chakrenarbeit ein gewisses Maß an Disziplin benötigen und sich auch manchmal zu den Übungen zwingen, aber grundsätzlich sollte Ihnen diese Arbeit Spaß machen. Ist dies nicht der Fall, dann gehen Sie mit der falschen Haltung an sie heran. Schon alleine durch ihre Ergebnisse sollte Ihnen diese Arbeit Freude bereiten, da Sie sich bald freier, beweglicher und gestärkt fühlen. Man darf Chakren-»Arbeit« ohne weiteres mit Freude und lustig und fröhlich durchführen, das hilft sehr bei ihrem Gelingen.

Um in die Idee der Chakren einzuführen, lassen Sie mich zunächst mit einer relativ unbekannten Erzählung beginnen, die dem BUDDHA (563–483 v. Chr.) im Surangama-Sutra in den Mund gelegt wird:

1 Georg Iwanowitsch GURDJIEFF (1866–1949) war ein armenischer Weisheitslehrer, der in Fontainebleau-Avon bei Paris in seinem Institut zur harmonischen Entwicklung des Menschen lehrte. Gurdjieff benutzte den Begriff »Arbeit« für die Bemühung, sich seiner selbst und seiner Umwelt bewußter zu werden. Vgl. dazu genauer: Klausbernd VOLLMAR, *Das Enneagramm. Praktische Lebensbewältigung mit Gurdjieffs Typenlehre.* München 1993, S. 23f.

Der Buddha nimmt, als er von Ananda (einer der bedeutendsten Schüler des historischen Buddha) über den Weg der Befreiung befragt wird, einen Seidenschal und knüpft in diesen einen Knoten. Er fragt Ananda, was das sei. Ananda antwortet prompt: »Ein seidenes Tuch, o Erhabener, in das du einen Knoten geknüpft hast.«
Der Buddha ist offensichtlich zufrieden und knüpft daraufhin sechs weitere Knoten, einen nach dem anderen, in den Seidenschal. Er fragt jedoch nach jedem Knoten seinen Schüler Ananda, was er sieht. Dieser antwortet verständlicherweise zunehmend verwirrter, daß er einen weiteren Knoten sähe.
Darauf antwortet der Buddha nach dem siebten Knoten: »Als ich den ersten Knoten knüpfte, sahst du einen Knoten, beim zweiten, dritten und allen weiteren Knoten ebenso. Immer gabst du mir die gleiche Antwort.«
Nun wurde der arme Ananda noch verwirrter, da er ganz und gar nicht mehr wußte, worauf der Buddha hinauswollte. In einer für einen Schüler des Buddha völlig unüblichen Weise rief er aus: »O Erhabener, ob du nun einen einzigen oder Hunderte von Knoten knüpfst, immer bleiben doch die Knoten Knoten und das Seidentuch, das aus verschiedenfarbigen Fäden gewebt ist, ein Seidentuch.«
Der Buddha gab dies sofort zu, aber um endlich zu zeigen, worauf er hinauswollte, fragte er den jetzt hilflosen Ananda, wie denn diese sieben Knoten aufzulösen seien, und zog dabei an beiden Seiten des verknoteten Schals, so daß sich die Knoten immer fester zusammenzogen.
Als Ananda sich wieder gefangen hatte, antwortete er: »Ich würde zunächst zu ergründen suchen, o Erhabener, auf welche Weise diese Knoten geknüpft wurden.«
Auf diese Antwort hin lobte der Buddha Ananda und sprach: »Wohl gesprochen, Ananda. Wenn du einen Knoten auflösen willst, dann mußt du zuerst herausfinden, wie er geknüpft wurde. Denn nur derjenige, der den Ursprung der Dinge kennt, kennt auch deren Auflösung.«
Und sogleich stellte der Buddha eine weitere Frage: »Und nun sage mir, Ananda, können alle Knoten gleichzeitig aufgelöst werden?«

»Nein, verehrter Meister«, antwortete der Schüler, »da die Knoten einer nach dem anderen geknüpft wurden, müssen sie auch einer nach dem anderen aufgelöst werden.«
Auf diese Antwort hin erklärte der Buddha, daß die sieben Knoten den sieben Energiezentren entsprechen, durch die wir mit der Welt verbunden sind.
Diese so tiefgründige wie zugleich simple Erzählung führt uns sogleich in die Vorstellung der sieben Chakren ein:

1. Die Chakren entsprechen Sinnesorganen, durch die wir mit der Welt in Kontakt treten.
2. Man kann die einzelnen Chakren mit Knoten vergleichen, wobei das Wort Knoten hier als ein Bild für die Verdichtung des Bewußtseins angesehen werden kann.
3. Man kann die Chakren nur dann öffnen, wenn man eines nach dem anderen öffnet.
4. Um ein geschlossenes Chakra zu öffnen, sollte man wissen, wie es geschlossen (verknotet) wurde.

Auf all diese Aspekte der Chakrenarbeit werden wir in diesem Buch noch zu sprechen kommen. Eines sollten wir hier jedoch gleich zu Beginn festhalten: Die Chakren des menschlichen Körpers kann man am besten in Form von Bildern beschreiben. In Buddhas Gleichnis werden die Chakren mit Knoten verglichen, an anderer Stelle mit Lotosblüten oder Tempeln des Körpers. Wenn Sie hinduistische Kunst betrachten, dann werden Sie über kurz oder lang auf Abbildungen von Chakren stoßen, in denen wir in einer Lotosblüte Götter, ein Tier oder andere symbolische Gegenstände finden. Das liegt daran, daß die Chakren letztendlich selbst eine bildhafte Vorstellung von bestimmten Bewußtseinsprozessen darstellen. Der Lotos entspricht in seiner Bedeutung unserer Rose. Wie die asiatischen Götter im Lotos erscheinen, so zeigt sich in mittelalterlichen Darstellungen die Dreieinigkeit in der himmlischen Rose. Lotos und Rose symbolisieren im Orient und Okzident Kraftzentren.

Um die Chakrenarbeit sinnvoll betreiben zu können, braucht der Meditierende zunächst einmal eine intellektuelle Orientierung, eine Art Schema, in das er seine Erfahrungen einordnen kann. Ohne eine solche Ordnung können keine neuen Erfahrungen gemacht werden. Dennoch handelt es sich bei dem in diesem Buch vorgestellten Chakrensystem keineswegs um das sogenannte »Schema F«, in das man mechanisch alles einreihen kann. Weit gefehlt: Bei dem hier vorgestellten Modell geht es um einen systematischen Rahmen, der uns erst ermöglicht, aus dem starren System unserer Gewohnheiten auszubrechen, unsere ungestüme Wildheit zu erleben und unserem Schatten die Hand zu reichen. Ein solches Chakrenschema bietet den entscheidenden Schutz: Gerade weil es uns als Landkarte in unser Bewußtsein dient, können wir uns auch einmal trauen, vom gewohnten Weg abzuweichen.

Chakrenübungen

Dieses Chakrenarbeitsbuch möchte Ihnen vermitteln, wie Sie mit Ihrer Energie bewußter umgehen und wie Sie Ihre Gefühle besser verstehen und, wenn nötig, steuern können. Es geht hier um Lebenspraxis und nicht um abgehobene esoterische Spekulationen. Deswegen werden auch die meisten Hinweise und Aussagen dieses Buches durch Übungen verdeutlicht. Sehen Sie diese Übungen als wichtige Hilfsmittel an. Man versteht nicht nur mit dem Kopf. Die oberen Chakren weisen genauso wie die unteren ihre Begrenzung auf, und man muß konkrete Erfahrungen machen, um zu begreifen und erfassen. Diese Erfahrungen – also eher ein »Bauchbewußtsein« – möchte ich mit den Übungen vermitteln. Lesen Sie diese Übungen also nicht nur durch, um dann im Text fortzufahren, sondern halten Sie inne, und führen Sie sie aus. Sie werden danach den Text anders und deutlicher verstehen.

Die Übungen können immer wieder durchgeführt werden, und im Idealfall stellen Sie sich aus den hier im Buch angeführten Übungen einen Zyklus zusammen, den Sie regelmäßig durchführen. Die angeführten

Chakrenübungen stabilisieren die Energie in Ihren Energiezentren und regen sie an. Ich habe bei meinen Klienten immer wieder feststellen können, daß solche Übungen auch direkt auf den Körper wirken. Bei schwachem Kreislauf und niedrigem Blutdruck zum Beispiel tritt auf die Dauer wieder ein harmonischer, normaler Zustand ein. Psychische Belastungen, die sich unter anderem in Nervosität, Streßsymptomen und Unruhe zeigen, werden ebenfalls vermindert. Die Chakrenarbeit stellt also eine sanfte und zugleich ganzheitliche Heilmethode dar. Andererseits geht sie über die Heilung hinaus. Sie ist auch eine Technik zur Bewußtseinserweiterung.

Chakrenarbeit ist wichtig, weil wir mit der Ausstrahlung unseres Bewußtseins – und somit der Tätigkeit unserer Chakren – Energien anziehen, die unser Leben bestimmen. Das deutsche Sprichwort: »Wie man in den Wald hineinruft, so schallt es hinaus« besagt, wie ich der Außenwelt begegne, so reagiert sie auf mich. Wenn zum Beispiel Ihr Herzchakra geöffnet ist und Sie liebevoll auf andere Menschen zugehen, werden auch diese Ihnen meist liebevoll gegenübertreten. Sind Sie dagegen ein aggressiver Mensch, dessen Nabelchakra nicht gesund funktioniert, werden Sie andere aggressive Menschen anziehen und permanent kämpfend durchs Leben gehen müssen. Mit dem Zustand Ihrer Chakren bestimmen und gestalten Sie also die Umwelt, in der Sie leben. Erwarten Sie jedoch bei der Chakrenarbeit keine spektakulären Ergebnisse, wie man sie in manchen dramatisch aufgemachten Berichten zum Beispiel über das Hochsteigen der Kundalini lesen kann. Die Chakrenarbeit verändert Sie subtil, und sie benötigt viel Zeit und eine gehörige Portion Geduld. Letztendlich verändert sich für denjenigen, der von hochgeschraubten Erwartungen getrieben ist, wenig oder gar nichts, da er seinen Blick nur auf das Große richtet und dabei das Kleine übersieht. Dabei sind die kleinen, subtilen Änderungen so bedeutsam, daß man ohne zu übertreiben von einer zweiten Geburt des Menschen sprechen kann. Das ist ein für das menschliche Leben typisches Paradox. Eigentlich ändert sich nichts großartig, doch zugleich wandelt man sich grundlegend. Alles Äußere ist nach erfolgreicher Chakrenarbeit wie zuvor. Aber man sieht nun die Welt anders, man ist bewußter und projiziert nicht mehr, wodurch man sich in allen äußeren Phänomenen nur selber widerspiegelt. Diese neue Qualität ist äußerst wichtig, denn sie läßt uns sowohl das sein, was wir sind, als sie uns auch die äußere Wirklichkeit als das zu erkennen gestattet, was sie ist. Erst mit einem so entwickelten Bewußtsein ist es uns möglich, unsere Ausstrahlung willentlich zu steuern und damit zu bestimmen, was uns im Leben begegnen wird.

Geheimwissen: Chakrenlehre

Chakrenwissen galt bis ins 19. Jahrhundert hinein als hochgeheim, das, bis auf wenige Ausnahmen, nie veröffentlicht wurde, sondern immer nur mündlich vom Lehrer an seinen Schüler weitergegeben wurde. Im Informations- und Medienzeitalter sind nun auch diese verborgenen Kenntnisse an die Öffentlichkeit gelangt, und man kann nur hoffen, daß die Menschheit bereit ist, mit diesen Lehren verantwortlich umzugehen. Dabei hat Chakrenarbeit viel mit der rechten inneren Einstellung zu tun. Liegen sie und eine entsprechende Motivation für diese Arbeit nicht vor, dann geschieht nichts oder nur erstaunlich wenig. Chakrenarbeit kann vom Willen zur Macht diktiert sein, was uns sicherlich auf einen falschen Weg bringt, auf dem wir bald steckenbleiben und nicht weiterkommen. Der »Chakrenarbeiter« sollte von dem tiefen Bedürfnis nach Selbsterkenntnis beseelt sein. Dieses Verlangen wird er in der Chakrenarbeit nicht nur befriedigen können, sondern es wird ihn auch auf dem richtigen Weg zur Bewußtseinserweiterung halten. Jedoch sollte jeder, der viel Wissen erlangt, beachten, daß er zugleich eine große Verpflichtung zum Dienen auf sich nimmt. Man schadet sich selbst, wenn man sich nur deshalb auf den Weg der Chakrenarbeit begibt, um seine persönliche Macht zu vergrößern und um sein Ich aufzupolieren. Man sollte unbedingt bereit sein, das Wissen, das man durch diese Bewußtseinsarbeit erlangt, freizügig weiterzugeben.

Eine bewußte Arbeit mit den eigenen Chakren ist gar nicht so schwierig, wie es oft in überzogener Weise dargestellt wird. Da das Wissen um die Energiezentren des menschlichen Körpers als äußerst geheim galt, stellte man in der asiatischen und in der theosophischen Tradition Chakrenarbeit oft als überaus schwierig, kompliziert und gefährlich dar. Im Grunde besitzt aber jeder Mensch eine natürliche Beziehung zu seinen Chakren, an die er bei den in diesem Buch vorgeschlagenen Übungen leicht anknüpfen kann.

Außerdem haben wir es heute, weil wir es gewohnt sind, in psychologischen Zusammenhängen zu denken, sehr viel leichter, uns unsere Blockaden und inneren und äußeren Verspannungen klarzumachen, als das noch vor 50 Jahren der Fall war.

In moderner Begrifflichkeit ausgedrückt: Ich sehe die sieben Chakren als Schnittstellen, die uns als mittlere Wesen mit dem Höheren verbinden und uns zugleich das Niedere (das Tierische oder Instinktive) wahrnehmen lassen. Die Chakren verbinden uns also mit dem Kosmos *und* mit unseren Körpern. Sie stellen die Kommunikationseinheit zwischen Körper, Seele, Geist und dem höheren Selbst (Gott) dar. Der Grund für die Geheimhaltung dieser Lehre lag vor allem auch in dem großen Machtpotential, das sie darstellt. Die Meister dieser Kommunikation mit dem Höheren waren die Priester oder Eingeweihten, die ihre Monopolstellung in dieser Kommunikation aufrechterhalten wollten.

Der Aufbau dieses Chakrenbuches

Im ersten Kapitel finden Sie all diejenigen Informationen, die Sie benötigen, wenn Sie sich für die Geschichte der Chakrenvorstellungen interessieren. Hier können Sie nachlesen, wie in Indien, Tibet, China und Europa ein Konzept der Energiezentren des menschlichen Körpers entstand. Dieses Kapitel zeigt auf, daß eine Vorstellung der Chakren in unterschiedlichsten Kulturen und zu unterschiedlichsten Zeiten bestand. Die Chakren sind also ganz im Sinne von C. G. JUNG als ein archetypi-

sches Bild des menschlichen Energiekörpers anzusehen. Zugleich finden Sie im ersten Kapitel die Unterschiede zum Beispiel zwischen hinduistischer und buddhistischer Auffassung der Chakren. Denn obwohl sich die Chakrenvorstellungen in den verschiedenen Kulturen sehr ähneln, sollte man doch auch Klarheit über die bestehenden Unterschiede innerhalb dieser Konzepte erlangen, da sie verschiedene Aspekte der Chakrenarbeit verdeutlichen. Im ersten Abschnitt des Buches finden Sie ferner praktische Übungen, die Sie zum Beispiel das hinduistische und buddhistische Konzept der Chakren erleben lassen.
Das zweite Kapitel behandelt die verschiedenen Bereiche unseres Lebens, in denen die Chakrenvorstellung eine Rolle spielt. Zunächst einmal werden die Chakren als verschiedene Bewußtseinszustände dargestellt. Zugleich wird erklärt, an welche Stellen des menschlichen Körpers man diese Bewußtseinszustände zu projizieren pflegt. So entsteht ein Bild der Chakren als einem grundlegenden Ordnungsschema, das uns hilft, verschiedene Energien zu verstehen und zu unterscheiden. Aber nicht nur auf den menschlichen Körper, sondern auch auf Gebäude, Länder, Erdteile und den gesamten Kosmos sind die Chakren zu beziehen. Sie stehen in engem Zusammenhang mit anderen Ordnungssystemen wie dem der Astrologie, des Tarots, der Runen und des Enneagramms. Indem diese Ordnungssysteme auf die sieben Chakren bezogen werden, wird uns inhaltlich das Bedeutungsfeld der Chakren immer klarer und deutlicher. Neben der Chakrensymbolik finden Sie hier Wahrnehmungsübungen und Tabellen, die Sie schnell die Beziehung der Chakren zu den Planeten, Tönen, Farben, den großen Arkaden des Tarots, zu Runen und den Enneagrammpunkten finden lassen. Dieser Teil kann auch als Nachschlagewerk genutzt werden.
Das dritte Kapitel stellt die Zahl sieben in den Vordergrund. Hier werden die Chakren als sieben Bewußtseinszustände dargestellt, die aufeinander aufbauen und sich ergänzen. Wir werden bemerken, daß die Sieben nicht umsonst als heilige Zahl gewürdigt wird, sondern daß sie ein grundsätzliches Ordnungsschema des menschlichen Lebens darstellt, das in vielen Kulturen zu finden ist. In diesem Kapitel finden Sie auch Wahrneh-

mungs-, Mal- und Meditationsübungen, die Sie das Konzept der sieben Chakren verinnerlichen lassen.
Mit den ersten drei Kapiteln ist sozusagen der theoretische Grundstein für das Verständnis der Chakren gelegt. Diese Kapitel sind jedoch nicht theoretisch gehalten. Alle angeführten Theorien und geschichtlichen Daten werden im Hinblick darauf betrachtet, wie der heutige Mensch sie nutzen und verstehen kann.
Die nun folgenden nächsten drei Kapitel sind praktisch ausgerichtet und stellen dar, wie man konkret an den einzelnen Chakren, und somit an den verschiedenen Bewußtseinszuständen, arbeiten kann. Diese Kapitel können gut als Nachschlagewerk benutzt werden, zumal Sie in ihnen viele Tabellen finden, die Sie schnell und übersichtlich über die verschiedenartigen Eigenschaften der Chakren informieren.
Das vierte Kapitel ist den Energieströmen des menschlichen Körpers gewidmet, die durch die einzelnen Chakren fließen und von ihnen gelenkt werden. Es geht hier um verschiedene Formen der Atemarbeit, um Energie in die einzelnen Chakren zu leiten. Ferner wird die wichtige Frage angesprochen, an welchem seiner Chakren man in welcher Reihenfolge arbeiten sollte. Hierzu werden verschiedene Testmethoden angegeben, die Ihnen klar zeigen, wie Sie selbst bestimmen können, welches Chakra Ihrer Zuwendung bedarf. Der an Parallelen zu anderen Systemen interessierte Leser findet hier einige Anmerkungen zu vergleichbaren Energiekonzepten in China und bei Wilhelm Reich wie seinen Nachfolgern. Zahlreiche Atem- und Vorstellungsübungen runden diesen Teil ab.
Im fünften Kapitel stelle ich unterschiedlichste Hilfsmittel und Methoden vor, die über Körper, Geist oder das Gefühl die sieben Chakren beeinflussen. Hier finden Sie eine Auswahl von Methoden, mit denen Sie selbst die Energie Ihrer Chakren verändern können. Diese Methoden werden sowohl durch praktische Übungen als auch tabellarisch dargestellt, so daß Sie hier zum Beispiel schnell nachschlagen können, welcher Geruch, welcher Stein oder welche Bach-Blütenessenz ein bestimmtes Chakra anspricht. In diesem Kapitel finden Sie die ausführliche Anlei-

tung zu einer grundlegenden Meditations- und Bewußtseinsübung, und zwar der objektiven Selbstbeobachtung, welche die Grundlage zu allen mir bekannten Meditationen darstellt.
Im sechsten Kapitel stelle ich sodann die einzelnen Chakren detailliert inhaltlich dar. Hier können Sie sich schnell darüber informieren, wie sich auf der Körperebene eine Über- oder Unterfunktion der einzelnen Chakren bemerkbar macht. Sie können auch umgekehrt von körperlichen Symptomen ausgehen und nachschauen, für welches Chakra der entsprechende Symptombereich zutrifft. Ferner finden Sie in diesem Kapitel Fragen, deren Beantwortung Ihnen zeigt, ob das entsprechende Chakra in Harmonie ist oder nicht. Im zweiten Teil dieses Kapitels finden Sie Körperübungen zu jedem einzelnen Chakra und Reinigungsübungen der Chakren.
Das Buch ist so gestaltet, daß Sie es sowohl von vorne nach hinten durchlesen als auch verschiedene Kapitel, die Sie besonders interessieren, in Ihrer eigenen Reihenfolge herausgreifen können. Weil alle wesentlichen Ausführungen noch einmal in Tabellen aufgeführt werden, kann dieses Chakrabuch auch als Nachschlagewerk genutzt werden.
Ich wünsche Ihnen viel Spaß beim Lesen und beim Ausprobieren der einzelnen Übungen.

Kapitel 1

Die Chakren als archetypisches Bild

»Das Beste kann nicht ausgesprochen werden. Das Zweitbeste wird mißverstanden.«
Heinrich Zimmer

Die Vorstellung von Energiezentren im menschlichen Körper gibt es in den unterschiedlichsten Kulturen zu allen Zeiten. Das ist verständlich, da jeder Mensch, der in sich hineinhorcht, seine Chakren leicht erspüren kann. Die folgende Übung wird Ihnen das verdeutlichen:

Übung

Diese Übung wende ich oftmals zu Beginn in meinen Chakra-Workshops an. Sie ist von der Biodynamik inspiriert.

- Sie legen sich mit dem Rücken flach auf den Boden, schließen Ihre Augen und entspannen sich. Sie atmen tief und lassen sich mehr und mehr in den Boden sinken. Eine tiefe Ruhe umfängt Sie, und in diesem Entspannungszustand horchen Sie in Ihren Körper hinein.
- Versuchen Sie, in das Innere Ihres Körpers hineinzukommen und Ihr Bewußtsein ganz von der Außenwelt abzuziehen. Gehen Sie jedem Gefühl in Ihrem Körper nach und seien Sie sich Ihrer selbst ganz und gar bewußt, ohne abzuschweifen.
- Nun versuchen Sie festzustellen, wo Sie in Ihrem Körper besondere Empfindungen ausmachen können. Wo spüren Sie sich besonders deutlich?
- Gehen Sie Ihren Körper von Kopf bis Fuß durch, und versuchen Sie, in jedem Körperabschnitt, wie beispielsweise dem Kopfbereich, dem Bereich des Ober- und Unterkörpers, dem der Arme und Beine,

bestimmte Punkte zu erfühlen, an denen Sie sich besonders deutlich wahrnehmen.

➢ Danach richten Sie langsam wieder Ihre Aufmerksamkeit auf die Außenwelt, öffnen Ihre Augen und sinnen dem Gespürten noch etwas nach.

Kommentar

Nehmen Sie nicht an, daß Sie gleich alle Ihre sieben Chakren spüren werden. Das ist meist nicht der Fall und auch nicht der Sinn dieser Übung. Wichtig ist es, hier zu Beginn der Chakrenarbeit zu spüren,

1. daß Ihr Körper in bestimmte Energiefelder aufgeteilt ist, deren Energiefluß man fühlen kann, und
2. daß es Punkte in Ihrem Körper gibt, an denen Sie die Körperenergien besonders deutlich bemerken können.

Halten wir fest: Ihr Körper weist Energieverdichtungen auf, die durch erspürbare Körperströme miteinander verbunden sind. Diese Erfahrung kann jeder Mensch machen, und sie ist es, die zu der Vorstellung von bestimmten Energiezentren des Körpers führt, die »Chakren«, »Lotosblüten«, »Energiezentren«, »Erotische« und »Sensible Zonen« oder wie auch immer genannt werden.

In den verschiedenen Kulturen gibt es unterschiedliche Vorstellungen von den Chakren. In Ostasien geht man von den Chakren oder den Lotosblüten, wie man sie dort bildlich nennt, als Realitäten aus. Die Theosophie und die daraus entstandene Anthroposophie hat dieses Wissen weitgehend im Westen verbreitet. In den mystischen Traditionen des Judentums, die sich in der Kabbala ausdrücken, in der Sufitradition als dem mystischen Weg des Islam und in der chinesischen und europäischen Alchimie finden wir ein tiefes Wissen über die Energiezentren des menschlichen Körpers. Selbst bei den nordamerikanischen Indianern besteht eine Vorstellung über die Chakren und die Kundalini (Lebens-

energie), die sich unter anderem in der Gestaltung des Totempfahls ausdrückt.[1] Die frühesten europäischen Anklänge zu Chakrenvorstellungen kann man in den griechischen Mysterienschulen von Eleusis und Delphi sehen, bei deren Initiationsritualen die die Lebensenergie symbolisierende Schlange eine wichtige Rolle spielte.
Es scheint, daß überall dort, wo Menschen den Weg der Innenschau gingen, den Chakren vergleichbare Vorstellungssysteme entstanden.
Ich als westlicher Psychotherapeut gehe davon aus, daß die Chakren sieben aufeinander aufbauende Bewußtseinszustände wiedergeben und daß sich hinter den Chakren ein Weg der Bewußtseinsentwicklung verbirgt. Jedes einzelne Chakra dient einem ganz bestimmten Zweck in der Bewußtseinsentwicklung, und es zeigt sich in einem speziellen Blickwinkel auf unsere Umwelt. Dieser Blickwinkel ist Ausdruck unseres Bewußtseins, und zugleich richtet er unseren Willen auf ein bestimmtes Ziel hin aus.
Die Aufgabe der Chakren ist es, den menschlichen Körper mit Bewußtseinsenergie zu versorgen. Diese Bewußtseinsenergie setzt sich gemäß der Schwingungsresonanz[2] körperlich um und ist für unsere Gesundheit und unser Wohlbefinden verantwortlich. Darüber hinaus beeinflußt sie auch unser Denken und unsere Gefühle.

1 Bei den Hopis in Arizona existiert ein in den Fels geschlagener »Kundalini-Stuhl«, der die Chakren desjenigen auflädt, der sich auf ihn setzt. Außerdem wird bei den Indianern ein persönlicher Totempfahl angenommen, auf dem die sieben Energiezentren des Menschen markiert sind, und zugleich weisen sieben Chakra- oder Kraft-Tiere den Weg zur Selbstfindung. Vgl. dazu genauer: Eligio Stephen GALLEGOS, *Indianisches Chakra-Heilen.* München 1993. Bei den Sufis in Vorderasien gibt es die Tradition der »Halka«, einem magischen Kreis, in welchem die Belehrungen stattfinden. Nach dem in England wirkenden Sufilehrer Idries Shah bezeichnen ursprünglich die Chakren ebenfalls einen Kreis, in dem initiatorische Belehrungen stattfanden. Das Aufsteigen der Kundalini entsprach dem Aufstieg von den Kreisen grundlegender Belehrungen zu den Kreisen höherer Belehrungen.

2 Was in unserem Bewußtsein »schwingt«, das hat auch einen Einfluß auf unseren Körper. Deswegen ist es so wichtig, keine negativen Gedanken zuzulassen, da diese die Tendenz aufweisen, sich im Körper zu manifestieren.

Mein Verständnis der Chakren

Das Modell der sieben Chakren zeigt, wie sich der Mensch von einer schlafenden und mechanisch reagierenden Person (unterstes Chakra) zu einem bewußten Individuum (die drei oberen Chakren) wandeln kann, das sich seiner Reaktionen und Handlungen voll bewußt ist. Die Chakren sind also auch ein Bild für die Bewußtseinsstruktur des Menschen.

Ken WILBER fragte zum Beispiel in seinem viel zitierten Aufsatz von 1979, ob die Chakren überhaupt real existieren. Er zitiert in diesem Aufsatz zustimmend Sri Ramana MAHARSHI, der sagt:

»Vergeuden Sie nicht Ihre Zeit, indem Sie auf Chakren, Nadis, Padmas oder Mantras und Gottheiten oder ähnliches meditieren. Die sechs Chakren [Maharshi sieht das Stirn- und das Kronenchakra als ein Chakra an] sind einzig geistige Vorstellungen.«[1]

Zwei Jahre zuvor nahm schon der Yogi und Swami-SHANTANANDA-Schüler Christopher HILLS (der 1970 als Präsident der Weltkonferenz für wissenschaftliches Yoga gewählt wurde) an, daß die so vielbeschriebene Kundalini nur ein Bild für die Lebensenergie in verschiedenen Bewußtseinszuständen sei.[2] Der indische Weisheitslehrer Jiddu KRISHNAMURTI und selbst der Nachfolger Buddhas und religiöse Reformator Indiens SHANKARA (eigentlich: SHANKARACHARYA, 788–820) sprechen davon, daß die Kundalini und die Chakren geistige Bilder zur Orientierung und Lehre seien.

Der Westen hat zwar seit dem Mittelalter gelernt, sein eigenes spirituelles Schrifttum im übertragenen Sinne und symbolisch zu verstehen. Geht es aber um asiatische Vorstellungen, versucht man diese naiv wörtlich zu nehmen und geht so an deren eigentlichem spirituellen Gehalt vorbei.

1 Ken WILBER, Gibt es die Chakras wirklich? In: John WHITE (Hrsg.), *Kundalini-Energie – Die spirituelle Schlange in uns.* München 1990, S. 107–188.

2 Vgl. hierzu genauer: Christopher HILLS, Is the Kundalini Real? In: C. HILLS, *Nuclear Evolution.* Boulder/Cal., 1977, bes. Kap. 3.

Der deutsche Gelehrte und Weisheitslehrer Lama Anagarika GOVINDA schreibt in seinem Buch über die Grundlagen der tibetischen Mystik: »Wenn die Chakras auch Entsprechungen auf der grobstofflichen, körperlichen Ebene haben (z. B. Herz oder Solarplexus), so sind sie mit diesen Entsprechungen jedoch nicht identisch, sondern gehören einer anderen Ebene der phänomenalen Wirklichkeit an.«[1]

Durch diese Chakrenvorstellungen ist Seelisches, Körperliches und Bewußtsein miteinander verbunden. Erst wenn wir erkannt haben, daß das Bild (beziehungsweise das Feinstoffliche) und die materielle Realität (beziehungsweise das Grobstoffliche) zwei Aspekte des einen Bewußtseins sind, ist es uns möglich, sinnvoll Chakrenarbeit zu betreiben.

Um meine Ansicht kurz und knapp zu formulieren: Die Chakren sind Orte, auf die Bewußtseinszustände, Gefühle, Gedanken und körperliche Zustände seit Menschengedenken projiziert werden. Sie sind zugleich Energiezentren, denen ganz konkret spezielle energetische Eigenschaften zuzuordnen sind. Chakren ziehen Energien an, verteilen diese über den menschlichen Körper und geben auch Energien ab.

Wenn man in der Tradition Ostasiens die Bewußtseinsentwicklung eines Menschen beschreiben möchte, dann spricht man von den Stufen der Chakren, auf die der betreffende Mensch mit seiner Energie lebt. Jedes Chakra stellt dieser Ansicht zufolge eine bestimmte Form der Erkenntnis dar. Deswegen spreche ich hier von den Chakren als Stufen des Bewußtseins. Wenn wir die Chakren als Bewußtseinsstufen betrachten, wird uns sofort klar, daß unser Denken, das in Asien oft als »Hirnbewußtsein« bezeichnet wird, nur einen Sonderfall unter einer Anzahl möglicher Bewußtseinsformen darstellt. Man könnte in Anlehnung an den romantischen deutschen Dichter NOVALIS (Friedrich Leopold Freiherr VON HARDENBERG, 1772–1801) sagen:

»Der tätige Gebrauch der Organe [Chakren] ist nichts als magisches, wundertätiges Denken.«

1 Anagarika Lama GOVINDA, *Grundlagen tibetischer Mystik, Om Mani Padme Hum.* Frankfurt/M. 1975, S. 63.

Indem wir unsere Wirklichkeit auf den Bewußtseinsebenen der verschiedenen Chakren erleben, gewinnen wir eine ungeahnte Tiefenperspektive; wir leben dann in verschiedenen Dimensionen, von denen das normale Tagesbewußtsein nur eine unter vielen Möglichkeiten darstellt.

Zunächst möchte ich nun die klassischen Vorstellungen von den Chakren darstellen, um zu zeigen, was wir als westliche Menschen davon benutzen können und wie bestimmte Aussagen zu verstehen sind. Leider gibt es in bezug auf die Chakren viele Mißverständnisse, die uns die Arbeit mit den Energiezentren des menschlichen Körpers unnötig erschweren.

Chakrenvorstellungen im Hinduismus

Die bei uns im Westen bekannteste Chakrenvorstellung entstammt dem Hinduismus.[1] Die ausführlichste Darstellung des Chakrensystems schrieb 1577 der indische Guru Pandid PURANANDA unter dem Titel *Shat-Chakra-Niprupana.* Auch in den viel älteren *Upanishaden* finden wir Beschreibungen der Chakren, und zwar besonders im »Dhyanabindu-Upanishad«.

Für den Hindu stellen die Chakren Energiephänomene des feinstofflichen Körpers dar, welche die durch sie hindurchströmenden Energien sammeln, transformieren und verteilen. Sie befinden sich in der Aura beziehungsweise im Astral- oder dem sogenannten Pranakörper des Menschen und sind dort als besonders farbige Ausstrahlungen zu sehen. Als Aura wird das Energiefeld bezeichnet, das vom menschlichen Körper ausgeht und diesen umgibt. Die Ausstrahlung, welche dieses Energiefeld bildet, geht auf die inneren Tätigkeiten des Körpers zurück. Diese

1 Es sind besonders vier Texte der *Upanishaden,* in denen ausdrücklich und teilweise sehr detailliert auf die Chakren eingegangen wird. Es handelt sich um die »Sri-Jabala-Darshana-Upanishad«, die »Cudamini-Upanishad«, die »Yoga-Shikka-Upanishad« und die »Shandilya-Upanishad«. Ferner finden wir noch eine genaue Beschreibung der Chakren in dem sechsten Kapitel der *Sri-Tattva-Cintamini* von Swami PURANANDA aus dem 16. Jahrhundert.

können physischer oder psychischer Art sein. Die Aura gibt den Fluß der Lebensenergie und somit auch die Aktivität der Chakren in einem Menschen wieder. Sie ist damit von dessen Bewußtseinszustand, seinen Gedanken und Gefühlen geprägt. Man kann die Aura als die Wetterfahne des Körpers und der Seele betrachten.

Daß es tatsächlich eine energetische Ausstrahlung des menschlichen Körpers gibt, bestätigte zu Beginn dieses Jahrhunderts der berühmte Berliner Chirurg Ernst Ferdinand SAUERBRUCH (1875–1951). Heute kann diese Energiestrahlung der Chakren mit der Kirlian-Photographie oder einer speziellen Aurakamera[1] sichtbar gemacht werden. Es handelt sich hierbei um eine Hochfrequenzphotographie, welche die Aura des Menschen farbig abbildet. Allerdings streiten sich die Wissenschaftler zur Zeit darüber, ob die Kirlian- und Auraphotographie wirklich die Aura des Menschen oder andere Energiephänomene abbildet.

Die erste moderne und genauere Beschreibung der Aura finden wir bei keinem Geringeren als dem englischen Physiker Sir Isaac NEWTON, der 1729 in seiner zweiten Schrift – über das Licht und die Farbe – über ein elektromagnetisches Licht spricht, das er genauso wahrnimmt, wie heutige Medien die Aura beschreiben: Es vibriert, ist erregbar, durchsichtig und hängt mit dem Phänomen der Anziehung und Abstoßung zusammen. Heute drücken wir diese Erscheinung moderner aus: Ein Chakra erzeugt durch seine Rotation ein vibrierendes elektromagnetisches Aurafeld.

Das Wort »Chakra« kommt aus dem Sanskrit, der heiligen Sprache der Inder und Tibeter, und bedeutet »Rad« oder auch »Energiewirbel«. Die Chakren stellt man sich im Hinduismus als sieben Energiewirbel in der Aura des Menschen vor. Sie befinden sich in ständig kreisender Bewegung, wobei sich die Drehrichtung von Chakra zu Chakra abwechselnd rechts- und linksherum zeigt. Dabei wird die Rechtsdrehung (im Uhrzeigersinn) der Chakren als die männliche Qualität beschrieben und die

1 Die moderne Auraphotographie erfaßt über Handsensoren Parameter wie das elektrische Potential bestimmter Resonanzpunkte, angeblich auch die Aktivität der Chakren und der Akupunkturzonen. Diese Informationen werden von der Kamera verarbeitet und abgebildet.

Linksdrehung (gegen den Uhrzeigersinn) als die weibliche. Die Chakren drehen sich genau entgegengesetzt in der Aura des Mannes und der Frau.

	Mann	*Frau*
Kronenchakra	Rechtsdrehung	Linksdrehung
Stirnchakra	Linksdrehung	Rechtsdrehung
Halschakra	Rechtsdrehung	Linksdrehung
Herzchakra	Linksdrehung	Rechtsdrehung
Nabelchakra	Rechtsdrehung	Linksdrehung
Sakralchakra	Linksdrehung	Rechtsdrehung
Wurzelchakra	Rechtsdrehung	Linksdrehung

Weist ein Chakra keine oder eine stark elliptische Drehung auf, so ist seine Energie gestört. Allerdings sind Energiestörungen beispielsweise während der Menstruation der Frau normal.

Wer die Chakren nicht spüren oder sehen kann, vermag die Drehrichtung eines Chakras mit dem Pendel sichtbar zu machen. Besonders Kristallpendel reagieren sehr sensibel auf die Energie der Chakren. Die Energie des Chakras wirkt auf den Kristall – meist ein Bergkristall oder Rosenquarz – und bewegt ihn gemäß seiner eigenen Bewegung. Nach kurzer Zeit bewegt sich das Pendel wie das entsprechende Chakra.

Übung

Folgende Übung entwickelte ich in Findhorn für ein Paartraining.

➢ Versuchen Sie die Energiewirbel der Chakren zu sehen. Dafür setzen Sie sich Ihrem Partner gegenüber, schließen Ihre Augen und werden ganz ruhig.

➢ Sind Sie tief entspannt, verändern Sie Ihre normale Atemfrequenz und atmen nun, ohne eine Pause zwischen Ein- und Aus- und Aus- und Einatmen zu machen (verbundenes Atmen).

- ➢ Legen Sie Ihre Handflächen an die Ihres Partners, und spüren Sie den Energiefluß zwischen Ihnen beiden. Dann lassen Sie Ihre Hände entspannt fallen.
- ➢ Sie öffnen langsam Ihre Augen, behalten das verbundene Atmen bei und schauen blinzelnd ganz entspannt den Körper Ihres Partners an.
- ➢ Ihr Blick ruht weich auf dem Kopf Ihres Partners, ohne zu fokussieren. Sie lassen dabei alle optischen Impulse in Ihre Augen hineinströmen. Sie befinden sich in einem völlig geöffneten Zustand, ohne daß Ihre Augen etwas erfassen wollen.

Kommentar

Falls Sie die Begabung besitzen, werden Sie bei dieser kleinen Übung durchsichtige Farbwolken oder eine Art Farbblitz wahrnehmen, wobei Sie sich dabei oft nicht einig sind, ob Sie diese wirklich sehen oder ob das nur eine Einbildung ist. Im Grunde ist das egal. Auf jeden Fall haben Sie ein Gespür für die Energieströme des menschlichen Körpers entwickelt, das Sie Chakren sehen läßt. Chakren sind von allen Auraphänomenen am leichtesten zu sehen.

Sehen Sie gar nichts, wie es mir jahrelang ging, dann können Sie mit zwei Kerzen etwas nachhelfen. Stellen Sie diese rechts und links von Ihrem Partner auf, verdunkeln Sie den Raum und vergessen Sie nicht zu blinzeln. Vielleicht sehen Sie dann etwas. Klappt es auch dann nicht, so müssen Sie einfach glauben, was die Hinduisten und westlichen Medien über die Chakren sagen.

Wenn Sie die menschliche Aura und Chakren sehen lernen wollen, hilft es sehr, bei jedem Spaziergang auf die Zwischenräume zwischen den Objekten und nicht auf die Objekte selbst zu achten. Konzentrieren Sie sich zum Beispiel bei den Blättern eines Baumes auf die Zwischenräume zwischen diesen Blättern und nicht wie gewohnt auf die Blätter selbst. Sie schauen so an der äußeren Form vorbei auf das Wesen der Dinge. Das gibt Ihnen die Chance, die Aura wahrzunehmen. Auf den Menschen übertragen bedeutet dies, daß Sie Ihren Partner oder sich selbst im

Spiegel unfokussiert anschauen müssen, um die Chakren sehen zu können. Dieses Sehen ist ein von der rechten Gehirnhälfte geleitetes Sehen, das unserem normalen linkshirnigen Sehen widerspricht.
Sie können noch eine weitere Übung versuchen, die es Ihnen mit einiger Sicherheit erlaubt, Ihre eigene Aura zu verspüren:

Übung
Diese Übung ist von dem deutschen Aura-Forscher Baron Karl von REICHENBACH (1788–1869) inspiriert.

- In einem abgedunkelten Raum stellt man eine Kerze auf.
- In diesem schummerigen Licht betrachtet man seine Fingerspitzen, die man gegen einen dunklen Hintergrund hält.
- Nach einigen Minuten der Konzentration auf die Fingerspitzen, beginnt man zuerst feine Kraftströme zu erahnen und nach einiger Zeit womöglich zu sehen.
- Dies ist eine Auraerscheinung.

Ob man die Energiewirbel deutlich sieht oder nicht, spielt keine Rolle, wichtig ist nur, daß es sieben Energieverdichtungen im menschlichen Körper gibt. Meines Erachtens zeigen diese sieben Energiewirbel bestimmte Bereiche des Körpers an, die mit bestimmten Bewußtseinszuständen in Verbindung stehen. Das ist im Grunde jedem klar: Das Herz hängt zum Beispiel mit dem Gefühl zusammen, der Kopf mit dem Denken oder dem Bewußtsein und die Sexualorgane mit der Lust und der körperlichen Kommunikation mit dem anderen.
Nach klassisch hinduistischer Vorstellung fließt in der Aura des Menschen ein Energiestrom durch dessen sieben Chakren hoch, um wieder bis zum Wurzelchakra hinabzufallen. Es gibt also einen vertikalen Energiefluß, der nach hinduistischer Auffassung im Rückenmark des Menschen auf und ab pulsiert. Die Chakren werden dabei als Energiefelder vor und hinter der Wirbelsäule angenommen. Die Vorderseite dieses Energiefeldes stellt unser bewußtes Erleben des Prinzips des entsprechenden Chakras dar, die Rückseite das unbewußte Erleben. Das Unbe-

wußte kommt immer von hinten, da wir unseren Rücken nie direkt sehen können, weswegen Naturvölker Rückenamulette tragen. Das Wurzel- und das Kronenchakra sind nach unten beziehungsweise nach oben geöffnet, wobei nach klassisch hinduistischer Vorstellung durch das Wurzelchakra die Schöpfungsenergie aufgenommen wird. In der Sprache der Hindus heißt das: An der Lotosblüte des Muladhara wohnt Brahma, der Schöpfergott. Durch das Kronenchakra strömt unsere Energie aus. Nach einer anderen hinduistischen Theorie wohnt das weibliche Prinzip – Shakti – im Wurzelchakra und das männliche Prinzip – Shiva – im Kronenchakra.

Alle sieben Chakren bilden im ausgeglichenen Zustand gleich große Energiefelder, die miteinander in Verbindung stehen. Die Veränderung in einem Chakra bewirkt die Veränderung in allen anderen Chakren.

Diese Energiefelder der sieben Chakren sind mit drei Nervensträngen verbunden, die »Ida«, »Pingala« und »Sushumna« genannt werden, wobei

1. Ida die weibliche Energie in uns (Anima),
2. Pingala die männliche Energie in uns (Animus) und
3. Sushumna die neutrale oder verbindende Energie in uns (Gurdjieffs Bindekraft) symbolisiert.

Medien beschreiben die Ida als silbrig mit einem rötlichen Schatten, die Pingala ebenfalls als silbrig jedoch mit einem goldenen Schatten und die Sushumna als silbrig mit einem bläulichen Schatten (fast wie metallicblau). Diese drei Nervenstränge werden auch »Yoganerven« oder »Nadis«[1] genannt. Sie sind nicht materiell im Körper durch Nervenstränge repräsentiert. Am ehesten entsprechen ihnen die Meridiane, deren Punkte akupunktiert werden können. Man stellt sich vor, daß Nadis unseren ganzen Körper mit einem nicht materiellen Verteilernetz durchziehen, das ihn mit Lebensenergie versorgt. Die Nadis stellen diejenige Ebene dar, auf der neben der Chakrenarbeit auch homöopathische Heilmittel,

1 Das indische Wort »Nadi« bedeutet Kanal beziehungsweise Röhre.

Blüten- und Duftessenzen, Edelsteine, Kristalle und Jin Shin Jiutzu wirken.

Das Bild der Nadis, die unsere sieben Chakren miteinander verbinden, wird im Äskulapstab oder Caducaeus wiedergegeben. Ida und Pingala winden sich als Schlangen um den Stab, der den Zentralaspekt Sushumna symbolisiert. Dies ist zugleich das Symbol unseres verschlungenen Lebenswegs, der sich zwischen Gegensätzen hin und her bewegt. Es ist der Pfad labyrinthischer Verschlungenheit, der – wenn wir uns immer strebend bemühen – zur Vollkommenheit des siebten und höchsten Chakren führt.

Im Hinduismus stellt man die einzelnen Chakren als Lotosblüten mit verschiedener Anzahl von Blütenblättern dar:

– Kronenchakra:	1000 Blütenblätter
– Drittes Auge:	2 Blütenblätter[1] (seltener 100 oder 96 Blütenblätter)
– Kehlchakra:	16 Blütenblätter
– Herzchakra:	12 Blütenblätter
– Nabelchraka:	10 Blütenblätter
– Sexualchakra:	6 Blütenblätter
– Wurzelchakra:	4 Blütenblätter

Die Blütenblätter geben die Schwingungsfrequenz der einzelnen Chakren wieder. Schon die *Veden*[2] erwähnen, daß die Schwingung eines jeden Chakras das Vielfache der darunterliegenden Chakren aufweist. Das heißt, am Wurzelchakra gelingt es uns, aus vier kosmischen Quellen Energie zu schöpfen, die ich mit Albert EINSTEIN als die vier Dimensionen des Raums (Länge, Breite, Höhe und Zeit) ansehen würde. Mit

1 Die zwei Blütenblätter verweisen nach Oscar Marcel HINZE, *Tantra Vidya,* Freiburg/Breisgau 1983, S. 139 darauf, daß hier der Ursprung aller Polaritäten in Erscheinung tritt: Tag/Nacht, Sein/Nichtsein (sat/asat), Wissen/Nichtwissen (vidya/avidya), Bewußtsein/Unbewußtsein (cit/acit).

2 Das Wort »Veden« geht auf die Sanskritwurzeln »Vid« zurück, die Wissen bedeutet. Die *Veden* stammen aus der Zeit um etwa 1000 v. Chr.

jedem weiteren Chakra stehen uns mehr Kraftquellen zur Verfügung. Man kann also sagen, je höher das Chakra, um so mehr Bewußtseinsebenen stehen uns offen. Daß das Dritte Auge nur zwei Blütenblätter aufweist, verdeutlicht die Verbindung von Männlich und Weiblich (die »Coniunctio« der Alchimisten).

Die unterschiedliche Anzahl der Blütenblätter symbolisiert ferner eine zunehmende Differenzierung, zu der unser Bewußtsein auf den verschiedenen Ebenen der Chakren in der Lage ist. Sie verdeutlicht einen Weg vom Leben im Unbewußten (die Zahl vier als Zahl der erdgebundenen dunklen Kräfte) zu einem Leben aus dem vollen Bewußtsein heraus, das unendlich viele Möglichkeiten aufweist, was die Zahl 1000 darstellt.

Nach klassisch indischer Vorstellung verdeutlichen die Blütenblätter die Anzahl der Energiekanäle, durch welche die Lebensenergie in die einzelnen Chakren einfließen kann. Zugleich wird die aufgenommene Energie durch diese Kanäle weitergeleitet. Je höher ein Chakra im menschlichen Körper liegt, um so mehr Möglichkeiten der Energieaufnahme und -weiterleitung besitzt es. Man könnte zusammenfassend sagen: Je höher die Zahl der Blütenblätter ist, um so mehr Funktionen sind an das entsprechende Chakra gebunden.

Chakrenvorstellungen im Tibetischen Buddhismus

Auch bei den tibetischen Buddhisten gibt es Chakrenvorstellungen, die sich jedoch von denen der Hinduisten in einigen wichtigen Punkten unterscheiden. Leider wurden bisher in der westlichen Literatur beide Systeme zusammengeworfen, was eine gewisse Verwirrung schuf. Wenngleich das buddhistische System auch aus dem hinduistischen entstanden ist, so unterscheiden sich beide Systeme weitgehend in der verschiedenartigen Behandlung der Chakrenmeditation. Lama GOVINDA drückt diesen Unterschied sehr anschaulich aus, wenn er schreibt:

»[...] so erfüllen die buddhistischen und hinduistischen Tantriker dieselbe Landschaft des menschlichen Geistes mit verschiedenartigem Erleben.

Das hinduistische System betont mehr die naturhaft-statische Seite der Zentren [...]. Das buddhistische System ist weniger mit der statisch-objektiven Seite der Chakras beschäftigt, sondern mit dem, was sie durchströmt, mit ihren dynamischen Funktionen, d. h. der Verwandlung jenes Strömenden, jener naturhaft-kosmischen Energien in geistige Potenzen.«[1]

Der grundsätzlichste Unterschied zwischen hinduistischer und buddhistischer Chakrenauffassung liegt darin, daß die Buddhisten Tibets die Vorstellung der Chakren als ein Hilfsmittel zur Meditation ansehen. In ihrer Meditation auf die Energiezentren des menschlichen Körpers bildet der Meditierende Vorstellungen, *als ob* es Chakren gäbe. Dieses »als ob« ist bei ihnen zentral. Die Chakren stellen wie die verschiedenen Buddhas ein Hilfsmittel zur Meditation dar; sie sind ein Bild, aber keine materielle Wirklichkeit. Wenn die Buddhisten auf ihre Chakren meditieren, dann konzentrieren sie sich bewußt auf Archetypen beziehungsweise archetypische Vorstellungen. Der Buddhist kontempliert nicht diese archetypischen Vorstellungen in der Meditation, er wird zu ihnen. Wer in buddhistischer Weise auf sein Wurzelchakra meditiert, der wird zur Kraft der Erdung, das heißt, er spürt diese archetypische Kraft in sich.

Im Buddhismus der Kagyü-Tradition (Tibetischer Buddhismus, Tradition des Karmapa) gibt es nur fünf Chakren, und der Energiekanal liegt in der Mitte des Körpers und nicht wie bei den Hinduisten in der Wirbelsäule. Die zentrale Achse (tibetisch: »Rtsa«), auf der die Lebensenergie steigt und fällt, ist bei den Buddhisten kein Nervenstrang und auch nicht im Rückenmark gelegen wie bei den Hindus. Die Buddhisten haben keine materielle Vorstellung für diese Energieachse ausgebildet, sondern sie bleiben im Vorstellungsbild. Die Energieachse beginnt acht Finger breit hinter dem ursprünglichen Haaransatz auf dem Kopf und endet vier Finger breit unterhalb des Nabels. Man visualisiert sie als eine zentral im Körper gelegene Energiebahn, von der aus 72 000 Kanäle (Quersumme: neun) die Energie über den ganzen Körper verteilen.

1 A. Lama GOVINDA, *Grundlagen tibetischer Mystik,* a. a. O. S. 153.

Geburt und Tod spielen bei den Chakrenvorstellungen der Buddhisten eine wichtige Rolle: Das mütterliche Ei stellt sich der Buddhist als rot vor, den väterlichen Samen als weiß. Die weiße Energie des Vaters steigt bei der Geburt zum oberen Zentrum, und die rote Energie der Mutter begibt sich in das untere Zentrum der zentralen Energieachse. Zwischen diesen beiden Enden der Energieachse entstehen drei Energieräder, und jedes der beiden Enden bildet ebenfalls ein Energierad, so daß sich fünf den Chakren entsprechende Energieräder ergeben:

1. das Kopfzentrum, das dem Sahasrara-Chakra entspricht und dessen Unterzentrum das Dritte Auge (Ajna-Chakra) darstellt; das Dritte Auge besitzt jedoch keine Eigenständigkeit, sondern wird nur als eine Vorstufe des Kronenchakras angesehen, welches das höchste Bewußtsein symbolisiert;
2. das Halszentrum, das dem Vishuddha-Chakra entspricht;
3. das Herzzentrum, das dem Anahata-Chakra entspricht;
4. das Nabelzentrum unterhalb des Nabels, das tibetisch »Lte-Bahi Padma« genannt wird;
5. das Muladhara- oder Wurzelchakra, dessen Unterzentrum das Svadishthana-Chakra (Sexualchakra) bildet, das tibetisch »Gsan-Gnas«, der geheime Ort, genannt wird.

Schema 1-1: Das System der Chakren im Tibetischen Buddhismus		
Kräfte	*Chakren*	*Tibetische Bezeichnung*
kosmisch: erkennen und unterscheiden, Bewußtsein	Sahasrara Ajna Vishuddha	Stod
menschlich: mitfühlen, Emotion	Anahata	Bar
irdisch: zeugen und nähren, Körper	Manipura Muladhara Svadishthana	Smad

Diese fünf Chakren bilden ein eigenes Bewußtseinssystem im Körper. Die zentrale Energiebahn wird als weiblich und die sich bewegende Energie als männlich gedacht.
Im Tode klappen diese fünf Chakren zusammen und lösen sich in der Zentralachse auf. Der Körper wird dabei zunehmend kälter. Etwa 20 Minuten nach dem Tod wandert die weiße Energie des Vaters aus dem oberen Chakra zum Herzzentrum, was der Tote als mildes Licht wie Mondlicht empfindet. Dadurch verschwinden 33 Gefühlszustände, die sich vom Zorn her ableiten. Gleichzeitig begibt sich die rote Energie der Mutter von unten ins Herzzentrum, was der Tote als schönes, warmes Licht wie beim Sonnenuntergang erlebt. Dabei verschwinden 40 Gefühle, die von der Anhaftung her kommen. Danach wird es ganz schwarz, und dabei lösen sich sieben Gefühle auf, die sich von der Dummheit (Verblendung) her ableiten. Hierauf erlebt der Tote ein weißes Licht, das, wenn er es durch Konzentration (Bewußtseinskraft) festhält, die Schwingung seines Körpers ändert, und zwar von Materialität in den Energiezustand. Der Energiekörper, der jetzt fortbesteht, ist der Regenbogenkörper, der aus der Energie der Chakren aufgebaut worden ist.
Dem *Totenbuch der Tibeter* zufolge geht man in der Zeit zwischen Tod und Wiedergeburt, die sieben mal sieben Tage andauert, von oben nach unten durch die Welten der Chakren.
Im obersten Chakra erlebt man das Prinzip, das man zu Lebzeiten verehrt hat. Es mag Gott, Buddha, das Geld, die Macht oder der Sex sein. Und über all dem leuchtet das sogenannte »Urlicht«. Wenn wir dieses Licht und seine Klarheit nicht ertragen können, müssen wir eine Welt tiefer, in die Welt des Halschakras, hinabsteigen. Dort werden wir mit unserer Fähigkeit loszulassen konfrontiert, und wehe dem, der sich da an sein Ich klammert. Wenn man zum Beispiel in seinem Leben während seiner Meditationen lernte, sich aufzulösen, fällt es einem hier leicht loszulassen. Wir müssen uns von unserem eigenen Ich und seinen Vorstellungen verabschieden. Wir werden auf Ängste treffen, die viele von uns aus ihrer Meditation kennen: Da gibt es in der tiefen Entspannung der Meditation einen kurzen Moment, an dem man durch die Angst davor geht, sich jetzt

völlig aufzulösen. Wer sie auszuhalten gelernt hat, der wird sich auf der Ebene des Halschakras halten können und im glücklichsten Falle nicht mehr wiedergeboren werden. Aber machen wir uns nichts vor, es ist nicht einfach, die Seligkeit dieser Ebene zu ertragen. Das Ich kann solche Zustände nur schwer hinnehmen, da es nicht weiß, womit es sich identifizieren soll.

Auf der Ebene des Herzchakras angelangt, entscheiden wir, ob wir wiedergeboren werden möchten oder nicht. Das hängt davon ab, ob wir mit der Materie und unserem Körper identifiziert sind. Das bedeutet, daß sich auf der Ebene des Herzchakras abermals die Frage stellt, ob wir loslassen können oder klammern – und das nicht nur in bezug auf Menschen, sondern auch auf Gegenstände und selbst Eigenschaften.

Das Nabelchakra konfrontiert uns mit unseren Todesängsten, die eine Projektion unserer Aggressivität darstellen. Die Welt des unteren Chakras möchte uns mit Hilfe der Sexualität wieder ins Leben locken. Das *Totenbuch der Tibeter* benutzt hier ein einprägsames Bild: Wir sehen an dieser Stelle ein Paar in wilder Liebesumarmung, und wenn wir uns mit einem der Partner identifizieren, werden wir als Frau oder als Mann wiedergeboren und erneut der Lust und dem Leiden ausgesetzt.

Das höchste Ideal eines tibetischen Buddhisten liegt darin, beim Sterben sein Bewußtsein durch die höchste Pforte – also durch das Kronenchakra – austreten zu lassen. Gelingt es dem Sterbenden im Tode, sein Kronenchakra zu öffnen, dann wird er das sogenannte »reine Land Dewachen« betreten, in dem es keine Leiden mehr gibt.

Bei diesem Weg durch die Chakren handelt es sich nicht nur um postmortale Erfahrungen, sondern auch um solche, die wir alltäglich in unserem Leben machen. Der Tod ist dem Leben wesenhaft und sei es nur als noch so kleiner Abschied. Jeder Mensch wird einmal sterben, und er stirbt schon im alltäglichen Leben viele Tode wie im Abschied von einer Beziehung, in der Änderung der gewohnten Lebensumgebung, der Arbeit et cetera. Leben ist permanente Veränderung und damit auch Tod oder Abschied.

Um Ihnen eine Vorstellung der buddhistischen Art der Chakrenarbeit zu vermitteln, möchte ich eine für diese Tradition typische Meditationsübung vorstellen, die der 16. (jetzt verstorbene) Karmapa an den dänischen Lama Ole Nydal weitergab.

Übung

Tibetische Meditation auf die Chakren

- ➢ Wir nehmen sitzend eine uns bequeme Meditationsstellung mit geradem Rücken ein und beobachten, wie der Atem an der Nasenspitze kommt und geht, dann beginnen wir Schritt für Schritt die folgenden Vorstellungen aufzubauen:
- ➢ Sie sagen sich leise im Inneren zunächst dreimal: »Ich bin nicht mein Körper.« Dabei stellen Sie sich selbst als eine rote Dakini vor. (Eine »Dakini« ist die inspiratorische Kraft des Bewußtseins, die man sich meistens als schöne nackte Frauengestalt vorstellt. Die Nacktheit der Dakini symbolisiert die Erkenntnis der unverhüllten Wahrheit.)
- ➢ Sieht man sich selber deutlich als diese rote Dakini, dann visualisiert man folgendes:
  1. Einen weißen Karmapa über dem eigenen Scheitelchakra, der in die gleiche Richtung wie man selbst schaut. Der Karmapa hat sich seit über 800 Jahren immer wieder bewußt reinkarniert. In der Meditation nimmt der Meditierende mit ihm Kontakt auf, indem er sich entweder dessen schwarze Krone vorstellt, die ihn als Verkörperung von Avalokiteshvara, dem Buddha des Erbarmens, auszeichnet, oder sich sein Bild vergegenwärtigt. Bei dieser Meditation ist es notwendig, das Bild des Karmapa zu visualisieren. Dieses Bild kann man vor sich aufstellen, um es sich während der Meditation immer wieder ins Gedächtnis zu rufen.
  2. Hinter dem eigenen Kopf einen blauen Karmapa, der in die gleiche Richtung wie man selbst schaut.
  3. Vor sich einen roten Karmapa, der abermals in die Richtung des Meditierenden schaut.
  4. Rechts von sich einen goldenen oder gelben Karmapa.

5. Links von sich einen grünen Karmapa. Der gelbe und der grüne Karmapa schauen beide in die gleiche Richtung wie der Meditierende.

➢ Nun stellt man sich vor:
1. daß der weiße Karmapa durch den Zentralkanal bis ins Dritte Auge sinkt und darauf unser ganzer Kopf weiß wird;
2. daß der rote Karmapa durch den Zentralkanal bis ins Halschakra sinkt und daß danach unser Sprachzentrum und unser Mund leuchtend rot wird;
3. daß der blaue Karmapa durch den Zentralkanal bis ins Herzchakra sinkt und daß danach unser Oberkörper blau wird;
4. daß der grüne Karmapa durch den Zentralkanal bis ins Nabelchakra sinkt und daß danach unser ganzer Unterkörper grün wird.

➢ Der Meditierende hält sein Bewußtsein in diesen fünf Chakren und läßt sich nicht durch störende Gedanken ablenken, sondern bleibt völlig bewußt.

➢ Übt man alleine, dann beendet man an dieser Stelle die Visualisierung. Praktiziert man mit einem Meditationsleiter, dann klatscht dieser hier in die Hände, worauf Sie Ihre Augen öffnen. Sie können sich nun eines der fünf Chakren aussuchen, um bei ihm zu verweilen. Der Leiter klatscht wieder, Sie schließen Ihre Augen und zentrieren Ihr ganzes Bewußtsein in dem erwählten Chakra. Das Klatschen zum Öffnen und Schließen der Augen wird fünfmal wiederholt.

➢ Am Schluß falten Sie Ihre Hände und spenden alles Gute, das Sie durch diese Meditation erlangt hat, für alle lebenden Wesen.

Kommentar

Solche Visualisierungen sind extrem schwierig, wenn sie auch zu den einfacheren des Tibetischen Buddhismus gehören. Zu Beginn kommt es einzig darauf an, bei dieser Übung zu erfahren, welche Vorstellungsbilder Ihnen gelingen. Schon allein dies gibt Ihnen einen Geschmack davon, wie Tibeter mit ihren Chakren zu arbeiten pflegen.

Setzen Sie sich mit dieser Übung nicht unter Druck. Wenn Sie keine

Begabung für Visualisierungen haben, kann die korrekte Ausführung dieser Vorstellungen Monate für Sie in Anspruch nehmen. Ich habe die Übung hier nicht angeführt, damit Sie sie korrekt lernen, sondern um Ihnen eine Vorstellung davon zu geben, wie tibetische Buddhisten mit ihren Chakren arbeiten.
Wenn Sie diese Übung nicht ausführen können, nutzen Sie sie dazu, um sich klarzumachen, woran Sie speziell bei dieser Übung scheitern. Sie können so Ihre Widerstände herausfinden.

- Können Sie Ihre Konzentration nicht lange genug auf den Vorstellungsbildern halten?
- Fehlt Ihnen die innere Disziplin dazu?
- Schweifen Sie schnell ab?
- Gelingen Ihnen die genauen Vorstellungen nicht?
- Setzen Sie dem Denken und Fühlen in Bildern (rechtshirniges Denken) Widerstände entgegen?

Chakrenvorstellungen in China

In China wie auch später im mittelalterlichen Europa waren es die Alchimisten, die sich mit den Chakren beschäftigten, ohne unbedingt diese Körperzentren als solche zu benennen. Indem sie angesichts der damals noch weitgehend unbekannten Materie ihre eigene Psyche auf diese projizierten, erlebten und erkannten sie in ihren Experimenten die Energieströme und -zentren des menschlichen Körpers.
Den späten chinesischen Alchimisten des 15. und 16. Jahrhunderts waren die sieben Energiezentren des menschlichen Körpers bekannt, deren Lage sie an den gleichen Körperstellen wie die Hinduisten annahmen.
Die chinesischen Alchimisten (von etwa 150 v. Chr. bis ins 16. Jahrhundert hinein) waren hauptsächlich an der Unsterblichkeit interessiert. Dazu versuchten sie mit einer geheimen geistigen Technik innerhalb

ihres Körpers einen unsterblichen Samen zu produzieren. Unter anderem bestand ihre innere Alchimie darin, das »innere Feuer« zu entfachen. Dies geschah durch eine spezielle Atemtechnik, welche die Sexualkraft umwandeln sollte. Den Sitz der Sexualkraft nahmen diese Alchimisten am Wurzelchakra an, das sie als psychisches Zentrum des Menschen ansahen und den »Ersten Kruzibel«[1] nannten. Diese Sexualkraft, »Ching« oder auch »Chi« (»Chi'i«) genannt, wurde durch die Atemtechnik in der Wirbelsäule durch die einzelnen Chakren hindurch bis zum Kronenchakra gehoben und dann wieder langsam fallen gelassen. Dies wurde so oft wiederholt, bis der Adept das Gefühl hatte, daß seine Sexualkraft genug gereinigt sei, um in eine höhere Energieform verwandelt werden zu können. Diese Energie wurde nun – wieder mit Hilfe des Atems – in den »Zweiten Kruzibel«, das Nabelchakra, gehoben. Hier wurde das Ching mit dem in diesem Chakra befindlichen Chi'i zu einer höheren Energie verschmolzen, die dann zum Kronenchakra, dem »Dritten Kruzibel«, gehoben wurde. Dort wurden die beiden vereinigten Kräfte mit der Geisteskraft »Shen« verbunden. Diese drei vereinigten Kräfte ließ man im Körper auf- und absteigen. Sie wurden dabei gereinigt und fester miteinander verschmolzen.

Ich würde diesen Vorgang als die Verbindung der körperlichen (Ching), der emotionalen (Chi'i) und geistigen Kraft (Shen) ansehen. Das häufige Heben und Senken dieser drei miteinander verbundenen Kräfte symbolisiert das Auf und Ab des alltäglichen Lebens, in dem diese Kräfte zu einer praktischen Stärke werden. Das Leben als Lehrer läßt uns diese Kräfte täglich spüren und macht uns bewußt, was wir an ihnen haben. Sind diese drei miteinander verschmolzenen Kräfte ganz rein – das heißt, daß wir uns dieser Kräfte bewußt sind –, wird eine sogenannte »göttliche Ambrosia« empfangen, die nach der bildlichen Sprache der Alchimisten dem Adepten wie honigsüßer Speichel in seinen Mund fließt. Durch abermalige Atemübungen steigt diese gereinigte, göttliche Substanz

1 Vgl. dazu genauer: Rosalyn L. BRUYERE, *Chakras – Räder des Lichts. Einführung.* Essen 1993 und dies.: *Chakras – Räder des Lichts. Bd. 1 Das Wurzelchakra.* Essen 1993.

wieder in das Kronenchakra auf, wo sie als Licht wahrgenommen wird. Dieses innere Licht (des Bewußtseins) zeigt die endlich erreichte Unsterblichkeit an.

Chakrenvorstellungen in der Kabbala

Die Kabbala stellt eine im zwölften Jahrhundert vereinheitlichte Geheimlehre der Juden dar, die von starken mystischen Tendenzen geprägt ist. Sie wird als »Yoga des Westens« bezeichnet. Allerdings ist die Kabbala erst im 20. Jahrhundert als ein System der Energiezentren des menschlichen Körpers angesehen worden.

Das Wort »Kabbala« bedeutet wörtlich »vom Mund zum Ohr«, was darauf hinweist, daß die kabbalistischen Lehren mündlich vom Lehrer zum Schüler weitergegeben wurden. Das war sicher bis ins Hochmittelalter hinein der Fall.

Die Lehren der Kabbala findet man in einem kosmischen Diagramm verdichtet, das »Otz Chim«, das »Baum des Lebens« genannt wird.

Wie wir in der Abbildung 1-1 sehen, besteht der Baum des Lebens aus zehn Zentren, die traditionell als Kreise mit ihren 22 Verbindungslinien dargestellt werden. Die Anzahl dieser Verbindungslinien ist den 22 großen Arkanen (Trumpfkarten) des Tarots vergleichbar. Dazu kommt ein versteckter elfter Kreis, der hier nicht sichtbar ist. Die Kreise werden die »Sefirot« genannt und deren Verbindungslinien symbolisieren die Lebenskräfte. Die Sefirot werden wie die sieben Chakren als Tore des Lichts angesehen. Interessanterweise lassen sich die Zuordnungen zu den verschiedenen Sefirot erstaunlich gut auf die sieben Chakren beziehen.

PAPUS (Dr. Gerard Analect Vincent ENCAUSSE, 1865–1916), einer der berühmtesten französischen Kabbala-Forscher, teilt den Baum des Lebens in drei horizontale Abschnitte ein, die den verschiedenen Körperbereichen entsprechen.[1]

1 PAPUS, *Die Kabbala* (Faksimile-Nachdruck der Ausgabe von 1903). Wiesbaden 1980, S. 96f.

Schema 1-2: Die Chakren und die Sefirot der Kabbala		
Chakren	*Sefirot*	*Zuordnung*
Kronenchakra	Kether	Vereinigung mit Gott
Stirnchakra	Chochma Bina	Verständnis Weisheit
Halschakra	Daath	Überbrückung
Herzchakra	Chessed Gebura Tifereth	Mitgefühl Disziplin Schönheit
Nabelchakra	Nezach Hod	Gefühlswelten Gedankenwelten
Sexualchakra	Jessod	Wasser- und Mond- bereich
Wurzelchakra	Malchut	Bereich der Erde

Schema 1-3: Der Baum des Lebens nach Papus			
Körperbereich	*Zuordnung*	*Sefirot*	*Chakren*
Kopf	Geist	Kether Bina und Chochma Teth	Kronenchakra Stirnchakra Halschakra
Brust	Gefühl	Gebura, Tifereth, Chessed	Herzchakra
Bauch	Instinkt	Hod, Nezach Jessod Malchut	Nabelchakra Sexualchakra Wurzelchakra

Die Parallele zur Chakrenanordnung im menschlichen Körper ist deutlich sichtbar. Teilweise reicht die Übereinstimmung zwischen den Sefirot und den einzelnen Chakren bis ins Detail. So werden beispielsweise in der Kabbala Jessod und Daath als verwandt angesehen, was sich schon allein in der Bezeichnung von Daath (als höherer) Jessod-Ebene zeigt.

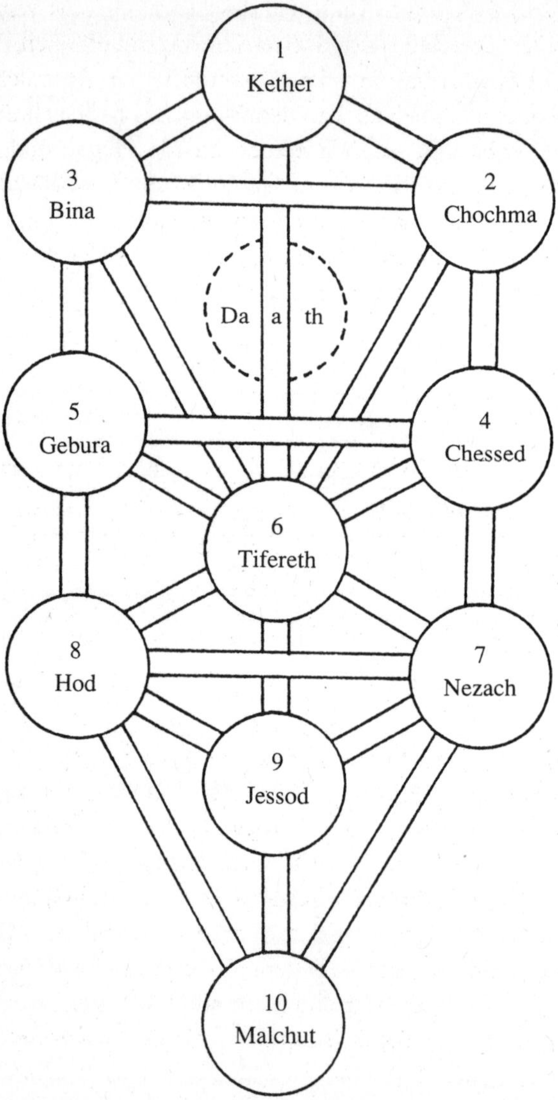

Abb. 1-1: Der Baum des Lebens

Genauso sind auch das Sexual- und das Halschakra als vergleichbare Prinzipien zu betrachten. Das Halschakra stellt die höhere Ebene der Kommunikation dar, die auf der Wasserebene des Sakralchakras beginnt. Außerdem können auch in dem Baum des Lebens drei verschiedene Wege der Energie gesehen werden, die Ida, Pingala und Sushumna entsprechen. Die mittlere senkrechte Verbindung von Malchut über Jessod, Tifereth und Daath nach Kether[1] stellt dabei die Sushumna dar, die linke Verbindung von Hod über Gebura nach Bina die Pingala und die rechte Verbindung von Nezach über Chessed nach Chochma die Ida.

Schema 1-4: Die drei Säulen der Sefirot			
	Ida	*Pingala*	*Sushumna*
	»Säule der Gnade«	»Säule der Stärke«	»Säule der Mitte«
Qualität	männlicher Weg	weiblicher Weg	neutraler Weg
Sefirot	Chochma Chessed Nezach	Bina Gebura Hod	Kether Daath Tifereth Jessod Malchut

Weitere Parallelen inhaltlicher Art bestehen darin, daß das dem Wurzelchakra zugeordnete Sefirot Malchut in der jüdischen Mystik mit dem Schutzengel verbunden wird. Auf dieser Ebene sieht man seinen Schutzengel, was nichts anderes als die Aussage des Wurzelchakras bedeutet, daß hier das Thema Überleben und der Schutz im Alltagsleben angesprochen wird. Dieser Schutzengel tritt wieder in dem dem Herzchakra zugeordneten Tifereth auf, wo er dem Meditierenden die Harmonie und Schönheit dieses mittleren Chakras vermittelt. Außerdem wird mit Chessed auf dieser Ebene der Zentralaspekt dieses Chakras, nämlich das Mitgefühl, angesprochen. Auf der Ebene des Sakralchakras herrschen

1 Kether ist Hebräisch und bedeutet »die Krone«.

mit Jessod Wasser und Mond vor, die den gesamten Bereich dieses zweiten Energiezentrums treffend symbolisieren. Auch die Tibeter verbinden dieses Chakra mit den Mondenergien. Daß das Nabelchakra mit dem Sefirot Nezach verbunden wird, ist wenig erstaunlich, da es hier um die Kultivierung oder Transformierung der groben in feine Gefühle geht. Mit Hod wird die Kontrolle der Gedanken angesprochen, auf daß sie sich nicht dem destruktiv Negativen zuwenden. Das Halschakra wird durch den geheimen Sefirot Daath charakterisiert, der für die Überbrückung steht, und zwar in unserem Fall der Überbrückung zur höheren geistigen oder Bewußtseinsebene. Man kann den Hals als die Verbindung oder Brücke zwischen dem Kopf (Intellekt) und dem Bauch (Gefühl) ansehen. Daß dem Stirnchakra die beiden Sefirot Bina, die Weisheit, und Chochma, die Erkenntnis, zugeordnet werden, bezeichnet dieses Energiezentrum als Ort des höheren Bewußtseins, dem das Gehirn entspricht. Wie dieses Chakra in seiner Verbildlichung zwei Lotosblüten aufweist, so ist es durch zwei Sefirot gekennzeichnet, welche die beiden Gehirnhemisphären symbolisieren.

Der Vollständigkeit halber sei hier noch ein esoterisches System des frühen mystischen Judentums angeführt, die sogenannte Hekaloth-Tradition. Der Schüler muß zu Beginn dieser Gebets-, Versenkungs- und Hymnenpraxis sieben Räume durchschreiten, die der Vorstellung nach mit Brücken verbunden sind. Der Zugang zu jedem wird von einem Engel bewacht.

Ich selbst praktiziere die kabbalistische Tradition nicht. Was ich jedoch durch die Religionshistorikerin Dr. Deirdre GREEN über sie erfahren habe, entspricht in auffälliger Weise der Chakrenarbeit. Die die sieben Bewußtseinsstufen symbolisierenden Räume werden genau wie die sieben Bewußtseinsstufen der Chakren beschrieben.

Chakrenvorstellungen im Mittelalter und bei Gichtel

Nun kommen wir zu den westlichen Traditionen der Chakrenarbeit. Der wichtigste Unterschied zwischen der Chakrenarbeit der östlichen und der westlichen Menschen liegt in der Einstellung zum Individuum. In der westlichen Chakrenarbeit kommt es darauf an, sein eigenes Leben zu leben, das in einem selbst angelegt ist und in keinem anderen als Möglichkeit bestand oder besteht. Im Osten dagegen kommt es darauf an, durch die Chakrenarbeit in ein tradiertes System eingefügt zu werden. Jede individuelle Abweichung von diesem System wird als Fehler betrachtet. Im Abendland ist es wichtig, auf die eigenen Erfahrungen zu vertrauen und nicht einfach etwas von anderen – und sei es auch der Meister – zu übernehmen. Für den westlichen Menschen wäre die östliche Einstellung ein Rückschritt, er würde auf die Stufe des verantwortungslosen Kindes zurückfallen.

Als Joseph CAMPBELL die hochmittelalterliche Gralsgeschichte las, stellte sich ihm der Unterschied zwischen dem westlichen und dem östlichen Weg wie folgt dar:

»Das, glaube ich, ist die große westliche Wahrheit: daß jeder von uns ein gänzlich einmaliges Geschöpf ist und daß, wenn wir der Welt je ein Geschenk zu machen hätten, es aus unserer eigenen Erfahrung kommen muß und aus der Verwirklichung unserer eigenen Möglichkeiten, nicht der irgendeines anderen. Im traditionellen Orient dagegen und allgemein in allen traditionsgegründeten Gesellschaften kommt der einzelne in eine Backform. Seine Pflichten werden ihm exakt und haarklein auferlegt, es gibt keine Möglichkeit, aus ihnen auszubrechen. Wenn Sie zu einem Guru gehen, um auf dem geistigen Weg Führung zu erhalten, weiß er, wo genau Sie sich auf dem traditionellen Pfad befinden, wo genau Sie als nächstes hingehen müssen, was genau Sie tun müssen, um dorthin zu gelangen. Er gibt Ihnen sein Bild zum Umhängen, damit Sie so sein können wie er. Das wäre keine rechte westliche Art, jemanden pädagogisch anzuleiten. Wir müssen unsere Schüler dazu anleiten, ihre eigenen Bilder von sich zu entwickeln. Was ein jeder in seinem Leben suchen muß, das gab es nie, nicht an Land und nicht auf See. Es muß etwas aus seinem ureigenen Erfahrungspotential sein, etwas, das niemals von irgendeinem anderen erlebt wurde oder erlebt werden könnte.«[1]

Wenn wir die westliche Chakrenarbeit betrachten, dann handelt es sich hierbei um eine individuelle Arbeit und weniger um ein Schüler-Lehrer-Verhältnis, bei dem der Schüler vom Lehrer etwas kritiklos übernimmt. Im europäischen Bereich waren es die Merowinger, das fränkische Königsgeschlecht, das vom Ende des fünften bis zur Mitte des achten Jahrhunderts herrschte, die zumindest um die Kraft des Stirnchakras wußten. Diese als Zauberer beschriebenen Könige liegen im heutigen Belgien an der Maas begraben. Ihre Schädel weisen wie diejenigen der tibetischen Lamas ein sogenanntes »Geistloch« auf. Das heißt, ihre Fontanelle ist geöffnet. Diese Öffnung der Fontanelle entsteht durch eine Meditation, die in Tibet »Powa« genannt wird. Bei dieser Meditation wird versucht, sich darauf vorzubereiten, seine Körperseele (tibetisch: po) im Tode aus einem Stirnchakra herauszuschleudern.[2]

Ob die Merowinger solche Techniken tatsächlich praktiziert haben, wird man heute nicht mehr herausfinden können. Der einzige Hinweis darauf ist dieses Geistloch. Wie diese Öffnung des Stirnchakras auch immer zustande gekommen sein mag, auf jeden Fall hat sie etwas mit einem bewußten Umgang mit den Körperenergien zu tun und mit dem Wissen um das Kronenchakra. Dieses Wissen ist so alt wie die Tradition der Königskrone[3], die mit ihrem Metall und ihren Steinen die Kraft der Ausstrahlung ihres Trägers durch sein Kronenchakra verstärken sollte.

1 Joseph CAMPBELL, *Die Kraft der Mythen. Bilder der Seele im Leben des Menschen.* Zürich/Berlin 1989, S. 176.

2 Powa ist die Übung des bewußten Sterbens, die hauptsächlich in der Kagyüpa-Tradition des Mahayana-Buddhismus gelehrt wird. Bei der Powa-Meditation lernen die Meditierenden, ihr Bewußtsein aus dem Sahasrara-Chakra herauszukatapultieren. Über die Einstellung des Buddhismus zum Tod vgl. das hervorragende Buch von Bokar RINPOCHE, *Der Tod und die Kunst des Sterbens im Tibetischen Buddhismus.* Schloß Wachendorf/Mechernich 1992.

3 Diese Tradition leitet sich von römischen Pflanzenkränzen wie zum Beispiel dem bekannten Lorbeerkranz oder dem Rosenkranz ab.

Der erste Deutsche, der bewußt auf die Chakren des menschlichen Körpers nicht nur eingeht, sondern sie auch aufzeichnete, war Johann Georg GICHTEL (1638–1710), der in der Tradition des deutschen Mystikers Jakob BÖHME (1575–1624) stand. Von Jakob BÖHME ist der folgende Ausspruch über die Chakren überliefert:
»Jedes Rad [Chakra] besitzt sieben Räder, eines im anderen, und eine Nabe, die all den sieben Rädern gemeinsam ist, und alle sieben Räder drehen sich um diese Nabe.«
Augenscheinlich ging BÖHME im Gegensatz zu GICHTEL davon aus, daß es Chakren in den Chakren gibt. Das entspricht der tantrischen Auffassung vom Lichtkörper des Menschen. GICHTEL vereinfacht BÖHMES Vorstellung und nähert sie damit unserem heutigen Bild der Chakren an. Der in Regensburg gebürtige GICHTEL zeichnete zu Ende des 17. Jahrhunderts die sogenannte »Gichtel-Figur«, welche die Lage der sieben Chakren fast genauso angibt, wie die meisten Theosophen sie heutzutage annehmen.[1] Das Besondere an GICHTELS Anordnung ist jedoch, daß seine sieben Chakren alle auf einer Spirale liegen, die rechtsdrehend vom Herzzentrum ausgeht, dann zum Nabelzentrum verläuft, von hier zum Halszentrum und von dort zum Milzzentrum – ein Chakra, das auch bei vielen Theosophen an Stelle des Sakralchakras angenommen wird –, von dort zum Stirnzentrum und von hier über das Wurzelchakra zum Kronenchakra verläuft. Durch diese spiralförmige Anordnung befinden sich die Chakren allerdings nicht auf einer Mittellinie im menschlichen Körper.

1 Johann Georg GICHTEL, *Theosophia practica.* 1. Auflage 1696. Den Chakren werden in diesem Werk auch Planeten nach der ptolemäischen Reihenfolge zugeordnet:
Kronenchakra – Saturn
Stirnchakra – Jupiter
Halschakra – Mars
Herzchakra – Sonne
Nabelchakra – Venus
Milzchakra – Merkur
Wurzelchakra – Mond.

Statt des Sakralchakras nimmt GICHTEL ein etwas seitliches, rechts von der Wirbelsäule gelegenes Milzchakra an. Welch enorme positive Kraft die Sexualität darstellen kann, war am Übergang zur Neuzeit, als massenhaft Hexen unter anderem aus Angst vor der weiblichen Sexualität verbrannt wurden, weitgehend unbekannt. Ein sexuelles Energiezentrum im Menschen, das zur Bewußtseinsentwicklung beiträgt, konnte man sich so richtig erst wieder nach Sigmund FREUDS Untersuchungen zum Unbewußten um 1900 vorstellen. Auch die Theosophen des prüden viktorianischen Zeitalters kennen meistens kein Sexualchakra, und Rudolf STEINER, der frühere Sekretär dieser aus England stammenden Gruppe, warnt ausdrücklich die Anthroposophen davor, sich mit den unteren Chakren zu beschäftigen. C. W. LEADBEATERS Aussage zum Sexualchakra mag stellvertretend für die Einstellung der Theosophen und der aus ihnen hervorgegangenen Anthroposophen stehen:
»Das Milz-Chakra wird in indischen Werken nicht angegeben. Seine Stelle wird von einem Zentrum eingenommen, das *Swadischthana* genannt wird und sich in der Nähe der Zeugungsorgane befindet; es werden ihm ebenfalls sechs ›Blumenblätter‹ zugeschrieben. Von unserem Standpunkt aus müßte die Erweckung eines solchen Zentrums als ein großes Unglück bezeichnet werden, da schwere Gefahren damit verbunden sind.«[1]
Meine verehrte Lehrerin Freifrau Dr. VON UNGERN-STERNBERG machte mich vor Jahren darauf aufmerksam, daß auf den 138 Miniaturen der Manessischen Handschrift (Heidelberger Liederhandschrift) aus dem 14. Jahrhundert, die Dichter und Ritter den Schild meistens vor ihrem Nabelchakra tragen. Sie riet ihren Schülern, sich als Schutzmeditation einen Schild vor dem Nabelchakra zu imaginieren. Außerdem fiel mir bei einer Rundreise zu schwarzen und weißen Madonnen im Rhein- und Maasgebiet auf, daß mittelalterliche Madonnen, wenn sie mit Edelsteinen geschmückt werden, diese immer an ihren Chakren tragen. Hier ist das Halschakra, das für die Kommunikation mit dem höheren Selbst zuständig ist, die beliebteste Stelle.

1 Charles W. LEADBEATER, *Die Chakras.* Freiburg/Br. 1983, S. 6 [Fn. 2]

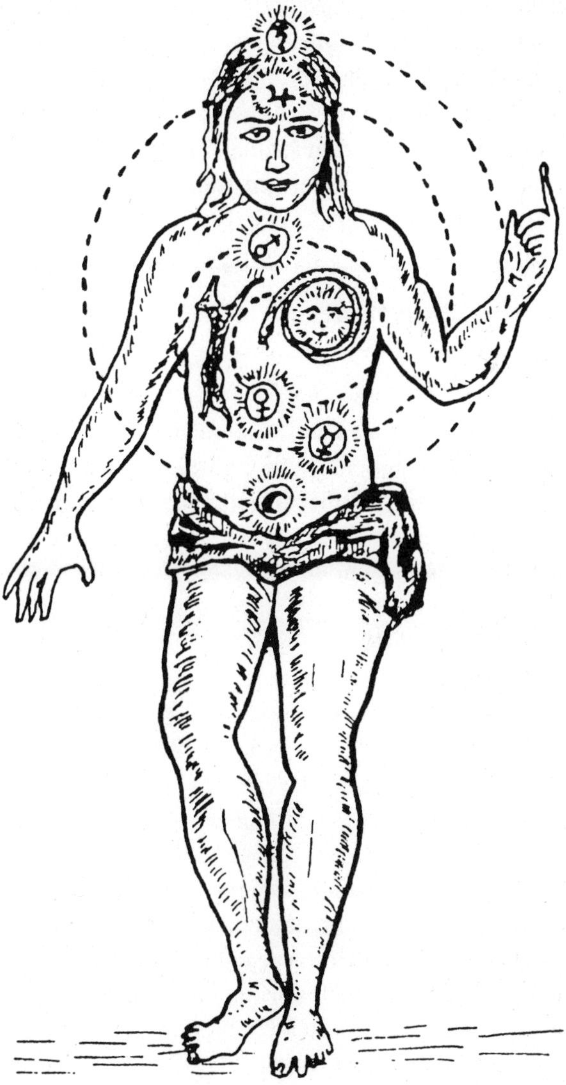

Abb. 1-2: Die Chakren nach Johann Georg Gichtel

Sicher besaßen die Buchmaler des 14. Jahrhunderts genausowenig wie die mittelalterlichen Madonnenschnitzer eine dezidierte Vorstellung von den Chakren des menschlichen Körpers. Aber als bewußte Menschen, die gemessen an der heutigen Zeit viel kontemplativer lebten, wurden ihnen bestimmte Kraftzentren des Körpers einfach bewußt, ohne daß sie dazu ein ausdrückliches Konzept benötigten.

Chakrenvorstellungen der Neuzeit

Freud entdeckt die erogenen Zonen

Verzichten wir einmal auf den idealisierenden Blick, mit dem wir asiatische Kulturgüter zu betrachten pflegen, dann fällt sofort auf, daß die Vorstellung von den sieben Energiezentren des menschlichen Körpers letztendlich eine Entfremdung darstellt. Im Ideal wäre doch der gesamte menschliche Körper als ein großes Energiezentrum anzusehen und nicht nur relativ kleine Zonen. Der Begründer der Psychoanalyse Sigmund FREUD (1856–1939) ging davon aus, daß ursprünglich unser ganzer Körper eine einzige erogene Zone bildete und daß die Beschränkung der Sexualität auf die abgegrenzten Bereiche der primären und sekundären Geschlechtsmerkmale eine kulturell gebildete Entfremdung darstellt.
Genau betrachtet sind die Chakren so etwas wie erogene Zonen, nämlich Körperteile, die besonders empfindlich auf Außenreize reagieren. Ich denke mir, daß unser gesamter Körper ursprünglich ein großes Chakra war. Das kann man noch daran erkennen, daß die Lage der einzelnen Chakren fast von jedem Autor unterschiedlich angenommen wird. Wir können im Grunde auf jedes Körpersegment ein Chakra projizieren und jede Körperstelle im Hinblick darauf trainieren, sich für Außenreize zu öffnen.
Wenn Medien in ihrer Sicht der Chakren übereinstimmen, gehören sie meist der gleichen Schule an oder haben alle vorher LEADBEATERS Klassiker studiert, der ihnen vorschreibt, was wo zu sehen ist. In meinen

Gruppen und der Einzelarbeit habe ich mit den Energiezentren von über 1000 Einzelpersonen gearbeitet und dabei immer wieder festgestellt, daß die Lage der sieben Chakren zwar einer sinnvollen Modellvorstellung entspricht, daß aber zugleich die mit den Chakren verbundenen Bewußtseinszustände und Empfindungen ganz und gar nicht auf eng umschriebene Areale festgelegt werden können. In Anlehnung an FREUD würde ich eher sagen, daß die Einengung der sieben Chakren auf sieben eng beschriebene Areale eine Entfremdung von unserem Körper darstellt. Je mehr einer über Chakren weiß, um so deutlicher spürt er seine Chakren genau an den dafür vorgeschriebenen Stellen. Wer dagegen wenig bis nichts über Chakren weiß, spürt die entsprechende Energie in größeren Arealen wie zum Beispiel die Energie des Nabelchakras im gesamten Bauchraum, die des Herzchakras im größten Teil seines Oberkörpers. Einzig die oberen drei Chakren werden von allen Menschen ziemlich genau an der gleichen Stelle angegeben.
Daß unsere Chakrenempfindungen teilweise örtlich schwanken, hängt mit der Erinnerung unseres Körpers an die Zeit zusammen, als der gesamte Körper aus sieben Chakren bestand. Darauf baut auch die komplizierte tibetische Chakrenmeditation auf, die ja den ganzen Körper Stück für Stück in die Farbe des entsprechenden Chakras taucht. Für uns Europäer ist allerdings unser Körper derart in bestimmte hochspezialisierte Zonen aufgeteilt, daß wir die Chakren tatsächlich an ganz speziellen Stellen fühlen. Wie gesagt, unser Körper ist nicht mehr im Ganzen als erogene Zone zu betrachten.

Logen, postmodernes Tantra und humanistische Psychologie

Es ist auffallend, daß wir im ostasiatischen Tantra ähnliche Vorstellungen wie in der chinesischen Alchimie finden. Ideen dieser sexuell aufgefaßten Alchimie gelangten dann gegen Ende des 19. Jahrhunderts in den von Dr. W. WOODMAN (1828–1891), Dr. W. WESTCOTT (1848–1925) und Samuel Liddel MATHERS (1854–1918) gegründeten Hermetic Order of the Golden Dawn. In der Interpretation dieses Ordens wurde

der Destillierkolben der Alchimisten zum Uterus, das Bad der Venus (teilweise auch als Kürbis bezeichnet) zur Vagina, das mäßige Feuer des alchimistischen Ofens zur sexuellen Begierde und das sogenannte Lebenswasser (aqua vita) zu den weiblichen Sekreten. Die Schlange oder das Blut des roten Löwens ist der männliche Samen, die prima materia stellt die weiblichen Sexualsekrete vermischt mit dem männlichen Samen dar. Im sittenstrengen viktorianischen Zeitalter wendet sich das esoterische Interesse besonders dem Sexualchakra zu. Die Sexualität war das Verbotene und das große Geheimnis. Der berühmte Theosoph Dr. Franz HARTMANN (ebenfalls ein Mitbegründer dieses Ordens, 1838–1912) betrachtete die Verwandlung der Metalle in Gold als Kultivierung der animalischen Triebkräfte, wie sie auch in der Chakrenarbeit geschieht. Es ist ja das Ziel der Chakrenarbeit, daß die undifferenzierten Triebe, die den unteren beiden Chakren zugeordnet werden, bewußt kultiviert und differenziert werden. Das ist mit dem Aufsteigen der Energie in die höheren Zentren gemeint: Die Triebenergie wird mit jedem höheren Chakra bewußter erlebt und dadurch differenziert und kultiviert.
Seit dem Ende der siebziger Jahre wurde das ostasiatische Tantra zunehmend von dem westlichen Menschen entdeckt. Freilich wurde Tantra bei der Berührung mit westlichen Ideen ziemlich verändert. Der Europäer war von der Kultivierung der sexuellen Energien fasziniert und vergaß darüber schnell, daß das klassische Ziel des Tantra und der Chakrenarbeit in der Überwindung der Sexualität liegt. Die Kräfte der niederen Chakren sollen, wie es in den ursprünglichen tantrischen Schriften heißt, transformiert werden. Das heißt mit anderen Worten, daß die Triebenergien der unteren Chakren zu geistigen Energien umgeformt werden sollten. Die Spannung des Triebes wird als Energie benutzt, um Bewußtsein zu schaffen, indem man diese Spannung aushält und nicht auslebt.[1] Dadurch wird Bewußtsein gebildet. Das ist der Weg der Chakrenarbeit, mit dem jedoch westliches Tantra wenig gemein hat. Im modernen westlichen

1 Das entspricht Sigmund FREUDS Ansicht von der bewußtseinsbildenden Kraft der Sublimation. FREUD war Zeit seines Lebens ein vehementer Gegner des Ausagierens, da es keinen Bewußtseinsfortschritt fördert.

Tantra liegt das Schwergewicht auf der Kultivierung der Energien des Sexualchakras. Man verfeinert seine sexuelle Ausdrucksweise und versucht einen hohen Grad von Bewußtsein über seine Sexualität zu bekommen.

Die Kultivierung der Sexualität halte ich für einen äußerst wichtigen Weg, der jedoch mit dem ursprünglichen Tantra, eine Schriftensammlung, die zu den Grundlagen des Hinduismus gehört[1], fast nur noch den Namen gemein hat. Es ist typisch für unsere heutige Zeit, die spätestens seit FREUD den sexuellen Aspekt des hinduistischen Tantra einseitig auf Kosten aller anderen Aspekte betont. Dennoch hilft dieses westliche Tantra in hervorragender Weise zur Öffnung des Sexualchakras. Seit Sigmund FREUD ist es deutlich, wie wesentlich diese Öffnung ist, um auch die anderen Chakren beziehungsweise Bewußtseinsebenen befreien zu können.

Ich gehe davon aus, daß ein jeder spiritueller Weg sein Ziel in der alltäglichen Bewußtheit über das, was man tut, denkt und fühlt, findet. In der Bewußtseinsarbeit treffen sich östliche Chakrenarbeit und westliche humanistische Psychologie. Hier wird FREUDS berühmter Ausspruch »Wo Es war muß Ich werden« eingelöst, allerdings nicht mehr dogmatisch analytisch, sondern eher in der Arbeit an dem Gefühlsausdruck, der bei dem westlichen Menschen kulturell äußerst überformt ist. Da liegt der große Unterschied zwischen westlichen und östlichen Menschen: Der östliche Mensch tendiert nach C. G. JUNG dahin, sein Gefühlsleben ungebrochen auszuleben, ihm fehlt es an Disziplin. Deswegen lehrt das hinduistische Tantra hauptsächlich Disziplin im Umgang mit Gefühlen. Der westliche Mensch dagegen leidet unter einem Zuviel an

1 Im klassischen hinduistischen Tantra, das von höchster Disziplin geprägt ist, gibt es zwei verschiedene Wege:

1. den Weg der linken Hand (Vamachara), der in bewußter Weise die hinduistischen Normen durchbricht, um sie letztendlich wieder besser einhalten zu können, und
2. den Weg der rechten Hand (Dakshinachara), der mit äußerster Disziplin die Hingabe an das weibliche Prinzip der großen Mutter fordert.

Auch im Buddhismus gibt es tantrische Schriften, wobei Tantra hier »Meditationssystem« bedeutet.

Disziplin und einem Zuwenig an Gefühlsausdruck. Um bei ihm die einzelnen Chakren und somit die verschiedenen Bewußtseinsebenen zu öffnen, bedarf es der Befreiung des Gefühls. Das ist eine Aufgabe, welche die humanistische Psychologie sich gestellt hat.
Um sich eingehend mit der Chakrenarbeit auseinanderzusetzen, hilft zumindest einige Therapieerfahrung mit Methoden der humanistischen Psychologie. Im Grunde kann man erst dann einen spirituellen Weg wie die Chakrenarbeit beschreiten, wenn man seine Psyche ins reine gebracht hat. Betritt man den Weg der Chakrenarbeit mit einer verwirrten Psyche, verkommt dieser Weg leicht zur Sublimation. Das heißt, er wird benutzt, um seine eigenen Schwierigkeiten zu verdecken, statt sie im Gesundungsprozeß zu erleben.

Chakren, ein allgemeines Kulturphänomen

Wie wir also deutlich sehen, kommen die Chakren als eine archetypische Vorstellung in den unterschiedlichsten Kulturen und dazu in verschiedenen Zeitaltern vor. Die Betrachtung der Chakren und die Arbeit mit ihnen ist keineswegs an den Hinduismus oder den Buddhismus gebunden, sondern stellt ein Phänomen dar, das der Westen wie der Osten kennt. Insofern ist die Chakrenarbeit zwar dem Yoga sehr verbunden, aber sie kann auch mit Mitteln der westlichen Tradition, wie sie die humanistische Psychologie und die Tiefenpsychologie bereitstellen, angegangen werden.
Das Ziel der Chakrenarbeit ist für den westlichen und den östlichen Menschen das gleiche, nämlich eine bewußtere Lebensführung zu erwerben. Die Methoden, um dorthin zu gelangen, sind jedoch unterschiedlich: Der westliche Mensch benötigt einen engeren Kontakt mit seinen Gefühlen, um sich seiner selbst bewußt zu werden, während der östliche Mensch eine stärkende Verbindung zur Disziplin herstellen muß.

Kapitel 2

Die Lokalisierung der Chakren

Gibt es die Chakren?

Im vorigen Kapitel wurde die Frage kurz angerissen, ob es die Chakren überhaupt gibt. Ohne groß auf theoretische Diskussionen dieser Frage, die inzwischen Bücher anfüllen, einzugehen, ist von meiner Seite dazu zu sagen:

1. Die Chakren gibt es, aber sie sind nicht materiell. Wir haben es bei der Vorstellung der Chakren mit einer Parallele zwischen körperlichen, gefühls- und bewußtseinsmäßigen Vorgängen zu tun.
2. Man kann die sieben Chakren als Energie- und Lichtphänomene des menschlichen Körpers wahrnehmen.
3. Die Chakren stellen ferner ein Modell dar, um Bewußtseinszustände und Vorgänge im menschlichen Körper besser verstehen zu können.

Ich verstehe das Chakrensystem als Landkarte, die uns dabei hilft, uns auf unserem Weg zu einem höheren Bewußtsein zurechtzufinden. Unser Bewußtsein stellt dabei das Gebiet dar, das wir bereisen wollen. Die Vorstellung der Chakren ist das Hilfsmittel, uns in diesem unbekannten Gebiet zu orientieren. Wenn wir auch die Vorstellung der Chakren als Hilfsmittel brauchen, um uns in unserem Körper und in unserem Bewußtsein zurechtzufinden, so sind sie jedoch weder unser Körper noch unser Bewußtsein selbst. Die Landkarte ist keineswegs mit dem Land, das wir bereisen, identisch. Dennoch ist ihr Wert als Ordnungs- und Orientierungsschema unbestritten.
Die Chakren gibt es außerdem als konkretes Energiephänomen in der menschlichen Vorstellung, die ihre Bilder auf den menschlichen Körper

projiziert. Mit diesen Bildern erleben wir unseren Körper, und somit hilft die Beschäftigung mit den Chakren, uns unseres Körpers und unseres Bewußtseins bewußter zu werden.

Daß bei den Chakren die Vorstellungsbilder wichtig sind, zeigen uns die Darstellungen der sieben Chakren in der hinduistischen Kunst. Dort wird jedes Chakra traditionell mit einem ausführlichen symbolischen Bild dargestellt. Bei der Betrachtung solcher Bilder erlangen wir in komprimierter Weise die archetypischen Vorstellungsbilder wieder, die mit einem jeden der sieben Energiezentren verbunden sind.

Das Wurzelchakra zeigt Indras Elefanten Airavati mit seinen sieben Rüsseln, welche die sieben menschlichen Grundbedürfnisse und die sieben Mineralien symbolisieren, die für das physische Leben notwendig sind. Der mythologische Elefant Airavati wurde aus einem Meer von Milch geboren. Alles fängt mit der nährenden Milch an, von der die Säugetiere so abhängig sind, möchte uns dieses Bild sagen. Das Wurzelchakra steht unter anderem für das Säuglingsalter des Menschen, in dem dessen Bedürfnisse rein auf das Überleben ausgerichtet sind.
Zum anderen verweist Airavati auf Indra, dessen Reittier er darstellt. Der Gott Indra kann in der klassischen Mythologie mit Zeus beziehungsweise Jupiter verglichen werden. Indra wohnt auf dem mythologischen Berg Meru, der die Wirbelsäule des Menschen symbolisiert und das Zentrum der Welt darstellt. Hier am Wurzelchakra stehen wir zwar am Anfang unseres Weges, zugleich aber auch im Zentrum der Lebensenergie, die unsere Wirbelsäule beherrscht.
Ferner finden wir hier den mit einem Elefantenkopf dargestellten Gott Ganesha, den Gott der Weisheit, der alle Hindernisse beseitigt. Natürlich tritt auch Brahma, der Herr der Schöpfung, auf und die sogenannte Dakini (eine weibliche Kraft, die »Shakti« genannt wird), die das Energiemuster für die Erhaltung der Schöpfung bildet. Dakinis sind weibliche Wesen, die sich meist in geschlechtlicher Vereinigung mit dem entsprechenden Gott befinden. Höchstwahrscheinlich stammen die Vorstellun-

Abb. 2-1: Das Wurzelchakra

gen der Dakinis noch aus dem vorbuddhistischen Bön-Glauben in Tibet und Nepal, in dem es von solchen Dämoninnen nur so wimmelte.
Brahma wird traditionell als Kind dargestellt, um zu zeigen, daß das Bewußtsein auf dieser Ebene noch sehr unreif ist. Beide, Brahma und Dakini, machen die Geste (Mudra) der Vertreibung der Angst. Man sollte sich der Ebene dieses Chakras ohne Angst nähern.
Schließlich sehen wir traditionell im Bild des Muladhara-Chakras einen von einer Schlange dreieinhalbmal umwundenen Lingam (Penis), der das Wurzelchakra als Zentrum der vitalen Lebensenergie verbildlicht und die potentielle Energie verdeutlicht, die in diesem Chakra schlummert.

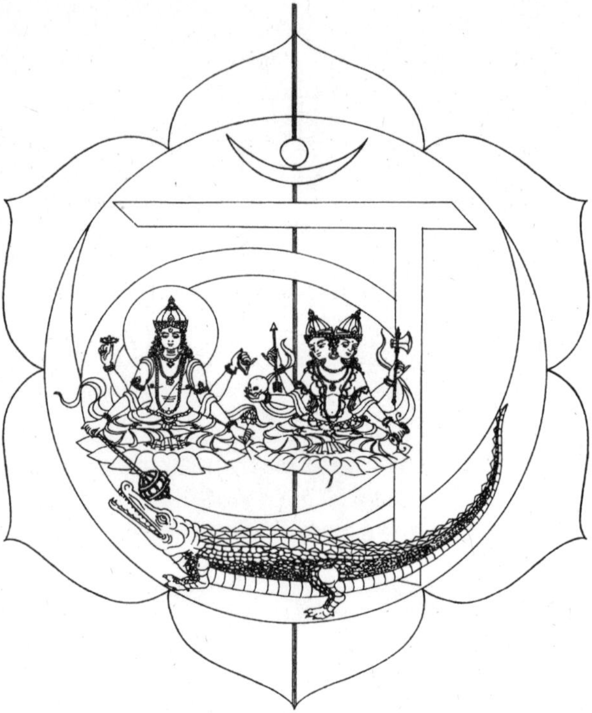

Abb. 2-2: Das Sexualchakra

Das Sexualchakra zeigt Vishnu, den Herrn der Erhaltung und Herrscher dieses zweiten Chakras, und die Rakini (ebenfalls eine Dakini), die das Thema dieses Chakras anspricht, nämlich das Bemühen des Menschen, ein Gleichgewicht zwischen Innen und Außen zu erreichen.
Als Tier finden wir das Krokodil Makara dargestellt, das die Sinnlichkeit des Menschen symbolisieren soll.

Das Nabelchakra wird durch Rudra symbolisiert, der für Zerstörung und zugleich die Kontrolle über Gewalt und Zorn steht. Mit diesem Vorstellungsbild ist der Umgang mit negativen Gefühlen beziehungsweise dem

Abb. 2-3: Das Nabelchakra

eigenen Schatten angesprochen. Gefühle wie Gewalt und Zorn sollten nicht ausgedrückt, sondern objektiv beobachtet werden. Dadurch wirkt ihre Energie im Inneren, ein Bewußtsein über die eigene Lage wird erzeugt und die negativen Gefühle können sich auflösen. Als weibliche Kraft sehen wir im dritten Chakra die Lakini, ein Wesen des Feuers, das auf das Element dieses dritten Energiezentrums verweist.
Als Tier wird der Widder diesem Chakra zugeordnet, da er sich wie ein von diesem Chakra beherrschter Mensch verhält: Er ist aggressiv und greift mit seinem Kopf an. Darüber hinaus ist der Widder dem Feuer ja auch astrologisch verbunden.

Abb. 2-4: Das Herzchakra

Das Herzchakra wird in seiner männlichen Ausprägung durch Isha dargestellt, der als das Prinzip des Mitgefühls angesehen wird. Das weibliche Prinzip ist durch die Kakini dargestellt, welche die selbstlose Hingabe verdeutlicht und bereit ist, weiter zu höheren Chakren aufzusteigen.
Als Tier finden wir hier das Reh, das mit Lebenslust und Freude die Eigenschaften des Menschen zeigt, die aus diesem Chakra heraus leben. In manchen Fällen wird statt des Rehs die Gazelle dargestellt, die als Inbegriff der Schnelligkeit der Luft zugeordnet wird.

Abb. 2-5: Das Kehlchakra

Das fünfte Chakra zeigt als Gottheit den Panchvaktra (oder Sada), der Furchtlosigkeit gewährt, und als weibliches Prinzip die Shakini, welche die vollkommene Reinheit symbolisiert. Panchvaktra ist eine Erscheinungsform Shivas, jenes Gottes, der die Illusionen und die Negativität des Menschen zerstört. Wenn wir von Shiva dem Zerstörer reden, dann meinen wir damit, daß dieses Prinzip uns Klarheit und Positivität bringt. Als Zerstörer von Illusion, Lüge und falscher Phantasie regiert dieser Gott vorzüglich das Halschakra.
Als Symboltier treffen wir im Kehlchakra wieder den Elefanten als Gebieter für alle Tiere.

Für die beiden letzten Chakren gibt es keine Tiersymbole mehr, da die Tiere den Elementen verbunden sind und sich die letzten beiden Chakren jenseits der Welt der Elemente befinden.

Das Dritte Auge wird von Ardhnarishwara als männlichem Prinzip geprägt. Ardhnarishwara ist genau betrachtet androgyn. Er besitzt eine männliche und zugleich eine weibliche Seite, was die Aufhebung der Dualität auf dieser Stufe symbolisiert. Er ist ferner der Gott allen Wissens. Teilweise finden wir hier zusätzlich den Gott Hamsa dargestellt, der im *Mahabarata* mit Krishna gleichgesetzt wird und das universelle Bewußtsein symbolisiert. Das Dritte Auge als Ort des Bewußtseins wird somit folgerichtig als Wohnort von Krishna beziehungsweise Hamsa gedacht. Als weibliches Prinzip finden wir hier die Hakini, die uns bedingungslose Wahrheit schenkt.

Das Kronenchakra weist weder Gott noch Göttin auf; wir sind dem Bereich der Götter entwachsen. Hier gibt es nichts mehr, das symbolisiert werden kann.

Abb. 2-6: Das Dritte Auge

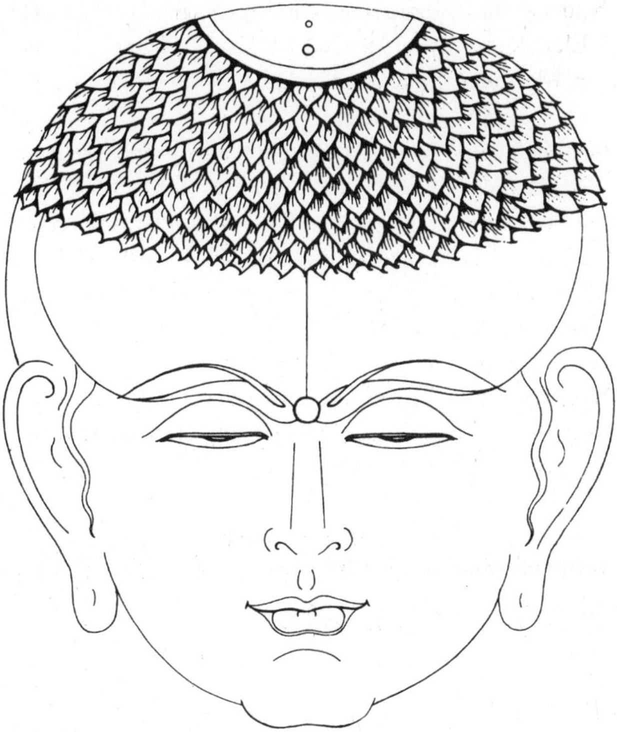

Abb. 2-7: Das Kronenchakra

So zeigen diese klassisch hinduistischen Bilder sehr anschaulich, was mit den sieben Chakren gemeint ist. Eine Meditation auf die bildlichen Darstellungen der einzelnen Chakren kann uns der Erfahrung unserer Energiezentren sogleich viel näher bringen.

Da Körper, Geist und Seele ein Kontinuum darstellen, spiegelt sich all das, was wir auf unserem Bewußtseinsweg erleben, auch in unserem Körper und in unserem Gefühl wider. So ist jedes Chakra auf Körper, Geist und Seele oder konkreter auf Körper, Bewußtsein und Gefühlsleben zu beziehen.

Schema 2-1: Die Bilder der einzelnen Chakren

Chakra	*männliches Prinzip*	*weibliches Prinzip*	*Symboltier*
Kronen-chakra	jenseits aller Vorstellungsbilder; einziges mögliches Vorstellungsbild: der tausendblättrige Lotos		
Drittes Auge	Ardhnarishwara Gott der Aufhebung der Dualität alles Wissens oder Hamsa (Krishna) Symbol des unendlichen Bewußtseins	Hakini Prinzip der Wahrheit	keines
Kehl-chakra	Panchvaktra Shiva und auch Sada Prinzip der Furchtlosigkeit	Shakini Prinzip der Reinheit	Elefant als Herr über alle Tiere (symbolisiert den Äther als höchstes aller Elemente)
Herz-chakra	Isha Prinzip des Mitgefühls	Kakini Prinzip der selbstlosen Hingabe	Reh für Lebenslust und Lebensfreude; Gazelle als Symbol der Schnelligkeit dem Element Luft zugeordnet
Nabel-chakra	Rudra Prinzip der Zerstörung und zugleich der Kontrolle von Gewalt und Zorn	Lakini Symbol des Feuers	Widder, ebenfalls ein Feuersymbol
Sexual-chakra	Vishnu Gott der Erhaltung alles dessen, was ist	Rakini Prinzip des Gleichgewichts von Innen und Außen	Krokodil für Sinnlichkeit
Wurzel-chakra	Brahma Gott der Schöpfung	Dakini Prinzip der Erhaltung	Elefant, der unter anderem das Element Erde symbolisiert

Die Lage der Chakren im Körper

Die sieben Chakren werden mit bestimmten Körperstellen verbunden, an denen man die Energie des entsprechenden Chakras deutlich spüren kann. Wenn auch einige Schulen davon ausgehen, daß die Chakren gar nicht im menschlichen Körper selbst zu finden sind, sondern einzig ein Phänomen der Aura darstellen, so fällt es mir persönlich doch leichter, die sieben Chakren an meinem Körper festzumachen. Ich kann nämlich, wie alle mir bekannten Personen, in meiner Aura keine konkreten Empfindungen spüren. Um Chakrenübungen durchführen zu können, brauche ich einen körperlichen Aufhänger, eine Körperempfindung, die mich mit dem in der Übung verlangten Chakra verbindet. Aus diesem Grunde gebe ich wie folgt jene Stellen im menschlichen Körper an, an denen vor und hinter der Wirbelsäule die einzelnen Energiezentren spürbar sind.

Die Energie des *Wurzelchakras,* das auch Basischakra genannt wird, kann am unteren Ende der Wirbelsäule, dort wo das Steiß- und das Kreuzbein liegen, gespürt werden. Dieses Chakra wird im Yoga das Muladhara-Chakra genannt, wobei »Mulha« Knochenmark und Wurzel bedeutet. Das Steiß- und Kreuzbein werden als die Wurzel der Wirbelsäule angesehen. Einige hinduistische Schulen geben die Lage dieses Chakras als zwischen der Wurzel des Geschlechtsorgans und dem Anus an. Im Grunde ist damit nur die vordere Seite dieses Chakras bezeichnet, da das Perineum (der Damm) dem Ende der Wirbelsäule gegenüberliegt. Als endokrine Drüse (Drüse, die ihre Sekrete nach innen ausscheidet) wird diesem Chakra die Nebenniere zugeordnet. Auf der Bewußtseinsebene entspricht dieses Chakra den meist mechanischen Aktivitäten unseres alltäglichen Lebens, die uns in dieser Welt überleben lassen. Die Basis der Wirbelsäule entspricht der Grundlage unseres alltäglichen Überlebens. Sie trägt unseren Körper.

Das *Sexualchakra* wird zwischen dem fünften Lendenwirbel und dem Kreuzbein liegend gedacht. Nach der verbreiteten Ansicht der Renaissancekünstler teilt dieses Chakra den menschlichen Körper genau in zwei gleich große Hälften. Man kann es gut knapp oberhalb seiner Genitalien spüren. Ihm ordnet man die Keimdrüsen und den Plexus hypogastricus zu, der die Fortpflanzungs- und Ausscheidungsorgane regiert. Auf der Bewußtseinsebene entspricht das Sexualchakra der Öffnung zum Du der körperlichen Lust und der Fortpflanzung.

Das *Nabelchakra* wird klassisch zwischen dem zwölften Brust- und dem ersten Lendenwirbel angenommen. Es kann deutlich im Bereich des Bauchnabels gespürt werden. Dieses Chakra markiert den Schwerpunkt des menschlichen Körpers und entspricht dem Hara, aus dem man in den Kampfsportarten seine Energie bezieht. Nach dem italienischen Universalgenie LEONARDO DA VINCI (1452–1519) und dem deutschen Maler und Graphiker Albrecht DÜRER (1471–1528) teilt das Nabelchakra den menschlichen Körper im goldenen Schnitt[1] auf, der als geometrisches Symbol der Harmonie gilt. Die Energie dieses Chakras ist dem Sonnengeflecht (Solarplexus) verbunden. Man ordnet ihn der Bauchspeicheldrüse zu. Auf der Ebene des Bewußtseins wird das Nabelchakra mit der Auseinandersetzung, mit dem Schatten in Verbindung gebracht.

Das *Herzchakra* ist das mittlere Energiezentrum des menschlichen Körpers. In klassischer Weise ordnet man es dem Bereich zwischen dem vierten und fünften Brustwirbel zu. Seine Energie kann deutlich in der Herzgegend gespürt werden. Zu ihm gehört die Thymusdrüse. Auf der Ebene des Bewußtseins müssen wir uns beim Herzchakra mit dem Mitgefühl auseinandersetzen.

Das *Kehlchakra* wird zwischen dem siebten Hals- und ersten Brustwirbel lokalisiert. Es kann dort erfahren werden, wo die ihm zugeordnete Schilddrüse liegt. Am unteren Ende des Halses ist dieses Energiezentrum deutlich spürbar. Auf der Ebene des Bewußtseins geht es hier um die Kommunikation mit anderen und dem eigenen Inneren.

1 Der goldene Schnitt teilt eine Strecke, in diesem Falle die Körperlänge, derart in zwei Teile, daß sich der größere zum kleineren Teil wie die gesamte Strecke zum größeren Teil verhält. Das heißt konkret für das Nabelchakra: Die Strecke vom Scheitel bis zum Nabelchakra (längere Strecke) verhält sich zu der kürzeren Strecke von den Fußsohlen bis zum Nabelchakra genauso wie die Gesamtlänge des betreffenden Menschen zur Strecke vom Scheitel bis zu seinem Nabelchakra.

Abb. 2-8: Die Lage der Chakren im Körper

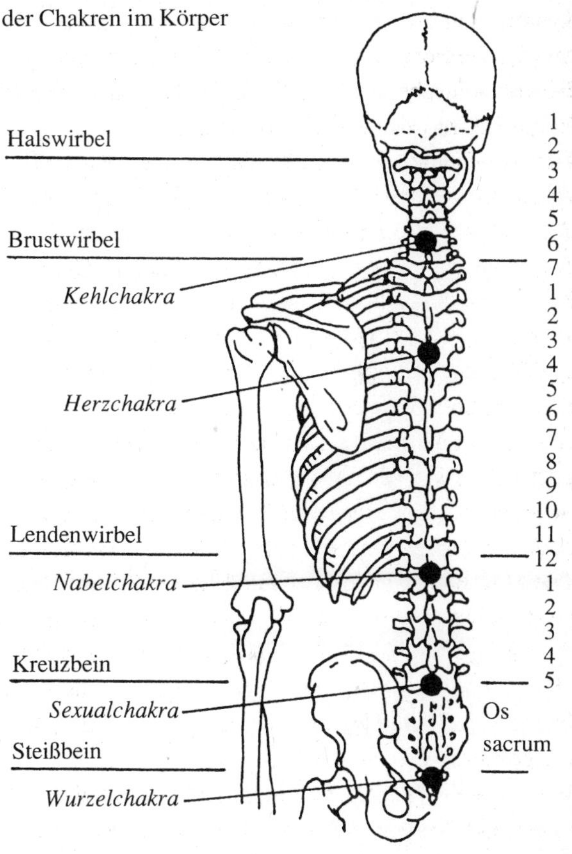

Die nächsten beiden Chakren stellt man sich klassisch im Kopf gelegen vor. Manchmal wird das *Dritte Auge* als ein Unterzentrum des Kronenchakras angesehen. Ich gehe jedoch von der Eigenständigkeit dieses wichtigen Energiezentrums des menschlichen Körpers aus. Man kann das Dritte Auge am besten im Bereich zwischen seinen beiden Augenbrauen spüren. Seine Lage wird jedoch häufig wie folgt angegeben: Das Dritte Auge liegt auf dem Schnittpunkt zweier Linien; die eine verbindet die beiden Gehöröffnungen, die andere verläuft von der Nasenwurzel zum Hinterkopf. Ich konnte jedoch dieses Energiezentrum nie an dieser Stelle in meinem Kopf spüren. Auf der Ebene des Bewußtseins nähern wir uns mit dem sechsten Chakra einer kontinuierlichen Bewußtseinsklarheit. In der klassisch hinduistischen Tradition wird das Dritte Auge oder Stirnchakra als Sitz des Bewußtseins angesehen. Dies korrespondiert mit meiner Erfahrung, daß die vollkommene Entspannung der Stirn zugleich auch die Entspannung des gesamten Körpers zur Folge hat und damit eine stärkere Bewußtwerdung bewirkt.

Das *Kronenchakra* kann man am besten auf der Scheitelmitte in der Höhe der Fontanellen spüren. Idealtypisch wird dieses Chakra dort angenommen, wo bei gerader Haltung die Verlängerung der Wirbelsäule auf die Schädeldecke trifft. Andere Traditionen nehmen das Kronenchakra über dem Kopf und gar nicht mehr im menschlichen Körper gelegen an. Die physische Entsprechung dieses Chakras stellt das Gehirn dar.

Schema 2-2: Die körperlichen Entsprechungen der Chakren

Chakra	*Lage*	*deutlich spürbar*	*endokrine Drüse*	*Bewußtseinsebene*
Muladhara Wurzel- oder Basischakra	zwischen Kreuz- und Steißbein	am gesamten unteren Ende der Wirbelsäule	Nebenniere	mechanisches Verhalten, Überlebenswille
Svadhishthana Sexualchakra	zwischen dem fünften Lendenwirbel und dem Kreuzbein	oberhalb der Genitalien	Keimdrüsen	Öffnung zum Du
Manipura Nabel- oder Solarplexuschakra, Hara	zwischen dem zwölften Brust- und dem ersten Lendenwirbel	im gesamten Gebiet um den Bauchnabel	Bauchspeicheldrüse	Auseinandersetzung mit dem Schatten

Chakra	*Lage*	*deutlich spürbar*	*endokrine Drüse*	*Bewußtseins-ebene*
Anahata Herzchakra	zwischen dem vierten und fünften Brustwirbel gelegen	in der Herz-gegend	Thymusdrüse	Mitgefühl
Vishuddha Kehlchakra	zwischen dem siebten Hals- und dem ersten Brustwirbel gelegen	am unteren Hals in der Gegend der Schilddrüse	Schilddrüse	Kommunika-tion mit ande-ren und sei-nem eigenen Inneren
Ajna Drittes Auge oder Stirn-chakra	zwischen den beiden Augen-brauen oder im Kopf an der Schnitt-stelle zweier Linen gelegen; die eine ver-bindet die beiden Gehör-öffnungen, die andere verläuft von der Nasen-wurzel zum Hinterkopf	zwischen den Augenbrauen	Hypophyse	Aufrechter-haltung eines Bewußtseins-kontinuums (Sitz des Be-wußtseins)
Sahasrara Kronenchakra oder tausend-blättriger Lotos	Scheitelmitte	an der Schä-deldecke	Epiphyse	vollkomme-nes Bewußt-sein

Die Chakren der Erde

Die Chakren kann man nicht nur im menschlichen Körper lokalisieren, sondern man kann sie auch auf unsere Erde als Ganzes oder auf einzelne Landschaften beziehen. Wie der Mensch sieben Hauptchakren besitzt, so besitzt auch unser Universum sieben Chakren oder Dimensionen. Die sogenannten »Schwarzen Löcher«, mit denen sich die Astrophysik in den letzten Jahren ausgiebig beschäftigt hat, können als das Dritte Auge des Universums angesehen werden. Wäre es dem Menschen möglich, so vermutet das deutsche Medium Gustav MEYER, durch dieses sechste Chakra des Universums hindurchzutauchen, dann befände er sich in der siebten Dimension. Aber lassen Sie uns von diesen kühnen Spekulationen wieder auf die Erde zurückkehren.
Betrachtet man in Anlehnung an die griechische Mythologie wie der Ökologe James LOVELOCK die Erde als ein Lebewesen, dann liegt es nahe, auch bei der Erde Chakren zu vermuten. Geographische Orte besitzen wie der menschliche Körper ein Schwingungssystem. Steinkreise und megalithische Steinsetzungen, wie wir sie besonders im Südwesten Englands[1] finden, werden als solche Kraftzentren der Erde betrachtet. Die Kreise von Avebury und Stonehege werden als Chakren der Erde gesehen, die von wissenden Menschen durch die Steinsetzungen in ihr Gleichgewicht gebracht wurden.
Wenn wir uns die Chakren der Erde anschauen, muß betont werden, daß es sehr von dem Erkenntnisinteresse des einzelnen abhängt, welches geographische Gebiet er welchem Chakra zuordnet. Die Zuordnungen sind keineswegs zwingend, aber sie sollen zumindest erhellend sein.
Als *Wurzelchakra* der Erde ist der Ayers Rock in Australien anzusehen, wo wir bei den Aborigines eine der ursprünglichsten Kulturen unseres Planeten finden. Der Ayers Rock, als heiliger Berg der australischen Ureinwohner, ist ein deutliches Landschaftssymbol für das Element der Erde.

1 Vgl. zu Steinkreisen und Steinsetzungen in England genauer: Klausbernd VOLLMAR, *Magisch reisen: England.* München 1993, S. 31–63.

Ferner werden die Osterinseln als Wurzelchakra unserer Erde betrachtet. Bis vor 10 000 Jahren vor unserer Zeitrechnung soll dieses Chakra aktiv gewesen sein und Atlantis regiert haben. Medien behaupten, daß hier Gottmenschen gelebt haben, die um etwa 12 000 v. Chr. ihren Körper ablegten, um vom Wurzelchakra sofort auf die Ebene des Kronenchakras aufzusteigen. Mit dem schon von PLATON erwähnten Untergang von Atlantis wurde dieses Wurzelchakra der Erde inaktiv.

Als *Sexualchakra* der Erde sehe ich das Land der Hopi im Süden Nordamerikas (Arizona) an, in dem sich einer der tiefsten Seen der Welt befindet und eine stark von Frauen geprägte Kultur vorherrscht. Auf der Erdkugel liegt Tibet dem Hopi-Land gegenüber, ähnlich wie sich das Sexualchakra und das Dritte Auge entsprechen. Das Land der Hopi wird leider heutzutage durch den Uranabbau vergewaltigt, wie es die spirituellen Führerinnen der Hopi ausdrücken. Durch diesen Eingriff in das Sexualchakra der Erde wird dessen Energiefluß empfindlich gestört.

Anhänger des deutschen Autors Erich VON DÄNIKEN gehen davon aus, daß das Sexualchakra der Erde in Mexiko liegt, und zwar genau in dem Gebiet um Palenque, das den »Göttern mit ihren Donnervögeln als Landebahn diente«.

Als *Nabelchakra* der Erde empfinde ich New York City, da sich dort die Schatten unserer Welt deutlich zeigen, aber zugleich auch eine ungeheuerliche Kreativität freigesetzt wird. Noch zu Beginn dieses Jahrhunderts hat sich New York selbstherrlich als der Nabel der Welt bezeichnet. Dieser Nabel der Welt (der Omphalus) befand sich im klassischen Altertum in Athen und später für lange Zeit in Rom.

Deutsche Medien wie Gustav MEYER sehen die Cheopspyramide als das Nabelchakra der Erde an. Seit über 3000 Jahren hält diese Pyramide die Erde im Gleichgewicht, genauso wie das Hara als Schwerpunkt den Menschen im Gleichgewicht hält. Das dritte Chakra der Erde wird als das zur Zeit aktivste Chakra angesehen. Kriege und zunehmende Gewalt zeugen deutlich von der Aktivität dieses Kraftzentrums.

Die beiden kleinen Pyramiden auf beiden Seiten der großen Cheopspyramide entsprechen beim Menschen den Nebenzentren Milz- und

Leberchakra, die von den frühen Theosophen wie Charles LEADBEATER ausführlich beschrieben wurden.
Glastonbury im Südwesten Englands (das man im allgemeinen mit dem Avalon der keltischen Mythologie verbindet) wird von einigen, nicht nur von englischen Geomanten, als das *Herzchakra* der Erde angesehen. Hier soll König ARTUS begraben sein. Die englische Theosophin Dion FORTUNE (eigentlich Violet Mary FIRTH, 1891–1946), die lange ein Pilgerhaus in Glastonbury leitete, spricht häufig vom »Avalon des Herzens«, wenn sie sich auf Glastonbury bezieht.
Christliche Geomanten verlegen das vierte Chakra der Erde nach Golgatha, von wo durch die freiwillige Opferung des Menschen JESUS das Christusbewußtsein ausgeht.
Als *Kehlchakra* der Erde sehe ich Japan an, das uns einerseits mit neuen Kommunikationstechnologien überschwemmt und dem wir andererseits den Zen-Buddhismus verdanken. Wir begegnen in diesem Land also einem Verständigungszentrum mit der Außen- und der Innenwelt. Die modernen Computer- und Nachrichtentechnologien werden als das Nervensystem unseres Planeten angesehen, das elektronisch gesteuert immer schneller reagieren kann. Damit wird eine weltweite Interaktion nicht nur immer schneller, sondern auch für jeden möglich.
Man kann allerdings wegen seiner äußerlichen Gestalt auch Stonehenge in Südengland als das Halschakra der Erde betrachten. Denn es ist auffallend, daß Stonehenge aus 16 aufrecht stehenden Steinen besteht, genauso wie das Halschakra von einer Lotosblüte mit 16 Blütenblättern symbolisiert wird. Ich kann mich allerdings mit dieser Ansicht nicht anfreunden, da zum einen wenig über die ursprüngliche Struktur von Stonehenge bekannt ist und mir zum anderen dieses Argument etwas zu äußerlich erscheint. Auf der anderen Seite verblüfft es mich immer wieder, wie die unterschiedlichsten Menschen, die sich im alltäglichen Leben nie treffen und unterhalten würden, angesichts des Unbekannten und unfaßbar Alten in Steinkreisen kommunizieren.
Das *Dritte Auge* der Erde wird von mir mit Tibet verbunden, da der lamaistische Buddhismus wie keine andere Kultur der Welt sich der

Entwicklung des klaren Bewußtseins widmet. Leider ist diese Kultur im Begriff unterzugehen, und man sollte sich fragen, wohin sich das Dritte Auge der Welt dann verlagert.

Die Anhänger der Theosophie sehen das Dritte Auge unserer Erde in der Mongolei. Dort, in der Wüste Gobi, soll die sagenhafte Stadt Shamballa, die goldene Stadt, liegen, welche die höchste Bewußtseinsstufe des Menschen symbolisiert. Die feinstoffliche Stadt Shamballa ist noch heute in der Mongolei vorhanden, so argumentieren die älteren Theosophen, und als Energie des Dritten Auges spürbar.

Einleuchtend scheint es mir, die Arktis im Organismus der Erde dem *Scheitelchakra* zuzuordnen. Aus esoterischer Sicht wird die Arktis als die Verbindung und Öffnung zum Kosmos betrachtet.

Eine andere Möglichkeit besteht darin, das Himalayagebiet mit dem Scheitelchakra gleichzusetzen. Sicherlich ist dies der Ort, an dem am längsten erfolgreich das menschliche Bewußtsein geschult wurde.

Diese sieben Chakren der Erde liegen freilich nicht auf einer geraden Kraftlinie. Die Orte drücken jedoch die Prinzipien der einzelnen Chakren in hervorragender Weise aus.

Eine andere mögliche Zuordnung der Chakren zu geographischen Orten ist die folgende:

Chakra	*geographischer Ort*	*speziell*
Kronenchakra	Tibet und die Wüste Gobi	Lhasa
Stirnchakra	Europa	Luxemburg
Kehlchakra	Nordosten der USA und der Süden Kanadas	New York
Herzchakra	Rußland oder auch China	
Nabelchakra	Indien	Goa
Sexualchakra	Australien	Ayers Rock
Wurzelchakra	Afrika	Nairobi

Für die Himalayaregion werden die heiligen Plätze mit den einzelnen Chakren verbunden. Dabei wird der Berg Kailash als die Wirbelsäule oder die Sushumna angesehen. Die beiden Seen an diesem heiligen Berg, der Rakastal- und der Mansarovarsee, werden für das unterste und oberste Chakra gehalten; der Rakastalsee liegt auch geographisch gesehen tiefer als der Mansarovarsee. Am Mansarovarsee entspringt der Ganges, der die Lebensenergie symbolisiert. In diesem Fluß wird sowohl die männliche als auch, unter dem Aspekt der Göttin Ganga, die weibliche Lebensenergie verehrt. Der buddhistische Pilger bekommt am Rakastalsee die physische Kraft, um den Berg Kailash zu umrunden, und traditionell beendet er seine Pilgerreise am Mansarovarsee, um sich dort reinzuwaschen und so das Ziel seiner geistigen Entwicklung zu erreichen. Diese Tradition geht auf eine Legende zurück, nach der die Königin Maya träumte, daß sie im Schlaf von ihren Schutzgottheiten zum Mansarovarsee getragen und in ihm gebadet wurde. Daraufhin wichen all ihre Unreinheiten und Unvollkommenheiten von ihr, so daß der zukünftige Buddha in ihren Leib eingehen konnte.

Die Chakren werden aktiviert, wenn man auf die mit ihnen in Verbindung gebrachten Orte meditiert. Da Sie wahrscheinlich viele dieser Orte nicht kennen, könnten Sie sich Bildbände ausleihen, in denen Sie entsprechende Photographien finden. Stellen Sie sich anhand der Bilder die entsprechenden Orte so genau wie möglich vor. Sie werden bemerken, daß die mit ihnen verbundenen Chakrenenergien in Ihnen angesprochen werden.

Auch bei Gebäuden kann man einzelne Chakren erleben. Das ist besonders bei Sakralbauten wie Tempeln und Kirchen möglich, aber auch geschlossene Privaträume nehmen oft in ungeahntem Maße die Schwingung ihrer Bewohner auf. Der amerikanische Mythenforscher Joseph CAMPBELL sagte in seinem letzten großen Interview mit Bill MOYERS: »Ein Tempel ist eine Landschaft der Seele. Wenn Sie in eine Kathedrale hineingehen, treten Sie in eine Welt geistiger Bilder ein. Sie ist der

Mutterschoß Ihres geistigen Lebens – die Mutter Kirche. Alle Formen ringsum besitzen eine geistige Wertigkeit. In einer Kathedrale nun hat die Bilderwelt anthropomorphe Gestalt. [...] Die Botschaft ist es, worauf es ankommt.«[1]

Um diese Aussage nachempfinden zu können, schlage ich Ihnen folgende einfache Übung vor:

Übung

Diese Übung lernte ich bei meiner früheren Lehrerin der Goetheanistin Freifrau Dr. VON UNGERN-STERNBERG kennen.

- Suchen Sie in einer alten Kirche alle sieben Chakren auf und erspüren Sie deren Energie. Dazu müssen Sie sich Zeit nehmen, und es hilft, wenn die Kirche leer ist.
- Zunächst betrachten Sie die Kirche von einem zentralen Punkt aus. Vielleicht bilden sich dann schon Vorstellungen von einzelnen Energiepunkten heraus.
- Danach gehen Sie die Kirche langsam ab und wenden sich dabei vollständig konzentriert nach innen.
- Achten Sie auf Ihre Gefühle und gehen Sie ihnen nach. Ihre Intuition wird Ihnen die Energiezentren dieser Kirche zeigen.

Kommentar

Meistens bietet mir das Portal das Wurzelchakra und der Bischofsstuhl das Kronenchakra, die Kanzel bildet das Kehlchakra, das Taufbecken das Sexualchakra, das Nabelchakra wird oft von Bildern wie zum Beispiel das des mit dem Drachen kämpfenden heiligen Michael dargestellt, das Herzchakra der Kirche nehme ich meistens vor dem Marienaltar wahr, und das Dritte Auge erlebe ich als die Rosette in den gotischen Kirchen.

Auch hier sind abweichende Vorstellungen möglich. Es ist wichtig, seine

1 Joseph CAMPBELL, *Die Kraft der Mythen, Bilder der Seele im Leben des Menschen.* Zürich/München 1989, S. 89.

eigenen Erfahrungen mit dem Erspüren der Chakren in der Architektur zu machen.

Aber nicht nur in sakralen Gebäuden können Sie einzelne Chakren entdecken, auch in Ihrer Wohnung sind alle sieben Chakren vorhanden. Es hilft zur Beschäftigung mit einem bestimmten Chakra, wenn Sie sich an die entsprechende Stelle Ihrer Wohnung begeben.

Chakren als kosmologisches Ordnungsschema

Wie wir schon im vorigen Abschnitt sahen, geht die Vorstellung der Chakren als Energiezentren weit über den menschlichen Körper hinaus. Letztendlich steht hinter diesem Modell ein kosmologisches System, das uns zeigt, in welchen Differenzierungen und Ausprägungen sich die sieben kosmischen Grundenergien auf Erden umsetzen.
Grundsätzlich ordnen sich die Chakren sieben verschiedenen kosmischen Ebenen zu:

- Kronenchakra: der Geist des Universums
- Stirnchakra: Fixsterne
- Kehlchakra: Milchstraße
- Herzchakra: Sonne
- Nabelchakra: Planeten
- Sexualchakra: Erde
- Wurzelchakra: Mond

Chakren und die Elemente

In der **klassischen Elementenlehre** der ostasiatischen Tradition werden die Chakren den einzelnen Elementen parallel zur Seite gestellt.
Dem *Wurzelchakra* wird als unterstes Energiezentrum das Element der

Erde zugeordnet. Aus diesem Grunde wird dieses Chakra mit den Füßen verbunden. Die Erde stellt das trägste aller Elemente dar, das sich nur langsam verändert. Sie wird durch den Acker verbildlicht, der Arbeit verlangt. Im übertragenen Sinne regelt das Wurzelchakra unsere Erdung, das heißt unser alltägliches Leben und Überleben in dieser Welt. Es bildet auch den ruhenden Pol, von dem alle Lebensenergie stammt. So wird es im Körper mit der Wirbelsäule als Achse verbunden, die dem Menschen seine aufrechte Haltung gibt.

Spirituell gesehen entspricht dieser Bewußtseinsebene des erdgebundenen Wurzelchakras eine niedrige Schwingung. Das bedeutet, daß hier dem Menschen relativ wenige Möglichkeiten und Freiheiten offenstehen, da er in einem weitgehend unbewußten Zustand lebt. Die Erde ist das dichteste und trägste aller Elemente, und ebenso ist auch die Schwingung dieses Chakras zu charakterisieren. Auf dieser Stufe befindet sich die potentielle Energie, die erst noch auf den nächsten Ebenen der bewußten Formung und Ausdifferenzierung bedarf.

Dem *Sexualchakra* ist das zweite weibliche Element, nämlich das Wasser, zugeordnet. Wasser besitzt keine eigene Form, sondern es paßt sich an. Es reinigt und ist der Quell des Lebens. Wasser ist schon viel beweglicher als die feste und träge Erde und es symbolisiert mit seinem Auf und Ab spätestens seit den Zeiten der Alchimisten das menschliche Gefühl. So vergleicht Johann Wolfgang VON GOETHE in seinem Gedicht »Gesang der Geister über den Wassern« das Wasser mit der menschlichen Seele:

»Des Menschen Seele
Gleicht dem Wasser:
Vom Himmel kommt es,
Zum Himmel steigt es;
Und wieder nieder
Zur Erde muß es,
Ewig wechselnd.«

Die menschliche Seele ist nach Carl Gustav JUNG jenes Organ, das die Verbindung zum anderen sucht, da es nach Vollständigkeit strebt. Auf der Ebene des Sexualchakras findet die mächtige sexuelle Anziehung statt, die uns für den anderen öffnet und uns in ihm Vollständigkeit suchen läßt. Durch diese Öffnung auf den anderen hin ist unser Bewußtsein schon beweglicher als auf der relativ beschränkten Ebene des Erdelementes. Das heißt konkret, daß wir auf der Ebene des zweiten Chakras bewußter geworden sind.

Mit dem *Nabelchakra* betreten wir die Ebene des ersten männlichen Elementes, des Feuers. Feuer läßt sich nur schwer bannen, es ist flüchtig und will sich immer ausbreiten. Es darf als sicher gelten:

»daß das Feuer von früh an als urmännliche, zeugende, impulsgebende, aber auch als gefährliche, alles versengende und vernichtende Kraft angesehen wurde.«[1]

Diese Beschreibung trifft genau die Ebene des Nabelchakras, auf der man sich mit seinen spontanen, aggressiven, aber auch produktiven Impulsen auseinandersetzen muß. Da das Feuer des Nabelchakras die von ihm erfaßte Materie verwandelt, wird ihm auf der menschlichen Ebene der Magen, die Leber und die Galle zugeordnet. Gleichzeitig gibt das Feuer als Kind der Sonne an, wohin die Reise geht: nämlich zur Sonnenseite des Lebens hin, die sich durch Lebensbejahung und Lebensfreude ausdrückt.

Das zweite männliche Element ist dasjenige der Luft, das die Ebene des *Herzchakras* beherrscht. Luft ist unsichtbar, sie berührt uns, obwohl sie sich selbst nicht berühren läßt. Die Luft ist jenes Element, das alles durchdringt und alles miteinander verbindet. Genauso wirkt die Herzkraft, die mit diesem vierten Energiezentrum angesprochen ist. Es leuchtet sofort ein, daß auf der körperlichen Ebene die Lunge diesem luftbetonten Chakra entspricht. Die Bewegung der Luft wie auch die des Herzchakras können wir nur über ihre Wirkungen erkennen.

1 Hajo BANZHAF, *Der Mensch in seinen Elementen. Feuer, Wasser, Luft und Erde. Eine ganzheitliche Charakterkunde.* München 1993, S. 66.

Damit sind die klassischen vier Elemente den unteren vier Energiezentren des menschlichen Körpers eindeutig zugeordnet. Die Philosophen der Antike vermuteten ein fünftes, eine Art übergeordnetes oder »spirituelles Element«, das sie als den Äther bezeichneten. Der Äther bildet die Grundlage aller Elemente, jenen Stoff, aus dem sich die anderen vier klassischen Elemente gebildet haben. Man pflegte in klassischer griechischer Zeit den Äther als das Medium anzusehen, in dem sich das Licht fortbewegte. Genau hier treffen abermals die klassisch griechische und die ostasiatische Vorstellung der Chakren zusammen, indem nämlich die nun folgenden Chakren mit der Ebene des Lichtes verglichen werden. Die drei oberen Chakren hängen mit der Ausbildung eines kontinuierlichen Bewußtseins zusammen, das seit frühester Zeit mit dem Licht verglichen wurde.
Die Quintessenz der Elemente, der Äther, wird dem fünften Chakra zugeordnet. Mit dem *Kehlchakra* betreten wir die Ebene des höheren Bewußtseins, die voraussetzt, daß wir alle vier niedrigeren Bewußtseinsebenen integriert beziehungsweise gemeistert haben.
Den letzten beiden Chakren, dem *Dritten Auge* und dem *Kronenchakra,* die das neue Bewußtsein symbolisieren, wird kein Element mehr zugeordnet.

Die vier Elemente und ihre Quintessenz werden auch in buddhistischen Sakralbauten wiedergegeben. Hier sind besonders die Stupas (tibetisch: mchod-rten [ausgesprochen: schörten]) zu nennen, in denen ursprünglich Reliquien des Buddha aufbewahrt wurden. Die Errichtung der meisten Stupas schreibt man Kaiser ASHOKA (König des Maurya-Reiches in Nordindien, etwa 290–230 v. Chr.) zu, ein erfolgreicher Feldherr, der zum Buddhismus bekehrt wurde und darauf die Reliquien des Buddha in Stupas über das ganze Land verteilen ließ.
In ihrer fünffach gegliederten Form symbolisieren die Stupas neben den Elementen auch die fünf tibetischen Chakren, die gleichzeitig die fünf Weisheiten darstellen, die den Geist eines Buddhas und aller Lebewesen ausmachen:

Schema 2-3: Die Symbolik der tibetischen Stupa
Erde – Quadrat – Wurzel- und Sexualchakra
Die kubische Basis der Stupa symbolisiert den festen Aspekt des Mikro- und Makrokosmos. Es ist hier die Erde oder die »eckige Welt« wie auch der untere Teil der Wirbelsäule gemeint.
Wasser – Kreis – Nabelchakra
Der runde Teil der Stupa steht für den fließenden Aspekt des Universums, der durch ein befreites Nabelchakra ausgedrückt wird.
Feuer – Dreieck – Herzchakra
Der nächste Abschnitt der Stupa versinnbildlicht das wärmende Feuer und damit die Begierde, die in Liebe und Mitgefühl umgewandelt wird. Dieser Teil der Stupa wird in Tibet und Nepal oft mit den Augen der Weisheit versehen, denn man sieht mit dem Herzen.
Luft – Halbkreis – Halschakra
Der schlüsselähnliche Teil der Stupa symbolisiert das Luftelement, zu dem nach tibetischer Auffassung die Eifersucht gehört, die in Erfahrungsweisheit und Klugheit umgewandelt wird.
Äther – Flamme – Stirn- und Kronenchakra
Der obere Teil einer Stupa wird von dem Sonne-Mond-Symbol gebildet oder der Darstellung eines flammenden Tropfens, der den Äther symbolisiert. Flammender Tropfen und Sonne-Mond-Symbol stehen für die alles durchdringende Weisheit des oberen Chakras.

Diese tibetische Elementeneinteilung weicht von der üblichen Zuordnung der Elemente zu den einzelnen Chakren ab. Allerdings sehen die Tibeter in ihrer Chakrenmeditation diese Elementenzuordnung keines-

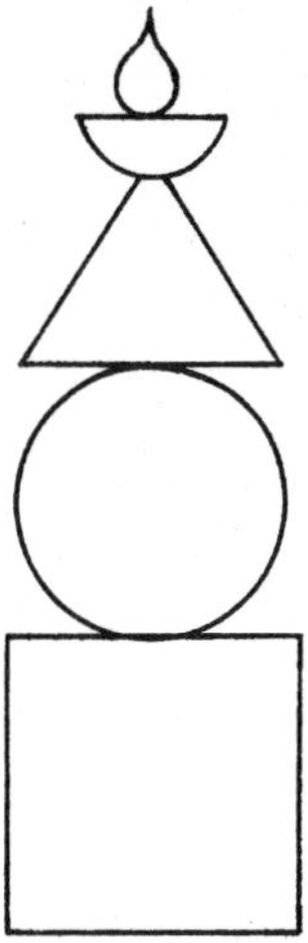

Abb. 2-9: Form einer tibetischen Stupa

wegs als etwas Feststehendes, sondern man kann in ihrer Meditationspraxis zum Beispiel mit der Wasserqualität des erdhaften Wurzelchakras Kontakt aufnehmen.

Wer nicht naturwissenschaftlich interessiert ist, kann diesen Abschnitt des **Periodensystems der Elemente** ohne weiteres überschlagen und auf Seite 85 mit »Chakren und Astrologie« fortfahren.
Neben den klassischen kennen wir die chemischen Elemente, die als nicht mehr weiter zerlegbare Bausteine der Welt angesehen werden können. Europäische Gelehrte kannten bis zur Entdeckung der ersten chemischen Elemente im 18. Jahrhundert nur die vier klassischen Elemente Feuer, Wasser, Erde und Luft.
Gemäß des Aufbaus ihrer atomaren Struktur werden die chemischen Elemente in ein Periodensystem eingeordnet. Es wurde 1869 unabhängig und gleichzeitig von dem russischen Chemiker Dimitrij Iwanowitsch MENDELEJEW (1834–1907) und dem deutschen Chemiker Lothar MEYER (1830–1895) entdeckt. Mit der Erstellung des Periodensystems wird

eine Brücke zwischen der Chemie der früheren Jahrhunderte und der Entdeckung der Atomstruktur in unserem Jahrhundert geschlagen. Interessant ist, daß, wie bei dem System der Chakren und übrigens auch in Gurdjieffs System des Enneagramms, die Progression der Elemente auf dem Gesetz der Oktave beruht. Das brachte den englischen Chemiker John NEWLANDS dazu, von der »oktavischen Struktur der Elementenanordnung im Periodensystem« zu reden.[1] Erst heute verstehen wir, daß die Oktave auf Schöpfungsmächte verweist, die der Struktur des organischen und anorganischen Lebens zugrunde liegen.
In dem Periodensystem der Chemie ändern sich die von ihrer Atomstruktur abhängigen Eigenschaften der einzelnen Elemente gesetzmäßig und kehren in sieben verschiedenen Perioden wieder. Elemente der gleichen Gruppe erscheinen im Intervall der Oktave. Eine Oktave wird als die Verdoppelung des Atomgewichts definiert – wobei diese Verdoppelung allerdings nicht ganz exakt ist.[2] Diese sieben Perioden können nach Arnold Graf KEYSERLINGS Theorie des Rads[3] auf die sieben Chakren bezogen werden. Wir kommen so zu der folgenden Zuordnung:

1 John NEWLANDS, On the Law of Octaves. In: *Chemical News*, XII, London 18. Aug. 1865, S. 83.

2 Daß zum Beispiel Fluor (Atomgewicht 19) und Chlor (Atomgewicht 34,45) eine Oktave, aber keine genaue Verdoppelung des Atomgewichts darstellen, hängt mit der inneren Struktur des Atomkerns zusammen, die jedoch zu MENDELJEWS Zeiten weitgehend unbekannt war.

3 In seiner Theorie des Rads versucht Arnold Graf KEYSERLING die Welt in all ihren Phänomenen mit Hilfe des Enneagramms zu erklären. Vgl. dazu genauer die Aufsatzsammlung A. Graf KEYSERLING, *Im Jahr des Uranus. Der Weg des philosophischen Handwerks.* Südergellersen 1986.

Schema 2-4: Das chemische Periodensystem und die Chakren (nach Keyserling)

Kronenchakra – Periode VII			
Francium	Fr	Actinium	Ac
Radium	Ra	(von hier zweigt die Gruppe der sogenannten Actiniden ab)	
Drittes Auge – Periode VI			
Caesium	Cs	Osmium	Os
Barium	Ba	Iridium	Ir
Lanthan	La	Platin	Pt
(hier zweigt die Gruppe der sogenannten Lanthaniden ab)		Gold	Au
		Quecksilber	Hg
		Thallium	Tl
		Blei	Pb
		Wismut	Bi
Hafnium	Hf	Polonium	Po
Tantal	Ta	Astatin	At
Wolfram	W	Radon	Rn
Rhenium	Re		
Halschakra – Periode V			
Rubidium	Rb	Palladium	Pd
Strontium	Sr	Silber	Ag
Yttrium	Y	Kadmium	Cd
Zirkonium	Zr	Indium	In
Niob	Nb	Zinn	Sn
Molybdän	Mo	Antimon	Sb
Technetium	Tc	Tellur	Te
Ruthenium	Ru	Jod	J
Rhodium	Rh	Xenon	X

Herzchakra – Periode IV			
Kalium Kalzium Scandium Titan Vanadium Chrom Mangan Eisen Kobalt	K Ca Sc Ti Va Cr Mn Fe Co	Nickel Kupfer Zink Gallium Germanium Arsen Selen Brom Krypton	Ni Cu Zn Ga Ge As Se Br Kr
Nabelchakra – Periode III			
Natrium Magnesium Aluminium Silizium	Na Mg Al Si	Phosphor Schwefel Chlor Argon	P S Cl Ar
Sexualchakra – Periode II			
Lithium Beryllium Bor Kohlenstoff	Li Be B C	Stickstoff Sauerstoff Fluor Neon	N O F Ne
Wurzelchakra – Periode I			
Neutron Wasserstoff	n H	Helium	He

Man könnte meines Erachtens genausogut die Periode I dem Kronenchakra, Periode II dem Dritten Auge, Periode III dem Kehlchakra, Periode IV dem Herzchakra, Periode V dem Wurzelchakra, Periode VI dem Sexualchakra und Periode VII dem Wurzelchakra zuordnen. Bei der von mir vorgeschlagenen Ordnung ständen die schwersten Atome auf der untersten Stufe des Wurzelchakras und die leichtesten wie Wasserstoff und Helium auf der des Kronenchakras. Mir scheint es sinnvoller, schwere und dichte Atome niedrigeren Chakren zuzuordnen.

Bei der Betrachtung des Periodensystems wird deutlich, daß mit jedem neuen Chakra die Wertigkeit gegenüber Sauerstoff und damit die Reaktionsfähigkeit der Elemente zunimmt. Wir finden in den chemischen Bausteinen der Welt genau das ausgedrückt, was uns auch bei der Bewußtseinsarbeit schon auffiel: Je höher das Chakra, auf dem wir uns befinden, um so mehr Reaktionsmöglichkeiten beziehungsweise Freiheiten besitzen wir. In den chemischen Grundbausteinen der Welt spiegelt sich die innere Struktur des Menschen wider, die wir in dem System der Chakren ausgedrückt finden. Der Mensch und die Grundstruktur der Materie sind also eins, was wieder die alte Erkenntnis der Tabula smaragdina des HERMES TRISMEGISTOS bestätigt, daß die Strukturen im Mikro- und im Makrokosmos gleich sind. Das wird uns im folgenden Abschnitt, der die Widerspiegelung des menschlichen Körpers im Himmel behandelt, noch klarer werden.

Chakren und Astrologie

Die indische Philosophie pflegt drei Grundeigenschaften zu unterscheiden, die »Rajas«, »Tamas« und »Sattva« genannt werden. Diesen drei Grundeigenschaften kann man die drei astrologischen Grundqualitäten kardinal, fix und veränderlich zuordnen.

Rajas entspricht der *kardinalen Qualität.* Es ist die kraftbringende Eigenschaft, die uns hilft, die Trägheit zu überwinden. In diese Kategorie gehört die menschliche Aktivität. Auf der Ebene der Sternzeichen finden wir hier die Achse Krebs-Steinbock und die Achse Widder-Waage.

Dabei werden Krebs-Steinbock dem Wurzelchakra zugeordnet, da sie die weibliche Seite der kardinalen oder Rajas-Qualität ausdrücken. Sie werden nämlich mit den beiden weiblichen Elementen Wasser und Erde verbunden. Mit dem Weiblichen beginnt alles, weil das Weibliche das Leben gebiert. So beginnen wir unseren Weg durch die Chakren mit der Krebs-Steinbock-Energie, die uns die Kraft gibt, ins Leben hinauszutreten. Wir beginnen unseren Weg im Krebs, dem Zeichen der Mütter, und sogleich müssen wir uns mit der Erde in Form der Lebensbewältigung auseinandersetzen.

Als nächstes setzt sich diese Energie im Nabelchakra um, wo es abermals um die Kraft geht, unser alltägliches Leben zu meistern. Diesmal ist jedoch der männliche Aspekt dieser Kraft angesprochen, der sich in den Zeichen Widder und Waage zeigt, die den männlichen Elementen Feuer und Luft zugeordnet werden. Besonders die ungestüme Kraft, die dem Widderprinzip zugeschrieben wird, charakterisiert das Nabelchakra bestens, da es auf seiner Ebene um Durchsetzungsvermögen und den Umgang mit der Aggression geht. Die Waage zeigt an, daß die Aufgabe dieser Ebene im Schaffen eines Ausgleiches liegt. Dunkle und lichte Kräfte, Aggression und Hilfsbereitschaft müssen in Ausgleich gebracht werden.

Tamas entspricht der *fixen Qualität* in der Astrologie, und diese Eigenschaft stellt uns vor die Aufgabe, Unwissenheit und Finsternis zu überwinden. Wir müssen uns bemühen, nicht zu erstarren und nicht in den mechanischen Verhaltensweisen des Sexualchakras hängenzubleiben. Auf der weiblichen Ebene dieser Qualität finden wir die Zeichen Stier und Skorpion, die der Erde und dem Wasser zugeordnet werden. Der von Venus regierte Stier drückt die jugendliche Seite der Entdeckung Erotik und der ersten Sexualität dieses zweiten Chakras aus. Das ist das sogenannte Frühlingserwachen. Vervollständigt wird die Erfahrung der Sexualität und der Anziehung des anderen Geschlechts durch die Skorpionqualität. Unter dem Aspekt des Skorpions vertieft sich die sexuelle Erfahrung ins Mystische hinein, Sexualität und Tod werden zu bedeutsamen Themen.

Tamas oder die fixe Qualität regiert auch das Herzchakra mit den beiden Zeichen Löwe und Wassermann, die den männlichen Elementen Feuer und Luft zugeordnet werden. Die Herzensbildung dieses mittleren Chakras entspricht der leuchtenden Sonne, die das alles reinigende Feuer symbolisiert. Dazu kommt noch die Klarheit der Luft und die Fähigkeit, sich kreativ mit anderen zu verbinden, wie es das Prinzip des Wassermanns ausdrückt.

Schema 2-5: Die astrologische Zuordnung der Chakren			
Chakra	*Sternzeichen*	*Qualität*	*Grundeigenschaft*
Stirnchakra	Jungfrau–Fische	veränderlich, weiblich	Sattva
Kehlchakra	Zwilling–Schütze	veränderlich, männlich	Sattva
Herzchakra	Löwe–Wassermann	fix, männlich	Tamas
Nabelchakra	Widder–Waage	kardinal, männlich	Rajas
Sexualchakra	Stier–Skorpion	fix, weiblich	Tamas
Wurzelchakra	Krebs–Steinbock	kardinal, weiblich	Rajas

Der höchste Bewußtseinsgrad wird mit dem Hals- und Stirnchakra erreicht, und so verwundert es kaum, wenn wir hier die *Sattva*-Eigenschaft finden, die als die edelste und höchste der drei »Gunas« genannten Eigenschaften gilt. Sattva entspricht astrologisch der *veränderlichen Qualität,* welche die Sternzeichen Zwilling, Schütze, Jungfrau und Fische umfaßt.

Welches Prinzip des Zodiaks könnte besser das Halschakra kennzeichnen als die Zwillinge? Dieses typische Symbol der Kommunikation charakterisiert das Halschakra genauso gut wie das Zeichen des Schützen. Der Schütze kennt sein Ziel, und das ist genau die Aufgabe auf der Ebene des Halschakras: sein Ziel durch Kommunikation zu erkennen und es zu verfolgen. Auf dieser Ebene angelangt, haben wir soviel Bewußtseinskraft, daß wir willentlich unser Ziel erreichen können (was immer es auch sei).

Nachdem wir die männliche Qualität des veränderlichen Prinzips kennengelernt haben, erfahren wir auf der folgenden Ebene des Stirnchakras dessen weibliche Qualität. Jungfrau und Fische bestimmen das Stirnchakra. Wir können hier vom Archetypen der Natur und der Auflösung reden. Sattva weist wie die veränderliche Qualität einen auflösenden Charakter auf. Auf der Ebene des höchsten Bewußtseins müssen alle Fixierungen und Erstarrungen restlos aufgelöst werden, hier gibt es kein Anhaften mehr, wie der Buddha es ausdrückt.

Astrologisch gesehen könnte man den Weg durch die Chakren in folgender Bewegung beschreiben: Wir beginnen mit der Kraft der kardinalen Qualität auf der Ebene des Wurzelchakras, die auf der Ebene des Sexualchakras sogleich unter der fixen Qualität zur Erstarrung neigt. Das Nabelchakra bringt mit der kardinalen Qualität wieder neue Kräfte ins Spiel, die auf der Ebene des Herzchakras in Bewegung gehalten werden müssen. Auch hier lauert wieder die Erstarrung. Auf den beiden Ebenen von Hals- und Stirnchakra haben wir die Beweglichkeit des klaren Geistes erreicht. Die höchste Ebene des Kronenchakras liegt jenseits der astrologischen Zuordnungen.

Chakren und die Welt der Töne

»Wer das Geheimnis der Töne kennt, kennt das Mysterium des ganzen Weltalls.«
Hazrat Inayat Khan

Wenn man von Chakren und Tönen spricht, sind Mantras gemeint, welche die Meditation auf die einzelnen Chakren unterstützen sollen. Mantras und Chakren sind beide Geschöpfe der Schwingungen und deswegen eng miteinander verwandt.
Unter einem Mantra wird eine Art magisches oder kraftgeladenes Wort oder ein kurzer Satz verstanden. Dieses Kraftwort verleiht bestimmten kosmischen Energien Ausdruck, die im Hinduismus und Buddhismus als Buddha-Aspekte angesehen werden. Der Tibetische Buddhismus geht davon aus, daß ein Mantra den Geist schützt. Ich verstehe das so,

daß wir häufig während der Meditation auf die Chakren von negativen Gedanken heimgesucht werden. Man fällt in Ängste und Befürchtungen, die sich im Bewußtsein festsetzen und unsere Meditation gegen unseren Willen bestimmen. Ein Mantra ist ein Schutz gegen solche Gedankenformen, die als Geistesgifte erkannt werden können. Ein Mantra kann auch bereits eingedrungene negative Gedanken verdrängen und ersetzen.

Für den westlichen Menschen ist es zunächst einmal schwer zu verstehen, daß Mantras nicht von ihrem Inhalt, sondern von ihrer Schwingung getragen werden.

»Ein Wort, eine Silbe, ist nicht nur, nicht ausschließlich, ein ›Vehikel der Nützlichkeit‹, ein vordergründiges Verständigungsmittel. Es ist vielmehr wie die Melodie eines Liedes. Das soll heißen, daß das Wort über die reine Wortbedeutung hinaus Aussage hat oder doch zumindest haben kann.«[1]

Am Anfang war das Wort. Damit ist zunächst einmal das Wort als Schwingung und nicht als inhalttragendes Gefäß gemeint. Es ist die Monotonie, die ein Mantra seine volle Kraft entfalten läßt. Da nämlich negative Gedanken oft in unser Bewegungszentrum absinken, was wir an deren permanenten Wiederkehr beobachten können, muß auch die Schutzsilbe des Mantras in unser Bewegungszentrum absinken. Das geschieht durch die Monotonie, die wir im katholischen Bereich von feststehenden, immer gleich wiederholten Gebeten her kennen. Man »leiert« diese Gebete herunter, und gerade darin liegt deren Wirksamkeit.

Mantras sind Träger einer speziellen Frequenz, die mit den Bewußtseinszuständen der einzelnen Chakren verbunden ist. Nach der englischen Hexe Lois BOURNE erzeugen Mantras höhere Bewußtseinszustände, die »sich aufgrund der ›morphischen Resonanz‹ bis in die Bereiche des Unbewußten erstrecken.«[2]

Es gibt genaue Anweisungen in den Tantras und anderen hinduistischen

1 Herbert ELLINGER, *OM – Das andere Denken.* München 1986, S. 143.

2 Lois BOURNE, Erfahrungen einer Hexe. München 1990, S. 222.

Schriften, wie die Mantras bei der Chakrenmeditation ausgesprochen werden sollten: weder zu eilig noch zu langsam, weder zu laut noch zu leise, und natürlich sollte man beim Sprechen des Mantras auf keinen Fall abgelenkt sein.
Ich habe die Erfahrung gemacht, daß Mantras einem sehr bei der Konzentration auf die Leere helfen, da sie den Geist gegen andere Gedanken abschließen.
Nachfolgend finden Sie die den einzelnen Chakren zugeordneten Mantras:

- Kronenchakra: OM MANI PEME HUNG
- Stirnchakra: OM (MANI PEME HUNG)
- Kehlchakra: HANG
- Herzchakra: YANG
- Nabelchakra: RANG
- Sexualchakra: VANG
- Wurzelchakra: LANG

Es gibt genaue Ausspracheregeln, wie die einzelnen Mantras intoniert werden sollten, wobei ich meine, daß man sich nicht unbedingt pingelig genau an diese Regeln halten muß. Ein Tibeter wird die Namen der Chakren sowieso ganz anders aussprechen als ein westlicher Mensch, selbst wenn letzterer sich strikt an die Ausspracheregeln hält.

LANG, das korrekt wie ein Mittelding zwischen Lam und Lang klingt, soll mit eckigem Mund (weit offen) und eckiger Zunge ausgesprochen werden. Wobei mir noch keiner einleuchtend erklären konnte, was in diesem Fall mit »eckiger Zunge« gemeint ist.

VANG wird ebenfalls wie ein Mittelding zwischen Vam und Vang ausgesprochen. Das V wird wie bei Vase zum W hin gesprochen. Bei der korrekten Aussprache soll das Geräusch fließenden Wassers mitschwingen, da das zugehörige zweite Chakra Wasserqualität aufweist.

Im Mantra **RANG** klingt Ram mit an. Dieses Mantra soll mit zum Dreieck geformten Lippen wie der Ton brennenden Feuers ausgesprochen werden, um an die Feuerqualität dieses Chakras zu erinnern. Es wird meist relativ vokallos gesprochen.

Das Mantra **VANG** wird eher wie Dschang ausgesprochen, wobei viel Energie in den Anlaut »Dsch« gelegt wird.

Das Mantra **HANG,** das nach Ham hin intoniert wird, soll mit ovalen Lippen gesprochen werden, wobei die Luft aus dem Hals gepreßt wird, um an das Halschakra zu erinnern. Bei dieser Aussprache wird auch dieses Mantra wieder relativ vokallos klingen.

Das zentrale Mantra **OM MANI PADME HUM** der tibetischen Mystik wird in Tibetisch eher wie OM MANI PEME HUNG intoniert.
Die den Hindus und Buddhisten heilige Silbe **OM** bestimmt den Grundton der Sitar- und Tambura-Musik. Er wird »Sadja« genannt und entspricht dem europäischen CIS (136, 10 Hz). Dieser Ton wird als der Vater aller Töne betrachtet, als Urschwingung, aus der alles hervorgeht. Om oder Sadja ist für die Asiaten ein immerwährender Ton, der nie vergeht.

Wenn man diesen Ausspracheregeln genau folgt, hat das den Vorteil, daß man derart mit der korrekten Aussprache beschäftigt ist, daß das Mantra alle Energien aufbraucht. So können keine Störgedanken auftauchen, da Ihnen keine Energie mehr zur Verfügung steht.

Die Chakren können auch einzelnen Tönen zugeordnet werden, die der Schwingung des jeweiligen Chakras entsprechen. Diese Zuordnung hält sich an das Grundprinzip: Je höher das Chakra, um so höher ist die Tonschwingung. Wir haben hier die ersten sieben Töne einer Oktave vorliegen. Man kann also die Chakren mit folgenden Tönen der Oktave verbinden:

Schema 2-6: Die Zuordnung der Chakren zu den Tönen		
Chakren	*neue Schreibweise*	*alte Schreibweise*
Kronenchakra	H	Si
Stirnchakra	A	La
Kehlchakra	G	Sol
Herzchakra	F	Fa
Nabelchakra	E	Mi
Sexualchakra	D	Re
Wurzelchakra	C (das tiefe C)	Do

Mit Do begeben wir uns auf dem Weg (Wurzelchakra), um mit dem Re unseren Rhythmus zu finden, wozu es der Auseinandersetzung mit dem anderen bedarf (Sexualchakra). Mi ist gemäß der Sufitradition diejenige Note, die Ängste und Hemmungen lösen kann (Nabelchakra), und Fa, als die Mitte der Oktave, wird als die Note des Herzens angesehen, welche die Energie der ersten drei Noten fruchtbar werden läßt. Sol ist der geistige Klang, der im Christentum mit dem Satz »Am Anfang war das Wort« ausgedrückt wird (Kehlchakra). La ist die Note des Dritten Auges und damit zugleich diejenige des inneren Lichts, das den Suchenden leitet. Si stellt die schöpferische Pause vor dem Neuanfang dar.

Übung

Um sich den sieben Chakren über Tonschwingungen anzunähern, hilft folgende kleine Übung, die Ihnen sogleich erfahrbar macht, daß bestimmte Töne in den einzelnen Chakren eine gute Resonanz finden. Diese Übung entdeckte ich zufällig, als ich mich entspannt hinlegte und aus Spaß zu summen begann. Seitdem wende ich sie mit großem Erfolg in meinen Workshops an.

➢ Legen Sie sich auf dem Rücken flach auf den Boden, schließen Sie Ihre Augen und entspannen Sie sich.

- ➢ Stellen Sie sich vor, daß Sie tiefer und tiefer in den Boden versinken, und lassen Sie sich einfach fallen.
- ➢ In dieser Entspannung versuchen Sie einen summenden Ton mit geschlossenen Augen zuerst in Ihr Wurzelchakra und dann aufsteigend in alle anderen Chakren zu senden. Spüren Sie, wie dieser Ton in dem entsprechenden Chakra vibriert.
- ➢ Sie werden bemerken, daß Sie für die unteren Chakren automatisch tiefere Töne benutzen als für die oberen Chakren.

Kommentar

Diese Übung bietet sich dazu an, mit verschiedenen Tonhöhen zu experimentieren. Es gibt zwei Wege, diese Übung durchzuführen:

1. Sie gehen wie hier beschrieben ein Chakra nach dem anderen durch und suchen den rechten Summton für das entsprechende Chakra, oder
2. Sie gehen von einem bestimmten Ton aus und schauen, welches Chakra auf diesen Ton am besten anspricht.

Versuchen Sie beide Wege.

Nach hinduistischer Tradition kann man die sieben Chakren auch den einzelnen Vokalen zuordnen. Dabei ist zu beachten, daß für den Inder das »M« Vokalcharakter hat.

Schema 2-7: Die Zuordnung der Chakren zu Vokalen		
Kronenchakra	M (wie um)	intoniert auf H
Stirnchakra	I	intoniert auf A
Halschakra	E	intoniert auf G
Herzchakra	A	intoniert auf F
Nabelchakra	O (offen)	intoniert auf E
Sexualchakra	O (geschlossen)	intoniert auf D
Wurzelchakra	U	intoniert auf C

Übung

Die Chinesen-Meditation. Um mit Hilfe der einzelnen Vokale seine Chakren anzusprechen, gibt es eine lustige Meditation, die ich vor Jahren in Berlin auf einer Kassette fand. Als Vorlage dient folgender Text:

Drei Chinesen mit dem Kontrabaß
Sitzen auf der Straße und erzähl'n sich was.
Da kommt die Polizei: »Ja, was ist denn das?«
Drei Chinesen mit dem Kontrabaß.

- ➢ Diesen Text geht man entsprechend der einzelnen Chakren mit den Vokalen U (Wurzelchakra), O geschlossen (Sexualchakra), O offen (Nabelchakra), A (Herzchakra), E (Halschakra) und I (Stirnchakra) durch.
- ➢ Das heißt, man ersetzt alle Vokale des bestehenden Textes durch den dem entsprechenden Chakra zugeordneten Vokal. Zum Beispiel fängt der Text für das Herzchakra wie folgt an: Dra Chanasan mat dam Kantrabaß …
- ➢ Nach jeder Zeile streckt man energetisch seine Arme aus und spreizt dabei die Finger auseinander.
- ➢ Während man diesen Text im Sprechgesang intoniert, konzentriert man sich auf das entsprechende Chakra und stellt sich vor, die Energie für diese Übung aus diesem Chakra zu holen.

Kommentar

Als ich diese Übung zum ersten Mal durchführte, konnte ich mich nicht mehr halten vor Lachen – was übrigens den Energiefluß in meinen Chakren äußerst anregte. Heute führe ich diese Übung regelmäßig durch und bin erstaunt, wie schnell sie die Chakren reinigen kann.

Der deutsche Klangforscher Hans COUSTO hat aufgrund von Planetenschwingungen Stimmgabeln eine Mind-Machine bauen lassen, die ebenfalls die Chakren ansprechen. Meiner Erfahrung nach wirken die Stimm-

Schema 2-8: Die Zuordnung der Chakren zu den Planetenschwingungen		
Kronenchakra	plutonisches Jahr	172, 06 Hz
Stirnchakra	Venuston	221, 23 Hz
Halschakra	Merkurton	141, 27 Hz
Herzchakra	Jahreston	136, 10 Hz
Nabelchakra	Sonnenton	126, 22 Hz
Sexualchakra	synodischer Mondton (auch Neptunton)	210, 42 Hz (211, 44 Hz)
Wurzelchakra	mittlerer Sonnentag	194, 18 Hz

gabeln besonders dann sehr aktivierend auf das betreffende Chakra, wenn sie mit ihrem Kopf direkt auf dieses Chakra gehalten werden. Geben Sie sich der Schwingung passiv hin, wird der Körper von den Energien dieses Chakras durchflutet.

Chakren und die Welt der Farben

Es besteht eine lange Tradition, den Chakren Farben zuzuordnen. Grundsätzlich gibt es zwei Möglichkeiten, Farben auf die sieben Chakren zu beziehen:

1. Man ordnet die Farben gemäß ihres Charakters beziehungsweise ihrer Schwingung zu den einzelnen Chakren zu, oder
2. man ordnet die Aurafarben, die man an dem betreffenden Chakra sieht, den einzelnen Chakren zu.

Die zweite Möglichkeit ist schon deshalb nicht ideal, weil nicht nur jede Kultur, sondern auch jedes Medium andere Farben mit dem entsprechenden Chakra verbindet. Das liegt daran, daß die auratische Farbe des

Chakras durch die Farbe der eigenen Aura gesehen wird. Da jedes Chakra einer spezifischen Sichtweise entspricht, neigt jede Kultur dazu, die Wirklichkeit durch die »Brille« des bestimmten Chakras zu sehen, dessen Sichtweise sie zuneigt.

Wenn Medien in der Farbbezeichnung eines Chakras übereinstimmen, haben sie meistens voneinander abgeschrieben oder einfach C. W. LEADBEATERS Auffassung übernommen.

Charles Webster LEADBEATER (1847–1934) war einer der bedeutendsten, aber zugleich auch umstrittensten Medien der theosophischen Adyar-Gesellschaft. Er ist eine Zeitlang der Erzieher KRISHNAMURTIS gewesen, und ihm ist wegen fragwürdiger Erziehungsmethoden 1905 in Madras der Prozeß gemacht worden. Er veröffentlichte Bücher über die Farben der Chakren mit Farbtafeln, die von vielen modernen Medien einfach übernommen wurden.

Die auratischen Farben können auch deshalb nicht für ein Farbschema der Chakren herhalten, weil sie bei jedem Menschen anders ausgeprägt sind, was vom Bewußtseinsstand, der momentanen Verfassung, der Kulturzugehörigkeit und vielen anderen Variablen des einzelnen abhängig ist.

Wenn man wie im ersten Fall die Farben gemäß ihres Charakters den einzelnen Chakren zuordnet, bietet es sich an, für die Charakterisierung der Farben nach GOETHES *Farbenlehre* vorzugehen. Denn gerade GOETHE war an der »sinnlich-sittlichen Wirkung der Farben«, also an dem, was wir heute »Farbpsychologie« nennen, sehr interessiert.[1] Erstaunlich ist, daß wissenschaftliche Untersuchungen zur Farbe der einzelnen Chakren und einige Medien zu der gleichen Farbzuordnung gelangen wie ich aufgrund von GOETHES *Farbenlehre.*

Bei der Zuordnung der Farben zu den Chakren gehe ich von der inneren Logik der Farben aus, die sich empirisch im Spektrum und im Regenbogen zeigt. Dabei sehen wir an den Grenzen zur Sichtbarkeit die beiden

1 Vgl. hierzu genauer: Klausbernd VOLLMAR, *Farben – Ihre natürliche Heilkraft.* München 1991.

Farben Rot und Violett. Dazwischen finden wir fünf Farben von Orange bis Blauviolett, die sich gemäß der Mischungen der Primärfarben (Grundfarben) ergeben. Rot mischt sich mit Gelb und erzeugt so Orange; Gelb mischt sich mit Blau und erzeugt so Grün, und Blau mischt sich mit Rot und erzeugt so Violett. So bekommen wir die sechs Farben unseres Spektrums. Mehr Farben gibt es nicht. Andere Farben stellen nur Abstufungen dieser ersten sechs Farben dar.
Als siebte Farbe und im Sinne GOETHES als Steigerung aller Farben nehmen wir Purpur an. Das ist ein sogenanntes Hochrot, ein Rot, das in etwa der heutigen Druckerfarbe Magenta entspricht.[1]
So stehen uns also sechs Farben und der Purpurton zur Verfügung, die den sieben Chakren entsprechen. Da die Farben nach GOETHE die Freuden und Leiden des Lichtes wiedergeben und als ein Symbol für den menschlichen Entwicklungsweg gesehen werden können, sind sie den Energiezentren des Menschen eindeutig zuzuordnen.
Mit Hilfe der Farben, sei es durch die Visualisierung der Farbe oder mit einer Farblampe, kann man die einzelnen Chakren stärken und unterstützen. Letztendlich wirkt diese Stärkung des entsprechenden Chakras über die Aura, der wir diejenige Farbe zuführen, die unser schwaches oder geschädigtes Chakra – wäre es gesund – idealerweise aufweist. Die Aura nimmt für gewöhnlich so viel von der angebotenen Farbe in sich auf, wie sie braucht, um das geschwächte Chakra wieder ins Gleichgewicht zu bringen. Wenn zum Beispiel unsere Fähigkeit des Mitleidens gestört ist und wir die Welt zu einseitig rational sehen, ist unser Herzchakra geschwächt. Es hilft in diesem Falle, sich mit geschlossenen Augen ein reines Grün zu visualisieren oder sich mit grünem Farblicht zu bestrahlen. Sehr wirkungsvoll – besonders zur Reinigung der Gefühle – ist es auch, das Badewasser mit der entsprechenden Farbe des zu stärkenden Chakras beim Einlaufen und für etwa fünf Minuten danach zu bestrahlen.

1 Vgl. dazu genau: Klausbernd VOLLMAR, *Das Geheimnis der Farbe Rot.* St. Goar 1993.

Dem *Wurzelchakra* entspricht die Farbe Rot, die als Symbolfarbe des Körpers angesehen wird. Rot ist die Farbe der Kundalinienergie. Mit Rot beginnt das Spektrum, und Rot drückt die noch undifferenzierten Gefühle aus, weswegen Rot die Lieblingsfarbe der Kinder aller Kulturen darstellt. Rot ist ein Symbol für Vitalität und Tatkraft, die von diesem unteren Chakra ausgeht. Rot gibt einem Mut und aktiviert den Betrachter. Man muß sich von den Konventionen unserer Kultur freimachen, nach denen Rot »Halt!« gebietet. Rot bedeutet eigentlich »Auf geht's!« Mit Rot kann man sich wegen dessen Aktivierung des Wurzelchakras sehr gut auf Prüfungen vorbereiten und auf alle Situationen, in denen man kurzfristig viel Energie braucht.

Mit dem *Sexualchakra* wenden wir uns dem anderen zu und tauschen mit ihm oder ihr Gefühle aus. Das wird durch die Farbe Orange verdeutlicht, die den Wärmepol des Spektrums darstellt, der die Gefühlswärme symbolisiert. Rot hat sich auf dieser Ebene mit Gelb gemischt, und durch die Farbe Gelb wird das körperliche Rot vergeistigt und somit in seiner reinen Körperlichkeit abgeschwächt.

Im Ayurveda wird angenommen, daß Orange die innere oder essentielle Farbe des Wassers sei.

Mit Orange verstärkt man seinen Optimismus und schafft ein Gefühl der angenehmen Wärme und des Wohlbefindens.

Mit dem *Nabelchakra* haben wir die Farbe Gelb erreicht, die ausstrahlt und nur schwer in einer Begrenzung zu halten ist. Gelb fließt immer über die eigenen Grenzen hinaus und symbolisiert mit dieser Eigenschaft die Aggression, die mit diesem Energiezentrum des Menschen verbunden wird. Ferner drückt Gelb das Thema der Aggression auch physiologisch aus, da Gelb von allen (bunten) Farben im Auge das meiste Rhodopsin (Sehpurpur) zerstört, wodurch der gelbe Farbeindruck überhaupt erst zustande kommt.

Es darf allerdings nicht übersehen werden, daß Gelb auch die Symbolfarbe des Geistes darstellt. Es ist die Farbe des Sonnenlichts, die den Raum durchdringt und Ideen und Gedanken symbolisiert. Mit einem befreiten Nabelchakra treten wir zum ersten Mal bewußt in die Welt des

Geistes ein. Die Auseinandersetzung mit dem Schatten schafft Bewußtsein.
Die Meditation auf Gelb macht fröhlich und wach. Mit Gelb kann man sein Gehirn für kurzfristige Leistungen stimulieren (zusammen mit Rot gut bei Prüfungen), es regt die Kreativität an und ist ein wirksames Mittel gegen Depressionen. Gelb kann als »Nervennahrung« angesehen werden.
Dem *Herzchakra* als mittleres Energiezentrum des Menschen wird die mittlere Farbe des Spektrums Grün zugeordnet. Grün ist die Farbe der Natur, die farbpsychologisch gesehen wie die Meditation auf das Herzchakra Körper, Geist und Seele ausgleicht. Vom Farbenkreis her stellt Grün als Komplementärfarbe zum aktiven Rot den Ruhepol des Spektrums dar. Im Grün ist der Ausgleich zwischen dem farbigen Repräsentanten des Lichts, Gelb, und dem farbigen Repräsentanten der Finsternis, Blau, erreicht. So wird hier im mittleren Chakra Licht und Finsternis harmonisiert.
Die Meditation auf Grün vermittelt ein Gefühl des Friedens und wirkt tief entspannend auf alle Ebenen des menschlichen Körpers. Grün sollte man immer dann verwenden, wenn man zu aufgeregt ist. Es sorgt für tiefen und erholsamen Schlaf, baut nervöse Spannungen ab und wirkt allgemein erholsam.
Dem *Kehlchakra* wird die weibliche Farbe Blau zugeordnet. Blau ist eine Farbe der Ruhe und Entspannung, die immer dort auftritt, wo es um die Kommunikation mit der Seele geht. Odin (Wodan) trägt zum Beispiel den blauen Mantel des Wanderers, und auch Maria wird meistens im blauen Himmelsmantel dargestellt. Ferner ist hier an die blaue Blume der Romantik zu denken, welche die unendliche Sehnsucht der menschlichen Seele ausdrückt.
Die Meditation auf Blau (besonders Hellblau) schenkt einem Weite und Freiheit. Blau fördert deutlich die Meditation, da es einen Zustand der Ruhe und des Seelenfriedens begünstigt.
Dem *Dritten Auge,* dem Ort des klaren Bewußtseins, wird die traditionelle Farbe der höheren Geistlichkeit zugeordnet, nämlich Violett. Diese

Farbe belebt die Intuition und die Geisteskraft, die mit diesem Chakra angesprochen wird. Im Violett haben sich das männliche Rot (Yang) und weibliche Blau (Yin) idealerweise zu gleichen Teilen gemischt.
Violett baut grundlose Ängste und negative Gefühle ab.
Dem *Kronenchakra* entspricht die königliche Farbe Purpur, jene Farbe, die GOETHE als die Steigerung aller Farben ansieht. Alle Farben streben letztendlich dem Purpur zu: Gelb steigert sich über Orange zu Purpur, aber auch Blau steigert sich über Violett zum Purpur. Deswegen steht Purpur an der obersten Stelle des Farbenkreises, wie auch das Kronenchakra die höchste Stelle des menschlichen Körpers kennzeichnet.
Dem Kronenchakra können aber auch die Farbe Weiß als klarste und hellste Farbe und zugleich die Summe aller Lichtfarben zugeordnet werden oder alle Spektralfarben, da mit dem Kronenchakra eine vollkommene Ganzheit erreicht ist.

Bei dieser Farbzuordnung ist zu betonen, daß die Chakren nicht unbedingt immer in diesen Farben gefärbt sind, sondern daß die Schwingung der Farbe auf die Schwingung des entsprechenden Chakras verweist und wirkt. Die Färbung eines Chakras hängt unter anderem stark von dem physischen und psychischen Zustand des Menschen ab. Rot mit der geringsten Frequenz entspricht dem Wurzelchakra mit der geringsten Schwingungsfrequenz. Die Frequenzen steigern sich bis hin zum Violett, das die höchste Schwingungsfrequenz in bezug auf die Farben als auch auf die Chakren aufweist. Es folgt nur noch das Kronenchakra, das außerhalb dieses Systems steht.

Übung

Um die Farben an den einzelnen Chakren zu erleben und zugleich die Chakren von den Farben stimulieren zu lassen, bietet sich das Farbenatmen an. Folgende Übung wurde von der klassischen Farbtherapie angeregt.

- Man legt sich flach auf den Rücken, und die Arme liegen entspannt an beiden Seiten des Körpers.

- ➢ Der Übende schließt die Augen und atmet ruhig und regelmäßig. Er läßt sich dabei tiefer und tiefer in den Boden sinken.
- ➢ In dieser tiefen Entspannung stellt er sich die sieben Chakren als sieben Farbwolken vor, die den eigenen Körper an den entsprechenden Stellen einhüllen.
- ➢ Der Unterkörper ist in eine rote Farbwolke gehüllt, die Genitalien in eine orangene, der Nabel in eine gelbe und das Herz in eine grüne. Die Kehle stellen wir uns blau und die Stirn violett eingehüllt vor. Bei dieser Übung konzentrieren wir uns nicht auf das Kronenchakra.
- ➢ Diese Vorstellung der einzelnen Farben halten wir für drei bis fünf Atemzüge, und dann lösen wir dieses Bild wieder auf.
- ➢ Nun kommen wir zum eigentlichen Farbenatmen, indem wir uns die einzelnen Chakren wie folgt vorstellen und durch sie die entsprechende Farbe ein- und ausatmen:
  - Am Wurzelchakra stellen wir uns eine trichterförmige Öffnung vor, durch die rote Farbe ein- und ausströmt;
  - am Sexualchakra stellen wir uns ebenfalls eine Öffnung vor, durch die ein orangener Farbstrom ein- und ausströmt;
  - am Nabelchakra stellen wir uns eine Öffnung vor, durch die ein reines Gelb ein- und ausströmt;
  - am Herzchakra stellen wir uns vor, daß ein ruhiges, mittleres Grün ein- und ausströmt;
  - am Kehlchakra strömt ein reines Blau ein und aus; und am Stirnchakra strömt ein zarter violetter Farbton (Fliederfarbe) ein und aus.
- ➢ Wir atmen je fünf Atemzüge der entsprechenden Farbe durch jedes Chakra ein und aus; wir beginnen mit dem Wurzelchakra und enden beim Stirnchakra.

Kommentar

Bei dieser Übung brauchen wir nicht unbedingt die Farben wie in einem Film klar zu sehen. Es genügt, wenn wir uns die durchsichtigen Farbwolken intensiv vorstellen und uns auf die Vorstellung der entsprechenden Farbe fest konzentrieren. Unter anderem ist diese volle Konzentration auf die Farbe deswegen wichtig, weil wir uns durch sie gegen störende Gedanken abschirmen.

Schema 2-9: Die Zuordnung der Chakren zu den Farben

Chakra	*Farbe*	*Komplementärfarbe*
Kronenchakra	*Purpur* als Steigerung aller Farben *Weiß* als reinste Farbe und als Ergebnis der Addition aller Lichtfarben *Alle Spektralfarben* als Symbol der Vollkommenheit	
Stirnchakra	*Violett* als Farbe der Geistlichkeit, regt die Intuition an	*Gelb*
Kehlchakra	*Blau* als Farbe der Kommunikation mit der Seele	*Orange*
Herzchakra	*Grün* als mittlere Farbe des Spektrums, Ruhepol des Spektrums	*Rot*
Nabelchakra	*Gelb* als ausstrahlende Farbe und Farbe, die physiologisch aggressiv wirkt	*Violett*
Sexualchakra	*Orange* als Wärmepol des Spektrums	*Blau*
Wurzelchakra	*Rot* als die Steigerung aller Farben und die Farbe des Körpers, Lieblingsfarbe der Kinder	*Grün*

Wollen wir die Schwäche eines bestimmten Chakras mit Hilfe der Farbe ausgleichen, so ergeben sich zwei unterschiedliche Wege:

1. Wir behandeln das zu stärkende Chakra mit der ihm entsprechenden Farbe. Dabei können wir
   - mit Farblicht dieses Chakra bestrahlen oder

- farbige Stoffstückchen auf dieses Chakra auflegen oder
- diese Farbe an dem entsprechenden Chakra als Farbwolke visualisieren.

2. Wir behandeln das zu stärkende Chakra in der gleichen Weise wie oben, allerdings mit seiner Komplementärfarbe.

Jedes Chakra reagiert nämlich nicht nur auf die ihm entsprechende Farbe, sondern zugleich auch auf deren Komplementärfarbe. Man kann sich das so vorstellen, daß die Grundlage des Chakras seine aktive Seite darstellt, wohingegen seine Komplementärfarbe dessen passive Seite anspricht. Beide Farben ergänzen sich zu einem Ganzen und zeigen zugleich die Verbindung zwischen den einzelnen Chakren an.

Bedenken Sie, daß die Farbe Ihrer Kleidung und in ganz besonderem Maße die Ihrer Unterwäsche auf Ihre Chakren wirkt, genauso wie die Farben Ihrer Wohnumgebung und Ihrer Bettwäsche. Ferner sollten Sie darauf achten, welche Farben Sie mit Ihrer Nahrung zu sich nehmen. Auch diese Farben sprechen Ihre Energiezentren deutlich an.[1]

Chakren und Tarot

Die sieben Chakren können auch auf das Tarot bezogen werden, da beiden, Chakren und Tarot, archetypische Bilder zugrunde liegen, die den Weg zur Bewußtseinserweiterung markieren.
Im folgenden habe ich mich, was das Tarot betrifft, weitgehend von den führenden deutschen Tarotspezialisten und Autoren Hajo BANZHAF, Evelin BÜRGER und Johannes FIEBIG inspirieren lassen.[2]

1 Vgl. dazu genauer: Klausbernd VOLLMAR, *Farben – Ihre natürliche Heilkraft.* München 1991, S. 61–64.

2 Hajo BANZHAF, *Das Arbeitsbuch zum Tarot.* München 1988 und Evelin BÜRGER und Johannes FIEBIG *Tarot – Wege des Glücks.* Königsförde 1993.

Wurzelchakra

I Der Magier (männlicher Weg)
Wir müssen mit Wendigkeit und Geschicklichkeit das Leben zu meistern lernen. Die Schwierigkeiten des Lebens sind aktiv anzugehen. Der Magier steht für das magische Denken, das den Beginn der Menschheit und noch heute unsere Kindheit (nach dem Schweizer Entwicklungspsychologen Jean PIAGET) prägt. Als der Mensch sich vom Zwang der Natur immer mehr befreite, hoffte er, der dunklen Macht der Erde durch seinen Zauber zu entkommen.

III Die Herrscherin (neutraler Weg)
Zu Beginn unseres Weges in das Bewußtsein stehen die unbewußten Kräfte, mit denen wir uns auseinandersetzen müssen. Die Bewußtseinsentwicklung fängt mit dem Ahnungsvermögen an und steigert sich, indem die seelischen Kräfte bewußt das eigene Ich gegenüber dem Meer des Unbewußten abgrenzen.

II Die Hohepriesterin (weiblicher Weg)
Am Anfang steht die unerschöpfliche Kraft der Natur als unversiegbare Lebensquelle, die von dieser Tarotkarte wie auch vom Wurzelchakra symbolisiert wird.

Das Wurzelchakra als untere Bewußtseinsstufe setzt sich aus drei verschiedenen Aspekten des Anfangs und der Erdung zusammen:

1. der männliche Weg der Tat, der unter dem Aspekt des Magiers das Handeln und das magische Denken als Machtinstrument betont;
2. der weibliche Weg, der uns unter dem Aspekt der Hohepriesterin die seelischen Kräfte zeigt, um dem Sog des Unbewußten zu entgehen;
3. der neutrale Weg der Meditation zeigt als Synthese das Bild der Herrscherin, das auf die Kraft der Natur aufmerksam macht, die am Beginn eines jeden Bewußtseinsweges steht.

Abb. 2-10:
Der Magier

Abb. 2-11:
Die Herrscherin

Abb. 2-12:
Die Hohepriesterin

Sexualchakra

IV Der Herrscher (männlicher Weg)
Nachdem wir auf dem männlichen Weg mit Wendigkeit und Geschicklichkeit das Leben angegangen sind, bedarf es nun des strukturgebenden Elements. Hier geht es um das ewige Thema des Sexualchakras: die Spannung zwischen Sicherheit und Unabhängigkeit, die wir am deutlichsten auf der Beziehungsebene spüren.

VI Die Liebenden (weiblicher Weg)
Diese Karte verweist direkt auf die bewußtseinsschaffende Erfahrung der Liebe auf der Ebene des Sexualchakras, die besonders im Minnesang und im Tantra hervorgehoben wird. Gleichzeitig zeigt sie uns, daß uns hier eine Entscheidung abverlangt wird, und genau diese Situation fordert unser Bewußtsein heraus.

V Der Hierophant (neutraler Weg)
Jenseits der Polarität von Männlich und Weiblich geht es beim Sexual-

Abb. 2-13:
Der Herrscher

Abb. 2-14:
Die Liebenden

Abb. 2-15:
Der Hierophant

chakra wie bei der fünften Tarotkarte um Vertrauen und Selbstvertrauen. Die Auseinandersetzung mit diesen Haltungen führt jetzt zur Bewußtseinsbildung, nachdem wir uns zuvor auf der unteren Ebene mit den Urkräften der Natur auseinandersetzten.

Nabelchakra

VII Der Wagen (männlicher Weg)
Der Wagen spricht ganz klar den männlichen Freiheitsdrang, Ehrgeiz, Erfolg und Durchsetzungskraft an. Das alles sind Themen des Nabelchakras, die oftmals etwas zu abstrakt unter dem Begriff »Umgang mit der Aggression« zusammengefaßt werden.

IX Der Eremit (weiblicher Weg)
Dem männlichen Nachaußengehen, der Extraversion, steht auf der Ebene des Nabelchakras die eher weibliche, zentripetale Kraft der Innenschau (Introversion) gegenüber. Nachdem sich auf der vorangegangenen

Abb. 2-16:
Der Wagen

Abb. 2-17:
Der Eremit

Abb. 2-18:
Kraft

Stufe das Bewußtsein der Liebeserfahrung öffnete, reagiert es hier, den Ausgleich suchend, ganz gegensätzlich: Es zieht sich auf sich selbst zurück und besinnt sich. Wenn ich an diesem Chakra die Schattenarbeit ansetze, so ist die mit dieser Aufgabe verbundene Introversion für die weiteren Schritte auf dem Weg der Bewußtseinsbildung unbedingt nötig.

VIII Kraft (neutraler Weg)
Mit der achten Tarotkarte auf der Ebene des Nabelchakras geht es um die Versöhnung des Menschen mit der zunächst einmal als aggressiv empfundenen Natur. Mut ist hier angesagt; eine der großen Tugenden, die auf der Ebene des Nabelchakras gelernt werden können.

Herzchakra

X Rad des Schicksals (männlicher Weg)
Auf dem männlichen Weg der Tat müssen wir auf der Ebene des Herzchakras erst einmal innehalten. Wir finden uns nun Situationen

Abb. 2-19:
Rad des Schicksals

Abb. 2-20:
Der Gehängte

Abb. 2-21:
Gerechtigkeit

macht- und hilflos gegenüber, die wir noch auf der vorigen Ebene des Nabelchakras mit Bravour und gewisser Ellbogenstärke gemeistert haben. Die Vielfalt des Seins wird hier angesprochen, die wir zur weiteren Bewußtseinsbildung erst einmal erkennen müssen.

XII Der Gehängte (weiblicher Weg)
Auch hier geht es um die Ruhe – freilich um eine erzwungene Ruhe. An diesem mittleren Chakra haben wir den halben Weg der Bewußtseinsbildung zurückgelegt, und nun kommt es darauf an, innezuhalten, um eine neue Perspektive zu gewinnen. Die zwölfte Tarotkarte zeigt deutlich, daß wir die irdische Perspektive verlassen, denn wir nähern uns jetzt dem Halschakra, auf dessen Ebene es um Fragen des höheren Bewußtseins geht.

XI Gerechtigkeit (neutraler Weg)
Hier ist die klare und objektive Erkenntnis angesprochen, die zur Ausgewogenheit führt. Auf die Ebene des Herzchakras bezogen zeigt uns diese Karte deutlich, daß uns nun das im Außen begegnet, was wir im Inneren leben.

Abb. 2-22:
Tod

Abb. 2-23:
Der Teufel

Abb. 2-24:
Mäßigkeit

Halschakra

XIII Tod (männlicher Weg)
Mit dem Halschakra betreten wir den geistigen Bereich. Die 13. Tarotkarte sagt uns, daß es hier Abschied zu nehmen gilt. Wir müssen unsere unbewußten, mechanischen Gewohnheiten loslassen und bewußt kommunizieren, statt uns selbst und anderen etwas vorzumachen. Auf dieser Ebene hört das süße Sich-selbst-Belügen auf.

XV Der Teufel (weiblicher Weg)
Das Halschakra ist das für den westlichen Menschen am schwierigsten zu meisternde Energiezentrum. Wir erkennen auf dieser Ebene, wie willensschwach wir sind und daß fast alle unsere guten Vorsätze scheitern. Aber das ist eine notwendige Erfahrung an dem Übergang zu den feineren Ebenen des Seins.

XIV Mäßigkeit (neutraler Weg)
Auf der Ebene des Halschakras ist zweifelsohne die Kommunikation

Abb. 2-25:
Der Turm

Abb. 2-26:
Der Mond

Abb. 2-27:
Der Stern

angesprochen. Bei ihr kommt es ganz besonders auf das richtige Maß an, und zwar sowohl in der Kommunikation mit anderen als auch in der mit dem eigenen Inneren. Ob man in Harmonie mit seiner Umwelt lebt, ist eine Frage der Kommunikation.

Drittes Auge (Stirnchakra)

XVI Der Turm (männlicher Weg)

Nachdem wir auf der vorigen Stufe des Halschakras von unseren unbewußten Handlungen endgültig abgelassen haben, kommen wir einem klaren Bewußtsein immer näher. Aber mit dieser bewußten Lebensführung gerät unsere Sicherheit ins Wanken, die uns unsere abgelegten kleinen Gewohnheiten und mechanischen Handlungen scheinbar boten. Was wir früher als Sicherheit sahen, begreifen wir jetzt als Ballast, und dennoch müssen wir erst einmal den Schock dieser Einsicht überwinden.

XVIII Der Mond (weiblicher Weg)
Mit dem Mond wenden wir uns auf dieser Bewußtseinsstufe noch einmal den dunklen Kräften unseres Unterbewußtseins zu. Durch die bewußte Wahrnehmung sind jedoch diese dunklen Kräfte gar nicht mehr so dunkel, vielmehr zeigen sie uns nun auch ihre helle Seite. Das vormals Verdrängte wird endlich ein für allemal erlöst. »Wo Es war, muß Ich werden« (S. FREUD), wo Unbewußtes und Verdrängtes war, muß es durch Bewußtsein ersetzt werden; das ist die Aufgabe hier. Gleichzeitig schwingt jedoch die Warnung mit, nicht in der Arbeit am Unbewußten hängen zu bleiben und zum Beispiel therapiesüchtig zu werden.

XVII Der Stern (neutraler Weg)
Das ist die Karte des Einblicks in höhere Zusammenhänge. Wir betreten jetzt durch unser klares Bewußtsein das Reich der Freiheit, Klarheit und Harmonie.

Kronenchakra

XIX Die Sonne (männlicher Weg)
Alle Yogis und Yogaschriften machen die gleiche Aussage wie diese 19. Tarotkarte: Auf der höchsten Bewußtseinsebene gibt es größte Freude, dort leben wir auf der Sonnenseite des Lebens.

XXI Die Welt (weiblicher Weg)
Was könnte besser zu unserem Kronenchakra passen als diese Karte, die Hajo BANZHAF wie folgt kennzeichnet:
»Die Welt zeigt die wiedergefundene Einheit, das Erleben größter Harmonie und den erfreulichen Ausgang einer Entwicklung. Die Schönheit dieser Karte in Worte zu fassen hieße, sich in die Gefahr zu begeben, die schmalzige Geschichte eines Happy-Ends zu beschreiben. Auf der Reise

Abb. 2-28:
Die Sonne

Abb. 2-29:
Die Welt

Abb. 2-30:
Gericht

des Helden zeigt sie das glückliche Ende, das wiedergefundene Paradies, was auf unser Leben übertragen bedeutet, daß wir am Ziel sind.«[1] Damit ist alles gesagt, was die Ebene des Kronenchakras und die der letzten Tarotkarte (der großen Arkanen) ausmacht.

XX Gericht (neutraler Weg)
Das Gericht steht für die Auferstehung, die als Symbol für die Erlösung und Befreiung angesehen werden kann. Der Mensch richtet sich, nach BÜRGERS und FIEBIGS[2] Verständnis dieser Karte, mit »Der Auferstehung« auf das Göttliche aus.

1 Hajo BANZHAF, *Das Arbeitsbuch zum Tarot.* München 1988, S. 60.
2 Evelin BÜRGER und Johannes FIEBIG, *Tarot – Wege des Glücks.* Königsfurt 1993, S. 90.

Schema 2-10: Die Zuordnung der Chakren zu den großen Arkanen des Tarots

Chakra	*Tarotkarte*					
	männlicher Weg		*neutraler Weg*		*weiblicher Weg*	
Kronen-chakra	XIX	Die Sonne	XX	Das Gericht	XXI	Die Welt
Drittes Auge	XVI	Der Turm	XVII	Der Stern	XVIII	Der Mond
Hals-chakra	XIII	Der Tod	XIV	Die Mäßig-keit	XV	Der Teufel
Herz-chakra	X	Das Rad des Schicksals	XI	Die Gerech-tigkeit	XII	Der Gehängte
Nabel-chakra	VII	Der Wagen	VIII	Die Kraft	IX	Der Eremit
Sexual-chakra	IV	Der Herr-scher	V	Der Hiero-phant	VI	Die Lieben-den
Wurzel-chakra	I	Der Magier	II	Die Hohe-priesterin	III	Die Herr-scherin

Chakren und das Enneagramm

> *»Die mystische Anatomie und Physiologie des Yoga ist nicht auf objektiv-isolierender Forschung, sondern auf subjektiver (aber ebenso unvoreingenommener) Beobachtung innerer Vorgänge begründet, [...] auf Selbstbeobachtung und dem unmittelbaren Erlebnis der Vorgänge und Empfindungen des eigenen Körpers.«*
> Anagarika Lama Govinda

Georg Iwanowitsch GURDJIEFF (wahrscheinlich 1866–1949) und Peter Demianowitsch OUSPENSKY (1877–1947), wie auch alle anderen Lehrer des Vierten Weges, haben keine ausdrückliche Chakrentheorie entwickelt, und dennoch ist die Vorstellung von bestimmten Energiezentren des menschlichen Körpers in ihrer Lehre enthalten. Die Lehren GURDJIEFFS und die des Tibetischen Buddhismus sind nicht sehr stark voneinander abgegrenzt. Das Modell der Bewußtseinsentwicklung ist in beiden Schulen ähnlich, und das macht es nachvollziehbar, daß Schüler des Vierten Weges nicht selten zu tibetischen Meditationsschulen überwechseln wie auch umgekehrt.

Wenn wir über den anfangs zitierten Satz von Lama GOVINDA nachdenken, so finden wir darin wörtlich auch die Grundlagen der Bewußtseinsentwicklung nach GURDJIEFF wiedergegeben. Sie beruhen auf der unvoreingenommenen Selbstbeobachtung innerer Vorgänge und dem unmittelbaren Erlebnis des eigenen Körpers.

Grundsätzlich gehen GURDJIEFF und seine Nachfolger davon aus, daß der menschliche Körper drei Zentren aufweist, zwischen denen es einen Energiefluß gibt, der nicht nur metaphorisch aufzufassen ist, sondern körperlich gespürt werden kann. Seiner Schule zufolge wird man Bewußtseinsfortschritte konkret als Fluß der Lebensenergie zum Herz hin spüren. Für GURDJIEFF besitzt der menschliche Körper folgende drei Energiezentren:

1. das Zentrum des Bauches, das dort gespürt wird, wo Nabel- und Sexualchakra angenommen werden;
2. das Herzzentrum, das sich mit dem Herzchakra deckt;
3. das Kopfzentrum, das wie das Dritte Auge zwischen den Augenbrauen gespürt wird.

Jedes dieser drei Zentren ist nach GURDJIEFF mit allen anderen Zentren verbunden. Es kann die Funktion der anderen beiden Zentren übernehmen, was jedoch zu einer angemessenen Lebensführung führt. Hierbei handelt es sich nur um eine grobe Einteilung, die von einer viel feineren überlagert wird.

Die Lehre Gurdjieffs wird durch eine geometrische Figur wiedergegeben, die als Enneagramm bekannt ist. Es wird durch das Dreieck in drei Tertiale aufgeteilt, die ich den unteren, den mittleren und den höheren

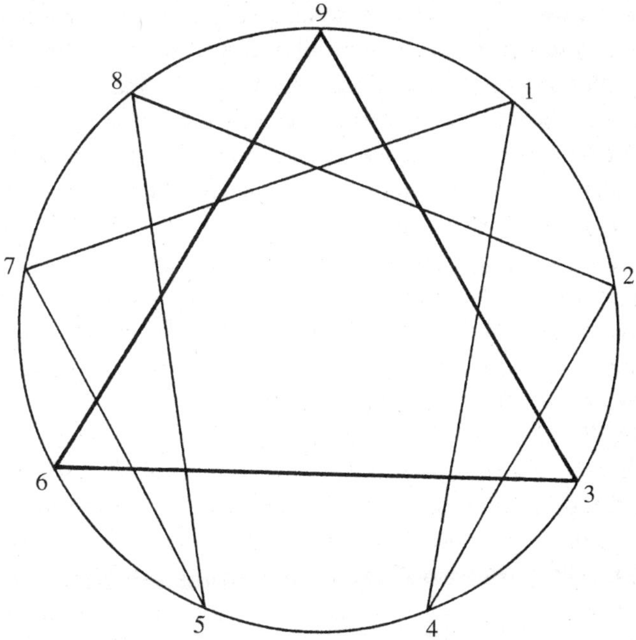

Abb. 2-31: Das Enneagramm

Chakren zuordne. Die Lehre des Enneagramms besagt, daß ich erst das niedrigere Tertial durchlaufen muß, um das mittlere und das höhere zu erreichen. Ich bin der Ansicht, daß man auch bei den Chakren erst die Aufgaben der unteren Wurzel- und Sexualchakren bewältigt haben muß, um diejenigen der mittleren Chakren erfolgreich angehen zu können. Sind die Lernaufgaben der mittleren Nabel-, Herz- und Halschakren erfüllt, dann erst können die Zielsetzungen der höheren Chakren – des Dritten Auges und des Kronenchakras – angegangen werden. Ich stelle mir das wie die verschiedenen Welten in einem Computerspiel vor: Man muß die Hürden der einen Welt erst einmal genommen haben, bevor man in die nächste aufsteigen darf. Man könnte parallel zu den Tertialen des Enneagramms die unteren, mittleren und höheren Chakren als Organe

ansehen, die Informationen weiterleiten: Die höheren Chakren nehmen kosmische Informationen auf und wandeln diese derart um, daß sie für die mittleren Chakren verständlich und benutzbar werden. Die mittleren Chakren wiederum übersetzen diese von den höheren Chakren aufgenommene Information in eine Sprache, die von den unteren Chakren verstanden wird. Die höheren Chakren stellen die Willenskraft der mittleren und niederen Chakren dar. Vom Standpunkt ihrer höheren Intelligenz aus sagen sie ihnen, was sie wahrnehmen und wie und wo sie reagieren und funktionieren sollen. Um ein anderes Bild zu verwenden: Die oberen Chakren verhalten sich zu den unter ihnen liegenden wie die Software zur Hardware eines Computersystems – die Information der höheren Chakren steuert das Arbeiten der darunterliegenden Chakrengruppe. Meine höheren Einsichten, mein Gewissen, meine innere Stimme sollten als Softwareprogramm mein soziales Verhalten steuern.
Das Enneagramm besagt auch, daß die Struktur des unteren Tertials mit der des oberen zu vergleichen ist. Wurzel- und Sexualchakra verhalten sich zueinander wie Drittes Auge und Kronenchakra. Das können wir leicht nachvollziehen, wenn wir das Wurzelchakra als die Grundlage zur Erfahrung der Liebe des Sexualchakras ansehen. Das Dritte Auge stellt auf höherer Ebene ebenfalls die Grundlage für das Erleben der bedingungslosen, allumfassenden Liebe des Kronenchakras dar. Wie im materiellen Bereich die Basis durch das Erlebnisfeld des Wurzelchakras gebildet wird, so schafft im geistigen Bereich das Erlebnisfeld des Dritten Auges das Fundament. Das Sexualchakra öffnet sich vom Selbstbezug auf die Wahrnehmung des anderen hin, während sich das Kronenchakra ausgehend von der Erkenntnis der eigenen Selbstbezogenheit (»alles bin ich«) für alle Wahrnehmungen öffnet.
Man kann sich das dreigeteilte Chakren- wie auch das Enneagrammsystem sehr anschaulich verdeutlichen, indem man sich die oberen Chakren als ein komplexes Informationsorgan vorstellt, das mit den Engeln kommunizieren kann. Die mittleren Chakren sind dazu in der Lage, diese Information auf der menschlichen Ebene zu verstehen und sie derart umzuformen, daß sie von den unteren Chakren aufgenommen

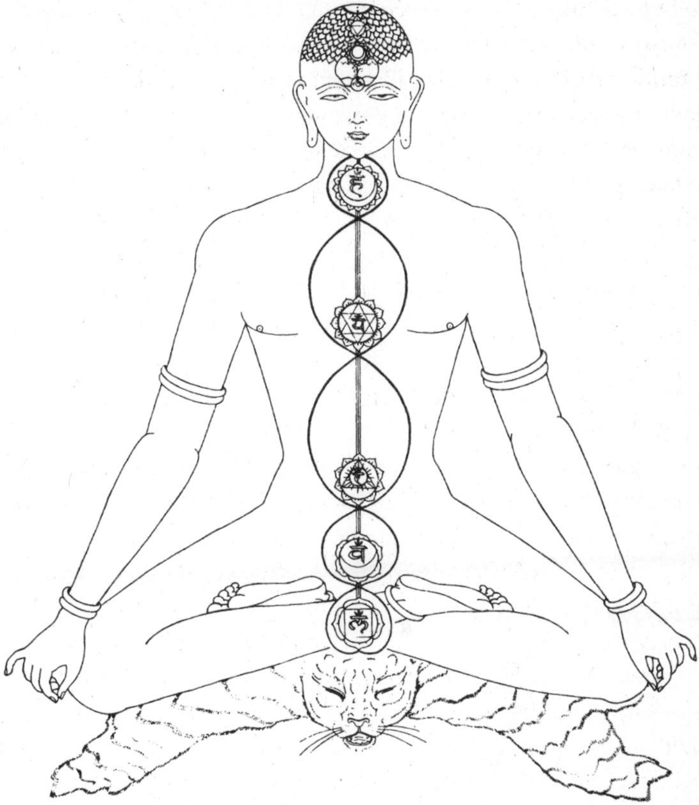

Abb. 2-32: Das Diagramm der Chakren

werden kann. Durch das dreigeteilte Chakrensystem findet ein Austausch zwischen der Engel-, der menschlichen und der tierischen Ebene statt. Beziehen wir die Chakren – wie GURDJIEFF das Enneagramm – auf den Kosmos, dann würde ich die oberen Chakren mit unserem Sonnensystem, die mittleren Chakren mit der Biosphäre und die unteren Chakren mit der Erde gleichsetzen. Kurz zusammengefaßt kann man sich also die drei Chakrengruppen wie Hilfsmittel oder »Apparate« zum Finden von Lösungen auf den verschiedenen Ebenen vorstellen.

Das Enneagramm ist ein kosmisches Diagramm mit neun Ecken, das unter anderem die Chakren auf die einzelnen Enneagrammpunkte bezieht. Die Enneagrammpunkte drücken verschiedene Bewußtseinsschritte aus, die denen des zugeordneten Chakras entsprechen.[1] Das Enneagramm wie die Chakren stellen beide eine Landkarte des menschlichen Bewußtseins dar. Beide sind Diagramme, die den Kosmos erklären.
Man kann alle sieben Chakren bestimmten Ennegrammpunkten sinnvoll zuordnen, da das Enneagramm in seinem Inneren ein Siebeneck bildet, auf dem die Chakren angeordnet werden. So ergibt sich eine eindeutige Zuordnung von Enneagrammpunkten und Chakren.

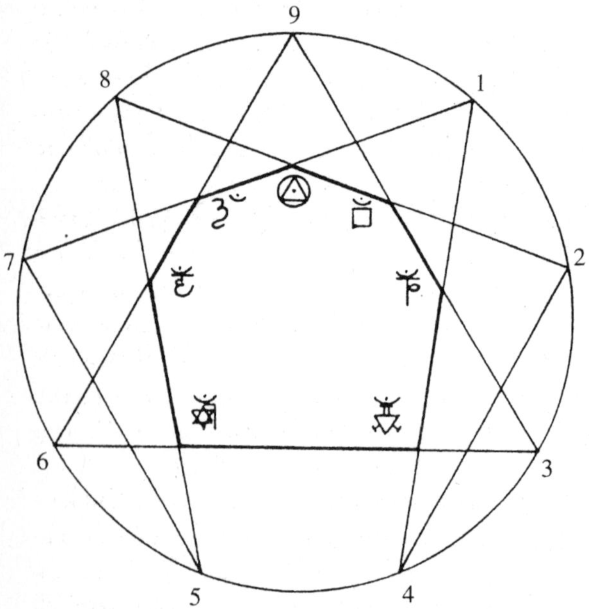

Abb. 2-33:
Das Enneagramm
und die Chakren

1 Vgl. dazu genauer: Klausbernd VOLLMAR, *Das Enneagramm – Praktische Lebensbewältigung mit Gurdjieffs Typenlehre.* München 1993, und Klausbernd VOLLMAR, *Arbeitsbuch zum Enneagramm.* München 1994.

Chakren und das Runensystem

Es ist leicht möglich, die gemeingermanischen Runen (Futhark) zusammen mit der Armanenreihe der Runen den Chakren zuzuordnen. Die 24 gemeingermanischen Runen stellen den exoterischen Bereich dar, der in unserem Fall den beiden »Yoganerven« Ida und Pingala zugeordnet wird. Diese Runen werden deswegen als exoterisch bezeichnet, weil mit ihnen geschrieben wurde. Die 18 Runen der Armanenreihe stellen die esoterischen Runen dar. Sie entsprechen den 18 Zauberrunen der Eddaverse, und ich ordne sie dem Zentralaspekt (Sushumna) zu.
Die Runen, die immer auch als Körperpositionen gedacht werden, die uns mit der kosmischen Energie verbinden, stellen wie die Chakren ein System zur Beschreibung verschiedener Bewußtseinszustände dar. Die Runen wurden vermutlich im zweiten Jahrhundert v. Chr. von den Kimbern aus einem norditalienisch-etruskischen Mischalphabet des Alpengebiets mitgebracht und dienten den Germanen über mehr als 500 Jahre lang weniger als Schriftzeichen zu Mitteilungszwecken als zur Ausübung von Zauber, Segen und Orakelprozessen. Das Ritzen der Runen war eine heilige Wissenschaft, die der germanische Mythos zum einen auf den Gott Odin (Wotan) und zum anderen auf die Göttin Udin zurückführt. Udin, die Hüterin der magischen Äpfel, die den Göttern die Unsterblichkeit sicherten, ritzte die Runen in die Zunge ihres Gemahls Bragi, der so die magische Kraft der Worte erlangte. Odin dagegen erlangte die Kenntnis der Runen durch seine Selbstopferung. Er hing neun Nächte am Baum, wo er die Runen mitgeteilt bekam.
Da die Runen einen Bewußtseinsweg wiedergeben, können sie mit dem Bewußtseinsweg der Chakren verglichen werden. Sowohl die gemeingermanischen Runen als auch diejenigen der Armanenreihe wurden durchgezählt. Die Zahlenbedeutung der Runen war allgemeinverbindlich festgelegt und diente, besonders seit der radikalen Verfolgung germanischer Traditionen unter Karl dem Großen, als kodierte und somit versteckte Schreibweise der Runen. Wenn man zum Beispiel 1 schrieb, wußte der Eingeweihte, daß die Rune Ta damit gemeint war. Bei meinem

Zuordnungsschema von Runen und Chakren ergibt sich folgende Zahlenbeziehung: Die Summe der Zahlenwerte der beiden gemeingermanischen Runen eines Chakras ergibt die dritte Rune dieses Chakras, die aus der Armanenreihe stammt. Auf der Ebene des Wurzelchakras ergeben Fa = 1 (Ida) und Ar = 10 (Pingala) als Summe 11. 11 entspricht der Isa-Rune in der Armanenreihe und wird dem Zentralaspekt (Sushumna) dieses Chakras zugeordnet.

Die Dreiteilung der Chakren in Ida, Pingala und Sushumna findet ihre Parallele in der Dreiteilung der Runen als Einweihungsweg des Freir (Fa, Ur, Thorn, Os, Rit, Ka und Gibor), des Odin (Hagal, Not, Is, Ar, Sig, Man und Yr) und Tyr (Tyr, Bar, Laf und Eh). Dabei würde ich Freir[1] als Pingala und den Energieaspekt, Odin[2] als Ida und den männlichen Aspekt der Materie und Tyr[3] als Sushumna und somit den Informationsaspekt der Welt ansehen.

Schema 2-11: Die Zuordnung der Chakrendreiteilung zum Runensystem

Aspekt	*Yoganerven*	*Einweihungsweg*	*Zuordnung*
Energie	Pingala	Freir aus dem alten Geschlecht der Wanen	weiblich
Materie	Ida	Odin aus dem neuen Geschlecht der Asen	männlich
Information	Sushumna	Tyr, der älteste Gott, der die Zeit der Götterdämmerung plant	neutral

1 Freir stammt aus dem älteren Göttergeschlecht der Wanen. Er geht den Weg der Fruchtbarkeitsriten. Vgl. dazu genauer Klaus WÜRTHNER, *Arbeitsbuch der Runenkunde*. München 1994.

2 Odin stammt aus dem jüngeren Geschlecht der Asen, welche die männliche Aktivität des Handwerkers und Wanderers symbolisieren. Der Anthroposophie zufolge hat sich Odin um 600 als Buddha Sakjamuni inkarniert. Die Asen lösen die Wanen ab, was den Übergang von der matrilinearen Kultur zur patriarchalischen Kultur verdeutlicht.

3 Tyr ist der Vorläufer Odins, der seine rechte Hand opfert, indem er sie dem Fenrißwolf in den Rachen legt. Odin wird zur rechten Hand Tyrs, der Informationen von einer höheren Ebene bekommt, was nach der Götterdämmerung zu tun ist.

Das *Wurzelchakra* wird durch die Runen Fa (1), Isa (11) und Ar (10) charakterisiert. Diese drei Runen bezeichnen einen Anfang beziehungsweise die erste Bewußtwerdung der eigenen Kraft, die auf der Ebene des Wurzelchakras eine wichtige Rolle spielt. Das Bewußtwerden der eigenen Kraft stellt den ersten Schritt auf dem Weg zum höheren Bewußtsein dar.
Die Rune Fa (1) wird angewendet, um aktiv ins Leben hinauszugehen. Man macht sein Glück, indem man sich auf seine inneren Kräfte besinnt. So lautet die Affirmation dieser Rune: »Ich zeuge mein Glück.«
Die Rune Isa (11) charakterisiert ebenfalls den Anfang unseres Weges. Sie betont die potentielle Energie, die am Ende unserer Wirbelsäule als Kundalini ruht und darauf wartet, erweckt zu werden.
Die Ar-Rune (10) spricht ähnlich wie die Fa-Rune wieder die Urkaft an, die von den Germanen als Urfeuer angesehen wird. Abermals besinnt man sich auf seine inneren Kräfte, achtet auf sie und ehrt sie. Die Affirmation dieser Rune lautet: »Ich achte das Urfeuer in mir.«

Das *Sexualchakra* wird durch die Ur-Rune (2), die Eiwaz-Rune (13) und die Sig-Rune (11) gekennzeichnet.
Die Ur-Rune, die als zweite Rune den Ida-Aspekt des Sexualchakras kennzeichnet, spricht die Selbsterkenntnis durch das Du an. Wie das Prinzip des Sexualchakras auf dem Erkennen des anderen in der Sexualität beruht, so drückt diese Rune die Selbsterkenntnis durch das tiefe Einlassen auf den anderen aus. Diesen Zusammenhang zwischen Sexualität und Erkenntnis finden wir deutlich in der jüdischen Tradition, die im Alten Testament die Sexualität als Erkenntnis bezeichnet – allerdings ist hier mehr die Erkenntnis des anderen angesprochen.
Die Ur-Rune wird ferner als die Heilrune in der *Edda* betrachtet. Die Affirmation dieser Rune lautet: »Ich erkenne mich selbst.«
Die 13. Rune der esoterischen Armanenreihe ist durch die Eiwaz-Rune verkörpert, die Yggdrasil, den Baum des Lebens, symbolisiert. Yggdrasil entspricht auf der Ebene des Zentralaspektes des Sexualchakras den menschlichen Vitalkräften, die sich am deutlichsten in der Sexualität ausdrücken.

Die Sig-Rune stellt die elfte Rune der exoterischen Reihe dar und gibt direkt das Thema des Sexualchakras, die Sexualität, wieder. Es wird die Zeugung und der Schöpfergeist angesprochen, der aus Vergangenheit Zukunft werden läßt. Dabei kann man ohne weiteres die Zeugung als die Vergangenheit und die Zukunft als das Kind ansehen. Die Affirmation dieser Rune lautet: »Der Schöpfergeist siegt.«

Auf der Ebene des *Nabelchakras* treffen wir auf die Thorn- (3), Ehlat- (15) und Tyr-Rune (12).

Die Thorn-Rune symbolisiert als dritte Rune die Willenskraft, die zentral für das Prinzip des Nabelchakras steht. Diese Rune lehrt mich zu erkennen, was mir guttut und was mir schadet. Die Affirmation lautet: »Ich wahre mein Ich.«

Der Zentralaspekt des Nabelchakras ist von der esoterischen Ehlat-Rune gekennzeichnet, die als Schutz- und Verteidigungsrune genau an diesen Platz gehört. Es ist das Nabelchakra beziehungsweise das Hara, mit dessen Hilfe wir uns vor Angriffen schützen müssen. Die Ehlat-Rune wird manchmal als Algis-Rune bezeichnet.

Die Tyr-Rune stellt die zwölfte Rune der exoterischen Reihe dar. Tyr war der alte germanische Himmelsgott und somit vor Odin der Chef des Himmels. Tyr symbolisierte das passive Prinzip, was sich darin ausdrückt, daß er seine rechte Hand, mit der man zupackt, dem Fenriswolf opferte. Odin dagegen steht für das aktive Prinzip, das dieses alte passive ablöst.

Diese Spannung zwischen Aktiv und Passiv kennzeichnet deutlicher als alles andere das Prinzip des Nabelchakras. Dieses Chakra stellt immer die Frage nach Durchsetzung und Kampf oder Hingabe und Dulden.

Die Affirmation dieser Rune lautet: »Ich fürchte keinen Tod – er kann mich nicht töten.«

Diese Furchtlosigkeit wird besonders von den Japanern betont, die dieses Chakra unter dem Aspekt des Hara fassen. Es ist derjenige Ort, aus dem der Krieger seine Kraft und seinen Mut schöpft.

Mit dem *Herzchakra* haben wir die Mitte unseres Bewußtseinsweges erreicht, und nun geht es darum, unsere Bewußtseinskräfte weiter zu heben. Alice A. BAILEY (Gründerin der Arcan-Schule und des Lucis-Trustes, 1880–1949) betonte immer wieder in ihren Schriften, daß auf der Ebene des Herzchakras die Entscheidung getroffen wird, ob man seine Bewußtseinskräfte weiter heben oder fallen lassen will. Siegt die Anziehungskraft der Materie oder die der Sonne?
Die Os-Rune symbolisiert als vierte Rune der exoterischen Reihe die Geisteskraft. Hier treffen wir auf der Ebene der Runen auf die gleiche Vorstellung, der wir auch bei den Sufis begegnen, wenn sie von der Weisheit des Herzens reden.
Die Os-Rune als Rune der Asen betont die göttliche Kraft des Geistes. Ihre Affirmation lautet: »Geisteskraft macht frei.«
Den Zentralaspekt des Herzchakras symbolisiert die Tiwaz-Rune, welche die 17. Rune der esoterischen Armanenreihe darstellt. Wir treffen mit ihr auf eine Idee, die zu Beginn dieses Jahrhunderts auch von G. I. GURDJIEFF formuliert wurde: Durch ein freiwilliges Opfer hebe ich meine Bewußtseinskräfte. Die Weisheit des Herzens besteht darin, daß ich die Bequemlichkeit meiner mechanischen Verhaltensweisen aufgebe, um bewußter zu leben.
Der Pingala-Aspekt des Herzchakras wird von der Bar-Rune, der 13. Rune der exoterischen Reihe, geprägt. Sie spricht das Herz direkt an, indem sie das Gottvertrauen betont. Die mit ihr verbundene Affirmation lautet: »Ich vertraue Gott in mir.«

Das *Halschakra* wird von den drei Runen Rit (5), Ewaz (19) und Laf (14) geprägt.
Die Rit-Rune steht für folgendes: Wenn ich meine Energie bis auf die Ebene des Kehlchakras bewußt gehoben habe, bin ich würdig, die Macht der Sprache zu benutzen. Die Macht der Sprache stellt einen Ich-Ausdruck dar, der mich stark und unverletzlich macht. Da ich diese Stufe des Kehlchakras auf meinem Entwicklungsweg erreicht habe, ist es jetzt mein Recht, mit der Magie der Sprache und der Kommunikation zu

arbeiten. Die Affirmation für diese Rune lautet: »Ich bin unverletzbar.«
Die Ewaz-Rune charakterisiert den Zentralaspekt des Kehlchakras. Diese 19. esoterische Rune spricht von der Aufhebung der Dualität. Mit ihr beginnt der geistige Weg. Für Alice A. BAILEY stellt das Halschakra das erste Chakra auf dem spirituellen Pfad dar.
Die Germanen verbanden die Ewaz-Rune mit dem Pferd. Es heißt, daß zum Beispiel Odins achtfüßiges Streitroß mit dieser Rune symbolisiert wurde. Das Pferd bildet grundsätzlich für die Germanen eine Projektionsfläche für das Göttliche. Dieses Göttliche ist wiederum eng mit dem geistigen Weg verbunden, der dieses fünfte Chakra kennzeichnet.
Der Pingala-Aspekt des Halschakras wird durch die Laf-Rune gekennzeichnet. Sie stellt die 14. Rune der exoterischen gemeingermanischen Reihe dar.
Wie die Tiwaz- und die Rit-Rune betont auch die Laf-Rune, daß man erst den Weg der Opferung hinter sich gebracht haben muß, ehe man wirklich handeln kann. Das Handeln findet dann auf der Ebene der Kommunikation beziehungsweise der Sprachmagie statt. Die Kommunikation verlangt Erfahrung und Reife, die erst auf der Stufe des Kehlchakras erreicht werden kann.
Dadurch, daß ich bewußt mit der Sprache umzugehen lerne, ist es mir möglich, meinen höheren Willen umzusetzen (auf der Ebene des Nabelchakras ging es demgegenüber um den niederen Willen. Die Affirmation für die Laf-Rune lautet: »Ich lerne erst, ich wage dann.«

Das *Dritte Auge* oder *Stirnchakra* wird als der Wohnsitz des Bewußtseins angenommen. Hier haben wir die Ebene des höchsten Bewußtseins erreicht, die einzig noch von der des Kronenchakras vollendet wird. Konkret bedeutet dies, daß wir eine Bewußtseinskontinuität aufrechterhalten können und deswegen in der Lage sind, bewußt zu handeln.
Diese Bewußtheit wird zum einen mit der Ka-Rune ausgedrückt, die als sechste Rune der exoterischen Reihe auf die Selbsterinnerung anspielt. Ihre Affirmation »Ich wahre mein Ich« spricht die Bemühung an, sich selbst nicht abhanden zu kommen.

Zum anderen besitzt diese Rune den Aspekt des Opfers. Eine weitere mit dieser Rune verbundene Affirmation lautet nämlich: »Ich wahre meine Lebenskraft.« Damit wird angedeutet, daß bei der Sexualität der Mann und die Frau ihre Säfte opfern. Auch noch im Mittelalter wird von HILDEGARD VON BINGEN betont, daß es in der Sexualität um den Austausch der Säfte von Mann und Frau geht. Wenn ich meine Lebenskraft wahre, dann werde ich mir bewußt, was ich mit der Sexualität opfere. Es ist gut möglich, daß ich durch diese Bewußtheit meine Sexualkraft nicht ausdrücke, sondern sie sublimiere und damit meine Visionskraft stärke, die dem Dritten Auge zugerechnet wird.

Die 21. Rune der esoterischen Reihe stellt die Laguz-Rune dar. Sie charakterisiert den Zentralaspekt des Stirnchakras, bei dem es ebenfalls wieder um die Vision geht. Es ist ja das Dritte Auge, mit dem wir Visionen empfangen und mit dem wir zugleich unsere geistigen Energien in die Welt hinaussenden können.

Laguz bezeichnet die spirituelle Fruchtbarkeit. Es ist der Tunnel als Geburtskanal. Wenn wir durch diesen Tunnel hindurchgehen, gelangen wir zum Licht. Das ist das germanische Bild der Vision: Das Licht am Ende des Tunnels.

Den Pingala-Aspekt des Stirnchakras gibt die Man-Rune wieder. Man bedeutet: »Ich bin Mensch.« Dieser Satz entspricht auch der Affirmation zu diesem Chakra. Die Man-Rune stellt eine androgyne (zweigeschlechtliche) Rune dar. Auf der Ebene des Stirnchakras wird die Coniunctio der Alchimisten angesprochen: Männliches und Weibliches verbinden sich zu einem höheren Wesen. Die Kraft der Vision wird erst möglich, wenn die Dualität von Männlich und Weiblich überwunden wird. Ähnliche Ideen finden wir in der analytischen Psychologie Carl Gustav JUNGS, die davon ausgeht, daß sich im voll entwickelten Individuum Männliches (Animus) und Weibliches (Anima) verbunden haben.

Dem *Kronenchakra* wird die Hagal-Rune als siebte Rune der exoterischen Reihe zugeordnet. Indem diese Rune die Verantwortung für den Kosmos betont, wird exakt die höchste Ebene der Chakren angesprochen. Der

Kosmos kann meinem Verständnis zufolge als ein intelligentes Wesen angesehen werden, das auf die Mithilfe des Menschen angewiesen ist, um sich zu entwickeln. Es hängt also von der Entscheidung des Menschen ab, ob er dem Kosmos und somit der Natur hilft oder nicht. Damit ist die ökologische Frage angesprochen und die Verantwortlichkeit des Menschen für unsere Erde. Folgerichtig lautet die Affirmation für dieses Chakra und die Hagal-Rune: »Ich hege und beherrsche das All.« Damit wird die überpersönliche Verantwortlichkeit des Menschen angesprochen.

Die 23. der esoterischen Runen ist die Rune Dagaz. Sie steht für Erleuchtung und Licht und kann daher nirgendwo anders als an dem Zentralaspekt des Kronenchakras stehen.

Der Pingala-Aspekt des Scheitelchakras wird durch die Yr-Rune (16) symbolisiert. Das Scheitelchakra als höchstes aller Chakren stellt ein vorläufiges Ende der Bewußtseinsentwicklung dar. Die Affirmation dieses Chakras heißt daher: »Ich bedenke das Ende.« Wobei »Ende« hier in der Bedeutung des Ziels verstanden werden kann.

Die Germanen nehmen noch zwei weitere Zentren an, die als Kraft und Licht charakterisiert werden. Ähnliche Vorstellungen finden wir auch bei den Hinduisten, die als Nebenchakra des Scheitelchakras das Sohm-Chakra kennen.

Das Zentrum der Kraft wird von den drei Runen Not (8), Gebo (7) und Eh (17) gebildet. Hierbei fällt auf, daß der Zentralaspekt nicht mehr die Summe der Zahlenwerte der beiden anderen Runen darstellt, sondern dessen Quersumme 8 + 17 = 25, Quersumme 7.

Von der hinduistischen Auffassung der Chakren ausgehend könnte man sagen, daß die Not-Rune das chinesische Wu Wei verkörpert. Sie versinnbildlicht, daß man auf dieser höchsten Ebene der Chakren in der Lage ist, sich dem Leben hinzugeben. Das Einverstandensein ist hier angesprochen. Paradoxerweise gibt man die Kontrolle auf, ohne sie zu verlieren. Weil man entspannt durchs Leben geht, fällt einem auf, daß für einen gesorgt ist. Normalerweise laufen wir derart angespannt und mit starrem Willen durch die Welt, daß wir völlig übersehen, welche

Chancen und Möglichkeiten uns immer wieder offenstehen. Hierauf spielen auch die mittelalterlichen Alchimisten an, wenn sie behaupten, daß der Stein der Weisen vor uns auf der Straße liegt. Wir beachten ihn nur leider nicht. Die Affirmation der Not-Rune lautet: »Ich nutze mein Schicksal ohne Widerstreben.«
Auf der höchsten Bewußtseinsebene kommt es darauf an, daß man nichts mehr erzwingt und dennoch sein Ziel verfolgt. Das erinnert mich an die Meditationserfahrung, bei der wir uns auf ein Chakra konzentrieren und zugleich völlig entspannt sind. Bei einer solchen Meditation geraten wir immer an einen Angstpunkt, an dem wir das Gefühl haben, uns aufzulösen. Stehen wir diese Angst durch, so besitzen wir die Kontrolle über uns, ohne zu kontrollieren.
Die Gebo-Rune bezeichnet bei den Germanen den sächlichen Aspekt Gottes. Zugleich kennzeichnet diese Rune den Austausch zwischen Göttern und Menschen, der auf den höchsten Bewußtseinsebenen des Scheitelchakras stattfindet.
Die Eh-Rune wurde früher oft einseitig mit der Ehe in Verbindung gebracht. Allerdings meine ich, daß ihr Prinzip weitaus allgemeiner zu fassen ist: Mit der Ehe ist das angesprochen, was Bestand hat. Mit dieser Rune wird die Liebe als allgemeines kosmisches Gesetz, das Bestand hat, angesprochen. Das heißt, daß im Grunde nur das Bestand hat, was aus der Liebe kommt. Die Affirmation der Eh-Rune lautet: »Ich achte das Gesetz der Liebe.«
Das Zentrum des Lichts wird von den drei Runen Is (9), Hagalaz (9 als Quersumme aus 27) und Gibor (18) gekennzeichnet. Dabei betont die Is-Rune, daß jetzt die geistigen Welten beherrscht werden. Die Affirmation dieser Rune lautet: »Ich gewinne Macht über mich – ich gewinne Macht über die Geister.« Das bedeutet, daß ich mein Bewußtsein willentlich steuern und aussenden kann.
Die Hagalaz-Rune wird als die Mutter aller Runen angesehen. Sie verweist auf das Hagelkorn, das daran erinnert, daß der germanischen Mythologie zufolge die Welt aus dem Eis entstanden ist. In unserer Bewußtseinsentwicklung sind wir also wieder am Ursprung angelangt.

Die Gibor-Rune betont, daß wir nun eins mit Gott geworden sind. Ihre Affirmation lautet: »Ich bin eins mit Gott.«

Die Runen verbildlichen also mehr oder weniger den gleichen Weg der Bewußtseinsentwicklung wie die Chakren. Die Bilder sind zwar andere, die mit ihnen ausgedrückten Inhalte dafür aber erstaunlich gleich.

Übung

Es gibt eine wirksame Chakrenmeditation mit Tönen, die sich von den gemeingermanischen Runen herleitet:

- Der Meditierende führt diese Übung stehend aus. Die Füße werden etwas über schulterbreit fest auf den Boden gestellt. Die Knie sind leicht gebeugt. Der Übende hält die Arme erhoben und die beiden Daumen, Zeige- und Ringfinger abgespreizt. Er stellt sich vor, durch diese drei Finger ein- und auszuatmen. Zuerst werden die auszusprechenden Runen mental gebildet, ehe sie laut gesprochen werden.
- Man beginnt in diesem Fall mit dem Sexualchakra, auf das man sich voll und ganz konzentriert. Dann spricht man die Rune Ur mit einem tiefen U und einem rollenden R aus. Der Ton kommt aus dem Sexualchakra. Man mag sich hierbei die Kraft des Urstiers vorstellen oder den Mutterschoß, die beide von dieser Rune symbolisiert werden.
- Der Meditierende konzentriert sich dann auf das Nabelchakra, wo er die Thorn-Rune ausspricht. Das R wird als Gaumen-R gesprochen, und der Ton wird vom Herzchakra ausgehend nach oben gezogen. Dabei kann er sich einen nach oben fliegenden Adler vorstellen.
- Nun konzentriert sich der Meditierende auf sein Herzchakra und spricht die Rune Os aus, und zwar mit stimmlosem S. Der Ton kommt aus dem Nabelchakra. Wem es gelingt, der kann sich hierbei Odin (Wotan) vorstellen.
- Aus dem Halschakra heraus spricht der Meditierende die Rit-Rune. Aus dem Stirnchakra heraus spricht man die Ka-Rune. Der Ton wird bei der Ka-Rune bis hoch ins Kronenchakra gezogen.

Kommentar
Es kommt bei dieser kleinen Übung darauf an, die einzelnen Runenlaute nicht nur sehr konzentriert auszusprechen, sondern sich zugleich auf das dazugehörige Chakra zu konzentrieren. Die Wirkung dieser Übung steht und fällt mit der ungeteilten Konzentration auf das entsprechende Chakra.

Schema 2-12: Die Zuordnung der Chakren zu den Runen

Chakra	*Rune*	*Runenthema*	*Runenaffirmation*
Kronenchakra	Ida: Hagal (7)	Sich selbst nicht abhanden kommen	»Ich hege und beherrsche das All.«
	Sushumna: Dagaz (23)	Das Licht des Bewußtseins	
	Pingala: Yr (16)	Das Erreichen des Ziels	»Ich bedenke das Ende.«
Kronenchakra: Kraftaspekt	Ida: Not (8)	Das Einverstandensein	»Ich nutze mein Schicksal ohne Widerstreben.«
	Sushumna: Gebo (7)	Die Kommunikation zwischen dem Göttlichen und dem Menschen	
	Pingala: Eh (17)	Das ewige Gesetz der Liebe	»Ich achte das Gesetz der Liebe.«
Kronenchakra: Lichtaspekt	Ida: Is (9)	Die Herrschaft über die geistigen Welten	»Ich gewinne Macht über mich – ich gewinne Macht über die Geister.«

Chakra	*Rune*	*Runenthema*	*Runenaffirmation*
Kronenchakra: Lichtaspekt	Sushumna: Hagalaz (9)	Die Mutter der Runen	
	Pingala: Gibor (18)	Das Einssein mit Gott und der Welt	»Ich bin eins mit Gott.«
Drittes Auge	Ida: Ka (6)	Die Kraft der Vision	»Ich wahre meine Lebenskraft.«
	Sushumna: Laguz (21)	Die spirituelle Fruchtbarkeit	
	Pingala: Man (15)	Der androgyne Mensch als vollentwickeltes Individuum	»Ich bin Mensch.«
Halschakra	Ida: Rit (5)	Die Macht der Sprache	»Ich bin unverletzbar.«
	Sushumna: Ewaz (19)	Die Aufhebung der Dualität	
	Pingala: Laf (14)	Der höhere Wille	»Ich lerne erst, ich wage dann.«
Herzchakra	Ida: Os (4)	Die Weisheit des Herzens	»Geisteskraft macht frei.«
	Sushumna: Tiwaz (17)	Der Gewinn eines höheren Bewußtseins durch bewußtes Opfern	
	Pingala: Bar (13)	Das Gottvertrauen	»Ich vertraue Gott in mir.«

Chakra	*Rune*	*Runenthema*	*Runenaffirmation*
Nabelchakra	Ida: Thorn (3) Sushumna: Ehlat (Algis, 15) Pingala: Tyr (12)	Die Durchsetzungskraft Die Schutz- und Verteidigungsrune Das passive Urprinzip	»Ich wahre mein Ich.« »Ich fürchte keinen Tod – er kann mich nicht töten.«
Sexualchakra	Ida: Ur (2) Sushumna: Eiwaz (13) Pingala: Sig (11)	Die Selbsterkenntnis durch den anderen – Heilrune der *Edda* Die Vitalkräfte des Menschen verbunden mit Yggdrasil, dem Baum des Lebens Der schöpferische Aspekt der Sexualität	»Ich erkenne mich selbst.« »Der Schöpfergeist siegt.«
Wurzelchakra	Ida: Fa (1) Sushumna: Isa (11) Pingala: Ar (10)	Alle Energie stammt aus dem eigenen inneren Feuer Die Energie in uns, die geweckt werden muß (Kundalini) Die innere Urkraft	»Ich zeuge mein Glück.« »Ich achte das Urfeuer in mir.«

Chakren und Symboltiere

Die nordamerikanischen Indianer verbinden die sieben Energiezentren des menschlichen Körpers mit bestimmten Symboltieren. Bei dieser Zuordnung fällt auf, daß diese Symboltiere zugleich den Entwicklungsstadien des menschlichen Fötus im Uterus entsprechen. Jeder Mensch durchläuft als Embryo in den neun Monaten im Mutterleib die Entwicklung vom Reptil über Fisch und Vogel bis hin zum Säugetier. Nach der Aussage des amerikanischen Mediums Rosalyn L. BRUYERE sollen die nordamerikanischen Indianer das folgende Zuordnungssystem schon vor 15 000 Jahren entwickelt haben. Eine ähnliche Symbolik soll von den Ägyptern vor etwa 50 000 Jahren eingeführt worden sein.[1] Mir scheinen diese Zeitangaben übertrieben hoch gegriffen.

Auf jeden Fall eignen sich diese Tierzuordnungen als Unterstützung, um auf das entsprechende Chakra zu meditieren. Man kann sich zum Beispiel vorstellen, daß das entsprechende Tier einem Zugang zur Kraft dieses Chakras verschafft. So mag man sich Geschichten ausdenken, auf welche Weise Schlange oder Vogel, Vierbeiner oder Fisch als Führer zu dem ihnen zugeordneten Chakra auftreten. Lassen Sie sich bei diesen Vorstellungen in Ihre Phantasie fallen. Bedenken Sie dabei, daß in den Mythen der Völker derjenige Held siegreich ist, der von einem hilfreichen Tier begleitet wird. Die Besinnung auf Ihre tierische Seite gibt Ihnen Kraft.

Die oberen beiden Chakren gehören nicht nur nach dieser Zuordnung dem kollektiven Aspekt an. Dieser Bereich wird auch im Judentum besonders betont, das seine Erfüllung oder die Erleuchtung kollektiv als Volk zu finden hofft. Das sechste Chakra der archetypischen Bilder wird besonders vom Islam hervorgehoben. In der dort üblichen Gebetshaltung berührt der Gläubige mit seinem Dritten Auge den Boden, was auf eine Betonung des Bereichs der Archetypen verweist. Der Christ dagegen betont das Herzchakra, jene Ebene, die den vierbeinigen Säugetieren

1 Rosalyn L. BRUYERE, *Chakras. Räder des Lichts. Eine Einführung*. Essen 1990, S. 52.

Schema 2-13: Die Zuordnung der Chakren zu Symboltieren	
Chakra	*Symboltier*
Kronenchakra	der universelle Geist
Drittes Auge	die Archetypen
Kehlchakra	der Mensch
Herzchakra	die vierbeinigen Säugetiere
Nabelchakra	die Vögel
Sexualchakra	die Fische
Wurzelchakra	die Schlange

entspricht. So verwundert es nicht, daß christliche Gläubige oft als Schafe oder die Herde bildlich gefaßt werden.

Mir selbst steht die Tradition näher, für jedes Chakra zwei beliebige Krafttiere zu bestimmen. Dabei nimmt man je ein weibliches und ein männliches Krafttier für die unteren sechs Chakren an. Außer Insekten und niederen Tieren wie zum Beispiel Würmer können alle Tiere als Krafttier dienen.

Welche speziellen Tiere als Krafttiere für die unteren sechs Chakren angenommen werden, ist individuell verschieden. Es ist ein Teil des Initiationsweges, diese Tiere zu finden.

Wenn jemand zum Beispiel eine Neigung zu Wiederholungen in Liebesangelegenheiten zeigt, kann es sein, daß sein Herzchakra von einem Hirsch beherrscht wird. Der Hirsch ist ein Gewohnheitstier. Er nimmt immer den gleichen Weg, auch wenn eine Straße diesen Weg durchschneidet. Es steht hier als therapeutische Aufgabe an, das zweite ausgleichende Tier des Herzchakras zu finden. Dieses neue, in unserem Beispiel weibliche Tier zeigt einen anderen Weg auf und durchbricht somit den Wiederholungszwang.

Seine Krafttiere findet man durch Meditation. Zunächst wird das entsprechende Chakra aktiviert, indem man sich auf dieses Chakra konzentriert. Darauf bittet man, daß einem die persönlichen Krafttiere erscheinen mögen, und läßt alle aufsteigenden Bilder zu, die da kommen. Wahrscheinlich werden Sie so vorbereitet Ihrem Krafttier begegnen. Ist es gefunden, dann sollten Sie sich mit den Fingern oder der ganzen Hand an dem Chakra berühren, wo Ihr Krafttier hingehört.

Geben Sie Ihrem Krafttier eine Form, indem Sie es malen oder modellieren. Wenn Sie Ihr Krafttier zeichnen, so tun Sie dies sowohl mit der rechten als auch mit der linken Hand, um auch die Schattierungen Ihres Krafttiers hervorzuheben, die Sie sonst leicht verdrängen würden. Bei dieser Technik wird die rechte Gehirnhälfte angesprochen. Informieren Sie sich außerdem in einem kompetenten Nachschlagewerk über die Lebensgewohnheiten des Tieres. Beziehen Sie diese Gewohnheiten auf sich.

Vergessen Sie nie, daß Sie selbst der spirituelle Führer Ihres Krafttiers sind. Denn die bewußte Entwicklung der Energien der einzelnen Chakren kann nur so gut sein wie die Führung, die Sie Ihren zwölf Krafttieren gewähren.

Neben diesen zwölf Chakrentieren kennen Schamanen noch ein ganz persönliches Krafttier, das zur gleichen Zeit geboren wurde wie man selbst. Es ist oft ein Tier, das der entsprechenden Person spontan von der Umwelt (meist schon als Kind) zugeordnet wird. Man könnte dieses Tier als 13. Tier dem Kronenchakra zuordnen.

Ein zweites mir sympathisches Zuordnungssystem der Krafttiere zu den Chakren beruht auf der Zahl Sieben. Für jedes Chakra wird durch die Meditation ein Krafttier gesucht. Diese individuell gefundenen Tiere veranstalten ein Treffen. Sie kommen an einem bestimmten Platz zusammen und besprechen ihre Probleme. Stellen Sie sich genau vor, wie die Tiere Ihrer Chakren sich treffen und was sie zu besprechen haben. Wenn Sie sich möglichst tief in solche Phantasien fallen lassen, dann werden Sie sehr viel über die verschiedenen Energien in Ihren Chakren lernen.

Nachdem wir uns in diesem Kapitel die Frage gestellt haben, wo die Chakren zu lokalisieren sind, so können wir jetzt antworten, daß es die Chakren überall gibt. Sie stellen ein Ordnungssystem dar, das wie die Zeichen des Zodiaks unsere Umwelt durchschaubar machen und uns den Weg unserer Bewußtseinsbildung erklären sollen.

Die Vorstellung von sieben Bewußtseinsstufen scheint eine archetypische Vorstellung zu sein. Das folgende Kapitel wird uns dies noch genauer zeigen.

Wenn die Alchimisten im Mittelalter stets behaupteten, daß der Stein der Weisen überall zu finden sei, so kann man mit der gleichen Berechtigung sagen, daß das Gesetz der Chakren überall zu finden ist. Letztendlich handelt es sich hierbei um das Gesetz der Oktave, das besagt, daß nach sieben Schritten ein Prozeß abgeschlossen ist. Auch europäische Weisheitsschulen wie die Schulen des Vierten Weges betonen immer wieder, daß die Struktur des Kosmos und der gesamten Biosphäre auf dem Gesetz der Oktave und damit auch auf dem Gesetz der Chakren beruht.[1]

1 Eine äußerst komplexe Erklärung dieses Zusammenhangs zwischen der Struktur unserer Biosphäre, der des Kosmos und der Oktave beziehungsweise der Chakren finden Sie im folgenden Text sehr klug ausgeführt: Anthony G. E. BLAKE, *Das intelligente Enneagramm.* Südergellersen 1993, S. 145– 179, bes. ab S. 150ff.

Kapitel 3

Die Theorie der sieben Bewußtseinszustände

Die Bedeutung der Zahl Sieben

Die Sieben in unterschiedlichen Kulturen und Vorstellungen

Warum werden im menschlichen Körper gerade sieben Energiezentren angenommen?
Die spezielle Bedeutung der Zahl Sieben begegnet uns im Märchen, wo die Siebenmeilenstiefel und die sieben Zwerge hinter den sieben Bergen vorkommen, und auch heute noch in dem Kindervers, den ich im Kindergarten lernte:

> *»Wer will guten Kuchen backen,*
> *der muß haben sieben Sachen ...«*

Wir sprechen von den sieben Winden, den sieben Meeren und den Sieben Weltwundern. C. G. JUNG betont, daß die häufige Symbolik des Hinaufsteigens durch die sieben Planeten, die Rückkehr der Seele zur Sonnengottheit bedeutet.[1] Damit ist auf der archetypischen Ebene ausgedrückt, wie der Mensch durch die Erfahrung seiner sieben unterschiedlichen Zentren zum höchsten Bewußtsein gelangt. Die sieben Planeten können als die sieben Chakren des kosmischen Wesens verstanden werden, das unser Sonnensystem bildet. Die Sonne stellt die absolute Kraft dar.
Die gleiche Vorstellung finden wir in der Geschichte des Propheten Mohammed wieder, der nachts von einem Engel durch die sieben Reiche

1 Carl Gustav JUNG, *Gesammelte Werke* Bd 5, a. a. O., S. 62.

des Himmels geführt wird. Es mag vielleicht in dieser Erzählung an das spontane Aufsteigen der Kundalini im Traum angespielt werden, das gar nicht so selten vorkommt und sich häufig in Flug- oder Fallträumen bemerkbar macht. Auf jeden Fall wird in dieser Erzählung auf die sieben Chakren als sieben Bewußtseinszustände angespielt. Jedes Chakra stellt sozusagen einen eigenen Himmel, das heißt eine eigene Welt dar.

Die Vorstellung von einer siebenfältigen Teilung oder sieben Ebenen scheint für unser Leben grundlegend zu sein. Diese Struktur ist allgegenwärtig und wahrscheinlich gibt sie eine ursprüngliche Betrachtungsweise des Menschen wieder. Ein Vorgang, der sich in sieben Schritten vollendet, wird von uns als harmonisch betrachtet. Das können wir sowohl an den sieben Farben des Regenbogens wie auch an den Tönen der Oktave sehen. Die Sieben spielt in allen elementaren Lebensprozessen eine Rolle, sei es in der Photosynthese, im Aufbau der DNS oder dem Verhältnis der Planetenbahnen zueinander.

Es wird vermutet, daß das Gesetz der Sieben einer Grundverarbeitung von Information in unserem Gehirn entspricht. Unser Gehirn nimmt wahrscheinlich in Oktaven wahr. Genauso wie uns eine Kapazität für die Wahrnehmung und Erzeugung von Sprachstrukturen gegeben ist, so ist uns eine Tendenz angeboren, unsere Realität in Oktaven zu erfassen. Die Sieben wurde durch das klassische Planetensystem in den Himmel projiziert, aber auch schon vor der Entdeckung der sieben Planeten wurde sie als heilige Zahl von den Babyloniern, Ägyptern, Persern, Chinesen, Indern, Semiten, Griechen und Germanen verehrt. Jakob BÖHME, Georg I. GURDJIEFF und Alice A. BAILEY erkannten das Gesetz der Sieben und sahen es sowohl als grundlegend für die Erkenntnis unserer selbst als auch unserer Stellung in unserer Umwelt an. Die Zahl Sieben hilft uns also, die Energiestruktur des menschlichen Körpers und des Bewußtseins nicht nur wahrzunehmen, sondern sie sinnvoll in ihrer Dynamik zu verstehen.

Die Sieben als Zahl der Ordnung von zeitlichen Vorgängen: Schon bei den Hebräern besaß die Sieben eine besondere Bedeutung. Ihrem Schöpfungsmythos zufolge wurde die Erde in sieben Tagen geschaffen, denn

die Zeitmessung dieses Volkes beruhte auf der Zahl Sieben. Jedes siebte Jahr wurde als besonderes Sabbatjahr gefeiert, in dem die Äcker nicht bestellt, Schulden erlassen und Sklaven in die Freiheit entlassen wurden. Die Sieben als Zahl der Ordnung von Vorgängen in der Zeit war auch dem englischen Dramatiker William SHAKESPEARE (1564–1616) bekannt, der von den »seven ages of man«, den sieben Lebensabschnitten des Menschen, spricht. Diese sieben Lebensabschnitte des Menschen, denen die sieben Chakren als Bewußtseinsstufen zugeordnet werden können, waren eine weitverbreitete Vorstellung, die in unserem Kulturbereich von dem jüdisch-hellenistischen Philosophen PHILON von Alexandrien (25. v. Chr.–50 n. Chr.) verbreitet wurde.
Höchstwahrscheinlich verbirgt sich hinter dieser Ansicht eine archetypische Vorstellung, denn auch in China wird die Sieben auf die sieben Abschnitte des menschlichen Lebens bezogen. In Babylon, bei den Mayas und bei den Sufis finden wir vergleichbare Modelle.
Die deutschen Autoren Shalila SCHARAMON und Bodo BAGINSKI[1] nehmen die Idee von Rudolf STEINER auf, daß der Mensch alle sieben Jahre einen neuen Lebensabschnitt durchschreitet, welcher der Lehre eines bestimmten Chakras entspricht. Vom Wurzelchakra ausgehend erreichen wir mit dem 42. Lebensjahr die Ebene unseres Kronenchakras, um dann mit dem 50. Lebensjahr wieder von neuem, aber auf einer hoffentlich höheren Bewußtseinsstufe in diesen Zyklus einzutreten.

Die Sieben als Zahl der Ordnung von Bewußtseinsvorgängen: Die sieben Bewußtseinsstufen, die einen zur Vollendung führen, finden wir an dem altbabylonischen Zikkurat, der siebenstufigen Pyramide, abgebildet. Dem entspricht die Vorstellung von den sieben Himmelswelten der Ägypter, denen sieben Unterwelten entgegenstehen. Auch zum Tempel Salomons stieg man über sieben Stufen hinauf, was an die sieben Säulen der Weisheit erinnert, die Salomon in seinen Sprüchen preist.[2]

1 Shalila SCHARAMON und Bodo J. BAGINSKI, *Das Chakra-Handbuch.* Aitrang 1989, S. 36ff.
2 Sprüche Salomonis 9,1.

In der islamischen Tradition treffen wir allerorten auf die Sieben: Es gibt sieben kanonische Lesarten des Korans, und die Kaaba in Mekka wird von den gläubigen Pilgern siebenmal umschritten. Das erinnert die Gläubigen daran, daß Allah Himmel und Erde in sieben Schichten geschaffen hat, denen sieben aufeinander aufbauende Bewußtseinszustände entsprechen.

Zur mythischen Tradition des Islam gehören die Sufis, die der Sieben eine besondere Bedeutung in ihren geistigen Übungen zuweisen. Sie konzentrieren sich auf sieben »Lataif«, die den Chakren des menschlichen Körpers entsprechen. Diese Lataif werden mit sieben Eigenschaften Gottes – und man könnte auch sagen, mit sieben speziellen Bewußtseinszuständen – in Verbindung gebracht. Schon die als Philosophenschule bekannten Lauteren Brüder von Basra schrieben den Chakren des Menschen sieben vegetative und sieben Bewußtseinsfähigkeiten zu.

Der Sufimystiker RUZBEHAN von Schiraz sah im elften Jahrhundert die Chakren in den sieben Sternen des Sternbildes des Großen Bären. Für ihn stellten diese Sterne wie die Chakren Öffnungen dar, durch die sich Gott dem Menschen zeigt. In diesem Zusammenhang ist interessant, daß man auch heutzutage die Chakren wieder an den Himmel projiziert. So vermutet zum Beispiel der englische Auraspezialist David TANSLEY[1], daß die riesigen Wirbel der schwarzen Löcher im All als Chakren anzusehen sind. Denn diese Wirbel führen durch ihr Loch in eine andere Welt, die uns völlig unbekannt ist.

Die Sieben als Zahl der Ordnung der Körperenergiezentren: Im Buddhismus spielt die Zahl Sieben ebenfalls eine wichtige Rolle. Eine buddhistische Legende weiß davon zu berichten, daß SIDDHARTA, der Buddha, schon in früheren Weltzeitaltern eine Beziehung zu dem Mädchen Gopa hatte. Im dem jetzigen Leben, in dem SIDDHARTA das Mädchen Gopa trifft, ist er ein brahmanischer Student, der seinem erleuchteten Lehrer ein Blumenopfer darbringen will. Er kann aber nir-

1 David S. TANSLEY, *Die Aura des Menschen.* Essen 1993, S. 73.

gendwo Blumen für dieses Opfer auftreiben, bis er das Mädchen Gopa mit sieben der schönsten Hibiskusblüten im Haar trifft. Gopa bietet dem Studenten die Blüten an, jedoch stellt sie die Bedingung, daß dieser Student, der reinkarnierte SIDDHARTA, sie in fünf aufeinanderfolgenden Leben heiraten müsse. So wird Gopa die Frau des erleuchteten SIDDHARTA.

Daß Gopa gerade sieben schöne Hibiskusblüten trägt, deutet in der buddhistischen Symbolik darauf hin, daß ihre sieben Chakren wie Blüten leuchten und weit geöffnet sind. Sie bietet mit den Blüten SIDDHARTA sozusagen ihre Lebensenergie an, was im Grunde nur ein anderer Ausdruck für die Hingabe und Heirat ist.

In den Gebieten, in denen die buddhistische Vorstellung von den Chakren vorherrscht, trägt Gopa natürlich fünf Blüten im Haar, da nach dieser Vorstellung der menschliche Körper fünf Chakren aufweist.

Um aber wieder auf die Zahl Sieben zurückzukommen: Bei seiner Erleuchtung unter dem Feigenbaum (Bodhi-Baum) blieb der BUDDHA sieben Tage in tiefer Meditation. Jeden Tag öffnete er eines seiner Energiezentren. Und schon nach seiner Geburt soll der BUDDHA gleich sieben Schritte unternommen und mit ihnen die Erde eingenommen haben. Die Königin Maya, die Illusion[1], die BUDDHA gebärt, stirbt am siebten Tage nach der Geburt des Erleuchteten vor Freude. Dies besagt, daß mit der Zahl Sieben ein energetischer Kreislauf beendet und die höchste Vollendung erreicht ist.

Schauen wir zum Hinduismus, treffen wir die Zahl Sieben in vielen Mythen, die sich um Shiva und Vishnu spinnen. Da finden wir zum Beispiel Vishnu auf den Urwassern schlafend vor, und die mythologische Schlange Sesha stellt ihre sieben Köpfe so über Vishnus Körper auf, daß dieser vor allem Übel beschützt wird. Die sieben Energiezentren stellen also einen mächtigen Schutzschirm dar.

In dem verbreiteten Mythos von der Entstehung des heiligen Flusses

1 Maya ist in dem Sinne die Illusion, da sie das Gemachte – auch dasjenige, das auf Magie beruht – bezeichnet.

Ganges spielt die Zahl Sieben ebenfalls eine wichtige Rolle: Als die Götter beschlossen, den himmlischen Ganges der Erde zu schenken, war dieser Fluß viel zu schwer, um ihn direkt auf die Erde fallen zu lassen. Da kamen die Götter auf die geniale Idee, den Ganges auf Shivas Kopf fallen zu lassen, wo er in den wilden Haaren des Gottes für einige Zeit im Kreis herumfloß. Als Shiva das zuviel wurde, teilte er den Ganges in sieben Ströme, die dann ohne Probleme auf die Erde fließen konnten.

In diesem uralten Mythos wird deutlich, auf welche Weise der Lebensenergie – symbolisiert durch den heiligen Fluß Ganges – die Zahl Sieben verbunden ist. Ursprünglich ist die Lebensenergie ungeteilt. Der Mensch kann diese Energie jedoch nur ertragen, wenn sie auf sieben Zentren verteilt wird.

Ganz unverhofft stieß ich im europäischen Bereich auf die Bedeutung der Zahl Sieben, als ich die Autobiographie der englischen Hexe Lois BOURNE las. Diese Biographie beginnt damit, daß Lois BOURNE unter anderem ihre besonderen Kräfte davon herleitet, daß sie »als siebtes Kind eines siebten Kindes geboren« wurde.[1] Auch den modernen Hexen scheint die Zahl Sieben eine besondere Energie zu geben, und selbstredend ist Lois BOURNE, wie die meisten modernen Hexen, eine hochgebildete Frau, die um die sieben Chakren weiß.

Wir sehen also, daß die Lehre von den sieben Chakren mehr oder weniger ausgeprägt in den meisten uns bekannten Kulturen zu finden ist. Es sind nicht nur die ostasiatischen Vorstellungen von Hinduismus und Buddhismus, die sieben aufeinander aufbauende Bewußtseinszustände kennen. Einzig in der germanischen Tradition spielt die Sieben keine wichtige Rolle. Die Germanen hielten es mit der Neun als besonderer Zahl. Die Kelten dagegen verehrten die Zahl Sieben derart, daß der in einem Zug gezeichnete Stern mit sieben Spitzen als das Abzeichen des Druidenordens gilt.

1 Lois BOURNE, *Autobiographie einer Hexe.* München 1987, S. 13.

Abb. 3-1: Der druidische Siebenstern

Wie alle diese Belege nahelegen, scheint dem menschlichen Bewußtsein eine Qualität zu eigen zu sein, die am besten mit der Zahl Sieben zu verstehen ist. Sieben ist die archetypische Maßzahl, die das menschliche Bewußtsein in sieben aufeinander aufbauende Stufen einteilt und damit die Ganzheit des menschlichen Bewußtseins widerspiegelt.

Die Sieben in der Zahlenmystik

Wenn wir uns mit der Zahl Sieben beschäftigen, fallen uns zunächst drei Tatsachen auf:

1. Die Sieben ist eine Primzahl und damit durch keine andere Zahl als durch sich selbst teilbar;
2. Siebenecke bilden keine Fläche (wie es zum Beispiel Sechsecke tun), wenn man sie zusammenlegt;
3. man braucht sieben Daten, um einen Körper in seiner Lage im Raum genau zu definieren.

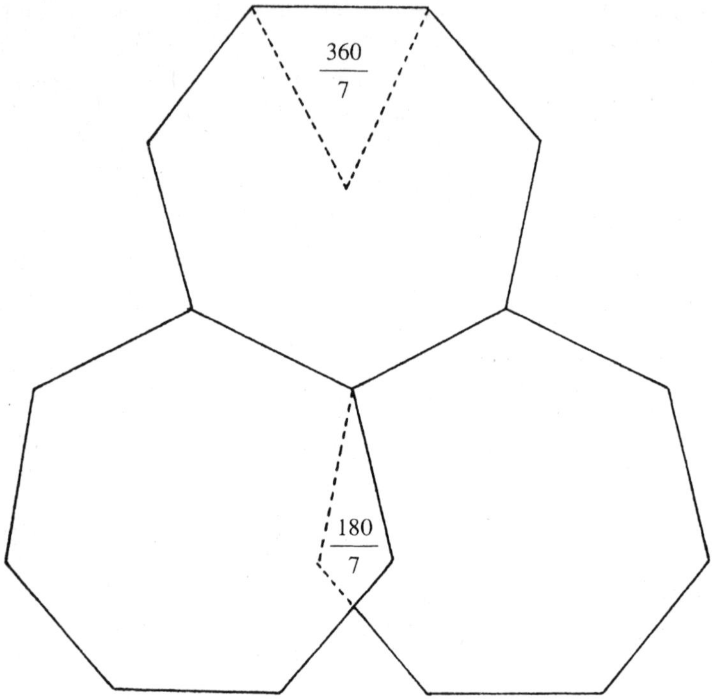

Abb. 3-2: Das Siebeneck in der Fläche

Haben Sie schon einmal versucht, ein regelmäßiges Siebeneck mit Zirkel und Lineal zu konstruieren? Daß das nicht möglich ist, hat schon den griechischen Mathematiker ARCHIMEDES (287–212 v. Chr.) geärgert. Aber erst im Jahre 1801 gelang dem deutschen Mathematiker Karl Friedrich GAUSS (1777–1855) der Beweis, daß ein regelmäßiges Siebeneck nicht mit Zirkel und Lineal konstruierbar ist.

Schon allein diese wenigen Fakten zeigen, daß die Sieben eine ungewöhnliche Zahl ist. Von der Zahlenmystik her hat sie wie keine andere, außer vielleicht der Neun, das Interesse geweckt. Von der Sechs zur Sieben, so wurde es immer empfunden, überschreitet man eine Schwelle.

Man überschreitet ja auch vom sechsten zum siebten Chakra eine deutliche Schwelle. Bis zum sechsten Chakra ist man mit einem Lehrer gelangt, die Ebene des siebten Chakras aber kann man nur allein erreichen. Das zeigt sich auch geometrisch, indem mit dem Siebeneck eine Figur erreicht ist, die aneinandergelegt keine Fläche mehr bildet. Siebenecke überschneiden sich und gehen nicht in eine Fläche auf.
Mit der Sieben verlassen wir die Fläche und begeben uns in eine neue Dimension, in den Raum. Sieben Angaben sind notwendig, um einen Körper eindeutig in seiner Lage im Raum zu definieren. Dieser Sprung in die andere Qualität wird auch durch die Wahrnehmungspsychologie bestätigt: Sechs ungeordnete Gegenstände kann man noch sofort überblicken, sieben jedoch nicht mehr. Das bedeutet, sechs ungeordnete Gegenstände können wir, ohne nachzuzählen, als sechs Gegenstände mit einem Blick erfassen, bei sieben Gegenständen gelingt uns das nicht mehr. Da müssen wir zählen.

Übung

Eine sehr gute Übung, um seine Wahrnehmung zu erweitern, besteht in der genauen Visualisierung eines regelmäßigen Siebenecks. Übungen dieser Art lernte ich bei meiner früheren Lehrerin Freifrau Dr. VON UNGERN-STERNBERG kennen. Sie sind stark von der Anthroposophie beeinflußt.

- Zeichnen Sie zunächst ein relativ großes, regelmäßiges Siebeneck, auf das Sie einige Tage meditieren.
- Sie schauen es sich dazu mit starrem Blick an.
- Lassen Sie diese Form in sich einsinken.
- Danach können Sie mit geschlossenen Augen das Siebeneck zu visualisieren versuchen.

Kommentar

Diese Visualisierungsübung schärft nicht nur Ihre Wahrnehmungs- und Vorstellungsfähigkeit, sondern sie erweitert über die Vorstellungsfähigkeit Ihr Bewußtsein. Wenn Ihr Bewußtsein diesen Vorstellungsakt meistert, hat es eine Schwelle überschritten. Insofern kann man diese Wahrnehmungsaufgabe als eine Übung auf der Ebene des Kronenchakras ansehen.

Bei der Sieben als Primzahl handelt es sich um eine festgefügte Einheit, die sich auch in den sieben Chakren widerspiegelt. Besonders gut ist das in der Musik zu beobachten, wo man nach sieben Tönen der Oktave wieder am gleichen Ton angelangt ist. So ist verständlich, wenn Rudolf STEINER von der Sieben sagt:
»Sieben ist die Zahl der Vollkommenheit. Am Menschen selbst können Sie sich das klarmachen. Er ist heute in der Fünfzahl, insofern er ein gutes oder böses Wesen ist. Als Geschöpf ist er in der Vierzahl. Wenn er alles ausgebildet haben wird, was im Keim in ihm enthalten ist, dann wird er ein siebengliedriges, in seiner Art vollkommenes Wesen sein.«[1]
Die Sieben ist also eine Zahl der Vollkommenheit, und was STEINER zu dem voll entfalteten Menschen als siebengliedriges Wesen sagt, kann man sofort auf die siebte Bewußtseinsebene des Kronenchakras beziehen. Daß die Sieben die Vollendung des Kronenchakras kennzeichnet, machen ebenfalls die sieben Schöpfungstage klar: An sechs Tagen wird die Welt geschaffen, und am siebten wird gesehen, daß sie gut ist, und es wird geruht. Hier ist wieder das Mysterium des Kronenchakras ausgesprochen, das nämlich in der vollkommenen Ruhe besteht. Erst in ihr können wir uns den höheren Zentren öffnen.

Die Chakren als Symbol für die sieben Bewußtseinszustände

Der Yogaweg und somit auch der Weg der Chakrenarbeit ist ein Weg der Selbstentdeckung durch bewußte Selbsterkenntnis. Diese Selbsterkenntnis baut auf sieben Stufen auf, die vom mechanisch unbewußten

1 Rudolf STEINER, *Das Geheimnis der Zahlen* (Vortrag). Zitiert nach Ernst BINDEL, *Die geistigen Grundlagen der Zahlen.* Frankfurt/M. 1983, S. 147.

Reagieren und der vegetativen Intelligenz unseres Körpers auf der untersten Stufe des Wurzelchakras bis zum höchsten Bewußtsein auf der Ebene des Kronenchakras reichen. Der siebenstufige Bewußtseinsweg der Chakrenarbeit gibt auf der Ebene von Körper, Bewußtsein und Gefühl wieder, wie der Mensch sich zur »Krone der Schöpfung« vervollkommnen kann.

Bevor ich auf die Bewußtseins- und Lebenskraft im nächsten Kapitel und auf die einzelnen Chakren im übernächsten Kapitel zu sprechen komme, möchte ich zur groben Orientierung kurz den siebenfältigen Bewußtseinsweg durch die Chakren anhand einer Meditation skizzieren. Genauere und detaillierte Hinweise finden Sie im übernächsten Kapitel, in dem jedes einzelne der Chakren ausführlich besprochen wird.

Übung

Diese Übung entwickelte ich aus den Techniken der Oberstufe des Autogenen Trainings nach J. H. SCHULTZ.

➢ Sie legen sich auf den Rücken flach auf den Boden. Die Unterlage sollte hart, aber nicht unbequem sein. Sie können sich auf einen Teppich oder eine Decke legen.

➢ Recken und strecken Sie sich. Sie können dabei gähnen, was die Entspannung noch vertieft, und schließen Sie Ihre Augen.

➢ Sie atmen ruhig und regelmäßig und gestatten einer tiefen Entspannung, sich über Ihren Körper auszubreiten. Gedanken, Gefühle und Vorstellungsbilder kommen und gehen, und Sie identifizieren sich weder mit ihnen, noch suchen Sie diese zu halten.

➢ In dieser tiefen Entspannung wenden Sie sich Ihrem unteren Chakra, dem *Wurzelchakra,* zu. Sie atmen in das Ende Ihrer Wirbelsäule und spüren in diese Stelle hinein. Ihre Konzentration fixieren Sie im Wurzelchakra. Sie meditieren nun darauf, wie Sie in der materiellen Welt zurechtkommen, und machen sich klar, wie oft Sie unbewußt und rein mechanisch im alltäglichen Leben handeln.

➢ Die für Sie richtigen Einsichten werden hochsteigen und Ihnen bewußt werden. Schauen Sie sich diese an, ohne daß Sie sie bewerten.

Nehmen Sie diese Einsichten einfach als faktische Beschreibung Ihres Lebens. Wenn Sie sich das alles genau angeschaut haben, lösen Sie die Bilder und Gedanken wieder auf und visualisieren jetzt, wie Sie sich freudig und mit Begeisterung auf die Herausforderungen der materiellen Welt einlassen. Sie werden sich klar darüber, daß die Erde Ihnen ungeahnte Energien zur Verfügung stellt, die Sie nur nutzen müssen.

➢ Nach einer Weile (etwa zwei bis drei Minuten) lösen Sie diese Vorstellung wieder auf und verlagern Ihre Konzentration auf Ihr *Sexualchakra.* Sie atmen tief und regelmäßig in dieses Chakra hinein und spüren es ganz deutlich. Auf dieser Ebene des zweiten Energiezentrums fragen Sie sich, wie Sie mit Ihrer Sexualität und Erotik umgehen.
  - Wie gehen Sie auf den anderen zu?
  - Fällt es Ihnen schwer, sich zu öffnen?
  - Macht Ihnen die Hingabe Spaß?

  Das sind Fragen, die Sie sich hier stellen können. Lauschen Sie genau der Antwort; es kommt immer eine Antwort aus den tiefen Schichten Ihres Unbewußten beziehungsweise von Ihrem höheren Selbst.

➢ Nachdem Sie auf diese oder ähnliche Fragen aus dem Bereich der Sinnlichkeit, Erotik und Sexualität meditiert haben, lösen Sie wieder alle Gedanken auf und konzentrieren sich für einen kurzen Moment einzig und allein auf Ihren Atem. Danach werden Sie sich darüber klar, daß Sie das Treffen mit anderen Personen froh genießen und daß Sie hierbei Ihre Lebensfreude und Kreativität voll ausdrücken können. Sie mögen sich zur Verstärkung eine Situation vorstellen, in der Sie offen, leicht und kreativ mit einem anderen Menschen im Fluß sind.

➢ Auch dieses Bild lösen Sie wieder auf und konzentrieren sich nun auf Ihr *Nabelchakra.* Atmen Sie tief und regelmäßig in Ihren Nabel hinein. Spüren Sie hin, ob Sie dort verspannt oder locker sind. Jede Verspannung lösen Sie auf, indem Sie in sie hineinatmen. Sie stellen sich dabei vor, daß Sie die Entspannung ein- und alle Spannungen ausatmen. Nun meditieren Sie darauf, wie Sie mit Ihrer Aggression und Ihren Schattenseiten umgehen. Sie können sich die Frage stellen, wie Sie sich im Leben durchsetzen. Schauen Sie sich alles genau an, was da hochsteigt – aber wie gesagt, ohne es zu bewerten. Sie sollen sich möglichst objektiv selbst erkennen, jedoch nicht moralisch beurteilen. Haben Sie eine gewisse Klarheit über Ihren Umgang mit Ihrem Schatten gewonnen, stellen Sie sich eine Situation so deutlich wie möglich vor, in der Ihre negativen Gefühle angesprochen wurden, Sie diese aber nicht ausdrücken. Statt dessen nutzen Sie die energetische Spannung dieser Gefühle, um sich darüber klarer zu werden, wann Sie für gewöhnlich negativ reagieren. Spüren Sie, wie durch diese Erkenntnis dem negativen Gefühl seine Energie entzogen wird.

➢ Hierauf konzentrieren Sie sich auf Ihr *Herzchakra.* In diesem Fall können Sie sich auch, falls Ihnen das leichter fällt, auf Ihr Herz selbst konzentrieren. Spüren Sie dieses mittlere Chakra und atmen Sie in es hinein. Auf der Bewußtseinsebene des Herzchakras fragen Sie sich, wie Sie mit Ihren positiven Gefühlen umgehen:
  - Können Sie verzeihen?
  - Zeigen Sie Mitgefühl?
  - Können Sie Ihren eigenen Vorteil vergessen?

➢ Das sind Fragen, die Sie sich beispielsweise auf der Ebene dieses Chakras stellen sollten. Wieder werden Sie feststellen, daß Sie auf diese Frage sogleich eine Antwort aus Ihrem Inneren bekommen. Benutzen Sie diese als weitere Meditationsgrundlage. Seien Sie sich während der gesamten Übung zum Herzchakra Ihrer Gefühle bewußt.

➢ Nachdem Sie Ihre Fragen und deren Antworten haben wirken lassen, stellen Sie sich vor, wie Sie Ihr volles Gefühlsspektrum akzeptieren und andere Menschen an Ihren positiven Gefühlen teilhaben lassen.

➢ Als nächstes wenden Sie Ihre Konzentration dem *Kehlchakra* zu. Spüren Sie, wie Sie durch Kehle und Hals aus- und einatmen. Stellen

Sie sich vor, daß Ihr Hals und Ihre Kehle mit jedem Atemzug immer weiter und freier werden. Fragen Sie sich auf dieser Bewußtseinsebene, wie Sie mit Ihrem eigenen Inneren kommunizieren. Hören Sie Ihre innere Stimme? Fragen Sie sich, was Ihr Inneres von Ihnen möchte. Auch hier steht wieder die Frage an, wie bewußt Sie Ihr Leben leben:

- Können Sie über einen längeren Zeitraum hinweg bewußt sein, ohne in Phantasien oder in den inneren Monolog abzuschweifen?
- Kommunizieren Sie ehrlich mit Ihrer inneren Stimme und mit anderen, oder machen Sie sich und anderen etwas vor?

➢ Das sind die Fragen, die auf dieser Ebene gestellt werden müssen, um ein höheres Bewußtsein zu erlangen. Haben Sie sich in tiefer Entspannung meditativ mit diesen Fragen auseinandergesetzt, dann stellen Sie sich zum Abschluß der Arbeit mit dem Kehlchakra vor, daß Sie ehrlich mit sich und anderen in Ihrem alltäglichen Leben umgehen. Visualisieren Sie konkrete Situationen, in denen Sie diese Ehrlichkeit zeigen.

➢ Nun kommen wir zur Bewußtseinsebene des *Stirnchakras.* Dazu spüren Sie zunächst einmal eine Art leichten Lufthauchs an Ihrer Stirn. Danach stellen Sie sich Ihr Drittes Auge zwischen den Augenbrauen vor und atmen durch dieses Energiezentrum bewußt ein und aus.

➢ Machen Sie sich klar, daß dieses Chakra den Sitz Ihres höheren Bewußtseins darstellt. Versuchen Sie sich zehn Atemzüge lang Ihrer jetzigen Situation so bewußt wie möglich zu sein. Das heißt, seien Sie nur im Jetzt und schweifen Sie nicht ab. Spüren Sie während der ganzen Zeit deutlich Ihren Körper. Das hilft, im Jetzt zu bleiben und entzieht den inneren Phantasien die Energie. Falls Sie dennoch abschweifen sollten, kehren Sie sofort zu dieser Übung zurück, sobald es Ihnen bewußt wird:

- Was konnten Sie bei dieser Übung zum Stirnchakra beobachten?

   - Haben Sie bemerkt, daß die Aufrechterhaltung eines permanenten Bewußtseins keine negativen Gedanken zuläßt, die im Grunde immer ein Abschweifen darstellen?

➢ Als letztes wenden Sie sich jetzt Ihrem *Kronenchakra* zu, indem Sie versuchen, von innen in Ihre Schädeldecke hineinzuatmen. Entspannen Sie sich dabei noch ein Stück weiter, bis Sie das Gefühl haben, sich aufzulösen. Das ist oftmals mit einem Moment der Angst verbunden, den Sie überwinden müssen, indem Sie sich nicht mit ihm identifizieren. In der jetzt absolut tiefen Entspannung verharren Sie für etwa fünf Atemzüge. Danach stellen Sie sich vor, mit der gesamten Umgebung, in der Sie sich befinden, eins zu sein.

➢ Um diese Übung zu beenden, recken und strecken Sie sich aus Leibeskräften. Öffnen Sie Ihre Augen und spüren Sie dem Effekt der Übung noch etwas nach.

➢ Es empfiehlt sich, Einsichten, die durch diese Übung vermittelt wurden, in ein Tagebuch zu schreiben. Das regelmäßige Führen eines Tagebuches unterstützt solche Bewußtseinsübungen sehr.

Kommentar

Diese umfangreiche Übung, die in sehr tiefe Bewußtseinszustände führen kann, ist auf zweierlei Weisen durchzuführen:

1. Wie hier beschrieben, indem man die Bewußtseinsebene aller sieben Energiezentren hintereinander anspricht, oder
2. indem man die Übung nur für ein bestimmtes Chakra macht.

Das heißt, diese Übung kann auch über jedes einzelne Chakra getrennt durchgeführt werden. Der Vorteil, sie mit allen sieben Chakren auf einmal durchzuarbeiten, liegt in der größeren Tiefe, die dabei erreicht wird.

Diese Übung hat uns also ganz klar die sieben unterschiedlichen Bewußtseinszustände der Chakren gezeigt, die wie folgt kurz charakterisiert werden können:

Schema 3-1: Die Chakren und die sieben Bewußtseinszustände		
Chakra	*Thema*	*Aufgabe*
Kronenchakra	Einssein	jenseits konkreter Beschreibung
Stirnchakra	Bewußtseinskontinuität und dadurch bewußtes Handeln; Lebensplanung durch Imagination	willentliche Aufrechterhaltung eines klaren Bewußtseins; Konzentration
Halschakra	bewußte und ehrliche Kommunikation nach innen und außen; Intuition	Ende des Selbstbetrugs und des Belügens anderer; Kommunikation mit der inneren Stimme; Einschwingen auf feinere Bewußtseinsebenen
Herzchakra	bewußtes Erleben der eigenen Gefühle	Mitgefühl, Offenheit und Liebe werden hier gelernt; Selbstlosigkeit und damit Überwindung der Egozentrik
Nabelchakra	Bewußtseinsbildung durch Auseinandersetzung mit dem Schatten; Integration der dunklen, abgelehnten Seite und damit Rückzug der Projektionen	Auseinandersetzung mit der eigenen dunklen Seite (Schattenarbeit); Fähigkeit, die Energie negativer Gefühle in Selbsterkenntnis umzuwandeln; Umgang mit Aggression und Selbstbehauptung
Sexualchakra	erste Relativierung des eigenen gewohnheitsmäßigen Standpunktes	Öffnung zum Du durch Erotik und Sexualität; damit der erste Schritt zur Überwindung des Ich
Wurzelchakra	relativ unbewußtes Reagieren	Auseinandersetzung mit den körperlichen Funktionen; vegetative Intelligenz; mechanisches und unbewußtes Verhalten; Alltagsbewußtsein

Auf eine sehr schöne Parallele brachte mich Bodo BAGINSKI, der in seinem Chakrabuch den traditionellen siebenarmigen Leuchter der Juden mit dem Chakrensystem verglich.[1] Der siebenarmige Leuchter stellt ein uraltes Symbol der mosaischen Kultur dar. Er stammt aus dem salomonischen Tempel und symbolisiert unter anderem die sieben Stämme Juda. Dieses Symbol wurde von den Freimaurern übernommen, bei denen er die heilige Zahl Sieben verdeutlicht, welche die sieben Haupttugenden, die sieben Wissenschaften, die sieben Hauptlaster und die sieben Gaben des Geistes des Menschen und besonders des Freimaurers verdeutlicht.

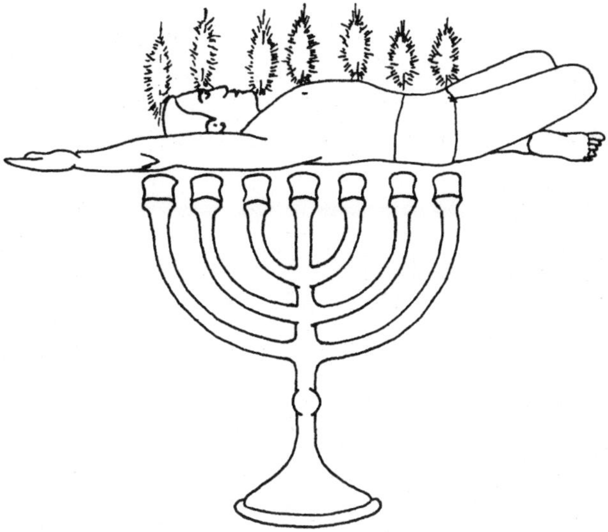

Abb. 3-3: Der siebenarmige Leuchter

Die sieben Flammen dieses Leuchters verbildlichen die sieben Energiezentren des menschlichen Körpers. Dabei fällt auf, daß folgende Chakren miteinander verbunden sind:

1 Shalila SHARAMON und Bodo J. BAGINSKI, *Das Chakra-Handbuch.* Aitrang 1989, S. 213.

- das Wurzelchakra mit dem Kronenchakra
- das Sexualchakra mit dem Stirnchakra und
- das Nabelchakra mit dem Kehlchakra.

In der Mitte, als Achse des Chakrensystems, steht allein das Herzchakra. Diese energetische Verbindung der Chakren untereinander zeigt sich deutlich, wenn man die Energien in den einzelnen Chakren harmonisieren möchte. Zum Ausgleich der Energie im Kronenchakra sollte man zugleich auch am Wurzelchakra arbeiten. Der männliche Pol des Körpers bedarf auch des weiblichen. Das körperliche Sexualchakra bedarf des geistigen Stirnchakras zu seinem Ausgleich, genauso wie das Nabelchakra mit seiner Aufgabe der Schattenintegrierung auf das Kehlchakra angewiesen ist, das für die offene Kommunikation steht.
Man kann die Energie seiner Chakren auch dadurch ausgleichen, daß man seine Hände auf die beiden entsprechenden Chakren legt und sich dann entspannt und auf den Energiefluß in seinem Körper konzentriert.

Kapitel 4

Die Lebensenergie

Wir haben festgestellt: Die Chakren sind ein Energiephänomen. Man stellt sie sich als Energiewirbel vor. Doch welcher Art ist ihre Energie? Die Antwort auf diese Frage lautet oft: die Lebensenergie. In der ostasiatischen Philosophie sind jedoch zwei verschiedene Arten dieser Lebensenergie bekannt:

1. Prana und
2. Kundalini – die nur ein anderer Name für Shakti ist.

Solange die als Kundalini bezeichnete Lebenskraft im Körper nicht erweckt ist, solange stellt Prana die Lebensenergie des Menschen dar. Da bei uns allen normalerweise die Kundalini nicht erweckt ist, können wir davon ausgehen, daß wir aus der Pranaenergie heraus leben.
Gerade die Banalitäten und Routinen des Alltagslebens blockieren häufig den Fluß der Kundalini oder bringen ihn zumindest aus dem Gleichgewicht. Kundalinienergie fließt nur dort, wo die Chakren geöffnet sind, keinerlei Streß oder Angst vorhanden ist, die verschiedenen von den Chakren bestimmten Lebensbereiche bewußt gelebt werden und keinerlei unverarbeitete Erlebnisse vorhanden sind. Diese Voraussetzungen sind nur bei außergewöhnlichen Menschen gegeben, die an dieser Situation jahrelang bewußt und diszipliniert gearbeitet haben.

Prana

»Was immer du im Universum siehst, was immer sich bewegt, wirkt oder Leben hat, ist eine Manifestation von Prana. Die Gesamtheit der im Universum sich offenbarenden Energie wird Prana genannt.«
Swami Vivekananda

Prana ist ursprünglich das Prinzip der Bewegung, wie es sich im allgegenwärtigen Kosmos ausdrückt. Es entspricht dem Lauf der Planeten um die Sonne ebenso wie dem Kreislauf des Blutes und den Strömen des Bewußtseins wie auch den Rhythmen unseres Unbewußten. Alles sich Verändernde offenbart die Natur von Prana. Shalila SHARAMON und Bodo BAGINSKI übersetzen es in ihrem Chakrenbuch Prana mit »absolute Energie«.[1]

Die sieben Energiezentren des menschlichen Körpers besitzen die Aufgabe, diese Bewegungsenergie der Pranakraft im physischen Körper des Menschen zu verteilen.

In den Vorstellungen der modernen Physik entspricht Prana dem Äther, jener Quintessenz der Elemente, die dem Halschakra zugeordnet sind. Der Äther wird als ein absolut flüssiger Urstoff gedacht, wobei Licht eine Wellenbewegung des Äthers und Materie eine Wirbelbewegung des Äthers darstellt. Äther gleicht fast bis ins Detail dem, was in der Yogaphilosophie als Prana bezeichnet wird. Andere Ausdrücke dafür sind: Lebensenergie, Od, Fluidum (bei den Alchimisten), Ki, Chi'i, Mana oder Orgon (Wilhelm REICH). In der indianischen Tradition Nordamerikas wird der Äther als das bezeichnet, »was das Licht trägt« oder »was keinen Namen besitzt«. Der Äther ist absolut flüssig, in alle Richtungen gespannt und völlig flexibel.

Folgende andere Bezeichnungen finden wir in verschiedenen Traditionen für die Kraft, die in der Chakrenarbeit mit Prana bezeichnet wird:

1 Shalila SHARAMON und Bodo J. BAGINSKI, *Das Chakra-Handbuch.* Aitrang 1989, S. 9.

Schema 4-1: Der Begriff »Lebensenergie« weltweit	
1. *Asien* Hinduisten: Prana Tibeter: Sugs Chinesen: Chi Pali: Eckankar Sufis: Baraka Indonesien: Sahala 2. *Afrika* Ägypten: Ka Madagaskar: Hasina 3. *Amerika* Irokesen: Orenda	Sioux: Wakan Huronen: Oki 4. *Europa* Griechen: Pneuma Kabbalisten: Jessod Alchimisten: Merkurius oder Fluidum Paracelsus: Numia Hippokrates: Heilkraft der Natur Baron von Reichenbach: Od Henri Bergson: Elan vitale Wilhelm Reich: Orgon Sigmund Freud: Libido

Diesen kosmischen Urstoff nimmt der Mensch durch den Atem auf. In der Yogaphilosophie stellt man sich nämlich vor, daß die Atemluft mit Prana angereichert ist. Mit jedem Einatmen nehmen wir also Prana auf, und mit jedem Ausatmen geben wir wieder Prana ab. Atemübungen werden im Yoga aus diesem Grunde »Pranayama« genannt.

In fast allen spirituellen Systemen, welche die Bewußtheit ihrer Schüler steigern wollen, wird betont, daß wir um so mehr Lebensenergie aufnehmen können, desto bewußter wir zu atmen lernen. Bewußtes Atmen läßt den Atem in die feineren Zentren fließen, die Prana aus der Atemluft herausfiltern können. Atmen ist also weitaus mehr als nur »Luftholen«. Der Weg des bewußten Atmens wird nicht nur im Yoga »der Königsweg zur spirituellen Einweihung« genannt. Wer den Atem bewußt in seinen Körper führen kann, wer ihn dort fließen und pulsieren spürt, der wird schon alleine dadurch bewußter werden.

Unser Atem erinnert uns immer wieder daran, daß Leben Rhythmus ist und nichts Starres. Dieser Rhythmus drückt sich darin aus, daß seit den ältesten Yogaschriften angenommen wird, daß wir mit dem bewußten Einatmen unsere Chakren öffnen und sie mit dem bewußten Ausatmen schließen.

Der deutsche Atemtherapeut Werner KOCH geht davon aus, daß unser Leben so ist, wie wir atmen. Ist unser Atem flach und mechanisch, dann brennt unsere Lebenskraft auf Sparflamme. Ist er tief, bewußt und kraftvoll, dann stehen wir voll aktiv im Leben und können den Puls des Lebens fühlen.[1]
Bewußtsein und Achtsamkeit stellen sich mit der bewußten Beobachtung des Ein- und Ausatmens ein, was der Buddha in seiner 118. Rede des *Majjhima-Nikaya* ausführt. Wie bei der objektiven Selbstbeobachtung betrachtet man unvoreingenommen seinen Atem und macht sich bewußt, wie man atmet, ohne seinen Atemrhythmus und seine Atemfrequenz zu ändern. Man kann hierzu als Mantra die Formel des Autogenen Trainings »Es atmet mich« benutzen.
Wer bewußt atmen kann, der kann auch seinen gesamten Körper bewußt erleben. Der bewußte Umgang mit Prana stellt die Grundlage dafür dar, daß der Körper von einer mechanisch funktionierenden Maschine zu einem Werkzeug vollkommener Bewußtseinskraft wird.

Es werden im Yoga und in der Chakrenarbeit drei verschiedene Atemtechniken angewandt:

1. das Anhalten des Atems,
2. die Konzentration auf den Atem, ohne diesen zu ändern, und
3. das verbundene Atmen (im Yoga »Feueratem« genannt).

Das Atemanhalten

Das Atemanhalten gilt als die höchste Form der Arbeit mit dem Atem. Auf diese Weise kann der Körper derart viel Prana zugeführt bekommen, daß es zu den sogenannten »parapsychischen Phänomenen« kommt. In der Literatur werden hier immer wieder die Telekinese (Bewegen von

1 Vgl. dazu genauer Werner KOCH: *Das Atem-Heilbuch.* Aitrang 1993.

Objekten durch die Kraft des Geistes) und das Abheben von der Erde im Meditationssitz genannt. Durch langes Atemanhalten kann Prana derart im Körper komprimiert werden, daß es die Kundalini zum Steigen bringt. Was zum Atemanhalten in der Yogaliteratur geschrieben steht, ist einesteils metaphorisch, anderenteils auch real gemeint. Hier ist jedoch eine Warnung unbedingt nötig: Man darf auf keinem Fall ohne einen qualifizierten Lehrer mit dem Anhalten des Atems herumexperimentieren. Diese Atemübungen zur Komprimierung der Pranaenergie können leicht zu starken irreversiblen körperlichen Schäden führen, wenn sie nicht unter erfahrener Anleitung praktiziert werden.

Das konzentrierte und bewußte Atmen

Die Konzentration auf den Atem, ohne diesen zu ändern, wird bei den Tibetern »das Reiten auf dem Pferd des Atems« genannt. Das verdeutlicht sehr anschaulich, daß bei dieser Atemübung der Atem leicht und rund wie von alleine läuft. Gerade durch das fließende Atmen kann der Meditierende sich leicht mit heilender Pranaenergie versorgen.

Es wird oft in der Yogaliteratur darüber geschrieben, wohin man seinen Atem lenken soll. Ob man in den Bauch oder in den Brustkorb hineinatmet, beides hat seine Vor- und Nachteile. Die Bauchatmung löst negative Gedanken, zum Teil sogar Zwangsvorstellungen auf und erdet hervorragend. Die Brustatmung erzeugt Weite und macht einen offen für die Kommunikation mit anderen.

Meine frühere Lehrerin meinte immer, daß sich nur diejenigen besonders auf die Bauchatmung konzentrieren sollten, die regelmäßig physisch arbeiten. Menschen, die weitgehend am Schreibtisch sitzen, sollten sich eher darauf konzentrieren, in ihren Brustkorb zu atmen. Dabei ist die Betonung auf das bewußte Ausatmen zu legen. Alle Atemluft sollte vollständig ausgeatmet werden, bevor wieder neu eingeatmet wird.

Bei der vollständigen Yogaatmung atmet der Meditierende sowohl in den Bauch- als auch in den Brustraum hinein.

Übung

Es handelt sich bei dieser Übung um die Abwandlung einer klassischen Übung aus dem Hatha-Yoga.

- ➢ Setzen oder legen Sie sich entspannt hin, wobei Ihre Wirbelsäule so gerade wie möglich ausgerichtet sein sollte. Sie schließen Ihre Augen und werden ganz ruhig und entspannt.
- ➢ In dem Zustand tiefer Entspannung beginnen Sie, sich auf Ihren Atem zu konzentrieren. Dazu legen Sie Ihre Zunge entspannt hinter die Schneidezähne und drehen Ihre geschlossenen Augen so, als ob Sie leicht schielend Ihre Nasenspitze anschauen wollten. Konzentrieren Sie sich auf Ihre Nasenspitze und fühlen Sie deutlich, wie die Atemluft durch beide Nasenlöcher ein- und ausströmt.
- ➢ Folgen Sie einfach der Bewegung Ihres Atems, wobei Sie bewußt einatmen und beim Ausatmen den Atem loslassen. So wird Ihr Atem zu einer runden Bewegung, die immer mehr Eigendynamik bekommt. Sie brauchen sich jetzt nur noch diesem Atemfluß hinzugeben.
- ➢ Nachdem Sie etwa 15 Atemzüge lang bewußt Ihrem Atemfluß gefolgt sind, können Sie versuchen, die Atem- und somit die Pranaenergie in Ihre verschiedenen Chakren zu senden.
- ➢ Fangen Sie mit dem Wurzelchakra an. Atmen Sie aufmerksam für etwa fünf Atemzüge in Ihr Wurzelchakra am Ende Ihrer Wirbelsäule hinein.
- ➢ Danach leiten Sie Ihren Atem abermals für fünf Atemzüge in Ihr Sexualchakra und gehen nun Chakra für Chakra von unten nach oben bewußt durch, bis Sie beim Kronenchakra diese Übung beenden.
- ➢ Eine Abwandlung dieser Übung besteht darin, daß Sie sich vorstellen, durch die einzelnen Chakren ein- und auszuatmen. Atmen Sie die Luft in Ihrer Vorstellung fünfmal durch Ihr entspanntes Chakra ein. Stellen Sie sich beim Ausatmen vor, wie die Atemluft durch dieses Chakra wieder entweicht.

Kommentar

Zunächst werden Sie feststellen, wie dieses bewußte Atmen Sie tief entspannt. Die Pranaenergie bewirkt im Körper die Lösung von Anspannungen. Bemerken Sie bei dieser Atemübung an irgendeiner Stelle in Ihrem Körper Verspannungen, so führen Sie Ihren Atem an diese Stelle. Atmen Sie so bewußt und tief wie möglich in diese Stelle hinein, und Sie werden sehen, daß sich die Verspannung dadurch aufzulösen beginnt.

Es kann auch vorkommen, daß besonders zu Beginn dieser Übung Ihr Magen zu knurren beginnt oder gar Ihr ganzer Körper zuckt, wie er es auch bisweilen vor dem Einschlafen tut. Das alles sind Entspannungsphänomene, die Ihnen anzeigen, daß Sie auf dem richtigen Weg sind. Durch die Zuckungen reinigt sich das Muskelsystem von Spannungen wie durch das Magenknurren Magen und Darm sich tief entspannen und loslassen. Ähnliches zeigt auch der Schluckreflex an.

Unser Energieniveau, mit dem wir in die Welt hinausgehen, hängt von unserem Atem ab, da dieser uns mit Pranaenergie versorgt. Sie können bei dieser Übung auch beobachten, ob Sie mehr das Ein- oder das Ausatmen betonen. Dieses Verhältnis vom Ein- zum Ausatmen gibt unsere Einstellung dem Geben und Nehmen gegenüber wieder:

- Die Betonung des Einatmens zeigt an, daß man mehr die Seite des Nehmens lebt.
- Die Betonung des Ausatmens zeigt an, daß man mehr die Seite des Gebens lebt.
- Ein natürliches Verhältnis von Geben und Nehmen drückt sich in einem ausgeglichenen Ein- und Ausatmen aus.

Diese Übung hat Ihnen sicherlich die Wirkung der durch die Atemluft aufgenommene Pranaenergie erfahrbar gemacht. Wenn Sie sich, wie in der eben angeführten Übung, auf Ihren Atem konzentrieren, ohne diesen verändern zu wollen, dann hilft Ihnen dabei oft die Vorstellung, daß Sie beim Einatmen Ihre Lungen wie einen großen Ballon vom Boden an auffüllen. Falls es Ihnen leichtfällt, können Sie auch Ihre Lungen visua-

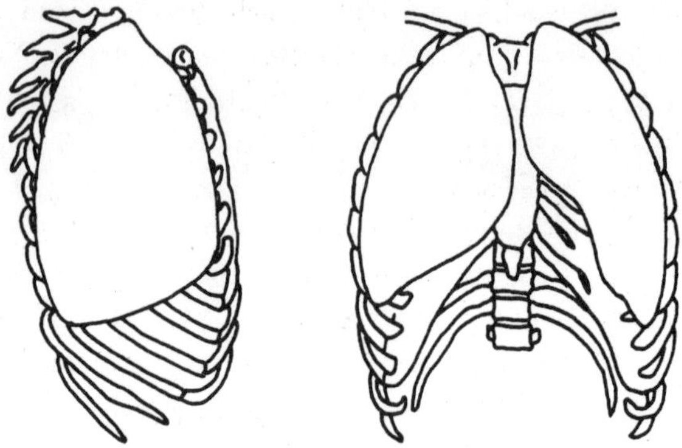

Abb. 4-1: Die menschliche Lunge

lisieren und sich vorstellen, wie die Lungenbläschen sich beim Einatmen füllen und beim Ausatmen leeren. Falls Ihnen die Visualisierung Ihrer Lungen nicht gelingt, helfen Sie sich mit einem Anatomiebuch, und schauen Sie sich die entsprechende Abbildung der Lungen genau an.

Übung

Diese Übung lernte ich bei der englischen Findhorn-Gründerin Eileen CADDY kennen. Eine Vorstellung, die mir hilft, mich bewußt auf meinen Atem zu konzentrieren, benutzt die Visualisierung blauer Farbe. Im Grunde können Sie jede Farbe zu der folgenden Übung benutzen. Ich schlage hier jedoch Blau vor, da es von seiner physiologischen Wirkung her den Körper tief entspannt.[1] Außerdem ist Blau die Lieblingsfarbe der meisten Erwachsenen in unserer Kultur.

➢ Sie setzen sich hin, schließen Ihre Augen und werden völlig ruhig. Sie spüren, wie Sie in immer tiefere Entspannung fallen, und achten auf Ihren Atem, ohne diesen zu verändern.
➢ Nach etwa zehn Atemzügen stellen Sie sich vor, daß Ihre Wirbelsäule

1 Vgl. zur Wirkung der Farbe Blau genauer: Klausbernd VOLLMAR, *Farben – Ihre natürliche Heilkraft.* München 1991, S. 39ff. zur Farbe Blau.

aus einer durchsichtigen Röhre besteht, die mit blau gefärbtem Wasser gefüllt ist. Mit jedem Einatmen steigt nun die Wassersäule in dieser Röhre und mit jedem Ausatmen sinkt sie wieder.

- ➢ Atmen Sie mit dieser Vorstellung für etwa 15 bis 20 Atemzüge und werden Sie dabei ganz ruhig.
- ➢ Nun weiten Sie diese Vorstellung aus, indem Sie visualisieren, wie diese blaue Flüssigkeit beim Einatmen Ihre Lungen langsam von unten bis oben anfüllt und beim Ausatmen langsam wieder bis zum Grund Ihrer Lungen hinabfällt.
- ➢ Atmen Sie mit dieser Vorstellung etwa 20 Atemzüge lang, ohne Ihren natürlichen Atemrhythmus zu verändern.

Kommentar

Durch diese Atemübung lernen Sie, langsam, regelmäßig und tief zu atmen. Bei regelmäßigem Üben wird Ihr grob- und auch Ihr feinstofflicher Körper durch das Ein- und Ausströmen der Pranaenergie tiefgehend gereinigt. Leider atmen wir in unserer westlichen Kultur heute viel zu flach, wodurch wir einen Pranamangel in unserem Körper erzeugen. Dieses flache Atmen ist im allgemeinen durch Angst und Streß bedingt. Sie haben sicherlich schon selbst an sich beobachten können, daß Streß, Angst und Aggressionen Sie asthmatisch atmen lassen. Durch die oben geschilderte Atemübung kann Pranaenergie die erstarrte Atemmuskulatur und zurückgehaltene Energien befreien und damit auch Streß, Angst und Aggressionen auflösen. Der Volksmund weiß schon seit langem um diese Technik, wenn er rät, bei Wut und Aufregung erst einmal innezuhalten und dreimal tief durchzuatmen.

Das Feueratmen

Neben der Technik des Atemanhaltens und derjenigen der nichteingreifenden Atembeobachtung wird in der Chakrenarbeit noch die Technik des Feueratems angewendet. Im Westen wurde diese Atemmethode besonders durch das Rebirthing bekannt, eine von dem Amerikaner Leonard ORR entwickelte Reinigung von Körper, Geist und Seele mit Hilfe des Atmens. Im Rebirthing wird diese Atemtechnik, bei der man weder eine Pause zwischen dem Ein- und dem Ausatmen noch zwischen dem Aus- und dem Einatmen einlegt, der »verbundene Atem« genannt. Wenn man diese Atemweise über längere Zeit schnell durchführt, erzeugt sie die berüchtigte Hyperventilation, bei der es durch Verringerung des Kohlendioxidgehaltes im Blut und durch die Verschiebung des Säuren-Basen-Gleichgewichtes zu Krämpfen kommt. In der Chakrenarbeit aber ist die Hyperventilation nicht erwünscht und unbedingt zu vermeiden.

Beim Feueratmen atmet der Meditierende, ohne eine Pause zwischen den Phasen des Ein- und Ausatmens einzulegen, etwa mit einem Atemzug pro Sekunde. Dabei wird (anders als im Rebirthing) die Betonung auf das Ausatmen gelegt. Das Einatmen geschieht als natürlicher Reflex. Wenn der Meditierende diese Technik zu lernen beginnt, kann es zu folgenden Schwierigkeiten kommen:

1. Es entsteht nach einigen Atemzügen das Gefühl der Atemnot. In diesem Fall wurde unbewußt mehr Gewicht auf das Einatmen gelegt. Sie atmen erst einige Atemzüge normal in Ihrem natürlichen Rhythmus und gehen dann abermals für etwa zehn Atemzüge bewußt zum Feueratmen über. Dabei achten Sie genau darauf, daß die Betonung auf dem Ausatmen liegt.
2. Man hat nach diesem Atmen Muskelkater im Bereich der Bauchdecke. In diesem Falle atmen wir zu lange und sollten uns erst einmal langsam an diese neue Atemtechnik gewöhnen. Es hilft einen Stufenplan einzuhalten, bei dem man die ersten drei Tage diese Übung nur für etwa zehn Atemzüge durchführt, die nächsten drei Tage 15 Atemzüge lang übt und sich dann langsam bis zu maximal 50 Atemzüge steigert. Bei dieser langsamen Steigerung kann die Pranaenergie Verspannungen im Bauchraum und in der Atemmuskulatur leicht auflösen, und es kommt zu keinem Muskelkater mehr.

3. Man gerät in die Nähe der Hyperventilation. Wenn man sich an die Anweisungen
   - ein Atemzug pro Sekunde,
   - Betonung des Ausatmens und
   - langsame Steigerung der Übungszeit

   hält, kann man nicht in die Nähe der Hyperventilation gelangen. Stellen Sie dennoch solche Anzeichen wie starkes Kribbeln in Ihren Fingern und/oder in Ihren Gesichtsmuskeln fest, dann brechen Sie die Übung ab und kehren zu Ihrem normalen Atemmuster zurück.

Übt man das Feueratmen über mehrere Wochen, wird man bemerken, daß sich hierbei ein kräftiger Atemrhythmus verselbständigt, der geradezu ohne Ihr Zutun abläuft. Das ist das Ziel dieser Atemübung, bei der Ihr grob- und Ihr feinstofflicher Körper tiefergehend als bei jeder anderen Atmung von Pranaenergie durchdrungen und gereinigt wird. Verunreinigungen des Körpers durch Tabakgenuß, Alkohol und Umweltgifte werden mit dieser »Pranatherapie« ausgeschieden. Man kann diesen Reinigungsprozeß durch ein bewußtes Trinken von drei bis fünf Litern Wasser pro Tag unterstützen.

Übung

Diese Übung stammt aus dem Hatha-Yoga.

➢ Setzen Sie sich mit möglichst gerader Wirbelsäule auf einen Stuhl oder in der Ihnen gewohnten Meditationshaltung auf den Boden. Schließen Sie Ihre Augen und werden Sie ganz ruhig.

➢ In der Entspannung, die sich jetzt in Ihnen ausbreitet, nehmen Sie Ihre rechte Hand und legen sie derart an Ihre Nasenflügel, daß Sie mit Ihrem Daumen bequem das rechte Nasenloch schließen können und mit Ihrem Zeigefinger das linke Nasenloch.

➢ Sie verschließen nun Ihr rechtes Nasenloch und atmen, ohne eine Pause zwischen dem Ein- und Ausatmen und zwischen dem Aus- und Einatmen einzulegen, etwa 15 Atemzüge schnell durch Ihr linkes Nasenloch ein und aus.

- Danach verschließen Sie Ihr linkes Nasenloch und atmen in der gleichen Weise durch Ihr rechtes Nasenloch abermals für etwa 15 Atemzüge.
- Sie beenden diese Übung, indem Sie wieder zu Ihrem normalen Atemrhythmus zurückkehren.

Kommentar

Durch diese kleine Übung, die Sie nach einiger Erfahrung einige Male hintereinander durchführen können, lernen Sie nicht nur die Feueratmung, sondern Sie reinigen zugleich Ihre Atemwege. Horchen Sie nach dieser Übung in Ihren Körper hinein, und versuchen Sie die Kraftströme in ihm zu erspüren. Diese Übung kann man bequem täglich vor dem Schlafengehen durchführen.

Unter den Schülern des indischen Lehrers OSHO (Bhagwan Shree Rajneesh) wird die Feueratmung als »Chakra-Breathing« geübt. Bei dieser in Poona/Indien (dem Ashram OSHOS) aus dem klassischen Feueratem abgewandelten Atemform wird kraftvoll in einem schnellen regelmäßigen Atemrhythmus in die einzelnen Chakren hineingeatmet. Man kann sich bei diesem energetischen Atmen auch vorstellen, daß man durch die einzelnen Chakren ein- und wieder ausatmet.

Diese Atemtechnik wirkt sehr unterschiedlich auf die verschiedenen Teilnehmer meiner Workshops. Entweder werden hierbei sehr große Energien freigesetzt, ja es kann sogar bis zu einem Durchbruchserlebnis wie bei der Bioenergetik kommen, oder andere Teilnehmer fühlen sich verwirrt, extrem unwohl und können sich ganz und gar nicht mit dieser Atemtechnik anfreunden. Das Problem bei dieser Atemtechnik liegt darin, daß sie bestimmte Menschen schnell zu einem Aufbrechen und zu einer hohen Energetisierung ihrer Chakren bringen kann. Allerdings erinnert mich dieser Vorgang sehr an die klassische Bioenergetik, bei der ich ebenfalls zu einem schnellen Durchbrechen meiner Blockaden gelange. Leider sind jedoch diese Blockaden genauso schnell wieder errichtet, wie sie abgebaut wurden. Chakra-Breathing allein genügt nicht, um ein bestimmtes Chakra zu befreien, sondern es müssen die Erlebnisse während dieser Atemübung genau aufgearbeitet werden, um nicht sogleich wieder in alte Mechanismen zurückzufallen.

Die Anwendung der verschiedenen Atemtechniken

Wenn wir unseren Atem betrachten, ohne den Atemprozeß tiefgreifender zu beeinflussen, bemerken wir, daß wir auf zweierlei Weise zu atmen pflegen:

1. Wir legen eine Atempause nach dem Ausatmen ein,
2. wir legen eine Atempause nach dem Einatmen ein.

Übung

Diese Übung fiel mir nach einer Rebirthingsitzung ein.

➢ Setzen oder legen Sie sich bequem und mit möglichst gerader Wirbelsäule hin. Schließen Sie Ihre Augen und entspannen Sie sich, so tief Sie können.

➢ In der tiefen Entspannung atmen Sie nun in Ihrem Rhythmus, allerdings legen Sie die Ihnen natürliche Atempause nach dem Ausatmen ein.

➢ Atmen Sie so für etwa 20 Atemzüge, und fühlen Sie dabei in Ihren Körper hinein.
  - Was spüren Sie?
  - In welche Richtung fließen jetzt Ihre Körperenergien?

➢ Nachdem Sie sich die Antwort auf diese beiden Fragen klargemacht haben, ändern Sie Ihren Atemrhythmus. Von nun an atmen Sie für etwa 20 Atemzüge in Ihrem natürlichen Rhythmus, allerdings legen Sie eine Atempause nach dem Einatmen ein.

➢ Abermals horchen Sie in Ihren Körper hinein und versuchen die Richtung Ihrer Körperenergien zu erspüren.

➢ Sie beenden diese Übung, indem Sie wieder Ihrem natürlichen Atem folgen.

Kommentar

Wenn Sie genau in Ihren Körper hineingespürt haben, dann sollten Sie bei der Atempause nach dem Ausatmen ein deutliches Hinabsinken oder Fallen Ihrer Körperenergien bemerken. Ich erlebe das oft so, als ob mir ein Stein vom Herzen fällt. Außerdem habe ich das Gefühl, daß mich dieses Atemmuster tief erdet.

Bei der Atempause nach dem Einatmen steigen dagegen die Körperenergien. Ich finde es leicht, dabei ein deutliches Gefühl für meinen Kopf zu bekommen. Geistesgifte wie negative Gedanken, Zwangsvorstellungen und verdrängte Aggressionen werden mit diesem Atemmuster aufgelöst.

Pause nach dem Ausatmen:	*Pause nach dem Einatmen:*
– die Energie im Körper fällt – die Pranaenergie wird in die unteren Chakren geleitet – Erdung	– die Energie im Körper steigt – die Pranaenergie wird in die oberen Chakren geleitet – Reinigung des Geistes

Jede Atemtechnik zum richtigen Zeitpunkt

Es bleibt nun noch die Frage zu beantworten, wann wir welches Atemmuster anwenden sollen. Das ist zugleich die Frage nach unserem Umgang mit der Pranaenergie.

Wir senden Pranaenergie in die beiden unteren Energiezentren, wenn wir eine Atempause nach dem Ausatmen einlegen und damit die Energie fallenlassen. Mit einem Mindestmaß an Bewußtheit können wir regelrecht spüren, wie unsere Energien in der Atempause in unser Wurzel- und Sexualchakra hinabsinken. Durch dieses Absinken der Pranaenergie in die beiden unteren Chakren entspannt sich unsere Wirbelsäule, das gesamte Zentralnervensystem beruhigt sich und Störungen im Flüssigkeitshaushalt des Körpers werden verringert oder gar beseitigt.

Legen wir eine Pause nach dem Einatmen ein, dann empfinden wir, wie Pranaenergie in den Hals- und Kopfbereich hochsteigt. Durch dieses Atemmuster werden das Kehl-, das Stirn- und auch das Kronenchakra angesprochen. Spannungen, Sorgen, Befürchtungen, Ängste und depressionsartige Verstimmungen lösen sich auf. Ich habe bei dieser Atemtechnik oft das Gefühl, daß mein Gehirn und Denken sich entspannen und harmonisiert werden.
Der Feueratem spricht die mittleren beiden Chakren an. Das dem Feuer zugeordnete Nabelchakra reagiert vorzüglich auf diese Atemtechnik, welche die Pranaenergie hier so anreichert, daß die Verdauung gefördert wird und sich auf der Ebene des Bewußtseins (zumindest kurzzeitig) übertriebene Machtbedürfnisse und Ehrgeiz auflösen. Im Herzchakra reichert sich Pranaenergie ebenfalls durch verbundenes Atmen an, und dieses mittlere Körperzentrum wird dadurch als weit, offen und energievoll erlebt. Ferner stabilisiert Pranaenergie auf der Ebene des Herzchakras den Kreislauf und stärkt das Herz.

Schema 4-2: Wie die einzelnen Chakren durch Atmung aktiviert werden

Chakra	*Atemtechnik*	*Resultat*
Kronenchakra	Pause nach dem Einatmen	Pranaenergie steigt
Stirnchakra	Pause nach dem Einatmen	Pranaenergie steigt
Kehlchakra	Pause nach dem Einatmen	Pranaenergie steigt
Herzchakra	Feueratmen	Konzentrierung der Pranaenergie
Nabelchakra	Feueratmen	Konzentrierung der Pranaenergie
Sexualchakra	Pause nach dem Ausatmen	Pranaenergie fällt
Wurzelchakra	Pause nach dem Ausatmen	Pranaenergie fällt

Visualisierung zur Steuerung der Pranaenergie

Neben dem bewußten Atmen kann Pranaenergie auch mit Hilfe von gezielten Visualisierungen gelenkt werden. Das geschieht, indem man sich ein Vorstellungsbild für die Pranaenergie sucht. Ich greife dabei in meinen Gruppen immer zu dem Bild eines sauberen, sonnenbeschienenen Flusses zurück, den ich in die entsprechenden Chakren schicke. Die folgende Übung beschreibt diese Visualisierung.

Übung

Es handelt sich bei dieser Übung um eine von mir entwickelte Visualisierungsübung.

- Sie legen oder setzen sich bequem mit möglichst gerader Wirbelsäule hin. Tiefe Ruhe und völlige Entspannung tritt ein.
- Nun atmen Sie für je fünf Atemzüge in jedes Ihrer Chakren, und zwar von dem Wurzelchakra unten zum Kronenchakra oben. Machen Sie sich bei diesem Atmen ein möglichst anschauliches Bild von den einzelnen Chakren; am besten, Sie benutzen die in Ihnen aufsteigenden Bilder oder verschiedenartige Seen als die unterschiedlichen Energiezentren.
- Nachdem Sie in jedes Ihrer Chakren tief hineingeatmet haben und sich eine bildliche Vorstellung davon gemacht haben, stellen Sie sich so deutlich wie möglich einen glitzernden Fluß vor. Sie spüren die Energie dieses Flusses, die zu sprühen scheint.
- Nun laden Sie diesen Fluß ein, sich nacheinander in alle Ihre Chakren zu ergießen. Stellen Sie sich dazu vor, daß Sie mit dem Einatmen den Fluß geradezu magnetisch in das entsprechende Chakra hineinziehen. Beim Ausatmen spüren Sie, wie sich die Energie des Flusses, der die Pranaenergie symbolisiert, in Ihrem Körper bis in die Finger- und Fußspitzen hinein ausbreitet.

Kommentar
Sie können diese Übung vereinfachen, indem Sie sich zuvor mit Buntstiften und einem Blatt Papier Bilder malen, welche die einzelnen Chakren für Sie symbolisieren. Diese Bilder übernehmen Sie später in Ihrer Visualisierung.
Sie mögen sich die Pranaenergie auch als energiegeladene, sonnendurchflutete Luft vorstellen, die in einer Art Wolke von dem entsprechenden Energiezentrum aufgenommen wird.

Sie werden durch diese kleine Übung bemerkt haben, daß die Pranaenergie Ihren Vorstellungen folgt. Wenn Sie weiter mit der Leitung von Pranaenergie durch Ihren Körper arbeiten möchten, dann können Sie auch auf die klassische Vorstellung zurückgreifen, daß Pranaenergie als Lichtstrom durch Ihren Zentralkanal (Sushumna) zu den einzelnen Chakren hochsteigt und in jedem nacheinander ein Licht anzündet.
Ein nordindischer Yogameister empfahl mir eine Chakrenmeditation, bei der ich mir die Pranaenergie als Fluß oder klaren Bach vorstellen sollte, der die Zentralachse in meinem Körper hochfließt. Jedes Chakra würde dabei als nach unten hängende Lotosblüte visualisiert. In dem Moment, in dem der Bach die Lotosblüte erreichte, drehte sich diese herum. Diese Visualisierung entspricht der indischen Vorstellung, daß sich geöffnete Chakren nach oben zum Kronenchakra hin öffnen.
Welche Vorstellungen man hier auch wählen mag, das halte ich für relativ unerheblich. Es kommt einzig darauf an zu lernen, Pranaenergie bewußt durch mentale Bilder zu steuern.

Kundalini

Kundalini heißt wörtlich übersetzt »die zusammengerollte Schlange«. Daher wird sie auch oft als dreieinhalbmal zusammengerollte Schlange dargestellt. Die Schlange symbolisiert in diesem Fall unsere geistig-spirituelle Energie, die unten an der Wirbelsäule schlummert und darauf wartet, geweckt zu werden.

Die Schlange steht für die weibliche Gottheit, die das große Wissen um den Ursprung der Menschheit besitzt und die – wie in der nordischen Mythologie als Midgard-Schlange – die erhaltende Kraft des Universums symbolisiert. So gehört die Schlange als Kundalini und Prinzip des Uranfangs in das erste Chakra, auf dem alle andere Chakren aufbauen. Die Kundalini läßt auch an die Drachen der germanischen Mythologie denken. Der Drache bewacht schöne Jungfrauen, womit das Thema des zweiten Chakras, die Sexualität, angesprochen ist. Der Drache behütet Berge von Gold und Edelsteinen, die auf das dritte Chakra als Zentrum des Besitzens und Gewinnens verweisen. Allerdings haben wir es hier mit der noch eingerollten Schlange, mit dem noch »dummen« Drachen zu tun, der mit all den Schätzen nichts anfangen kann. Wir gleichen ihm, wenn unsere Kundalini im Wurzelchakra eingerollt schlummert: Wir besitzen alles, was das Herz begehrt, aber wir wissen es nicht zu nutzen. Die eingerollte Schlange finden wir als Symbol in China und selbst in Rom, wo sie zur Zeit des Kaisers Caligula (um 50 n. Chr.) die Göttin Isis symbolisierte. Allerdings wurde dieses Symbol nur von den Yogis in Indien und später in Tibet in seiner vollen Tiefe erfaßt.

Die Kundalini entspricht in etwa dem, was Sigmund FREUD die »Libido« nennt. Ich spreche hier der Einfachheit halber von Lebensenergie. Im engeren Sinne wird mit der Kundalini eine höhere Form der Lebensenergie bezeichnet, die erst durch die Arbeit mit den Chakren geweckt werden kann. Geschieht das, so entrollt sich die Kundalini und steigt durch die einzelnen Chakren auf. Ich verstehe diese bildliche Vorstellung als ein Symbol dafür, daß es sich hierbei um die Erweckung einer bestimmten Bewußtseinskraft handelt. Haben wir durch verschiedenartige Übungen zu diesem komplexen Bewußtsein Zugang gefunden, erleben wir die Ebenen der sieben Chakren bewußt. Das viel zitierte Aufsteigen der Kundalini als Ziel des Yoga zeigt sich:

1. in einem klaren Bewußtsein und Gegenwärtigsein,
2. in einem Gefühl, daß dem Körper mehr Energie als gewöhnlich zur Verfügung steht.

Die Schlangenkraft, wie Arthur AVALON (Sir Arthur WOODROFFE) in seinem detaillierten Grundlagenwerk zu den Chakren[1] die Lebenskraft nennt, steigt durch drei Kanäle, durch die sogenannten »Nadis«, auf:

1. Der männliche Kanal wird Ida (tibetisch: Rkyan-Ma Rtsa) genannt. Er repräsentiert die Sonnenenergie und damit die Bewußtseinskraft, die uns hilft, zu erkennen und zu unterscheiden. Ida ist der Weg der Differenzierung und des Intellektes und damit nach außen gerichtet. Der Ida-Weg ist jener der Körperübungen im Yoga. Ida wird auch mit dem heiligen Fluß Ganges verglichen oder »die Sonnenbahn« genannt.
2. Der weibliche Kanal wird als Pingala (tibetisch: Ro-Ma Rtsa) bezeichnet. Er repräsentiert die Mondenergie und die Kräfte des Unbewußten, die aus der undifferenzierten Einheit die Vielheit gebären. Diese Kräfte streben immer wieder der Einheit zu. Pingala kann als Weg der kreativen Energie des Unbewußten angesehen werden und wirkt daher nach innen. Der Pingala-Weg ist jener der Atemübungen im Yoga. Pingala wird mit dem heiligen indischen Fluß Yamuna, einem Nebenfluß des Ganges, verglichen und als »die Mondbahn« bezeichnet. Yamuna und Yama bilden in der indischen Mythologie das erste Menschenpaar.
3. Diese beiden Kanäle winden sich spiralförmig von den Nasenöffnungen ausgehend um die Sushumna (tibetisch: Dbu-Ma Rtsa), die durch

1 Arthur AVALON, *Die Schlangenkraft.* Weilheim 1961.

den mythologischen Berg Meru verdeutlicht wird und die Zentralachse im Körper bildet. Die Sushumna-Bahn wird auch »Feuerbahn« oder »Sarasvati«, nach einem weiteren der legendären heiligen Flüsse Indiens, genannt. Die Sushumna selbst weist wieder drei Schichten auf und stellt so ein Hologramm des gesamten Leitungssystems feinstofflicher Energie dar:

- Citrini: der himmlische oder ausgleichende Weg,
- Vajra: der aktiv kraftvolle Weg,
- Sushumna: der dritte Weg wird verwirrenderweise nach dem Gesamtsystem Sushumna genannt und bezeichnet den Weg der Passivität und Trägheit.

Nach dem englischen Medium Alice A. BAILEY entspricht diese Dreiteilung der Sushumna den Kräften Lebensenergie, Bewußtseinskraft und Kreativität.

Man kann Ida, Pingala und Sushumna auch mit den drei Arten der Liebe vergleichen, die im klassischen Griechenland unterschieden wurden:

Ida	Philia	die seelische Liebe
Pingala	Eros	die physische Liebe
Sushumna	Agape	die geistige Liebe (Gottesliebe)

Die beiden Nadis Ida und Pingala sollen den beiden sympathischen Nervensträngen entsprechen, was ich jedoch bestenfalls als einen Vergleich ansehen kann. Die Nadis, das kann nicht oft genug betont werden, sind immateriell, wohingegen die beiden sympathischen Nervenstränge real existieren.

Der amerikanische Mythenspezialist Joseph CAMPBELL macht darauf aufmerksam, daß die Symbolik der Verschmelzung der lunaren und solaren Welten auch bei den Kelten zu finden ist.[1]

Der berühmte Silberkessel von Gundestrup in Dänemark zeigt den kel-

1 Joseph CAMPBELL, *Mythen der Menschheit.* München 1993, S. 217.

tischen Gott Cernunnos, der in seiner rechten Hand einen goldenen Halsring hält und in seiner linken die Schlange. So wie der goldene Halsring ein Symbol der Sonne darstellt, so steht die Schlange für die Mondkräfte. Die Verbindung von lunarer und solarer Welt, von weiblich und männlich, scheint in allen Kulturen als wesentliche Aufgabe erkannt zu werden. Hat man sich dies bewußtgemacht, dann verwundert es nicht mehr so sehr, daß die Darstellung der sieben Chakren mit der Ida und Pingala auch auf keltischen Kreuzen des zehnten Jahrhunderts in Irland zu finden ist.

Einer anderen Vorstellung zufolge, die von NAROPA (1016–1100), einem der bedeutendsten Meditationslehrer Tibets, vermittelt wurde, sind Ida und Pingala nicht um die Zentralachse gewunden. Nach dieser Tradition stellt sich der Meditierende die Ida links und die Pingala rechts von der Sushumna vor. Eine andere Schule lehrt, daß die drei Nadis Ida, Pingala und Sushumna im Stirnchakra enden.[1]

Die Sushumna symbolisiert die Verbindung zwischen männlichen und weiblichen Kräften. Der Sushumna-Weg ist daher der Weg der Meditation.

Man kann sich Ida, Pingala und Sushumna auch als das Bewußtsein des körperlichen Zentrums, des Gefühlszentrums und des mentalen Zentrums des Menschen vorstellen:

Ida	männlicher Weg	körperliches Zentrum
Pingala	weiblicher Weg	Gefühlszentrum
Sushumna	neutraler Weg	mentales Zentrum

Es werden ferner Entsprechungen zwischen den drei Nadis und den Meridianen in der Akupunktur gesehen. Es handelt sich hierbei allerdings nur um ähnliche Verläufe. Es ist zu betonen, daß die Nadis keine Meridiane im Sinne der Akupunktur darstellen.

In der tibetischen Tradition ist man der Ansicht, daß es nicht wesentlich

1 Diese Theorie vertritt zum Beispiel die am klassischen Hinduismus und der Theosophie ausgerichtete Naomi OZANIEC, *Die Chakras.* Braunschweig 1993, S. 26ff.

ist, wo man Ida, Pingala und Sushumna lokalisiert, denn wir empfinden sie immer dort, wohin wir den Hauptstrom unserer Bewußtseinsenergie lenken.
Wenn wir uns Ida und Pingala als eine doppelte Spirale vorstellen, dann mag uns dies verbildlichen, daß wir auf unserem Weg nur dann weiterkommen, wenn wir den weiblichen und den männlichen Aspekt unseres Selbst (Anima und Animus nach C. G. JUNG) gleichermaßen entwickeln und leben. Stellen wir uns Ida und Pingala je an einer Seite der gedachten Zentralachse vor, dann drücken wir damit aus, daß es zwei gleichwertige Wege durch das Leben gibt: einen Weg des weiblichen Archetypen und einen des männlichen Archetypen.

Schema 4-3: Die drei Wege der Kundalinienergie

Kanal	*Qualität*	*Energie*	*Beeinflussung durch*
Ida (rkyan-ma rtsa	männlich (Animus) extravertiert, aktiv	Sonnenenergie	Körper- übungen
Pingala (ro-ma rtsa)	weiblich (Anima) introvertiert, passiv	Mondenergie	Atemübungen
Sushumna (dbu-ma rtsa)	neutral ausgleichend	Feuerenergie	Meditation

Anders als in der hinduistischen Vorstellung steigt im Tibetischen Buddhismus die Kundalini in der Chakrenarbeit auf. Die Tibeter sprechen nicht von einem Gefühl der Hitze im Rückenmark, sondern von einer ziehenden Energie, die während ihrer Wirkung den Eindruck vermittelt, daß man sich nicht mehr richtig bewegen kann. Die aufsteigende Energie wird allerdings ebenso stark gespürt, wie es auch die Hindus beschreiben, nur die Art ihrer Erfahrung ist anders. Für die tibetischen Buddhisten handelt es sich beim Aufsteigen der Kundalini nicht so sehr um eine körperliche Erfahrung als vielmehr um einen Vorgang des Bewußtseins.

Nach der hinduistischen Vorstellung des Chakrensystems sitzt Shiva (der Gott der Auflösung und Zerstörung) im Kronenchakra, während Schakti (die hinduistische Personifizierung der Urenergie) am unteren Ende der Wirbelsäule im Wurzelchakra ruht. Schakti ist die Kundalini, und Kundalini ist also nichts anderes als die Urenergie im Wurzelchakra, die man sich immer weiblich vorstellt. In hinduistischen Darstellungen steigen daher kleine weibliche Figuren die Wirbelsäule hinauf. Die Kundalini selbst liegt jedoch meistens mit einem dreieinhalbmal zusammengerollten Leib im Wurzelchakra und verschließt mit ihrem Kopf den nach oben steigenden Sushumna-Kanal. Allerdings sind sich hier die hinduistischen Yogis ganz und gar uneinig: Nach anderer Auffassung verschließt nämlich die Kundalini genannte Schakti alle drei Nadis, und sie steigt bei erfolgreichem Üben des Kundaliniyogas durch alle drei feinstofflichen Kanäle zugleich auf.

Verlassen wir die bildhafte Sprache der Hindus, und versuchen wir, den Sachverhalt des Aufsteigens der Kundalini in unserer Begrifflichkeit auszudrücken. Das Ziel des Kundaliniyoga beziehungsweise der Chakrenarbeit ist die Erkenntnis des eigenen Selbst. Auf diese Erkenntnis, darin stimmen alle westlichen Therapeuten und spirituellen Lehrer überein, muß man vorbereitet werden. Sie hat einen derartigen machtvollen Einfluß auf unseren Körper, unsere Gefühle und unser Bewußtsein, daß sie uns, käme sie unvorbereitet, zerstören könnte. Wahrscheinlich würden wir durch diese Erkenntnis den Verstand verlieren und sie wahrscheinlich auch physisch nicht überleben. Daher besitzt unser Körper einen Schutzmechanismus, der uns diese Erkenntnis so lange verwehrt, bis wir reif für sie sind.

Die Übungen, die ich hier in diesem Buch beschreibe, lassen Ihre Kundalini nicht aufsteigen. Um das zu erlernen, braucht man jahrzehntelanges diszipliniertes Üben mit einem autorisierten Lehrer. Was ich über die Chakren vermitteln möchte, ist eine Hilfe zur bewußteren Lebensführung, die mit aktivierten Chakren zusammenhängt. Das ist immerhin der erste Schritt, seine Kundalini steigen zu lassen beziehungsweise sein eigenes Selbst zu erkennen.

Solange unsere Schakti als eingerollte Kundalini ungestört am Ende unserer Wirbelsäule ruht, wird unsere Lebensenergie hinduistischer Vorstellung zufolge durch Prana und Apana symbolisiert. Prana entgegengesetzt ist Apana, die Energie, die für die Ausscheidung des verbrauchten Materials aus dem Körper sorgt. Apana wird besonders durch die unteren drei Chakren aufgenommen. Apana ist auch für das Loslassen von den Geistesgiften wie Gier, Eitelkeit, Eifersucht und so weiter zuständig. Prana und Apana stehen sich als aktives und passives Prinzip gegenüber.

Die Meditation auf die Kundalini

Die Hinduisten meditieren auf die Kundalini als Symbol der Lebensenergie, Buddhisten dagegen meditieren auf die Erleuchtung oder Befreiung. Die Meditation des Tibetischen Buddhismus konzentriert sich darauf, daß alle Phänomene leer sind. Sie sind nur Gedanken- und Gefühlsformen, die wir zwar wahrnehmen, von denen wir uns aber nicht beherrschen lassen. Wir beobachten sie objektiv mit klarem Geist. Diese Meditation auf die Erleuchtung liegt jenseits der Kundalinimeditation; sie faßt die Kundalini als Fahrzeug auf, das zum höchsten Bewußtsein beziehungsweise zum klaren Geist führt. Nach dem englischen Tibetkenner EVANS-WENZ halten noch heute tibetische Lamas ein Mantra geheim, das die schlafende Kundalini wecken und zum Aufsteigen bewegen soll. Dieses Mantra gilt als das heiligste aller Mantras.
Es existieren also drei Wege der klassischen Meditation auf die Kundalinikraft:

1. durch bestimmte Atemtechniken, wie sie zu Anfang dieses Kapitels beschrieben wurden,
2. mit Hilfe eines geheimen und hochheiligen Mantras und
3. durch einen bewußten und rituellen Beischlaf, bei dem der Mann die Ejakulation unterdrückt und die dabei befreite Energie nach oben durch seine sieben Chakren lenkt.

Dieser rituelle Beischlaf macht nach den Tantrikern und dem amerikanischen Mythenforscher Joseph CAMPBELL den Kern dessen aus, was wir Yoga nennen. Das Sanskritwort »Yoga« bedeutet »verbinden« oder »vereinen« und bezeichnet damit die sexuelle Vereinigung von Kali und Shiva, die in dem bewußten und rituellen Beischlaf des Yogi und seiner Yogini nachgeahmt wird. Der mit Kali sich sexuell vereinigende Shiva, der seine Energien durch seine Chakren leitet, trägt den Titel »Der Herr des Yoga«.

Der klare Geist

Mit einem klaren Geist ist es dem Menschen möglich, sich objektiv wie bei der Selbstbeobachtung nach GURDJIEFF zu betrachten. Der Ausdruck »klarer Geist« steht für das sogenannte »leere Bewußtsein«, das heißt, der Meditierende läßt sich nicht von den Formen des Geistes beherrschen, irritieren und ablenken. Er wird also nicht zum Sklaven seiner Gedanken und Gefühle.

Über diesen zentralen Aspekt der Meditationspraxis bietet das folgende Beispiel Aufschluß:

Stellen Sie sich vor, Sie setzen sich hin und beginnen zu meditieren. Dabei steigen sogleich Befürchtungen und störende Gedanken auf, mit denen Sie sich jedoch nicht identifizieren. Sie nehmen zwar diese störenden Gedanken und Gefühle wahr, aber nur unter dem Aspekt der Selbsterkenntnis: Sie zeigen Ihnen, in welchem Zustand Sie sich gerade befinden. Die Meditation ist aber nur das Einüben einer Haltung, mit der man täglich durchs Leben gehen sollte, nämlich mit der der Aufmerksamkeit und Achtsamkeit. Wenn Sie also in Ihrem alltäglichen Leben plötzlich bemerken, daß negative Gefühle aufsteigen, dann betrachten Sie diese Gefühle, ohne sie zu verdrängen. Leben Sie diese Gefühle aber nicht aus. Wenn Sie eine Zeitlang so vorgehen, dann wird Ihr Geist beruhigt und klar, da Sie negativen Gefühlen keine Energie mehr geben und sie dadurch austrocknen.

Der klare Geist ist durch die drei Eigenschaften höchste Freude, höchste Liebe, aus der das Mitgefühl entspringt, höchste Furchtlosigkeit geprägt. Es ist einsichtig, daß man nichts mehr zu befürchten hat, wenn man sich nicht mehr mit seinen negativen Gefühlen und störenden Gedankenkonzepten identifiziert. Deswegen ist man von Freude erfüllt und geht mitfühlend auf andere Menschen zu. Die Kundalinienergie in der Form höchster Bewußtseinsenergie reinigt also unsere Gefühle.
Alle Gefühle, außer den drei oben angeführten, sind bedingte Gefühle, zu denen besonders die sechs Geistesgifte Anhaftung, Geiz, Gier, Neid, Eifersucht und Verwirrung (entspricht dem Nichtwissen) gehören. Nach buddhistischer Vorstellung reinigt die höchste Lebensenergie (Kundalini) beim Hochsteigen den Körper von allen bedingten Gefühlen und besonders von den sechs Geistesgiften. Anhaftung und Geiz wird besonders auf der Ebene des Wurzel- und des Sexualchakras aufgelöst, Gier und Neid auf derjenigen des Nabelchakras, Eifersucht auf derjenigen des Herzchakras und Verwirrung auf der Ebene von Stirn- und Kronenchakra. Hinzu kommt noch Unehrlichkeit und Täuschung von anderen und sich selbst, die auf der Ebene des Kehlchakras aufgelöst wird. Wenn unsere Energie also in den unteren drei Chakren konzentriert ist, dann laufen wir Gefahr, unreflektiert unseren Trieben und Launen ausgeliefert zu sein. Wir beschränken uns damit in der Freiheit unseres Ausdrucks. Das Aufsteigen der Kundalini entspricht also in der buddhistischen Gedankenwelt dem stufenweisen Weg zu Bewußtheit und zu Freiheit. Wir reinigen deswegen unsere feinen Energiekanäle, damit wir unsere Gefühle zu beherrschen lernen und ihnen nicht mehr hilflos ausgeliefert sind. So können wir alte und längst überholte Programmierungen auflösen und unser Denken, Fühlen und Handeln neu programmieren. Das heißt mit anderen Worten: Wir können bewußter denken, fühlen und handeln und sind nicht mehr wie ein Blatt im Winde von unseren Stimmungen und Launen abhängig oder von unserem Körper getrieben.

Orgon

Die biodynamische Orgonomie arbeitet mit der Orgon-Energie, wie der FREUD-Schüler Wilhelm REICH (1897–1957) die der Pranaenergie entsprechende Lebensenergie nannte. Es geht in der Biodynamik darum, Stauungen und Blockaden zu lösen und vor allem, wie im Chakrayoga, Erstarrung aufzulockern. Diese Erstarrungen kommen zustande, weil Gefühle durch Verspannungen in der Skelettmuskulatur zurückgehalten werden. Die Orgon-Energie, die als biologische Energie dem Körper zugeführt wird, kann diese Muskelverspannungen auflockern und so auch die mit ihnen unterdrückten Emotionen wieder freisetzen.

Von dieser Vorstellung ausgehend, baute Wilhelm REICH seine Orgon-Akkumulatoren, mit denen er Patienten behandelte, indem er sie einem verstärkten Strom der Orgon-Energie aussetzte. Vergleichbar der Pranaenergie kann man sich vorstellen, daß die Orgon-Energie sich im Körper ausbreitet und dabei in den verschiedenen Zentren Verspannungen und Erstarrungen auflockert.

Die biodynamische Theorie nach Gerda BOYESEN geht noch einen Schritt weiter, indem sie nämlich den Ernährungs- und Verdauungskanal, der sich vertikal von Mund bis zum Anus durch den Körper zieht, als einen emotionalen Kanal ansieht. Diese Vorstellung läßt uns sogleich an die Pingala denken, von der aus sich emotionale Energien über den Körper ausbreiten. Dieser Ernährungs- und Verdauungskanal stellt wie die Pingala im Yoga eine Reizleitung für emotionale Energien dar. Wenn ihm Orgon-Energie zugeführt wird, dann können sich die dort gelagerten nervösen Spannungen entladen. Das gleiche geschieht bei der Chakrenmeditation: Wenn wir auf unsere Energiezentren meditieren und uns unserer sieben Chakren bewußt werden, dann spüren wir oft ein Magenknurren oder ein Rumoren in den Därmen. Das zeigt an, daß sich hier Spannungen lösen, weil Darm und Magen entspannt und wieder mit Lebensenergie – sei es nun Orgon-Energie oder Prana – versorgt werden.

Ein weiterer Aspekt der Arbeit von REICH und teilweise auch von Gerda BOYESEN liegt darin, die blockierten Energien aus dem Sexualchakra wieder in Schwung zu bringen. Die in diesem Chakra konzentrierte Lebensenergie wird befreit, damit sie wieder durch die übrigen Chakren fließen kann. Dasselbe geschieht auch in der Chakrenarbeit: Die blokkierten Energien in den einzelnen Chakren werden wieder freigesetzt, um durch alle Chakren frei fließen zu können.

Ch'i

Es ist erstaunlich, wo immer wir auch hinschauen, ob nach Indien oder Tibet, ob ins heutige oder mittelalterliche Europa der Alchimisten, immer stoßen wir auf ähnliche Vorstellungen von Energiezentren und einer in ihnen und durch sie fließenden Lebensenergie. Auch die chinesischen Taoisten kennen eine Lebensenergie, die sie »Ch'i« nennen und die wie Prana mit Luft und Äther verglichen werden kann. Nach taoistischer Auffassung durchdringt diese Energie alle Dinge. Sie wird beim Menschen im Nabelchakra angereichert und muß dort dann daran gehindert werden, sich zu verströmen, da sonst der gesamte Körper des Menschen geschwächt wird, was unweigerlich zur Krankheit führt.
Wie Prana wird auch die Ch'i-Energie durch spezielle Atemmuster vom Körper aufgenommen und in ihm angereichert. Insbesondere stellt man sich in der chinesischen Alchimie ein Chakrensystem vor, in dem die Ch'i-Energie zirkuliert. Die chinesische Medizin sieht die Ch'i-Energie zum einen durch die einzelnen Meridiane pulsieren und zum anderen in der Atemluft repräsentiert.

Es gibt auch in anderen Kulturen vergleichbare Energievorstellungen. Die vorangegangenen Betrachtungen der bekanntesten Vorstellungen von Lebensenergie mögen jedoch genügen, um verschiedene Aspekte von Prana und Kundalini zu verdeutlichen und dabei zu zeigen, daß diese Energievorstellungen ganz und gar nicht nur an die Yogatheorie oder an ostasiatische Vorstellungen gebunden sind.

Die Reihenfolge der Arbeit an den einzelnen Chakren

Es gibt traditionell drei Möglichkeiten, in welcher Reihenfolge man seine Chakren ansprechen kann:

1. von unten nach oben: vom Wurzelchakra bis hinauf zum Kronenchakra,
2. von oben nach unten: vom Kronenchakra bis hinunter zum Wurzelchakra und
3. vom Herzchakra ausgehend entweder erst nach oben und dann nach unten oder erst nach unten und dann nach oben.

Das Ansprechen der Chakren von unten nach oben

In dieser Weise pflegen die Hinduisten bei ihrer Chakrenmeditation vorzugehen. Auch mir als westlichem Mensch ist diese Vorgehensweise die einleuchtendste, da die Erfahrungen der einzelnen Chakren von unten nach oben aufeinander aufbauen. Dieser Ansatz findet sich auch in der Arbeit des amerikanischen Motivationsforschers Abraham MASLOW wieder, der in seinen Arbeiten betont, daß vor weitergehenden und differenzierten zunächst die grundlegenden Bedürfnisse befriedigt werden müssen. Genauso stelle ich mir das bei der Chakrenarbeit vor: Es müssen zuerst die grundlegenden Bewußtseinsschritte getan werden, ehe ich zu einem höheren Bewußtsein gelangen kann. Wenn ich mein Alltagsleben nicht angemessen geordnet habe, kann ich schwerlich die Ruhe und Zentrierung finden, die ich zur Arbeit mit den drei oberen Chakren benötige.

Außerdem entspricht es meiner Erfahrung, daß zumindest der Anfänger in der Chakrenarbeit und Meditation leichter einen Kontakt zu den unteren Chakren herstellen kann als zu den oberen. Das Wurzelchakra am Ende der Wirbelsäule, das Sexualchakra im Bereich unserer Genitalien und das Nabelchakra sind körperlich relativ leicht spürbar. Das Kronenchakra liegt uns dagegen eher fern.

Der Nachteil des Ansprechens der Chakren von unten nach oben liegt darin, daß wir auf der Ebene der unteren Chakren noch gar nicht recht wissen können, was wir eigentlich erreichen wollen. Die Bewußtseinszustände, die wir bei der Chakrenarbeit auf der Ebene der höheren Chakren erreichen können, sind auf der Ebene der unteren nicht vorstellbar. Wir müssen bei unserer Arbeit mit den Energiezentren auf unseren inneren Führer vertrauen oder auf unsere Intuition. Darin will Sie dieses Buch unterstützen und Ihnen zeigen, wie Sie beim Ansprechen Ihrer Chakren sinnvoll vorgehen können. Diese Situation, daß man sich bei der Chakrenarbeit auf einen Weg begibt, den man nicht kennt, wird anschaulich in GURDJIEFFS Werk *Begegnung mit bemerkenswerten Menschen* wiedergegeben. Als GURDJIEFF, als der Held der Erzählung, sich seinem Ziel nähert, werden ihm auf dem Weg die Augen verbunden, und ein Führer leitet den nun blinden GURDJIEFF zu seinem Ziel. Genauso fühlen wir uns zu Beginn der Chakrenarbeit: Wir wollen unsere Bewußtheit erweitern, um auf der Ebene der oberen Chakren leben zu können, sind aber für dieses Ziel noch blind und müssen uns einem Führer anvertrauen, der uns unserem Ziel sicher zuführt.

In allen esoterischen Systemen wird betont, daß man Gott nicht erkennen kann. Es ist damit diese Situation gemeint, daß man sich auf den spirituellen Weg begibt, ohne sein Ziel genau ausmachen zu können. Den richtigen Weg zu finden, ist eine Gnade, aber um diese Gnade empfangen zu können, muß man etwas tun. Man muß sich auf den Weg begeben.

In der esoterischen Literatur wie zum Beispiel den Werken von Rudolf STEINER (1861–1925) wird immer wieder vor dem Ansprechen der unteren Chakren gewarnt. Besonders die unteren beiden Energiezentren werden die »niederen« Chakren genannt, wobei »nieder« eindeutig als moralische Bewertung im Sinne von »niedere Triebe« gemeint ist. In den beiden unteren Energiezentren lebt der Trieb, aber der menschliche Trieb oder die Libido ist ja an sich nichts Schlechtes und Böses, sondern eher eine große Quelle der Kreativität und der Lust. Aber es ist gerade die Lustfeindlichkeit, die wir alle durch das körperfeindliche Christentum verinnerlicht haben, die auf den unteren beiden Chakren aufzulösen ist.

Bestimmte Richtungen des hinduistischen und buddhistischen Tantra sehen dagegen Sexualität als Form der Meditation an.
Die sogenannten »niederen Triebe« wie Sexualität, Gier und Macht sind nicht einfach wegzudenken, sondern ihre Energie ist zu verfeinern. Das heißt, daß wir die Chakrenarbeit damit beginnen sollten, uns selbst zu beobachten, wie wir mit unseren Trieben umgehen, und zu schauen, ob uns das offen, frei und glücklich macht. Erst wenn man eine bestimmte Offenheit und Ehrlichkeit sich selbst und anderen gegenüber besitzt, kann man an einem Bewußtseinskontinuum arbeiten. Es gelingt meiner Erfahrung nach nie, eine Bewußtseinsklarheit über längere Zeit aufrechtzuerhalten, wenn wir auf der Triebebene verwirrt und unklar sind. Die Triebebene wird aus dem Unbewußten heraus unsere Bewußtseinsarbeit boykottieren. Das macht sich in einem unruhigen Geist während der Meditation bemerkbar und in allen möglichen Ablenkungen und Phantasien, die uns bei der Chakrenarbeit nicht im Hier und Jetzt bleiben lassen. Aus diesem Grunde kann man immer wieder beobachten, daß die beste Voraussetzung für Bewußtseinsarbeit Therapieerfahrungen darstellen.
In jedem von uns existiert eine Kluft zwischen den Bedürfnissen und Trieben der »niederen« Chakren und den Idealen und großen Erwartungen der »höheren« Chakren. Es stellt sich die Frage, wieweit ich meine Lust auslebe und wieviel Lust ich sublimiere. Meistens kommt es zu Spannungen, indem wir zu wenig zu unserer Lust stehen und uns nicht trauen, die Energie unserer unteren beiden Chakren lebendig auszuagieren.
Wenn in der europäisch-esoterischen Literatur vor der Arbeit mit den unteren Energiezentren gewarnt wird, dann liegt das nicht nur daran, daß die meisten Schriftsteller dieser Literatur von viktorianischen Moralvorstellungen geprägt sind, sondern daß hier unter Chakrenarbeit etwas anderes verstanden wird, als ich hier beschreibe. Wenn man es ganz eng betrachtet, ist das, was ich hier vorschlage, erst eine Vorstufe, wenn auch eine essentielle, zur eigentlichen Chakrenarbeit, die nur mit einem autorisierten Lehrer durchgeführt werden kann. Eine solche Chakrenarbeit mit einem Lehrer steht eher einer intensiven Therapie nahe als unseren

landläufigen Vorstellungen vom Yoga. Bei ihr kommen leicht all diejenigen Gefühle hoch, die wir jahrelang unterdrückt haben. Um damit umzugehen und um diese Energie für den Bewußtseinsfortschritt des Schülers zu nutzen, bedarf es eines erfahrenen Führers.

Das Ansprechen der Chakren von oben nach unten

Im Gegensatz zu den Hinduisten bearbeiten die tibetischen Buddhisten die Chakren von oben nach unten. Die Buddhisten argumentieren, daß zuerst der Geist klar gemacht werden muß, um zu erkennen, wohin man mit der Basisenergie (Kundalini) gelangen möchte. Da sie das Hauptaugenmerk auf die Bewußtseinsarbeit in der Chakrenarbeit legen, betonen sie fortlaufend, daß man wissen sollte, was man tut. Erst wenn man das Ziel kennt, kann man den Weg zu ihm finden. Um eine klare Zielvorstellung bilden zu können, muß man zuerst einen reinen Geist besitzen, denn nur ein solcher kann das Ziel bestimmen. Ohne diese Zielbestimmung weiß die erweckte Lebensenergie gar nicht, wohin sie fließen soll.
So logisch diese Argumentation auch klingen mag, so scheitert sie meines Erachtens doch in der Praxis – zumindest für westliche Menschen. Es gelingt einem westlichen Menschen nicht, sogleich die Stufe des höchsten Bewußtseins zu erfahren, um dann von dieser Basis aus einen gediegenen Unterbau für dieses Bewußtsein zu erstellen.
Fassen wir wie die Tibeter die Chakrenarbeit als Bewußtseinsweg auf, so scheint es mir unrealistisch zu sein, gleich mit dem höchsten Bewußtsein arbeiten zu wollen. Wir alle können leicht feststellen, daß wir im Alltagsleben größte Schwierigkeiten haben, ein kontinuierliches Bewußtsein aufrechtzuerhalten. Meist folgen wir unseren Gedanken, inneren Bildern und Phantasien, statt uns unserer selbst bewußt zu sein. Sich über längere Zeiträume seiner selbst bewußt zu sein, setzt einen langen Übungsweg voraus, der durch die sieben (beziehungsweise bei den Tibetern fünf) Chakren symbolisiert wird. Natürlich haben wir das Problem, daß wir zu Beginn unseres Bewußtseinswegs nicht richtig erkennen können, wo wir hingelangen möchten. Aber vielleicht ist ja

gerade eine gewisse Ungewißheit in bezug auf das Ziel notwendig, damit wir uns nicht von bestimmten Vorstellungen binden lassen, sondern offenbleiben für das, was uns auf unserem Weg begegnet.
Höchstes Bewußtsein, die Stufe des Kronen- und des Stirnchakras, ist von der Fähigkeit geprägt, im Alltagsleben und erst recht in der Meditation ein klares und waches Bewußtsein über längere Zeit aufrechterhalten zu können. Es ist Ihnen sicherlich aus Ihrer eigenen Meditationserfahrung sogleich einsichtig, daß dies nicht so leicht erlernbar ist. Bei mir zum Beispiel hat es mehrere Jahre gedauert, bis es mir möglich war, nur dreimal täglich zehn Atemzüge lang voll mir meiner selbst bewußt zu sein und mit einem wachen Bewußtsein, ohne ablenkende Gedanken im Hier und Jetzt zu leben.
Auf der anderen Seite haben wir alle in unserem Leben schon Erfahrungen mit einem klaren Bewußtsein gemacht, das sich mehr oder weniger für eine kurze Zeit spontan und oftmals so unverhofft einstellte, daß wir es beinahe übersehen hätten. Erst im nachhinein wird uns klar, daß wir solch einen »Erleuchtungsmoment« gehabt haben. Was die Tibeter betonen, ist die Wichtigkeit der Erinnerung an solche Erfahrungen. Das höchste Bewußtsein ist nämlich nicht mehr und nicht weniger als die bewußte Erzeugung solcher Erfahrungen und deren zeitliche Ausdehnung.
Ein Problem in unserem Umgang mit dem höchsten Bewußtsein liegt darin, daß wir uns von ihm grandiose Vorstellungen machen. Wir machen uns viel zu wenig klar, daß dieses höchste Bewußtsein im Grunde etwas ganz Natürliches sein sollte: die Aufmerksamkeit und Achtsamkeit im alltäglichen Leben. Letztendlich könnte man es auch so ausdrücken: Man sollte immer voll bewußt, klar und dort anwesend sein, wo man ist, und nicht schlafen.

Übung

Diese Übung wurde mir von meinem Freund, dem Schauspieler Michael TSCHERNOW, gezeigt, der mit der Hilfe eines tibetischen Meditationslehrers (der Kagyü-Tradition) an sich arbeitet. Versuchen Sie einmal für fünf Atemzüge, die Erfahrung des höchsten Bewußtseins zu machen.

- Sie setzen sich dazu mit möglichst gerader Wirbelsäule auf einen Stuhl oder Ihr Meditationskissen und schließen Ihre Augen.
- Sie horchen in sich hinein und atmen tief und regelmäßig.
- Lassen Sie sich immer ruhiger werden und alle Gedanken, Bilder und Gefühle kommen und gehen. Nehmen Sie diese wahr, ohne sie festzuhalten. Sagen Sie sich: »Das sind meine Gedankenformen. Gedankenformen sind Gedankenformen sind Gedankenformen ...«
- Wenn Sie sich bereit fühlen, konzentrieren Sie Ihre Aufmerksamkeit auf das Innere Ihres Kopfes.
- Fühlen Sie Ihr Kronenchakra von innen. Atmen Sie in diese Stelle tief und regelmäßig hinein, und fixieren Sie Ihre Aufmerksamkeit dort.
- Nun nehmen Sie, ohne eine Begrifflichkeit (Sprache) zu benutzen, die Präsens Ihres gesamten Körpers wahr. Sie sind sich für fünf Atemzüge völlig bewußt, wie Sie hier sitzen, spüren Ihren Körper und sind ganz da. Ohne irgendeinen Gedanken nehmen Sie sich selbst im Hier und Jetzt wahr.
- Sie beenden diese Übung, indem Sie langsam Ihre Augen öffnen und den Gedanken- und Assoziationsstrom wieder in Ihrem Bewußtsein spüren.

Kommentar

Diese Übung ist nicht so gedacht, daß Sie sie gleich gemäß der Beschreibung ausführen können. Sie soll Ihnen zuerst einmal zeigen, daß Sie sich normalerweise etwas vormachen, wenn Sie denken, Ihnen gelänge es leicht, für ein paar Atemzüge im Hier und Jetzt zu sein. Das ist nicht so einfach und erfordert große Konzentration. Dennoch, manchmal gelingt es uns.

Ferner soll die Übung vermitteln, daß das hier so oft zitierte höchste Bewußtsein auch wiederum nichts unerreichbar Grandioses ist, das völlig außerhalb unserer Welt liegt. Es liegt immer jederzeit als Möglichkeit in unserer Welt. Wir bemühen uns nur nie genug, um es zu realisieren. Da gibt es einfach den Sog der Trägheit, der uns immer wieder zurück in unsere Assoziationen und Phantasien zieht und uns so nicht voll dasein läßt. Im Grunde kann man das absolute Bewußtsein des Moments am besten in der Sexualität während des Orgasmus erleben. Während des Orgasmus bin ich völlig im Jetzt, und ich bin mir ohne jegliche Ablenkung meines Körpers bewußt. Auf dieser Erfahrung baut der Tantrismus auf.

Der Kampf gegen den Schlaf ist also die wichtigste Aufgabe der oberen Chakren, die der Wohnort des Bewußtseins sind. Um die Chakren von oben nach unten anzusprechen, muß man an solche Erfahrungen des klaren Bewußtseins in seinem Leben anknüpfen und versuchen, diese bewußt hervorzurufen. Geben Sie sich jedoch keinen Illusionen hin, zwischen einem Moment des klaren Bewußtseins und der vollkommenen Aufrechterhaltung des klaren Bewußtseins im Alltagsleben liegen Welten. Wenn man jedoch diese Bewußtseinsklarheit über längere Zeit halten kann, kommen einem Momente der Unklarheit, des Abschweifens, kurzum des Schlafs fürchterlich störend vor.

Ist in der Yogaliteratur davon die Rede, daß auf der Ebene der höchsten Chakren übersinnliche Fähigkeiten auftreten, dann sind diese meist natürliche Ergebnisse der zentrierten Aufmerksamkeit und des Fehlens von störenden und verzerrenden Projektionen. Bewußtseinsklarheit bedeutet nämlich zugleich das Aufgeben unserer Projektionen. Wenn ich mir meiner Projektionen bewußt werde, dann entziehe ich ihnen die Energie, nämlich eine unbewußte Geisteshaltung, die sie brauchen.

In der Chakrenarbeit sollten wir immer harmonisch vorgehen, indem wir alle drei Ebenen des menschlichen Körpers zugleich ansprechen: das Bewegungs-, das Gefühls- und das Bewußtseinszentrum. Die Übung des Ansprechens der oberen beiden Chakren durch ein klares Bewußtsein sollte nicht nur im Bewußtseinszentrum stattfinden. Sie sollte uns auf der Ebene des Gefühlszentrums unsere Projektionen verdeutlichen und sie so auflösen, was glücklicherweise meist eine natürliche Folge der Bewußtseinsübung ist. Aber sie muß auch auf der körperlichen Ebene ablaufen. Wenn wir in eine Körperübung hineingehen, dann sollten wir uns unseres Körpers so bewußt wie möglich sein und jede, auch die kleinste Spannung spüren. Unser Geist ist voll im Körper fixiert, und er schweift nicht ab. Das gilt besonders für Übungen, mit denen der Meditierende sich auf sein Drittes Auge und sein Kronenchakra konzentriert. In welcher Richtung der Meditierende die Energie durch die einzelnen Chakren fließen läßt, hängt meiner Erfahrung nach davon ab, ob er seine Bewußtseinskraft oder seine Gefühlskraft erhöhen möchte. Die Bewußtseinskraft, die durch die Sonne symbolisiert wird, fließt von oben nach unten durch die sieben Chakren und hilft uns, jede Ebene der einzelnen Chakren bewußter zu erleben. Die Gefühlskraft dagegen fließt von unten nach oben durch die sieben Chakren.

Das Ansprechen der Chakren vom Herzchakra aus

Es entspricht der Sufi- und der esoterisch-christlichen Tradition, sich auf das Herzchakra zu konzentrieren und von ihm aus die anderen Energiezentren zu öffnen. Das hängt nicht nur damit zusammen, daß das Herzchakra das mittlere aller Chakren ist und so einen zentralen Platz unter den sieben Chakren einnimmt, sondern auch mit der inhaltlichen Qualität dieses Energiezentrums. Auch der dänische Lama Ole NYDAL, ein Meditationslehrer der tibetischen Kagyü-Linie, sieht das Herzchakra als das wichtigste aller Chakren an. Für ihn gibt es vier Wege, um sich auf die Buddhakraft des Herzchakras einzuschwingen, das er mit einem Mandala mit vier Pforten vergleicht:

1. Die östliche Pforte verlangt, daß man den Zorn in seinem Leben aufgibt.
2. An der südlichen Pforte gibt man den Stolz auf.
3. An der westlichen Pforte gibt man die Anhaftungen auf.
4. An der nördlichen Pforte gibt man die Eifersucht auf.

Wenn man diese Geistesgifte in der angegebenen Reihenfolge losgelassen hat, dann kann man das Mitgefühl als Hauptenergie dieses Chakras in sich erleben.

Auf der Ebene des Herzchakras lernen wir als zentrale Eigenschaft, Mitgefühl zu zeigen. Auf dem Mitgefühl baut jegliche spirituelle Entwicklung auf. Mit dieser Tugend hängt zugleich eine Harmonisierung von Körper, Gefühl und Bewußtsein zusammen. Eileen CADDY, eine der Begründerinnen von Findhorn, betont im Sinne der theosophischen Tradition, daß man das »New Age« nur dann angemessen erleben kann, wenn man sein Herzchakra geöffnet hat; wobei hier »New Age« im Sinne von Alice A. BAILEY gemeint ist, die diesen Begriff wiederentdeckte und ihn esoterisch als spirituelles Zeitalter des neuen, freien Menschen auffaßte.[1]

In der orthodox-christlichen Tradition sendet man ein Gebet wie ein Mantra in sein Herzchakra und läßt es dort endlos ablaufen. Normalerweise benutzt man hierzu das folgende Gebet: »Jesus Christus sei mir armen Sünder gnädig.«

Man kann auch eines der traditionellen Mariengebete wie das »Ave Maria« wählen. Da man dieses Gebet immer mit dem gleichen Wortlaut im stillen vor sich her sagt, leert man seinen Geist und schließt ihn gegen störende Gedanken ab. Der Meditierende stellt sich vor, daß dieses Gebet in seinem Herzchakra beständig läuft. Er spricht es als monotone Formel im stillen. Das heißt mit anderen Worten, daß er sich beim stillen Sprechen dieses Gebets auf sein Herzchakra fixiert und dabei spürt, wie sich sein Herz immer weiter öffnet.

Haben wir unser Herzchakra geöffnet, dann wird unser Gefühlszentrum derart gestärkt, daß wir mit seiner Hilfe alle anderen Chakren ansprechen können.

Wir werden uns nun entweder zunächst den unteren Chakren zuwenden und auf der Ebene unseres Körpers und des Alltagsbewußtseins arbeiten, um uns danach mit den höheren Zentren zu beschäftigen, oder wir befassen uns zuerst mit den höheren Zentren, ehe wir dann als letztes die

1 Der Begriff »New Age« tauchte zum ersten Mal bereits 1843 als Titel der Zeitschrift der sozial-utopischen Gruppe von Ham Common in England auf. Das war die Zeit, in der auch in den USA die ersten Gruppen der sozial-utopischen Sekten wie den Mennoniten, Amish und Hutterer entstanden.

Ebene der unteren drei Chakren bearbeiten. Auch in diesem Fall würde ich wieder dafür plädieren, erst die körperliche und alltägliche Ebene der unteren drei Chakren anzusprechen. Diese Abfolge bietet eine gediegene Grundlage für die Bewußtseinsarbeit auf der Ebene der oberen drei Chakren. Die Aktivierung des Herzchakras gibt uns eine derartige emotionale Stütze, daß wir nur schwerlich vom rechten Weg abkommen werden.

Schema 4-4: Die Reihenfolge der Arbeit an den einzelnen Chakren

	Reihenfolge	*Vorteile*	*Nachteile*
Ansprechen der Chakren von unten nach oben	Körper, Gefühl, Bewußtsein	Die verschiedenen Bewußtseinsstufen der einzelnen Chakren bauen aufeinander auf. Die unteren Chakren sind insbesondere körperlich deutlicher gegenwärtig als die oberen Chakren.	Man kann sich auf der Ebene der unteren Chakren sein Ziel noch nicht vorstellen und weiß deswegen nicht, wohin die Reise durch die Chakren geht.
Ansprechen der Chakren von oben nach unten	Bewußtsein, Gefühl, Körper	Man macht sich zuerst sein Ziel genau klar und kann es deswegen auch leichter ansteuern. Man arbeitet sofort am Wesentlichsten, nämlich an der Bewußtseinserweiterung.	Es ist äußerst schwierig, direkt am Bewußtsein zu arbeiten, wenn es Verwirrungen auf der körperlichen oder gefühlsmäßigen Ebene gibt.

	Reihenfolge	*Vorteile*	*Nachteile*
Ansprechen der Chakren vom Herzzentrum aus	1. Gefühl, Körper, Bewußtsein 2. Gefühl, Bewußtsein, Körper	Das mittlere Chakra stellt uns auf die zentrale Eigenschaft des Mitgefühls ein, mit deren Hilfe wir uns alle anderen Bewußtseinsebenen sicher erschließen können.	Es ist nicht möglich, die Haltung des Mitgefühls zu erreichen, wenn man auf der Ebene der unteren Chakren verwirrt ist; die Verwirrungen im Triebleben lassen die Haltung des Mitgefühls nicht aufkommen.

Die Diagnose einzelner Chakren

Als wir eben die Reihenfolge besprochen haben, in der die Chakren angesprochen werden können, sind wir stillschweigend davon ausgegangen, daß wir immer an allen Chakren zugleich arbeiten. Das ist prinzipiell zu empfehlen, wenn man genug Zeit für die Chakrenarbeit hat. Es gibt aber auch Gründe, die dafür sprechen, nur an einem oder zwei Chakren verstärkt zu arbeiten. Dennoch sollte man vorher auf alle Chakren meditieren, denn das Ungleichgewicht auf der Ebene eines Chakras zieht immer ein Ungleichgewicht auf der Ebene zumindest eines anderen Chakras nach sich.

Auf der Ebene der menschlichen Energiezentren gilt der Energieerhaltungssatz der Physik, der besagt, daß die Summe der (potentiellen und kinetischen) Energie immer gleich ist. Zu viel oder zu wenig Energie in einem Chakra bedeutet zugleich zu wenig oder zu viel Energie in einem anderem.

Folgende einfache Meditation empfiehlt sich zu Beginn jeder Chakrenarbeit durchzuführen:

Übung

Diese Übung entwickelte ich selbst für meine Chakrenworkshops.

- Legen Sie sich flach auf den Rücken auf den Boden, und schließen Sie Ihre Augen.
- Recken und strecken Sie sich, gähnen Sie dabei und lassen Sie sich entspannt in Ihre Unterlage einsinken.
- Beide Arme ruhen regungslos sanft an den Seiten Ihres Körpers auf dem Boden. Ihr Atem geht ruhig und regelmäßig, und Sie werden sich Ihres Körpers so bewußt wie möglich.
- Wenn Sie dazu bereit sind, atmen Sie tief und regelmäßig mit fünf Atemzügen in Ihr Wurzelchakra und stellen sich dabei vor, daß dieses Chakra angenehm warm und weit wird.
- Danach atmen Sie mit der gleichen Vorstellung fünf Atemzüge in Ihr Sexualchakra, das Sie dabei deutlich spüren.
- Als nächstes atmen Sie in der gleichen Weise und mit den gleichen Vorstellungen in Ihr Nabelchakra, dann in Ihr Herz-, Ihr Kehl-, Ihr Stirn- und in Ihr Kronenchakra.
- Nun stellen Sie sich für zehn Atemzüge vor, wie Sie beim Einatmen jeden Atemzug durch alle sieben Chakren von unten nach oben ziehen und beim Ausatmen die Energie vom Kronenchakra wieder in das Wurzelchakra zurücksinken lassen.
- Sie beenden diese Übung, indem Sie sich abermals nach Leibeskräften recken und strecken und dann Ihre Augen öffnen.

Kommentar

Es kommt bei dieser kleinen Übung darauf an, sich so bewußt wie möglich auf jedes einzelne Chakra zu konzentrieren. Schweifen Sie nicht ab. Je bewußter Sie in dem entsprechenden Chakra zentriert sind, um so effektiver wirkt diese Übung. Wenn es Ihnen gelingt, Ihr Bewußtsein auf jedes einzelne Chakra zu konzentrieren, gleicht diese Übung die Energien in all Ihren Chakren von alleine aus. Unregelmäßigkeiten entstehen in den Chakren nur dadurch, daß wir uns ihrer nicht bewußt sind oder sie intellektuell manipulieren wollen.

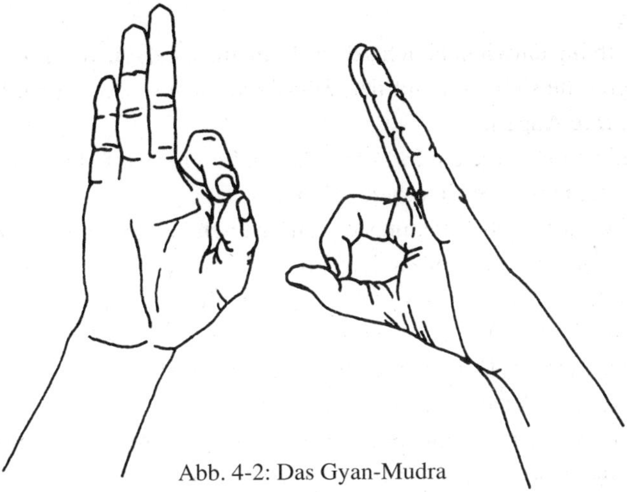

Abb. 4-2: Das Gyan-Mudra

Nachdem Sie diese Übung durchgeführt haben, können Sie sich der Arbeit an jedem einzelnen der sieben Chakren widmen.
Wenden Sie sich dem Chakra zu, dessen Energie am deutlichsten gestört ist. Falls Sie das nicht spüren, lassen Sie sich durch einen Freund oder eine Freundin mit Hilfe des kinesiologischen Muskeltests prüfen. Dazu legen Sie Ihre rechte Hand nacheinander auf die sieben Chakren. Sie brauchen sich im Grunde dabei nicht an eine bestimmte Reihenfolge zu halten, wichtig ist nur, alle sieben Chakren durchzutesten. Bei der linken Hand legen Sie Ihren Daumen und Zeigefinger aneinander wie bei dem sogenannten »Gyan-Mudra« im Yoga. Dieses Mudra soll die intellektuellen Einsichten über uns und die Welt verstärken.
Wenn wir Daumen und Zeigefinger aneinandergelegt haben und zugleich das zu testende Chakra mit unserer rechten Handinnenfläche berühren, dann versucht der Partner, unseren Daumen und Zeigefinger auseinanderzuziehen. Es kommt hierbei jedoch nicht darauf an, dieses mit aller Kraft zu verhindern, sondern darauf, daß unser Partner im Vergleich mit der Spannung bei den anderen Chakren bemerkt, an welchem Chakra wir stärker und an welchem wir schwächer sind.

Der amerikanische Kinesiologe Frank MAHONY macht darauf aufmerksam, daß es in der Natur unseres Körpers liegt, stark zu sein, und daß er dafür jede nur erdenkliche List anwendet. Deswegen rät MAHONY bei der Ausführung kinesiologischer Muskeltests zu einer Gegenlist. Statt wie üblich nach dem Kommando »Halten« die Spannung zwischen Daumen und Zeigefinger zu messen, empfiehlt MAHONY, nach dem Halten-Kommando noch ein bis zwei Sekunden abzuwarten und dann erst mit langsam zunehmender Kraft zu versuchen, Daumen und Zeigefinger auseinanderzubiegen.

Durch die Handinnenfläche, in der sich ein wichtiges Nebenchakra befindet, nehmen wir die Energie unseres Chakras auf, und diese Energie bewirkt sofort je nach Stärke des Chakras insgesamt eine Stärkung oder Schwächung unseres Körpers, die wir an der Kraft von Daumen und Zeigefinger messen.

An demjenigen Energiezentrum, an dem die Kraft am geringsten ist, das heißt, wo Ihr Daumen und Zeigefinger am leichtesten aus ihrer Position zu lösen waren, sollte gearbeitet werden.

Es ist auch möglich, den kinesiologischen Test an sich selbst durchzuführen, indem man sich auf das jeweils zu testende Chakra konzentriert und mit der linken Hand die Daumen- und Zeigefingerspannung der rechten prüft. Die Stärke und Schwäche der einzelnen Chakren zeigt sich auch bei dieser Methode sehr deutlich.

Sehr leicht können Sie Stärke oder Schwäche Ihrer Chakren dadurch bestimmen, daß Sie sich in besonderen Streß- und Schocksituationen beobachten. Wie pflegen Sie dort automatisch zu reagieren?

Beobachten Sie, wie Sie Ihre Umwelt und sich selbst meistens erleben. Tendieren Sie dazu, Situationen oft unter dem Macht- oder kämpferischen Aspekt zu sehen, dann ist Ihr Nabelchakra sehr stark ausgebildet; sexualisieren Sie dagegen beständig Ihre Umwelt, leben Sie aus einem starken Sexualchakra heraus. Mit einem weit geöffneten Herzchakra sendet man nicht nur Liebe aus, sondern trifft auch unerwartet häufig auf Liebe. Starke obere Chakren lassen uns die Welt unter dem intellektuellen Aspekt sehen.

Wir können also sagen, daß jedes Chakra, das gut in uns ausgebildet ist, uns nicht nur einen wesentlichen Aspekt der Welt zeigt, sondern auch entsprechende Situationen und Energien anzieht. Wenn Sie also Ihr alltägliches Leben daraufhin beobachten, was Sie hauptsächlich wahrnehmen und was Ihnen überdurchschnittlich häufig begegnet, können Sie von Ihrer Beobachtung ableiten, welche Chakren bei Ihnen gut ausgeprägt sind. Situationen, die Ihnen selten begegnen, und Sichtweisen der Welt, die Ihnen ungewohnt erscheinen, verweisen auf ein geschwächtes Chakra.

Ein Schmerz an einem bestimmten Chakra kann ein Hinweis darauf sein, daß das Chakra sich zu öffnen versucht oder sehr angespannt ist. An einem schmerzenden Chakra sollte deswegen immer zuerst gearbeitet werden.

Wenn Sie den Abschnitt über die einzelnen Chakren durchgelesen und die Fragen zu den sieben Chakren jeweils am Ende des Abschnittes beantwortet haben, dann sollte es Ihnen keine Schwierigkeit machen zu bestimmen, an welchen Chakren Sie sinnvoll arbeiten können. Betrachten Sie aufmerksam Ihren Körper, dann werden Ihnen Schwachstellen besonders durch

- Verspannungen,
- Verkrümmungen der Wirbelsäule,
- Glieder, die in Unfällen betroffen waren,
- Ausschläge und
- Schwellungen

deutlich werden. Diese Schwachstellen verweisen durch ihre Lage auf das Chakra, dem Sie besondere Aufmerksamkeit zukommen lassen sollten. Sie können sich dazu in einem Spiegel betrachten, oder schauen Sie sich einmal Photographien aus Ihren verschiedenen Lebensstadien an. Man kann sich auch seine Chakren genau vorstellen, indem man sein gesamtes Bewußtsein nacheinander in die unterschiedlichen Energiezentren verlegt und dabei innerlich schaut, wo eine energetische Harmonisierung notwendig ist.

In klassischen ostasiatischen Schriften wird oft angeführt, daß man durch die Beobachtung seines Schlafbedürfnisses feststellen kann, auf der Ebene welchen Chakras man lebt. Die folgenden Angaben können natürlich nur grobe Richtlinien geben, da das Schlafbedürfnis auch von Faktoren wie Alter und Arbeit überlagert wird.

Schema 4-5: Chakradiagnose anhand des Schlafbedürfnisses

Chakra	*Schlafbedürfnis*
Kronenchakra	es gibt kein Schlafen mehr, auch beim körperlichen Ausruhen wird durchweg ein Bewußtseinskontinuum beibehalten
Stirnchakra	3–4 Stunden teilweise bewußter Schlaf (das heißt, Halbschlaf und Tiefschlaf wechseln sich ab; es wird bewußt geträumt)
Halschakra	4–5 Stunden Schlafhaltung abwechselnd auf der linken und der rechten Körperseite
Herzchakra	5–6 Stunden Schlafhaltung bevorzugt auf der linken Seite
Nabelchakra	7–8 Stunden Schlafhaltung bevorzugt auf dem Rücken
Sexualchakra	8–10 Stunden Schlafhaltung eingerollt (Embryohaltung)
Wurzelchakra	10–12 Stunden Schlafhaltung bevorzugt auf dem Bauch

Wer Erfahrung mit dem Pendel hat, kann seine Chakren bei sich selbst oder anderen auspendeln. Die Stärke des Pendelausschlags gibt die Kraft des jeweiligen Chakras an.

Wahrscheinlich kann man auch mit der Kirlian- und der Auraphotographie die Stärke und Schwäche der einzelnen Chakren bestimmen. Das ist allerdings ein technisch äußerst aufwendiger Weg, der den meisten Meditierenden nicht zur Verfügung steht. Außerdem bedarf es einer gewissen Erfahrung mit der Auswertung von Kirlian-Bildern, um diese in bezug auf die Chakren genau interpretieren zu können. Grundsätzlich kann man jedoch sagen, je klarer die Farben, um so kräftiger arbeitet dieses Chakra. Die Kirlian-Photographie ist jedoch noch immer fragwürdig, da nicht geklärt ist, was genau bei dieser photographischen Technik aufgenommen wird.

Im allgemeinen benötigen Sie jedoch keinen des genannten Chakrentests, um herauszufinden, an welchem Chakra Sie arbeiten müssen. Die Selbstbeobachtung zeigt Ihnen deutlich genug, wo die Energie eines Chakras gestört ist und stabilisiert werden muß. Als erster Hinweis mag die folgende Tabelle dienen, die Ihnen die Symptome aufzeigt, die Ihnen die Arbeit an einem speziellen Chakra nahelegen:

Schema 4-6: Allgemeine Chakrendiagnose

Chakra	*Symptom*
Kronenchakra	Auf der Ebene des höchsten Chakras ist eine vollendete Bewußtseinsstufe erreicht, auf der keine Symptome mehr auftreten. Wenn man Probleme mit der Ausweitung seiner Bewußtseinsklarheit im alltäglichen Leben hat, dann kann man meist sehr erfolgreich mit diesem obersten Chakra arbeiten
Stirnchakra	Häufige Kopfschmerzen und besonders Migräne, fehlende Konzentrationsfähigkeit, Unklarheit und Entscheidungsschwierigkeiten
Halschakra	Leises Sprechen, der sogenannte Frosch im Hals, häufige Halsentzündungen, Kommunikationsschwierigkeiten wie große Schüchternheit und schlechte Selbstdarstellung, starke Abhängigkeit von anderen, Täuschung von sich selbst und anderen

Chakra	*Symptom*
Herzchakra	Enge im ganzen Bereich des Brustkorbs, Herzschmerzen, Launen und Gefühlsschwankungen, Angst vor dem Sich-einlassen (auf andere und/oder auf Situationen), ausgeprägte Egozentrik
Nabelchakra	Verspannungen der Bauchdecke, häufige Verstopfungen oder Durchfall, starke Projektionen, Depressionen und depressionsartige Verstimmungen, Aggressionsausbrüche und cholerisches Verhalten, Zwangsgedanken
Sexualchakra	Frigidität und Impotenz, fehlende Kreativität, fehlende erotische Ausstrahlung, Appetitlosigkeit
Wurzelchakra	Müdigkeit, fehlende Erdung (auch wenn die Erde im Horoskop unterrepräsentiert ist), körperliche Schwäche

Harmonie und Disharmonie der Chakren

Die Chakren stellen ein System dar, bei dem die Veränderungen in einem Element dieses Systems auch Veränderungen in allen anderen Elementen nach sich ziehen. So bewirkt zum Beispiel das Ungleichgewicht des Nabelchakras zugleich Schwierigkeiten mit dem Herzchakra, da man bei unangemessenem Aggressivitätsausdruck zu blind wird, um noch mitfühlend handeln zu können. Außerdem stört ein ungelöstes Problem mit meiner Aggressivität die Ruhe und die Ausgeglichenheit, die ich brauche, um auf der Ebene der oberen Chakren ein klares Bewußtsein aufzubauen. Wenn ich unbewußt aggressiv bin, dann beherrscht mich diese Aggressivität und läßt mich mechanisch reagieren und handeln. Ich bin beständig innerlich mit meiner Aggressivität beschäftigt, statt bewußt im Hier und Jetzt zu sein.

Die sieben Chakren sind also immer als ein vollständiges System zu sehen, bei dem es keineswegs darauf ankommt, bestimmte Chakren besonders zu stärken. Die sieben Chakren stellen den ganzheitlichen

Ausdruck einer einzigen Kraft dar. Ein zu starkes Chakra ist ebenso störend wie ein unterenergetisiertes Chakra. Es kommt darauf an, die Energie aller Chakren auf einer möglichst gleichen Höhe zu halten. Die Chakren können dann ideal arbeiten. Man kann am besten die verschiedenen Ebenen der sieben Chakren leben, wenn alle Chakren die gleiche Öffnung und Energie aufweisen. Wenn der Energiefluß im gesamten System der Chakren ausgeglichen ist, befindet sich dort keine Stelle, die zuviel Energie anzieht oder abstößt. Die körperliche, die emotionale und die Bewußtseinsenergie ist gleichmäßig verteilt, was sich als Harmonie bemerkbar macht.

Daraus leiten sich folgende Merksätze für Chakrenarbeit ab:

- Es kommt nicht darauf an, die Energie *eines* Chakras besonders auszuprägen.
- Es ist nicht vorteilhaft, der Spezialist für ein oder zwei Chakren zu werden.
- Die Energie sollte in allen sieben Chakren so gleichmäßig wie möglich verteilt sein.
- Bei der Chakrenarbeit sollte man auf den drei Ebenen von Körper, Gefühl und Bewußtsein zugleich arbeiten und nicht einen Aspekt gegenüber den anderen hervorheben.

Kapitel 5

Das Ansprechen der einzelnen Chakren

Bei der Betrachtung der Chakren sind viele Ebenen zu unterscheiden, wobei Körper, Gefühl und Bewußtsein nur die drei wichtigsten darstellen. Man kann die Chakren durch Musik, Gerüche, mit Farben, Yoga und bioenergetischen Übungen, mit Meditation und Visualisierungen ansprechen. Alles das und noch viel mehr erzeugt in den einzelnen Chakren eine Schwingungsresonanz. Das heißt, die Chakren reagieren auf dieses Ansprechen direkt, indem sie auf die Schwingung des auf sie ausgeübten Impulses reagieren. Werden wir zum Beispiel mit einer Farbe oder einem Geruch konfrontiert, dann reagieren unsere entsprechenden Chakren sogleich auf diesen Impuls.
Eine der Grundlagen für ein ausgeglichenes Chakrensystem ist eine gesunde und vielfältige Ernährung. Hierbei kommt es vor allem darauf an, daß man sein Essen mit Liebe zubereitet und es bewußt ißt. Das Bewußtsein bei der Nahrungsaufnahme und -zubereitung halte ich für wichtiger als das Einhalten bestimmter Diätvorschriften. Natürlich brauchen wir für unsere Lebensenergie genügend Vitamine, und zwar natürliche Vitamine und keine synthetischen Pülverchen und Tabletten. Frisches Gemüse und Obst sind bei jeder Mahlzeit unentbehrlich. Ob man sich allerdings vegetarisch ernährt oder nicht, halte ich für nicht so wichtig, wenn auch Vegetarier oft meinen, damit schon die meisten Probleme gelöst zu haben. Das Wichtigste ist hier wieder, seiner eigenen Intuition zu folgen und nicht unbewußt feste Verhaltensweisen beim Essen zu entwickeln. Wenn Sie aus Ihrer Ernährung eine Ideologie machen, sind Sie sicherlich auf dem falschen Weg.

Von den unterschiedlichen Möglichkeiten, die ich beschreiben werde, sollten Sie sich zumindest je eine aus den Bereichen Körper, Gefühl und

Geist aussuchen und diese in Ihrer regelmäßigen Bewußtseinsarbeit miteinander auf kreative Weise verbinden. Welche der verschiedenen Übungen Sie wählen, lassen Sie Ihr Gefühl entscheiden. Sie sollten nicht zu lange bei ein und derselben Kombination Ihrer Übungen bleiben, da das sicherlich kein Bewußtsein schafft. Probieren Sie in Ruhe verschiedene Methoden aus und wechseln Sie sie abhängig von Ihrer Stimmung. Es kommt darauf an, in seinem Übungssystem nicht starr und damit erfolglos zu werden. Grundsätzlich können Sie davon ausgehen, daß eine Übung, die Sie beherrschen, Sie nichts mehr zu lehren vermag. Das gilt in besonderem Maße für Körperübungen.

Bedenken Sie immer, daß sich Ihr Verständnis für Ihre Chakren mit zunehmender Arbeit an ihnen fortlaufend verändert. Damit ändert sich auch die Art der Arbeit mit Ihren sieben Energiezentren. Die Chakrenarbeit ist keineswegs starr, sondern etwas Lebendiges, das sich verändert und wächst. Ich habe oftmals das Gefühl, daß die Chakrenarbeit sich nicht linear, sondern in Kreisen fortentwickelt. Das heißt, ich gehe niemals direkt auf das Ziel – nämlich die Bewußtmachung eines Chakras – zu, sondern schleiche wie die Katze um den heißen Brei um das herum, was die Essenz eines bestimmten Chakras ist. Einmal komme ich bei meinen Kreisen der wahren Essenz dieses Chakras näher, ein andermal entferne ich mich wieder. Diese Bewegung auf das eigene Zentrum zu, drücken auch buddhistische Mönche bildhaft aus, wenn sie die Stupa als Symbol ihres höheren Selbst umkreisen.

Körperübungen

Liebe Leserin, lieber Leser, bevor wir jetzt wieder in dem Bereich der Worte und Gedanken versinken, habe ich hier eine kleine Aufgabe für Sie. Man kann schließlich den Körper nicht nur theoretisch erfassen!

Machen Sie jetzt eine Bestandsaufnahme Ihrer körperlichen Situation – jetzt, hier beim Lesen dieser Worte:

- Welche Körperhaltung nehmen Sie ein?
- Was spüren Sie von Ihrem Körper?
- Sind Ihnen gerade bestimmte Körperteile besonders präsent?
- Wie fühlen Sie sich jetzt?
- Was geht gerade in Ihrem Kopf vor?

Machen Sie sich klar, daß all die Gedanken, die jetzt gerade durch Ihren Kopf gehen, Sie von Ihrem Körper wegbringen. Bei solchen Fragen verfallen wir sofort in die mechanische Haltung, etwas verbessern zu müssen. Wir wollen gerader sitzen, uns deutlicher spüren und zum Beispiel nicht so in unserem Kopf sein. All diese Wünsche und Forderungen an uns selbst erzeugen nur Druck. Letztendlich steht die Angst dahinter, ohne Vorstellungen und Konzepte verloren zu sein. Aber der Weg der Chakrenarbeit ist einer, auf dem wir uns fortwährend von Vorstellungen und Konzepten trennen müssen. Wenn wir mit der Körperarbeit unsere Chakren ansprechen wollen, dann werden wir früher oder später erfahren, daß der Weg des Körpers jenseits der Vorstellungen liegt. Der Körper ist der Körper, und er besitzt seine eigene Intelligenz, in die wir nicht immer hineinpfuschen sollten. Durch dieses beständige Einflußnehmen auf unseren Körper durch Gedanken und Vorstellungen bringen wir den Fluß der Lebensenergie durcheinander. Wenn wir unserem Körper einfach seinen Weg und seine Ausdrucksweise ließen, brauchten wir keine Chakrenarbeit mehr, denn wir würden aus unserer vollen Energie leben können.
Aus diesem Grund stehe ich einesteils den klassischen Yogaübungen in der Chakrenarbeit sehr skeptisch gegenüber. Yoga verlangt ja eine Disziplin wie auf dem Kasernenhof und verführt zugleich dazu, als Sublimationsinstrument mißbraucht zu werden. Das heißt, Yoga wird im Westen leider oft dazu benutzt, die eigenen Schwierigkeiten zu überdecken. Auf der anderen Seite steht hinter dem Yogasystem der Körperübungen (Asanas) eine jahrtausendealte Tradition, die ich respektiere und deren Weisheit mich immer wieder verblüfft.
Der angemessene Weg beim Umgang mit Yoga in der Chakrenarbeit

liegt für mich darin, daß ich mich mit den entsprechenden Yogaübungen für die verschiedenen Chakren auseinandersetze, aber zugleich meinem Körper die Freiheit gebe, spontan seine eigenen Bewegungsabläufe zu entwickeln. Ich nenne dies die »Assoziationen des Körpers«. So wie man Gedanken miteinander verknüpfen kann und die entstehenden Assoziationen immer von dem »Problem« angezogen werden, so kann man auch mit seinem Körper assoziieren. Die frei fließenden Körperbewegungen werden Sie ebenfalls zu Ihren Verspannungen und deren Auflockerung führen.

In meinen Chakrengruppen konnte ich immer wieder die Erfahrung machen, daß es sich bewährt, mit klassischen Yogaasanas, bioenergetischen Übungen oder GURDJIEFF-movements zu beginnen. Von dort ausgehend spürt man tief in seinen Körper hinein, und langsam, aber sicher überläßt man dem Körper die Regie über die weiteren Bewegungsabläufe. Sie werden feststellen, daß Ihr Körper immer mit deutlichen Bewegungsimpulsen reagiert, wenn Sie ihm nur seinen Weg lassen und auf ihn hören.

Jede Körperarbeit, welche die Chakren anspricht, sollte bald zu einer Bewußtseinsübung führen: Machen Sie sich vollständig klar, in welcher Haltung Sie sitzen, gehen oder stehen.

Wie halten Sie Ihre Schultern?

Krümmen Sie Ihren Rücken, oder verspannen Sie Gesicht und Stirn?

Ihre Körperhaltung macht Sie auf Schwächen der verschiedenen Chakren aufmerksam. Dort, wo Ihre Wirbelsäule einen Knick hat, ist das entsprechende Chakra durch Körperübungen zu entspannen. Spannungen in den Schultern stehen oft im Zusammenhang mit einem verkrampften Herzchakra, das man durch diese Körperhaltung zusammenzieht und einengt. Verspannungen der Stirn hängen fast immer mit Ihren oberen Chakren zusammen.

Ist Ihnen klar, wo Sie den Fluß Ihrer Energien körperlich einengen oder gar unterbinden, dann beginnen Sie dort mit Ihren Körperübungen. Die Körperstellen, an denen Sie den Fluß Ihrer Energien zurückhalten, sind diejenigen, an denen es häufig zieht, sticht oder in welcher Weise auch immer schmerzt. Dieser Schmerz ist oft deutlich wahrnehmbar, aber schwach. Mit ihm möchte Ihr Körper Ihnen mitteilen, daß an dieser Stelle zu entspannen beziehungsweise loszulassen ist.

Die bekannteste Art der Chakrenarbeit stellen die Yogapositionen dar. Man kann aber mit jeder Art entspannender Körperübungen seine Chakren ansprechen und aktivieren. Bei allen Arten der Körperübungen in der Chakrenarbeit ist folgendes zu beachten:

1. Sie sollten während der Übungen völlig ungestört sein (Telefon und Türklingel abstellen).
2. Der Raum muß gut durchlüftet, sauber, aufgeräumt, warm und hell sein. (In der Ästhetik der Umgebung liegt eine große Heilkraft!)
3. Sie müssen die Möglichkeit haben, sich nach der Übung flach auf dem Rücken ausgestreckt auf den Boden zu legen; der Übungsraum darf also nicht fußkalt sein. (Bei fußkalten Räumen braucht der Übende eine Decke, auf die er sich nach den Übungen legt.)
4. Sie sollten keine beengende Kleidung tragen.
5. Sie sollten mindestens zwei Stunden vorher nichts oder nur sehr wenig gegessen und getrunken haben.
6. Sie sollten vor den Übungen die Toilette aufsuchen.

Mir hilft es, wenn ich mir vor Körperübungen Gesicht und Hände mit kaltem Wasser wasche. Das bringt mich sehr in meinen Körper hinein und vermittelt mir ein Gefühl von Klarheit. Ferner führe ich die Körperübungen immer an der gleichen Stelle im selben Zimmer durch. Dadurch wird die Konzentration und Wirkung der Übungen wie auch die tiefe Entspannung verstärkt, da der Ort mit der Zeit automatisch die rechte Übungshaltung hervorruft (Konditionierung). Wenn man Körperübungen zusätzlich noch zur gleichen Tageszeit durchführt, wird dieser Konditionierungseffekt noch verstärkt. Als beste Übungszeit würde ich den späten Nachmittag oder frühen Abend als Abschluß des Tages vorschlagen. Wer seine Körperübungen lieber morgens vor der Arbeit

machen möchte, der sollte nicht darüber erschrecken, wie steif er morgens ist. Eine Körperübung, die wir abends ohne Schwierigkeiten beherrschen, mag uns morgens fast gar nicht gelingen.
Gehen Sie bei den Körperübungen für die Chakrenarbeit nie über Ihre Schmerzgrenze hinaus. Wenn Sie das tun, tritt nämlich der sogenannte Schmerzreflex ein, der zu einer Muskelanspannung führt, die nicht erwünscht ist. Leiden ist nicht immer der beste Weg zur Erleuchtung.
Die speziellen Körperübungen zu den einzelnen Chakren, die teilweise aus dem Yoga und der Bioenergetik stammen, finden Sie anschließend in diesem Kapitel nach der Besprechung meiner Methode der langsamen Körperbewegungen ausführlich beschrieben.
Zur klassischen Chakrenarbeit gehören auch immer Mudras. Mudras sind typische Gesten der Finger- und Handhaltung, die nicht nur dem Meditierenden helfen, sich zu sammeln, sondern auch eine symbolische Geste darstellen. Jedem von Ihnen ist sicherlich schon einmal bei einer Buddhastatue die ungewöhnliche Fingerhaltung aufgefallen wie zum Beispiel die sogenannte Vitarka-Mudra, die Geste des Lehrens, bei der Daumen und Zeigefinger aneinandergelegt werden oder die Bhumisparsha-Mudra, bei der alle Finger des Buddha zur Erde weisen und welche die Erdberührung und Erdung der Lehre ausdrückt. Die meisten Mudras sind sehr schwer durchzuführen, zumal man seine Konzentration zwischen der eigentlichen Körperübung und der Haltung der Finger aufteilen muß. Im Ideal zentriert man zugleich das Bewußtsein in den Fingern und in den entsprechenden Stellen, die durch die Körperübung angesprochen werden, um so die Konzentration von dem ewigen Fluß der Gedanken abzuziehen. Durch die schwierige Aufspaltung der Konzentration auf die Fingerhaltung und eine bestimmte Körperstelle entzieht man dem inneren Monolog seine Energien und identifiziert sich nicht mehr mit ihm. Man kommt zur Ruhe.
Ich möchte Sie hier nicht in die Mudras einführen, da man hierfür einen Lehrer benötigt. Was ich jedoch sehr hilfreich finde, ist Kenntnis von der Zuordnung der Finger zu den einzelnen Chakren. Wiederkehrende Verletzungen an den Fingern verweisen häufig auf eine Spannung des ent-

sprechenden Chakras. Wenn Sie sich also öfters beim Gemüseputzen in den Mittelfinger geschnitten haben, dann können Sie in der folgenden Tabelle nachsehen, welches Chakra auf sich aufmerksam machen möchte.

Schema 5-1: Die Zuordnung der Chakren zu den Fingern

Chakra	*Finger*
Kehlchakra	Mittelfinger
Herzchakra	Zeigefinger
Nabelchakra	Daumen
Sexualchakra	kleiner Finger
Wurzelchakra	Ringfinger

Ich schlage Ihnen vor, daß Sie sich während der Körperübungen zu den einzelnen Chakren auch auf die entsprechenden Finger Ihrer beiden Hände konzentrieren. Stellen Sie sich vor, daß Sie Ihr Bewußtsein in die beiden entsprechenden Finger der rechten und linken Hand schicken.

Meine Methode der langsamen und bewußten Körperbewegungen

Als ich mich mit den verschiedenen Systemen der Körperarbeit befaßte, fand ich heraus, daß es weniger auf die Technik und Methodik ankommt als vielmehr auf die Geisteshaltung, in der die Körperarbeit durchgeführt wird. Mit Yoga, Bioenergetik, Tai Chi oder Kampfsportarten kann man die gleichen Ziele erreichen, wenn man die Übungen in einer ganz speziellen Weise ausführt. Diese spezielle Art möchte ich Ihnen nun vorstellen, da sie wie keine andere geeignet ist, unsere Chakren anzusprechen.

Es geht bei dieser Art der Körperübungen um die Langsamkeit. Paradoxerweise nimmt der aus der Illusion und Verwirrung herausführende

Impuls in uns zu, wenn wir langsamer werden. Nehmen wir uns Zeit, in uns hineinzuspüren, auf unsere innere Stimme zu hören und über uns nachzudenken, dann vermeiden wir, immer wieder der gleichen Illusion und denselben Wiederholungen zu verfallen. Wenn Sie bei sich bemerken, daß Sie ein Leben auf der Überholspur führen, dann sollten Sie auf die Bremse treten und auf Ihre innere Weisheit achten, mit der Sie in der langsamen Form der Chakrenarbeit wieder verbunden werden.
Die wichtigste Voraussetzung bei dieser Art der Körperübungen ist ein langsamer und bewußter Bewegungsablauf. Normalerweise bewegen wir uns viel zu schnell und automatisch und bekommen gar nicht mit, was bei der Bewegung in unserem Körper alles geschieht. Wenn wir die Bewegungsgeschwindigkeit drastisch verringern, wird uns viel klarer, was bei dieser Bewegung alles in unserem Körper zu spüren ist. Führen wir zum Beispiel eine Yogaübung zum Ansprechen unserer Chakren aus, dann ist es äußerst wichtig, so langsam wie möglich in die entsprechende Position zu gehen. Die Bewegung wird so zu einer Kommunikation mit unserem Körper, der uns sagt, wo Widerstände auftreten. Außerdem werden wir uns nur bei sehr langsam durchgeführten Körperbewegungen der Bilder und Gedanken bewußt, die aufgrund dieser Körperübung in uns aufsteigen.
Wenn Sie sich langsam in eine bestimmte Übungsposition begeben, halten Sie sofort inne, wenn Sie einen Widerstand bemerken, sei es, daß es in Ihrem Körper zieht oder leicht schmerzt oder daß plötzlich Phantasien, Bilder und Gedanken aufsteigen. Schauen Sie sich das genau an, was da mit Ihnen sprechen möchte. Sie können mit den Körperverspannungen, Phantasien und Bildern regelrecht ins Gespräch kommen und dabei verstehen, was den freien Fluß der Energien auf dieser Ebene hindert. Genau darauf kommt es bei der Chakrenarbeit an: Es soll Ihnen so bewußt wie möglich werden, was den freien Fluß Ihrer Energien blockiert. Nutzen Sie das innere Gespräch, um die Vorstellungskonzepte herauszufinden, die Sie aus dem Fluß der Lebensenergie bringen. Sie können einen Schmerz, ein Ziehen oder Stechen direkt ansprechen und fragen, was es Ihnen sagen will und warum es Sie blockiert. Eine Antwort

wird nicht lange auf sich warten lassen. Fragen Sie sich während der Übung jedoch keinesfalls, woher diese spontane Antwort kommt. Das würde die Magie der Körperarbeit zerstören. Sehen Sie die Antwort einfach als Ausdruck Ihrer inneren Stimme an, die Sie hilfreich zu einem freien Fluß Ihrer Lebensenergien führen möchte.

Die bei diesen langsam und bewußt durchgeführten Körperübungen aufsteigenden Bilder und Phantasien stellen unterdrückte Gefühle dar, die in Muskelverspannungen gespeichert sind. Wie schon der FREUD-Schüler Wilhelm REICH zu Beginn dieses Jahrhunderts feststellte, werden diese Gefühle freigesetzt, wenn sich der entsprechende Muskel entspannt. Sehen Sie das Hochsteigen dieser Bilder, Gedanken und Gefühle als einen Reinigungsprozeß Ihres Körpers an. Dadurch, daß Sie sich dieser unbewußten Elemente in Ihnen bewußt werden, können Sie viel tiefer entspannen und so die Lebensenergie freier durch Ihre Chakren fließen lassen.

Führen Sie die Körperübungen in der Chakrenarbeit also äußerst bewußt und konzentriert durch. Immer, wenn Sie nicht mehr völlig in Ihrem Körper sind und in Ihre Gedanken abschweifen, werden Sie sich dieses Abschweifens bewußt. Fragen Sie sich, warum Sie an dieser Stelle aus Ihrem engen Körperkontakt fliehen.

Ferner müssen die Körperpositionen, die als Ziel der Übung angestrebt sind, möglichst lange gehalten werden. Es nutzt wenig, wenn Sie eine Yogaasana oder eine bioenergetische Position nur kurz einnehmen. Diese Übungen werden in der Chakrenarbeit dazu benutzt, die Energien des entsprechenden Chakras erlebbar zu machen und zum Fließen zu bringen. Dieser Effekt stellt sich jedoch erst dann ein, wenn Sie die Übungen lange genug halten und dabei höchste Aufmerksamkeit und Achtsamkeit aufbringen.

Machen Sie es sich zur Gewohnheit, daß Sie in der Chakrenarbeit jede Körperübung als Kommunikation mit Ihrem Körper nutzen. Sie können Ihren Körper zum Beispiel zur Ordnung rufen, indem Sie ihm sagen, daß er doch endlich diesen oder jenen Muskel entspannen soll. Manchmal ist das nötig und sehr effektiv. Bedenken Sie immer, daß körperliche

Anspannung Ihnen gerade diejenige Lebensenergie raubt, die Sie zur Bewußtseinsbildung benötigen.
Führen Sie grundsätzlich die Körperübungen in der Chakrenarbeit so durch, daß Ihr Körper nie allzu sehr schmerzt, denn dann sind Sie einzig mit Ihrem Körper beschäftigt und bekommen die subtile Kommunikation Ihres Körpers mit Ihnen nicht mit. Durch die konzentrierte und langsame Körperbewegung, mit der Sie in eine bestimmte Position hineingehen, können Sie genau feststellen, an welcher Stelle es klug ist, innezuhalten und der Sprache des Körpers zu lauschen.
Zusammenfassend ist also zur Ausführung von Körperübungen in meinem Sinne zu sagen:

1. Sie werden so langsam wie möglich ausgeführt.
2. Sie werden so bewußt wie möglich ausgeführt.
3. Sie dienen der Kommunikation mit dem eigenen Inneren über den Körper.
4. Bei den Körperübungen wird die Schmerzgrenze niemals überschritten.

Körperübungen zu jedem einzelnen der sieben Chakren

Alle hier beschriebenen Körperübungen können von einem Anfänger gefahrlos durchgeführt werden. Es kommt bei diesen Übungen nicht darauf an, daß Sie sie perfekt ausführen können. Sie lernen nur dann etwas bei einer Körperübung, wenn Sie sich diese erarbeiten müssen. Einzig wenn Widerstände bei der Übung als Ziehen oder leichter Schmerz auftreten, werden Sie sich Ihrer Widerstände in bezug auf die Qualität dieses Chakras bewußt.
Im Idealfall sollten Sie diese Übungen so entspannt wie möglich durchführen.
Alle hier erklärten Übungen können gut miteinander kombiniert werden. Dazu kommen noch schwierigere Übungen für diejenigen, die schon

Erfahrungen mit Yoga besitzen, und die hier nur erwähnt werden. Die Beschreibung dieser klassischen Übungen müssen Sie den entsprechenden Büchern[1] entnehmen.
Vergessen Sie nicht, es ist unbedingt notwendig, die Übungen so langsam und konzentriert wie möglich durchzuführen. Sie machen besser nur eine einzige Übung, als daß Sie mehrere Übungen relativ schnell durchgehen.

Als Körperübungen für das **Wurzelchakra** bewähren sich all diejenigen, bei denen die Erdung betont wird. Zunächst einmal möchte ich eine sehr einfache, aber dennoch wirkungsvolle Übung vorschlagen, die Sie fast überall ausführen können, da sie wenig Raum benötigt.

Übung: Der stehende Mensch

Diese Übung wird am besten barfuß durchgeführt, da dann ihr Effekt größer ist.

- Sie stellen sich so gerade wie möglich hin; die Füße halten Sie etwa 30 Zentimeter auseinander.
- Lassen Sie sich völlig ruhig werden und konzentrieren Sie sich auf Ihre Fußsohlen. Spüren Sie, wie Ihre Fußsohlen den Boden berühren, und spreizen Sie Ihre Zehen ein wenig, so daß sie maximalen Kontakt mit dem Boden haben.
- Sie atmen tief und regelmäßig in Ihr Wurzelchakra am Ende Ihrer Wirbelsäule und stellen sich nach einigen Atemzügen vor, daß Sie Ihren Atem bis hinunter in Ihre Fußsohlen und Zehen ziehen. Seien

1 Folgende Yogabücher kann ich Ihnen empfehlen:
1. Bücher, die speziell Übungen zu den einzelnen Chakren genau in Wort und Bild aufführen: Klausbernd VOLLMAR, *Fahrplan durch die Chakren.* Reinbek 1993 und Klausbernd VOLLMAR, *Chakren. Lebenskraft und Lebensfreude aus der eigenen Mitte. Übungen zur Aktivierung der Energiezentren des Körpers.* München 1993, ferner Naomi OZANIEC, *Die Chakras.* Braunschweig 1993.
2. Bücher, die die hier zitierten Yogaübungen gut beschreiben: Erling PETERSEN, *Das Yoga-Übungsbuch.* München 1986 und SIVANANDA Yoga Zentrum: *Yoga für alle Lebensstufen – in Bildern.* München 1985.

Sie sich beim Atmen völlig Ihrer Füße bewußt, und halten Sie während der gesamten Übung Ihr Bewußtsein in den Fußsohlen und am unteren Ende Ihrer Wirbelsäule.

- ➢ Nun schließen Sie Ihre Augen und erspüren genau, wie sich jetzt das Stehen anfühlt. Sie werden wahrscheinlich leicht ins Schwanken geraten. Lassen Sie das ruhig zu und bleiben Sie weiterhin in engem Kontakt mit Ihren Fußsohlen und dem Wurzelchakra.
- ➢ Ihren Atemrhythmus verändern Sie nun dahin, daß Sie eine Ihnen bequeme Atempause nach dem Einatmen einlegen.
- ➢ Ferner stellen Sie sich vor, daß Ihre Füße Wurzeln schlagen. Sofern es Ihnen möglich ist, visualisieren Sie, wie sich von Ihren beiden Füßen Wurzeln tief in die Erde hinein ausbreiten. Dabei spüren Sie deutlich, daß Sie mit jedem Einatmen Erdenergie aus diesen Wurzeln in Ihren Körper hinaufziehen und mit jedem Ausatmen alle Anspannungen und alle Verunreinigungen Ihres Körpers in die Erde abgeben, auf daß diese Energien dort gereinigt werden.
- ➢ Atmen Sie mit diesen Vorstellungen etwa 20 Atemzüge lang.
- ➢ Beenden Sie diese Übung, indem Sie langsam wieder Ihre Augen öffnen.

Kommentar

Diese kleine Übung kann dadurch noch intensiviert werden, indem Sie sich vorher oder nachher mit dem Element Erde beschäftigen. Fragen Sie sich zum Beispiel, wie sich Erdung für Sie im alltäglichen Leben ausdrückt oder auch wie Ihre Beziehung zur Natur – Ihrer eigenen und derjenigen außerhalb von Ihnen – aussieht.

Falls Sie Erdungsschwierigkeiten haben, die sich oftmals auch im Horoskop deutlich zeigen (Unterrepräsentierung des Elementes Erde im Geburtshoroskop), dann sollten Sie diese Übung regelmäßig zu Tagesbeginn ausführen.

Diese Übung ist immer dann angesagt, wenn Sie Schwierigkeiten mit den Anforderungen des alltäglichen Lebens haben. Fühlen Sie sich fremd in Ihrer Alltagsumgebung, bereitet Ihnen Ihre Arbeit Probleme und fehlt

Ihnen Energie, dann kann diese Erdungsübung Sie wieder fester im Alltagsleben verwurzeln.

Übung: Die Hocke[1]

Diese Übung ist etwas anspruchsvoller als die erste; sie ist aber auch für untrainierte Menschen ohne weiteres zu schaffen.

➢ Um in die Hocke zu gehen, stellen wir uns wieder so gerade wie möglich hin und halten abermals, wie bei der ersten Übung, unsere Füße etwa 30 Zentimeter voneinander entfernt.

➢ Wenn wir ein Gefühl für dieses Stehen bekommen haben, gehen wir hinunter in die Hocke. Anfangs mag es uns schwerfallen, in der Hocke unsere Fußsohlen voll in Bodenkontakt zu bringen. Ist das der Fall, legen Sie sich rechts und links unter Ihre Hacken eins oder mehrere Taschenbücher, so daß Sie eine volle Unterstützung Ihrer Hacken haben. Nach einiger Zeit können Sie auf jeder Seite ein Buch wegnehmen und so den Stapel immer weiter verringern, bis es Ihnen gelingt, mit Ihren ganzen Fußsohlen den Boden zu berühren.

➢ In der Position der Hocke ist es wichtig, tief und regelmäßig zu atmen und den Rücken so gerade wie möglich zu halten.

➢ Konzentrieren Sie sich während dieser Übung auf Ihre Fußsohlen, und halten Sie diese Stellung für etwa drei Minuten.

➢ Spüren Sie den Energiefluß in Ihrem Körper.

➢ Während des gesamten Übungsablaufs bleiben Ihre Augen geöffnet und ruhen unfokussiert auf einem Punkt vor Ihnen auf dem Boden.

➢ Sie beenden diese Übung, indem Sie wieder langsam in den Stand hochkommen.

Kommentar

Die Hocke hilft Ihnen dabei, die Energie der Erde in Ihrem Körper deutlich zu spüren, zusätzlich bringt sie alle Ihre inneren Organe in die

1 Eine genaue Beschreibung dieser Übung mit Abbildungen finden Sie ferner in: Klausbernd VOLLMAR, *Chakren,* a.a.O., S. 32 f.

ideale Position. Diese wirkungsvolle Übung spricht nicht nur das Wurzelchakra, sondern ebenfalls das Sexualchakra an, indem es auch dieses Chakra tief entspannt.

Klassische, aber anspruchsvollere Yogaübungen zum Ansprechen des Wurzelchakras sind »der Drehsitz« (Ardha-Matsendra-Asana) und »der Fersensitz« (Vajra-Asana). Ferner eignen sich Sprungübungen[1] und die meisten Yogaübungen, die im Stehen durchgeführt werden, wie zum Beispiel »der Baum«, zur Arbeit an Ihrem Wurzelchakra.

Übung: »Die Schlangenhaltung«

Diese Haltung wird »die Schlangenhaltung« genannt, da sie eine gewisse Ähnlichkeit mit einer aufgerichteten Kobra besitzt.

- ➢ Sie legen sich dazu flach auf den Bauch, die Beine sind gestreckt und geschlossen und die Zehen ausgestreckt.
- ➢ In dieser Stellung entspannen Sie sich erst einmal ausgiebig und schließen dann Ihre Augen.
- ➢ Dann legen Sie Ihre beiden Handflächen neben Ihrem Brustkorb etwas unterhalb der Schultern auf den Boden. Sie halten dabei Ihre Arme dicht am Oberkörper.
- ➢ Nun atmen Sie tief ein und drücken sich mit Ihren Armen nach oben, so daß sich der gesamte Rücken stark nach hinten biegt. Während Sie jedoch den Rücken nach hinten biegen, drücken Sie zugleich Ihr Sexualchakra so fest Sie können auf den Boden.
- ➢ Halten Sie diese Stellung für etwa zehn Atemzüge und spüren Sie die Energie in Ihrem Sexualchakra.
- ➢ Sie beenden diese Übung, indem Sie langsam in die Ausgangsposition zurückgehen und sich auf dem Boden liegend auf Ihr Sexualchakra konzentrieren.

1 Siehe die genaue Beschreibung der Sprungübung zu diesem Chakra in: Klausbernd VOLLMAR, *Fahrplan durch die Chakren,* a.a.O., S. 113 ff.

Kommentar

Man kann diese Übung zwei- bis dreimal hintereinander durchführen. Sie ist am effektivsten, wenn man die Biegung des Rückens nach hinten bei den oberen Halswirbeln beginnt, um dann langsam und bewußt seinen Rücken Wirbel für Wirbel bis in den Bereich des Sexualchakras nach hinten zu biegen.

Nach der Übung können Sie als Abschluß auf den Ausdruck Ihrer Sexualität meditieren oder visualisieren Sie klares, fließendes Wasser.

Mythologisch wird die Übung mit der Schlange verbunden, die sowohl ein archetypisches Symbol für die männliche als auch für die weibliche Sexualität ist. Zugleich verdeutlicht die Schlange den Erdbezug, da sie als mythologisches Wesen nicht nur auf der Erde kriecht, sondern sich auch von der Erde ernährt. Die Schlange finden wir zu Beginn der Welt in allen Schöpfungsmythen. Die sexuelle Anziehung zwischen Frau und Mann steht am Beginn eines jeden Lebens, und sie wird als heilsamer Energieaustausch angesehen. Aus diesem Grund gilt die Schlange als Symbol der Heilkunst (Soter-Schlange nach C. G. JUNG).

Zur Aktivierung des **Nabelchakras** bieten sich all diejenigen Körperübungen an, bei denen Sie Ihre Wirbelsäule im Bereich von Nabel und Bauch dehnen und recken. Die klassische Yogaübung für die Erweckung dieses Energiezentrums ist »die Bogenhaltung« (Dhanur-Asana), eine ziemlich schwierige Chakra-Asana, wie auch »die Kamelhaltung« (Ustr-Asana).

Ich empfehle hier eine leichtere Übung, die aber einen großen Effekt zeigt, wenn sie konzentriert durchgeführt wird.

Übung: »Die Nabeldehnung«

- Wir legen uns mit möglichst gerader Wirbelsäule bequem hin, schließen unsere Augen und werden ganz ruhig, indem wir uns auf unseren Atem konzentrieren, ohne ihn verändern zu wollen.
- Nun stellen wir uns vor, daß mit jedem Einatmen klares Licht (wie Sonnenlicht) durch unser Wurzelchakra in uns einströmt. Dieses

Licht heben wir bis in unseren Nabelbereich hinauf und konzentrieren es dort. Beim Ausatmen stellen wir uns vor, daß alle Verunreinigungen unseres Körpers durch unser Kronenchakra ausströmen.

- Mit dieser Vorstellung atmen wir einige Zeit (etwa zwei bis drei Minuten lang) und legen dann unsere Handflächen auf unser Nabelgebiet.
- Wir lösen die Vorstellungen auf und spüren, wie unser Nabel jetzt angenehm warm wird.
- Wir genießen dieses Gefühl noch eine Weile und knicken dann unsere Knie ein, so daß unsere Fußsohlen flach auf dem Boden stehen, und biegen unseren Bauchnabel so weit nach oben, wie es uns möglich ist.
- Wir halten diese Stellung, bei der wir nur mit unseren Schultern, dem Kopf und den Fußsohlen die Erde berühren, für eine Weile. Wir atmen etwa für fünf Atemzüge in der Art des Feueratems (keine Pause zwischen Ein- und Aus- und Aus- und Einatmen) in unseren Nabel hinein.
- Jetzt gehen wir wieder langsam in die Ausgangsstellung zurück und recken und strecken uns, öffnen unsere Augen und beenden diese Übung.

Kommentar

Nach dieser Übung werden Sie sich wahrscheinlich spürbar selbstsicherer und freier fühlen. Ihren Effekt können Sie noch verstärken, wenn Sie nach der Übung auf Ihre Einstellung zur Macht meditieren.

Wir entwachsen vom **Herzchakra** hochsteigend zunehmend mehr den Körperübungen, denn im Bereich der höheren Chakren werden die Visualisierungs- und Konzentrationsübungen zunehmend wichtiger.
Eine gute und leicht durchführbare klassische Körperübung des Yoga, die mit der Konzentration auf das Herzchakra verbunden ist und dieses stark harmonisiert, ist »der Baum« (zugleich eine gute Erdungsübung). Die Vriksh-Asana zeigt dem Übenden auch, ob er sich mit sich selbst in Harmonie befindet oder nicht.

Ich möchte für das Herzchakra jedoch eine einfachere Körperübung anbieten, die sich bei mir in Workshops und Kursen sehr bewährt hat und keine klassische Yogaübung im eigentlichen Sinne ist.

Übung: Die Beuge nach hinten
(eine von der Bioenergetik beeinflußte Übung)
Diese Übung wird im Stehen durchgeführt.

➢ Sie stellen sich möglichst gerade hin, wobei Sie Ihre Füße etwa schulterbreit auseinanderhalten.
➢ Sie werden ganz ruhig und konzentriert.
➢ Dann atmen Sie tief ein, heben Ihre beiden Arme über den Kopf und beugen sich weit nach hinten. Dabei lassen Sie Ihren Kopf los, das heißt, Sie lassen ihn entspannt nach hinten fallen.
➢ Während Sie sich in dieser zurückgebogenen Haltung befinden, atmen Sie tief in Ihr Herz hinein. Versuchen Sie, Ihr Herz beziehungsweise Ihren Herzschlag deutlich zu spüren.
➢ Halten Sie diese Position zu Beginn für nicht länger als fünf Atemzüge. Später können Sie deren Dauer langsam bis zu maximal 20 Atemzüge steigern.
➢ Sie beenden die Übung, indem Sie wieder in den aufrechten Stand zurückkommen und sich bewußt in Ihrem Herzen zentrieren.

Kommentar
Falls Sie bei dieser Übung Angst bekommen, können Sie die Übung vor einer Wand durchführen und sich mit Händen nach hinten an dieser Wand abstützen.
Außer daß diese Übung den Brustraum weitet und so das Herz anspricht, macht sie zugleich jegliche Verspannung im Körper deutlich. Sie zeigt uns unsere Ängste vor dem Fallenlassen und der Hingabe.
Nach dem deutschen Psychoanalytiker Horst Eberhard RICHTER repräsentiert das Herz die Mutter in unserem Körper. Ich konnte immer wieder feststellen, daß Ängste, die bei dieser Übung aufsteigen, auf eine ungelöste Mutterbindung zurückzuführen sind. Nehmen Sie das als einen

Anstoß, um sich bei der Arbeit an Ihrem Herzchakra Ihre Beziehung zu Ihrer Mutter bewußter zu machen.

Für das **Halschakra** sind alle Übungen geeignet, die auf Hals- und Nackendehnung aufbauen. Dazu gehören die bekannten Übungen wie »die Brücke« und »die Kerze« (Sarvang-Asana), die wahrscheinlich jeder von Ihnen bereits aus dem Turnunterricht in der Schule kennt. Ich werde für das Halschakra eine klassische Yogaübung beschreiben, die leichte Ausführbarkeit mit großer Effektivität verbindet.

Übung: »Der Pflug«
(Hal-Asana)

- ➢ Der Übende legt sich mit dem Rücken flach auf den Boden, er entspannt sich und schließt seine Augen. Seine Beine liegen geschlossen nebeneinander, die Arme entspannt ausgestreckt neben dem Körper, die Handflächen nach unten.
- ➢ In dieser Haltung läßt er sich völlig los und stellt sich vor, daß er tiefer und tiefer in den Boden sinkt.
- ➢ Wenn er sich bereit fühlt, atmet der Übende tief ein, dabei zieht er seine Gesäßmuskeln zusammen und drückt seine Beine und seinen Rücken nach oben. Das heißt, er hebt beide Beine gerade hoch (er geht in die Kerze) und senkt sie danach langsam hinter den Kopf ab, bis seine Füße den Boden hinter seinem Kopf berühren. Im Idealfall bleiben die Beine, bis die Fußspitzen den Boden erreichen, gestreckt.
- ➢ In dieser Haltung wird man sich seines Halses bewußt.
- ➢ Man hält die Position für fünf Atemzüge, ehe man langsam wieder zurückrollt, bis man, in der Ausgangsposition angelangt, wieder flach auf dem Boden liegt.

Kommentar
Diese Übung ist die schwierigste der hier von mir erläuterten. Es empfiehlt sich, den »Pflug« langsam einzuüben, indem man immer nur so weit mit den gestreckten Beinen nach hinten geht, wie es einem ohne

Schmerzen, allerdings schon mit etwas Anstrengung, gelingt. Falls Sie nicht sehr beweglich sind, werden Sie in den ersten Wochen niemals oder nur sehr selten Ihre gestreckten Beine nach hinten bis auf den Boden absenken können. Um einen Geschmack dafür zu bekommen, was »der Pflug« bewirkt, können Sie diese Übung einmal nach einem heißen Bad oder nach der Sauna durchführen. Sie werden verblüfft sein, wie leicht Ihnen die Übung dann fällt.
Der Nutzen der Übung wird dadurch verstärkt, daß man im Anschluß auf die alltägliche Kommunikation meditiert.
Kommunizieren Sie ehrlich mit anderen, ohne diesen etwas vorzumachen?
Wie kommunizieren Sie mit Ihrer inneren Stimme?

Die meisten indischen Yogis empfehlen, das **Stirnchakra** indirekt anzuregen, indem man mit der Energie des Wurzelchakras arbeitet. Da Ida und Pingala am Wurzelchakra beginnen und nach indischer Auffassung am Dritten Auge enden, sind das erste und das sechste Energiezentrum eng miteinander verbunden. Man kann diese starke Verbindung erfahren, indem man sich auf einen Stuhl setzt und seine Gesäßmuskulatur anspannt und wieder losläßt. Diese Empfindung wird man leicht in sein Drittes Auge hochziehen können. Genau diesen Effekt werden wir uns in der folgenden Übung zunutze machen. Da es keine Körperübungen gibt, die das Stirnchakra direkt ansprechen, sind wir bei der Aktivierung dieses Chakras auf solche indirekten Techniken angewiesen.

Übung

Dies ist eine klassische Chakrenübung aus dem Kundaliniyoga.

- Als Übender setzen Sie sich im Schneidersitz auf den Boden. Allerdings nehmen Sie dabei den Schneidersitz so ein, daß die Ferse des einen Fußes auf Ihr Steißbein drückt. Sie setzen sich also zumindest halb auf die Ferse des einen Fußes.
- Ihre Hände legen Sie auf Ihre Knie und versuchen dabei, so gerade wie möglich zu sitzen.

- ➢ Sie schließen Ihre Augen und werden ganz ruhig.
- ➢ In dieser tiefen Ruhe konzentrieren Sie sich auf Ihr Stirnchakra und halten Ihre Aufmerksamkeit dort fixiert. Zugleich spannen Sie im Rhythmus Ihrer Atmung Ihre Gesäßmuskeln an und lassen sie wieder los.
- ➢ Versuchen Sie nun, die Empfindung der Wärme sowohl am Ende Ihrer Wirbelsäule als auch in Ihrem Stirnchakra zugleich zu spüren.

Kommentar
Diese Übung muß von einigen Meditierenden relativ lange, das heißt bis zu drei Minuten durchgeführt werden, ehe Sie den entsprechenden Effekt deutlich spüren. Sie können die Übung ohne Schaden so lange durchführen, wie Sie Lust dazu haben.
Manchem Übenden hilft die Vorstellung, daß während dieser Übung ein angenehm warmer Lufthauch seine Stirn berührt.
Eine weitere Art, das Stirnchakra anzusprechen, besteht darin, daß man sich vor eine Blume – vorzugsweise eine Rose – stellt und versucht, den Duft dieser Blume durch sein Stirnchakra ein- und auszuatmen.

Auf der Ebene des **Kronenchakras** gibt es als klassische Yogaübung nur den »Kopfstand« (Salambasirs-Asana). Der »Kopfstand«, der alle anderen Yogaübungen ersetzen kann, ist allerdings für den Yogaanfänger ganz und gar ungeeignet. Meiner Erfahrung nach sprechen GURDJIEFF-movements[1], heilige Tänze, die in Gruppen durchgeführt werden, dieses oberste Chakra direkt an.
In den klassischen movement-Gruppen in Paris trug man an der oberen Stirn ein goldenes Band, das einen daran erinnern sollte, daß wir mit dem oberen Teil des Kopfes nicht denken, sondern uns als ganzheitliche Wesen mit dem Kosmos verbinden.

1 Vgl. dazu genauer: Klausbernd VOLLMAR, *Das Enneagramm. Praktische Lebensbewältigung mit Gurdjieffs Typenlehre.* München 1993 und Klausbernd VOLLMAR, *Arbeitsbuch zum Enneagramm.* München 1994.

Das Kronenchakra wird durch eine Meditation angesprochen, bei der der Meditierende sich einen Buddha oberhalb dieses höchsten Energiezentrums vorstellt. Dieser Buddha ist fähig, alle unsere Wünsche und Begierden aufzulösen. Der Lama Ole NYDAHL drückte es einmal so aus: »Der Unterschied zwischen Buddha und uns ist ja nur, daß er mehr meditiert hat als wir.«[1]

Massage

Neben den aktiven Körperbewegungen sind die Chakren auch passiv durch Massage zu beeinflussen.
Wir können den menschlichen Körper als Hologramm auffassen, bei dem jedes einzelne Körperteil ein Bild des gesamten Körpers in sich trägt. Die einzelnen Chakren und ihre Energiefelder finden wir sowohl am Fuß als auch an der Hand und selbst am Kopf wieder. Also ist es möglich, über die Massage der einzelnen Stellen an den Füßen oder Händen die entsprechenden Chakren zu stimulieren. Es ist sehr viel schwieriger, am Kopf zu arbeiten, deswegen würde ich von einer Kopfmassage zur Stimulierung der einzelnen Chakren abraten. Durch die geringere Differenzierung des Kopfes findet man hier nicht so leicht die entsprechenden Stellen, die mit den Chakren korrespondieren. Bei Händen und Füßen ist das Auffinden der entscheidenden Punkte sehr einfach, wie Sie aus den Abbildungen 5-1 und 5-2 ersehen.
Sie können sich an Händen und Füßen selbst massieren oder sich von einem Partner massieren lassen. Ich selbst finde es entspannender, mich von einer anderen Person massieren zu lassen. Die Massage selbst findet durch Daumen- oder Zeigefingerdruck auf die entsprechende Stelle statt. Man kann auch mit leicht kreisenden Bewegungen arbeiten. Ich selber habe gute Erfahrungen damit gemacht, die Massage an den Händen oder Füßen nach den Körperübungen zu den einzelnen Chakren durchzufüh-

1 Lama Ole NYDAHL, Schützer. In: *Kagyü Life,* Nr. 12, 2/93, S. 4.

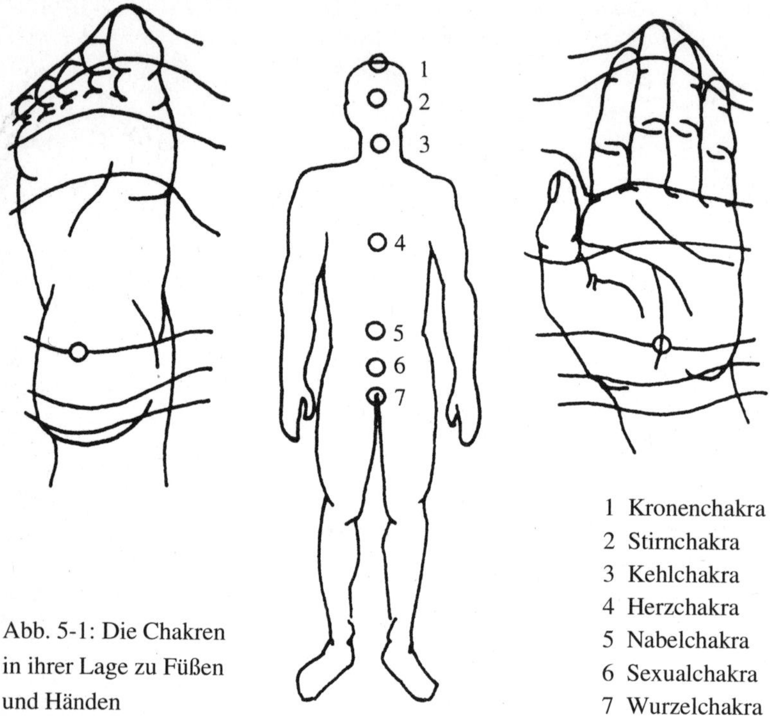

Abb. 5-1: Die Chakren in ihrer Lage zu Füßen und Händen

ren. Dabei drücke ich die entsprechenden Stellen und halte diesen Druck für etwa zehn bis fünfzehn Atemzüge. Schmerzt die Stelle, dann atme ich bewußt und tief in diesen Schmerz hinein und kann ihn so oft auflösen.

Reiki

Auch durch Reiki kann man die Chakren ansprechen und aktivieren. Reiki ist eine sehr alte Heilkunst, die jedoch erst im 19. Jahrhundert von dem christlichen Mönch Dr. Mikao USUI in Japan in alten Sanskritversen (angeblich 2500 Jahre alt) entdeckt wurde. Reiki ist der einfachste Heilweg, den ich kenne. Im Grunde kommt es nur darauf an, die eigene Lebensenergie wirken zu lassen. Die Erweckung dieser Lebensenergie geschieht durch Kraftübertragung.

Lassen Sie sich nicht davon abschrecken, daß in Deutschland viele Gruppen behaupten, sie allein besäßen den richtigen Reikiweg. Schauen Sie lieber auf das, was bei Ihnen wirkt, als darauf, wer welcher Reikiinstitution angehört. Wenn Sie Reiki in der Chakrenarbeit einsetzen wollen, so können Sie sich gut durch Bücher über die wenigen wichtigen Griffe, die Sie hierfür brauchen, informieren.

Reiki ist wahrscheinlich die einfachste Technik, um die Chakren anzusprechen. In meinen Gruppen konnte ich immer wieder beobachten, daß viele Menschen unbewußt und natürlich ihre Hände auf die Chakren legen, die Heilung benötigen. Beim Reiki geschieht das gleiche: Der Meditierende legt nämlich seine Hände auf das entsprechende Chakra und läßt dann die »Reikienergie« als harmonisierende Kraft in das Chakra einfließen.

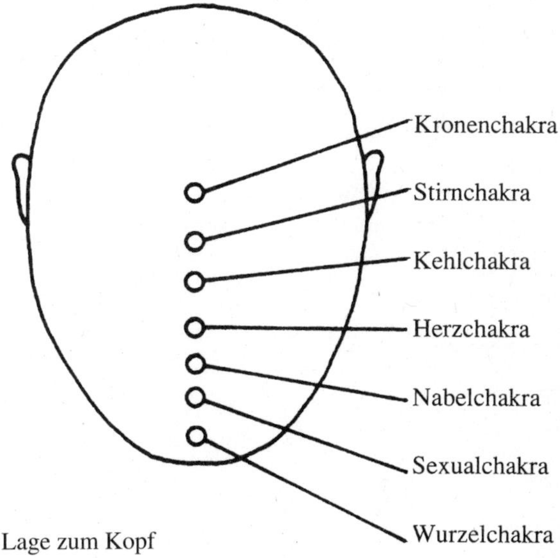

Abb. 5-2:
Die Chakren in ihrer Lage zum Kopf

Seelenübungen

Es ist in unserer Kultur besonders wichtig, das Gefühl anzusprechen, da wir zwar in den Fähigkeiten des Geistes und des Körpers in der Schule und anderen Bildungsinstitutionen gefördert werden, aber niemand uns eine »Seelenbildung« vermittelt. Zur Chakrenarbeit, die im Ideal die harmonische Entwicklung des Menschen fördert, gehört ein bewußter Umgang mit den Emotionen.
Die sieben Chakren lassen sich sehr leicht über das Gefühl ansprechen. Von der anderen Seite betrachtet ist unser Gefühl der Ausdruck des Zustandes, speziell unseres Sexual-, Nabel- und Herzchakras. Die Schwingungsfrequenzen von Gefühlen kommunizieren direkt mit denjenigen der Chakren. Das kann jeder schon daran erkennen, daß zum Beispiel Angst auf der Stelle durch ein sogenanntes flaues Gefühl im Nabelchakra oder auch durch Versteifungen im Bereich des hinteren Halschakras zu spüren ist.
Emotionen werden leicht durch Musik, Gerüche und die meisten Formen psychotherapeutischer Arbeit angesprochen. Ich führe hier nur einige Beispiele an, die uns zeigen sollen, wie wir unsere sieben Chakren über die emotionale Ebene beeinflussen können.
Man kann Blockaden in den einzelnen Chakren selbst leicht mit Energieschwingungen von Farben, Edelsteinen, ätherischen Ölen und Musik auflösen. Wenn wir ein blockiertes Chakra den richtigen Schwingungen aussetzen, so stellt sich nach dem Prinzip der Schwingungsresonanz schnell eine Harmonisierung des betreffenden Chakras ein, ohne daß wir aktiv etwas unternehmen. Je entspannter und passiver wir uns diesen Schwingungen hingeben, um so besser können sich unsere Chakren auf sie einschwingen.

Musik

ORPHEUS, der Sänger der griechischen Mythologie, verglich die stoffliche Welt mit den sieben Saiten der Lyra. Diese sieben Saiten der Lyra, die den einzelnen Chakren entsprechen, können den Menschen von seiner Erdverhaftung befreien und ihn in geistige Ebenen entführen.
Jeder von Ihnen wird es schon bemerkt haben, daß die Musik, die wir hören, direkt auf unsere Chakren wirkt. Eine gut gespielte Baßgitarre oder ein Saxophon wirkt sofort in unserem Nabel- und auch in unserem Herzchakra. Besonders die SCHUBERT-Lieder aus dem Zyklus »Winterreise« sprechen bei mir sogleich mein Herzchakra an, wohingegen die Kultgruppe The Doors mit ihrem Sänger Jim MORRISON zum Beispiel Musik für das Sexualchakra produzierte. Barockmusik, insbesondere Johann Sebastian BACH, und die Zwölftonmusik wirken dagegen eher auf unser Stirnchakra.
Musik, die wir meist unbewußt hören, wirkt in direkter Weise auf unsere Chakren. Viele mittelalterliche Erzählungen berichten von sagenhaften irischen oder walisischen Druiden, die mit ihrer Musik jede gewünschte Stimmung bei ihren Zuhörern erzeugen konnten. Diese Wirkung von Musik hat sich bis heute nicht geändert. Als ich vor etwa 15 Jahren einige Zeit in Findhorn lebte, war dort Trommelmusik verboten. Man meinte, daß solche Musik Aggressionen erzeuge, und erzählte mir, daß es nach einem Abend mit Trommelmusik zur Brandstiftung gekommen sei.
Heute gibt es eine Fülle von Kassetten und CDs mit sanfter Meditationsmusik. Suchen Sie sich für Ihre Chakrenarbeit die Musik aus, die Sie bewegt und emotional berührt.
Sie mögen die ausgewählte Musik leise während der Arbeit an dem entsprechenden Chakra laufen lassen. Diese Musik sollte jedoch nicht Ihre volle Aufmerksamkeit beanspruchen, sondern lediglich als Hintergrund benutzt werden. Sie konzentrieren sich also nicht auf die Musik, sondern, wie in der Chakrenarbeit üblich, auf Ihren Körper und das entsprechende Chakra.
Sie können auch mit einer für die einzelnen Chakren speziell komponier-

ten Musik arbeiten. Es gibt Reihen, die auf Kassetten und CDs Musik für alle sieben Chakren aufweisen. Diese Musik wurde eigens für die Stimulation der entsprechenden Chakren komponiert.[1] Inwieweit solche Chakrenmusik wirklich die entsprechenden Chakren anspricht, mag jeder für sich selbst herausfinden. Ich persönlich ziehe der eigens für die Chakren komponierten Musik romantische Klaviermusik oder klassische Stücke vor, was allerdings an meinen Hörgewohnheiten liegen mag. In meinen Gruppen konnte ich immer wieder feststellen, daß die mit diesem Ziel geschaffene Chakrenmusik bei den meisten Menschen tatsächlich deren Chakren anspricht.
Benutzen Sie solche für die einzelnen Chakren komponierte Musik, hören Sie die Musikstücke am besten über Kopfhörer und geben sich einfach der Musik hin. Lassen Sie die Musik Ihr Gehirn massieren. Lassen Sie alle Bilder, Gedanken und Gefühle zu, die aufsteigen. Betrachten Sie diese, ohne sie festzuhalten und verändern zu wollen. Bewerten Sie die Musik auf keinen Fall!
Auf den folgenden Seiten finden Sie eine kurze Aufzählung, welche Art von Musik auf welches Chakra wirkt.

Man kann die Chakren auch mit Stimmgabeln und Klangschalen stimulieren. Es gibt gut gearbeitete Sets tibetischer Klangschalen, deren Schwingungen auf unsere sechs Chakren ausgelegt sind (dem siebten Chakra wird meist keine äußere Schwingung mehr zugeführt). Es sind des weiteren Sets von auf die einzelnen Chakren abgestimmten Stimmgabeln im Fachhandel erhältlich. Sowohl Klangschalen als auch Stimmgabeln sollten vorher in Schwingung gebracht werden und dann mit dem entsprechenden Chakra in Berührung gebracht beziehungsweise über es gehalten werden. Um sich kostengünstig eine Vorstellung von der Wir-

1 Vgl. hierzu z. B. die Reihe »Die Musik der Chakra-Orgel« von Marianne UHL und B. & A. BAUER oder die CD »Chakra-Meditation« von Bodo BAGINSKI & Shalila SHARAMON mit Musik der Gruppe Merlin's Magic. Mir gefällt sehr gut die CD »Chakra Meditation in Seven Parts« von Modfulation Music. Wem solche Musik zu süßlich oder kitschig ist, der sollte mit Klaviermusik der Klassik und Romantik experimentieren.

kung, die Musik und Töne auf Ihre Chakren haben, zu machen, rate ich Ihnen, sich eine ganz normale Stimmgabel zu kaufen, sie anzuschlagen und dann an Ihr Kronenchakra zu halten. Sie werden sich wundern, wie das Innere Ihres Kopfes schwingt und an Weite gewinnt. Probieren Sie es einmal aus.

Schema 5-2: Heilende und harmonisierende Musik für die Chakren

Chakra	*Musik generell*	*New-Age-Musik*
Kronenchakra	Auf dieses Chakra wirkt am besten die Stille.	
Stirnchakra	Letztendlich wirkt jede Programmusik auf das Stirnchakra, da diese Musik Visualisierungen hervorruft. Die besten Beispiele sind die »Peer Gynt-Suite« von Edvard Grieg und Friedrich Smetanas »Die Moldau« aus dem Zyklus »Mein Vaterland«. Bei mir wirkt auch Opernmusik auf dieses Chakra (besonders Bellini und Verdi). Zur Harmonisierung dieses Chakras bietet sich ferner Barockmusik an.	Malcolm Harrison: »Free Fall« Terry Oldfield: »Cascade« Sandelan: »Divine Harmony« Arden Wilkin: »Inner Harmony«
Halschakra	Hier wären zunächst Obertonsingen, Chormusik und generell alle Formen von Vokalmusik zu nennen. Ich verwende hier die gutturale Musik der Steppenbewohner Innerasiens und Sibiriens wie zum Beispiel Tuva: »Vioces from the Center of Asia«.	Crystalia: »Angels of Healing«

Chakra	*Musik generell*	*New-Age-Musik*
Herzchakra	Dieses Chakra soll in vorzüglicher Weise von den Geräuschen von Walen und Delphinen stimuliert werden. Beides gibt es auf CD und Kassette und auch als Bestandteil von modernen Musikkompositionen. Im Bereich der Klassik ist es insbesondere Mozart, der dieses Chakra berührt, aber auch Liebeslieder und jede ausgeprägt harmonische Musik.	Fitzgerald und Flanagan: »Quiet Water« Robert Martin: »Great Piece« Sandelan: »Spiritual Healing« Phil Thorton: »Edge of Dreams«
Nabelchakra	Die verzauberte Seite dieses Chakras wird durch Heavymetal-Musik angeregt und teilweise auch durch Marschmusik. Die befreite Seite dieses Chakras wird durch die Musik der Romantiker wie Richard Wagner, aber auch Edvard Grieg in Schwingung versetzt.	Sandelan: »Silence« Stairway: »Aquamarine« David Sun: »Sunrise« Tim Weather: »The Enchanter«
Sexualchakra	Rockmusik spricht dieses zweite Energiezentrum direkt und massiv an. Auf die sanfte und fließende Seite dieses Chakras wirkt Bauchtanzmusik und überhaupt klassische arabische, teilweise auch indische Musik. Auch traditionelle Volksmusik zeigt bei diesem Chakra deutlich Wirkung.	Márta Sebestyén: »Apocrypha« Terry Oldfield: »Resonance« und »Spirit of Rainforest«

Chakra	*Musik generell*	*New-Age-Musik*
Sexualchakra	Meeresrauschen und das Plätschern eines Baches wirkt sehr direkt auf dieses dem Wasser zugeordneten Chakra.	
Wurzelchakra	Besonders Ethnomusik und solche, in der Trommeln eine wichtige Rolle spielt. Afrikanische und indianische Musik wäre hier zu nennen und auch die der australischen Ureinwohner (Didgeridoo) oder monotone Sprechgesänge.	Patrick Bernhardt: »Shamanyka« Dead Can Dance: »Passage in Time« Gabriele Roth: »Totem!«

Gerüche

Neben den Tönen sprechen auch gerade feine Gerüche deutlich die verschiedenen Chakren an. Die Pflanzen, aus denen wir ätherische Öle gewinnen, besitzen eine ähnliche Energieausstrahlung wie der Energiekörper des Menschen. Deswegen kann man sich im Garten und bei einem Spaziergang in der Natur wieder mit neuer Energie aufladen, da die Pflanzenschwingungen direkt mit unseren menschlichen Schwingungen kommunizieren. Wenn also heute in Männergruppen die Männer in den Wald laufen und Bäume umarmen, dann tun sie nichts anderes als Otto Fürst VON BISMARCK (1815–1898), der sich zur Entspannung unter die Eichen seines Gutes setzte. So lud er seine Chakren mit Hilfe der Naturschwingungen wieder auf. Die Kraft einer Pflanze kann auf Sie übertragen werden, wenn Sie durch Betrachtung, Meditation und Berührung mit dieser Pflanze direkten Kontakt haben. Der Geruch einer Pflanze ist hierbei besonders wichtig. In der Theosophie ist man der Auffassung, daß es zur Aufgabe der Pflanzen gehört, dem Menschen als Energiespender zu dienen.

Die Aromatherapie zur Anregung und Harmonisierung der Chakren wird heute hauptsächlich bei den Sufis in Indien und Afghanistan angewendet. Die moderne westliche Benutzung der ätherischen Öle innerhalb der Chakrenarbeit geht meist auf diese Tradition zurück.[1] Die Sufis nehmen an, daß der Geruch über die beiden oberen Chakren aufgenommen wird und sich dann über die Nadis im Körper verteilt, um den Geist zu befreien oder gefangenzunehmen. Indische Yogis nehmen an, daß der Mentalkörper entsprechend den Gerüchen, die er wahrnimmt, seine Farbe verändert.

Menschen, die in ihrem Horoskop eine starke Betonung des Elements Erde[2] aufweisen, sprechen meist besonders gut auf die Beeinflussung der Chakren durch Gerüche an.

Die Essenz einer Pflanze wird in ätherischen Ölen konzentriert, die den Menschen direkt über den Geruchssinn mit der Energie der entsprechenden Pflanze versorgen. Der Geruch als Essenz der Pflanze entfaltet seine Wirkung einerseits über den Weg von der Nase zum Gehirn, andererseits hat er auch direkten Zugang zu unserem feinstofflichen Körper und somit zu den Chakren.

In der Tiefenpsychologie ist es seit langem bekannt, daß gerade von Gerüchen starke Sinneseindrücke hervorgerufen werden. Diese Sinneseindrücke sind aber meist unbewußt und werden schwer zugänglich im Unbewußten gespeichert. Gerüche können an längst Vergessenes erinnern und es besonders gefühlsmäßig im Detail wieder hervorrufen. Gerüche können uns also tief bewegen und unser Unbewußtes aufschließen, wodurch sie die feinen Schwingungen unserer Chakren ansprechen.

Bei der Chakrenstimulierung arbeitet man am besten mit ätherischen Ölen, die man in eine Duftlampe gibt. Fünf bis zehn Tropfen des entsprechenden Öls werden in Wasser aufgelöst und in den Behälter der

1 Die Sufis arbeiten mit Düften, indem sie einen mit einem ätherischen Öl getränkten Wattebausch in die Ohrmuschel legen. Diese Technik wird im Westen meist nicht angewendet. Im Westen gibt man Düfte meist in eine Aromalampe.

2 Das Erdelement wird in der Astrologie durch die Zeichen Stier, Jungfrau und Steinbock wiedergegeben.

Duftlampe getropft. Es ist wichtig, beim Kauf der Öle darauf zu achten, daß die Öle nicht mit Chemikalien aus der Pflanze extrahiert werden, sondern mit Hilfe der Wasserdampfdestillation. Von chemischen extrahierten und synthetischen Ölen ist vollständig abzuraten.
Ätherische Öle dürfen nicht unverdünnt auf die Haut aufgetragen werden, da es dann zu unerwünschten Hautreizungen kommen kann. Allerdings bilden sie verdünnt auf die entsprechenden Chakren aufgetragen einen sehr wirksamen Schutz in Zeiten größerer Verwirrung und äußerlicher wie innerlicher Herausforderung. Direkt auf die Haut aufgetragen sollte man die Essenzen im Verhältnis von eins zu zehn verdünnen. Als Verdünnungsmittel eignen sich nichtriechende Pflanzenöle wie zum Beispiel Jojobaöl.
So wie Sie leise Musik bei Ihrer Chakrenarbeit abspielen können, so empfiehlt es sich auch, aus einer Duftlampe den entsprechenden Geruch entströmen zu lassen.
Hier nun eine Aufstellung der Zuordnung der einzelnen ätherischen Öle zu den sieben Chakren. Sie werden bemerken, daß einige Aromen für das Ansprechen verschiedener Chakren benutzt werden können, wie zum Beispiel Sandelholz, das auf das Sexual- und auf das Stirnchakra wirkt. Es ist eine Tradition der Sufis, vor der Meditation einen Tropfen Sandelholzöl auf das Dritte Auge zu reiben (in diesem Ausnahmefall unverdünnt).
Einige dieser Aromen wie Patschuli, Geranie, Minze und andere gibt es auch als Räucherstäbchen im Handel. Der Gebrauch ätherischer Öle ist für die Chakrenarbeit jedoch vorzuziehen, da die Öle reiner sind und die feinstofflichen Energien der einzelnen Chakren direkter ansprechen.
Es ist meiner Erfahrung nach davon abzuraten, ätherische Öle zu mischen. Es gibt zwar im Fachhandel fertig gemischte Chakrenöle, ich kann sie jedoch nicht empfehlen. Ein Problem dieser Mischungen besteht oft darin, daß weder die Inhaltsstoffe noch die Reinheit der Öle angegeben werden.

Schema 5-3: Heilende und harmonisierende Essenzen für die Chakren

Chakra	*Essenz*	*Wirkung*
Stirnchakra	Sandelholz	inspiriert zu schöpferischen Handlungen, aktiviert das Stirnchakra und wirkt meditationsfördernd
	Muskatellersalbei	erweitert den Horizont und weckt die Neugier auf Ungeahntes
	Minze	befreit den Kopf
	Patschuli	regt die feinstofflichen Energien an
	Jasmin	fördert die Visualisierung
Halschakra	Fichtennadel	stärkt Kommunikation nach außen
	Geranium	hilft bei Gesprächen
alle hier aufgeführten ätherischen Öle wirken auch lungenstärkend	Latschenkiefer	stärkt Kommunikationsbereitschaft
	Eukalyptus	stärkt Gefühl der Verbundenheit mit allem, was ist
	Salbei	wirkt auf die Stimme und löst allgemein Verkrampfungen im Halsbereich
	Ysop	öffnet für Kommunikation
	Zedernholz	fördert selbst in schwierigen Situationen die Kommunikation
Herzchakra	Rose	klassisches Aroma, um Mitgefühl und Liebe hervorzurufen, öffnet das Herzchakra, wirkt beruhigend auf die Sinne und meditationsfördernd
alle hier aufgeführten ätherischen Öle wirken auch herzstärkend	Basilikum	stärkt alle Aspekte der Herzkraft
	Myrte	vermittelt Herzenswärme und Geborgenheit
	Thymian	erzeugt Mitgefühl
Nabelchakra	Bergamotte	stärkt Selbstvertrauen
	Cajeput	regt konstruktive Auseinandersetzungen an
	Kamille	beruhigt die Nerven
	Ylang Ylang	löst Zorn auf
	Lavendel	beruhigt aufgewühlte Emotionen

Chakra	*Essenz*	*Wirkung*
Sexualchakra	Ylang Ylang	wirkt stark erotisierend und regt die Sinne an
	Vetiver	wirkt stark erotisierend, besonders bei Frauen
	Sandelholz	verwandelt sexuelle Energien in kreative Impulse, gleicht aus und beruhigt
	Fenchel	stärkt die mütterlichen Energien und wirkt stark entgiftend
	Kardamom	löst Menstruationsbeschwerden
	Majoran	setzt sexuelle Ansprechbarkeit herab
	Muskatellersalbei	wirkt hervorragend bei Frauenleiden
Wurzelchakra	Mandarine	hilft, den Alltag und die mit ihm verbundene Routine in den Griff zu bekommen
	Rosmarin	hilft bei Antriebslosigkeit und Schwäche, stärkt die Aktionsbereitschaft, setzt aber auch die Streßanfälligkeit herab
	Gewürznelke	betäubt Schmerzen und wirkt erdend
	Zeder	wirkt erdend

Steine

Die bekannteste Erklärung dafür, warum Steine auf die Chakren wirken, liegt in der Schwingungsresonanz. Die sieben Chakren des menschlichen Körpers weisen bestimmte Energieschwingungen auf, die sich – wie wir im zweiten Kapitel sahen, als wir die Chakren und deren Beziehung zu der Welt der Farben besprachen – sehr deutlich in Farben ausdrücken. Edelsteine transportieren ihre Schwingungen ebenfalls in Farben. Es ist das Glitzern und der Schein der Farben, welche die Magie der Steine ausmachen, und natürlich ihr ungeheures Alter. Steine wie Kristalle sind seit Urzeiten in der Dunkelheit im Inneren der Erde gewachsen, wo sie

zum Träger des Lichts gereinigt wurden. Über die Farbe kommuniziert also die Schwingung der Edelsteine mit derjenigen der Chakren.
Ich selbst vermute allerdings, daß der westliche Mensch seine Erwartung auf den Stein projiziert. Wenn Sie hier zum Beispiel lesen, daß der Rubin auf Ihr Wurzelchakra ausgleichend wirkt, dann projizieren Sie diese Erwartung auf den Rubin, so daß im Sinne der »self fulfilling prophecy« die Wirkung auch wirklich eintritt. Ich finde es viel sinnvoller, auf Steine als auf Menschen zu projizieren. Der Stein, oder besser gesagt, das Mineral bietet sich durch sein Glitzern und Funkeln geradezu als Projektionsfläche an. Er zieht unsere Aufmerksamkeit an, und dabei werden wir wieder wie die Kinder, denn dieses glitzernde Farbenspiel läßt uns staunen und wundern. Ich sehe die Wirkung der Steine gerade darin begründet, daß sie unsere positive kindliche Seite ansprechen und sich als Projektionsfläche für die Chakrenarbeit anbieten. Deswegen ist es wichtig, daß Sie nicht in der folgenden Liste nachschauen und den erstbesten der dort angeführten Steine kaufen. Schauen Sie sich die Steine genau an und spüren Sie, ob diese Steine Ihnen etwas sagen oder richtiger, ob Sie auf die Steine etwas projizieren können. Nehmen Sie eine persönliche Beziehung zu den Steinen auf.
Seit Beginn der Menschheitsgeschichte nimmt man an, daß die Farbschwingungen von Steinen diejenigen der Chakren stabilisieren und ausgleichen können. Um diese Wirkung hervorzurufen, greift man zu einem rohen oder geschliffenen Edelstein. Man legt ihn auf die Stelle des entsprechenden Energiezentrums, nachdem man vorher auf diesen Stein meditiert hat. Sie können das Mineral so lange auf seinem Energiezentrum liegen lassen, bis Sie das Gefühl haben, daß Ihr Chakra genug von dessen Energie abbekommen hat. Die entsprechenden Steine legt man am besten auf die nackte Haut. Beim Wurzelchakra legt man den entsprechenden Stein im Schritt zwischen die Beine, beim Kronenchakra über den Kopf. Falls er eine Spitze besitzt, sollte diese auf das Kronenchakra weisen. Lassen Sie die Steine nicht länger als eine halbe Stunde auf Ihren Chakren liegen. Wahrscheinlich benötigen Sie jedoch mindestens zehn Minuten, um eine deutliche Wirkung zu spüren.

Nachdem Sie Ihre Steine über Ihre Chakren verteilt haben, geben Sie sich passiv ihrer Energie hin und lassen alle Gefühle, Bilder und Gedanken zu, ohne diese zu halten oder verändern zu wollen. Horchen Sie in Ihren Körper hinein, und versuchen Sie, seine Energieströme zu erspüren.

Die Zuordnung der Steine zu den einzelnen Chakren erfolgt weitgehend über deren Farbe. Wenn Sie sich also Minerale für die Chakrenarbeit kaufen, dann achten Sie hauptsächlich auf deren Farbreinheit und darauf, daß die Farbe natürlich zustandegekommen ist. Türkise zum Beispiel sind oft gefärbt. Sie hinterlassen eine Farbspur auf der Haut, wenn man sie befeuchtet und dann stark an der Haut reibt. Gelbe Zitrine werden oft aus den viel billigeren Amethysten gebrannt, und andere Farberscheinungen werden öfter durch die Bestrahlung des Steins hervorgerufen. Solche Manipulationen sind schwer nachweisbar. Letztendlich ist der Kauf eines Steins immer Vertrauens- und Gefühlssache.

Folgende Steine eignen sich für die Arbeit mit den Chakren:

Schema 5-4: Heilende und harmonisierende Steine für die Chakren		
Chakra	*Stein*	*Wirkung*
Kronenchakra ihm werden klare, farblose, durchsichtige Steine zugeordnet	Bergkristall Diamant	siehe unter Stirnchakra der König der Edelsteine, da er nur aus einem einzigen chemischen Element, nämlich Kohlenstoff, in reiner Form besteht; wegen seiner großen Härte Symbol der Unbestechlichkeit, wegen seines Glanzes Symbol der Vollkommenheit und Schönheit; reinigt unsere Gedanken und schafft einen klaren Geist
Stirnchakra hierher gehören Steine unterschiedlicher Färbung	Mondstein	auch Selenit genannt, wurde in Indien als »Traumstein« verehrt; stärkt die Intuition, regt Vorstellungskraft und Sensibilität an

Chakra	*Stein*	*Wirkung*
Stirnchakra	Bergkristall	ein farbloser, durchsichtiger Quarz, der Symbol der Klarheit und Reinheit des Geistes ist; regt Vorstellungskraft und Intuition an und sorgt für gute Träume
Halschakra	Türkis	ein klassischer Schutzstein, der vor dem bösen Blick, Verleumdung und übler Nachrede schützt
hauptsächlich blaue Steine	Aquamarin	vertreibt schlechte Träume, heilt Erkrankungen von Mund und Kehle und wurde noch im Mittelalter gegen Zahnschmerzen getragen
	Lapislazuli	hilft, Freunde zu gewinnen, und fördert Redner- und Unterhalterqualitäten
Herzchakra	Smaragd	Stein der Liebenden und der Herzkraft
hauptsächlich grüne Steine	Malachit	er ist grün wegen seines hohen Kupfergehalts; fördert Nächstenliebe, Verständnis und Nachsicht gegenüber unseren Mitmenschen
	Olivin	eigentlich olivgrüner Chrysolith; bringt Wärme ins Herz und symbolisiert die Sonnenkraft
	grüne Jade	unterstützt die Weisheit des Herzens, beruhigt und hilft, Träume leichter zu erinnern
Nabelchakra	Bernstein	kein Mineral, sondern ein fossiles Harz; schafft Kraft und Ruhe, hilft, erfolgreich durchs Leben zu gehen
hauptsächlich gelbe Steine	Zitrin	spricht vorhandene, aber bislang noch ungenutzte Aktivitäten an
Sexualchakra hauptsächlich orange Steine	Topas	als goldgelber Stein mit rotem Unterton; fördert die Sinnlichkeit und zieht glückliche sexuelle Beziehungen an

Chakra	*Stein*	*Wirkung*
Sexualchakra	Feueropal	Sinnbild der Liebe und der Sinnlichkeit; Schutzstein gegen negative Einflüsse
Wurzelchakra hauptsächlich rote Steine	Rubin	verbindet körperliche mit geistiger Ebene, fördert Aktivität und besonders Durchsetzungskraft, verjüngende Wirkung; soll links vom Wurzelchakra hingelegt werden
	Granat	aktiviert
	roter Jaspis	ein Stein der Materie und der Erde; fördert schnelles Handeln
	Karneol	fördert dynamisches Handeln
	rote Koralle	ein Tier, kein Stein! Symbol der Verwurzelung
	Hämatit	schenkt ein kraftvolles Körpergefühl

Steine wirken besonders gut, wenn sie in Pyramidenform geschliffen sind. Allerdings macht der deutsche Pyramidenenergieforscher Manfred KEPPELER darauf aufmerksam, daß das CHEOPS-Maß mit seinem 51-Grad-Neigungswinkel zwar für Ägypten sehr geeignet ist, nicht jedoch für Mitteleuropa. Er fand durch empirische Untersuchungen und Berechnungen heraus, daß für unsere Breiten ein 65-Grad-Neigungswinkel wirksamer ist.[1] Allerdings gibt es solche Pyramiden nicht im Handel und man muß sie sich speziell schleifen lassen, was den Preis einer solchen Kristall- oder anderer Edelsteinpyramide sehr erhöht. Meiner Erfahrung nach kann man ohne weiteres auch mit einer im klassischen CHEOPS-Maß geschliffenen Edelsteinpyramide gute Ergebnisse erzielen. Mir scheint es für die Wirkung wesentlicher zu sein, daß eine Pyramidenkante immer exakt mit dem Kompaß auf die Nord-Süd-Richtung ausgerichtet ist.

1 Vgl. hierzu genauer: Manfred KEPPELER, *Die Glückspyramide.* Augsburg 1988. Einige Überlegungen dieses Buches kann ich nur schwer nachvollziehen.

Pyramiden im CHEOPS-Maß sind aus Bergkristall, Rosenquarz und Amethyst im Fachhandel erhältlich; aus anderen Steinen habe ich sie nur selten gesehen.

Wenn Sie mit Steinen an den Chakren arbeiten wollen, dann sollten Sie für jedes Chakra einen besonderen Stein besitzen, den Sie für nichts anderes, auch nicht als Schmuckstein, verwenden. Benutzen Sie immer wieder den gleichen Stein, den Sie in der Sonne reinigen können. Benutzen Sie zur Reinigung Ihrer »Chakrensteine« kein Salz, wie häufig empfohlen wird. Salz trübt auf Dauer die Farbe, da es in feine Spalten und Vertiefungen des Steines eindringt und sich dort festsetzt.

Sexualität

Es ist eine alte Tradition, mit der Sexualkraft die Chakren anzuregen. In Indien und Tibet wird hierbei von »Tantra« gesprochen, obwohl sich beide Kulturen sehr darin unterscheiden, was sie darunter verstehen. Besonders im indischen linkshändigen Tantra und im Taoismus geht es darum, daß der Mann nach bestimmten tagelangen rituellen Reinigungen und Vorbereitungen mit seiner Yogini (der weiblichen Sexualpartnerin) zusammenkommt, die ebenfalls durch vergleichbare Vorbereitungen gegangen ist. Beide, Mann und Frau, treffen sich jedoch keineswegs als persönliche Liebhaber, sondern überpersönlich als Gott und Göttin. Die Göttin und der Gott verkehren sexuell miteinander, wobei es auf die Konzentration des Mannes ankommt, seinen Samen nicht zu ejakulieren, sondern ihn in der Sushumna hochzuziehen und mit ihm alle seine Chakren zu energetisieren. Es handelt sich bei diesem Hochziehen der sexuellen Energie um ein Symbol für die hohe Bewußtseinskraft, die man bei der sexuellen Entladung behalten sollte.
Dieses Hochziehen des Samens zur Erzeugung höherer Bewußtseinszustände ist auch in Europa seit dem ersten Jahrhundert nach unserer Zeitrechnung belegt und geht auf gnostische Traditionen zurück.

Jeder Mann kann seine Chakren dadurch stimulieren, daß er seinen Samen statt auszustoßen nach oben durch die einzelnen Chakren lenkt. Allerdings setzt diese Praxis eine lange Übung voraus.
Wichtiger als das physische Hochziehen des Samens ist sicherlich die Aufrechterhaltung des Bewußtseins während des sexuellen Aktes. Für die Frau werden bei diesem sexuellen Ansprechen der Chakren ihre Energiezentren dadurch aktiviert, daß sie mit denen des Mannes in vollem Körperkontakt sind. Bei den Stellungen Sukhapadma und Yoni-Asana zum Beispiel berühren sich die beiden Partner an allen Chakren. Die bei dieser Art der Chakrenarbeit geübte Zurückhaltung des Samens weist jedoch ihre Schattenseite auf: Sie ist häufig von der unbewußten Angst des Mannes geprägt, sich in die Frau zu verströmen und so zu verausgaben. Außerdem entspricht sie der Haltung unserer Gesellschaft, daß man als Mann nie die Kontrolle verlieren darf. Wer mit seinem Samen in dieser Weise geizt, lehnt häufig in seinem tiefsten Inneren den kreativen Austausch mit der Frau ab.
Die europäische Form dieser sexuellen Chakrenarbeit ist von der Alchimie geprägt. Anders als im linkshändigen Tantrismus wird in der Alchimie die Mischung der männlichen und weiblichen Säfte gelobt, auf deren Austausch und Fließen hin sich alle Energiezentren der beiden Liebenden aktivieren. Jeder von Ihnen hat sicherlich schon die Erfahrung gemacht, daß, wenn man sich intensiv und bewußt, ohne moralische Beschränkungen und starren Vorstellungen liebt, sich beide Partner danach energievoll wie selten fühlen. Dieser Zustand entsteht durch die Aufladung der Chakren durch die Sexualität.
Die linkshändig tantrische Art der Chakrenarbeit setzt eine hohe Disziplin voraus. Sie lobt zwar einesteils das Zurückhalten und das Hochziehen des Samens, sie findet jedoch auf der anderen Seite ihre Vollendung darin, sich rituell zu lieben, wenn die Frau menstruiert. In diesem Fall darf nicht nur, sondern sollte auch der Mann ejakulieren. Vergleichbar den europäisch alchimistischen Vorstellungen bringt die Verbindung von rotem Menstruationsblut und weißem Samen eine neue Bewußtseinsstufe hervor. Unter anderem sind deswegen die Farben der Alchi-

misten Rot und Weiß. In indischen tantrischen Abbildungen finden wir meistens die Schamlippen der Frauen gerötet, was verbildlichen soll, daß sie menstruieren. Daß bei diesen Techniken der Chakrenarbeit auch Verhütungsfragen eine Rolle spielen, braucht wohl nicht besonders betont zu werden.

Neuerdings werden im Versandhandel und auf esoterischen Messen die Sexualität anregende Getränke angeboten, die nach Angabe ihrer Hersteller »die Kundalinienergie zum Schwingen bringen«. Diese alkoholischen Getränke sind aus bestimmten, die Sexualität stimulierenden Kräutern nach alten tantrischen Rezepten bei Vollmond hergestellt. Ich fand die Wirkung dieser tantrischen Cocktails erstaunlich überzeugend.[1] Im Gegensatz dazu zeigten die angeblich nach tantrischen Rezepten hergestellten Lust- und Ekstasesalben bei mir keinerlei Wirkung.

Wer seine Chakren über die Sexualität ansprechen möchte, kann dieses auch mit Hilfe eines sogenannten »Yidam« machen. Ein Yidam ist ein visualisierter Idealpartner, mit dem man sich alles trauen darf, was man im normalen Leben nicht wagt. Solch ein Traumpartner wird benutzt, um sich in sexuelle Vorstellungen verbunden mit Selbstbefriedigung hineinzubegeben und so die einzelnen Chakren anzusprechen. Die Amerikanerin Genevieve Lewis PAULSON macht in ihrem Kundalinibuch[2] darauf aufmerksam, daß jedes exzessive Vorspiel ohne Orgasmus zu einer spontanen Kundaliniauslösung führen kann.

Sie sollten auf diesem Gebiet am besten allein oder mit Ihrem Partner selbst experimentieren, da die Bücher, die hierzu unter Titeln wie *Rotes Tantra* oder *Sexualmagie* angeboten werden, plattester Unfug bis im besten Falle wenig hilfreich sind. Trotz all der Faszination, die ein solcher Weg ausübt, müssen Sie sich immer vor Augen halten, daß dies

1 Wer sich für solche tantrischen Produkte und Aphrodisiaka interessiert, der mag sich an Shambala Versand, Am Oberen Tor 2, D-91330 Eggolsheim wenden, um den Tantra-Katalog anzufordern.

2 Genevieve Lewis PAULSON, *Das Kundalini-Handbuch.* Aitrang 1992, S. 27.

die mit Abstand schwierigste Methode ist, die Chakren zu aktivieren. Sie ist völlig ungeeignet für ungeduldige Sucher.
Die direkten sexuellen Techniken der Chakrenarbeit haben nichts mit dem Tibetischen Buddhismus zu tun. Der Tibetische Buddhismus ist wesentlich körperfeindlicher als die tantrischen Strömungen des Hinduismus, obwohl es allerdings auch bei ihm die sogenannten »Yab-Yum«-Darstellungen gibt. Hierbei vereinigt sich der Buddha sexuell mit seiner weiblichen Partnerin. Heute werden diese Darstellungen als die Verbindung des Vater- und des Mutteraspektes des Buddha angesehen. Man mag in ihnen aber auch eine Erinnerung an langverdrängte sexuelle Praktiken erkennen, die womöglich auf die Zeit der Bön-Religion zurückgehen. Die Bön-Religion prägte Tibet und Nepal vor dem Buddhismus und war charakterisiert durch einen von Frauen geprägten Schamanismus. Weiblich geprägte Kulturen neigen dazu, Sexualität und Körper als etwas Heiliges anzusehen.

Traumarbeit

Meistens zeigt sich der Einfluß Ihrer Chakrenarbeit deutlich in Ihren Träumen. Durch die Chakrenarbeit werden die Träume oftmals leichter erinnert, da man einen höheren Bewußtseinsgrad – selbst im Schlaf – aufrechterhält. Zugleich entwickeln die Träume auch einen viel symbolträchtigeren Charakter als zuvor.
Chakrenarbeit und Traumarbeit treffen sich darin, daß es bei beiden um die Auseinandersetzung mit feindstofflichen Energien geht, die auf die innerpsychische Dynamik zurückzuführen sind.
Beim Traum bewegt sich die Energie in einer bilderschaffenden Weise, und bei der Chakrenarbeit kann man diese Energiebewegungen sowohl körperlich erspüren, als auch durch aufsteigende Bilder wahrnehmen. Wie die Chakrenarbeit von der Pranaenergie als der allgemeinen und universellen Lebensenergie spricht, so pulsiert diese gleiche Energie, von FREUD als Libido bezeichnet, durch unsere Traumbilder. Von daher

bietet sich die Verbindung von Yogatechniken wie der Chakrenarbeit und der Traumarbeit geradezu an.[1]

Eine Möglichkeit, die Traumarbeit und die Arbeit an den Chakren miteinander zu verbinden, besteht darin, daß wir uns vor dem Einschlafen auf ein bestimmtes Chakra konzentrieren. Wir wählen dazu jenes Chakra aus, mit dessen Äußerungsformen wir zur Zeit Schwierigkeiten haben. Wenn es uns zum Beispiel schwerfällt, warmherzig und mitfühlend auf unsere Umwelt einzugehen, dann wenden wir uns unserem Herzchakra zu, das dieses von uns ungelebte Prinzip verdeutlicht. Im Bett vor dem Einschlafen legen wir unsere rechte Hand auf unser Herzchakra und konzentrieren all unsere Aufmerksamkeit auf diesen Bereich. Wir stellen uns vor, daß wir durch unser Herzchakra aus- und einatmen und entspannen dabei dieses Chakra so tief wie möglich. Dabei werden wir wahrscheinlich das Gefühl haben, daß unser Herzchakra angenehm warm und weit wird. Mit diesem Gefühl schlafen wir ein. Die Wahrscheinlichkeit, daß wir auf diese Weise einen Traum bekommen, der auf den Zustand unseres Herzchakras reagiert, ist sehr hoch. Allerdings wird dieser Traum in den meisten Fällen symbolisch das Thema unseres Herzchakras ansprechen. Unsere Aufgabe besteht darin, diesen Traum auf der Ebene unseres Herzchakras konkret zu verstehen.

Auf solche Weise können wir mit allen sieben Chakren vorgehen und so neue Impulse für unsere Chakrenarbeit erhalten.

Bewußtes Träumen: Wer es gelernt hat, seine Träume zu lenken (luzides Träumen), der kann über bewußtes Träumen seine Chakren beeinflussen.[2] Anfangs ist es dabei sinnvoller, sich nur einem Chakra zuzuwenden.

1 Vgl. hierzu genauer: Klausbernd VOLLMAR und Johannes FIEBIG, *Gelebte Träume sind die besten Träume. Einführung in die Traumdeutung.* Königsförde 1993, S. 31 ff.

2 Vgl. zur Traumarbeit genauer: Klausbernd VOLLMAR, *Arbeitsbuch der Traumdeutung.* München 1994 und Klausbernd VOLLMAR und Johannes FIEBIG, *Gelebte Träume sind die besten Träume.* Königsförde 1993. Wenn Sie Hilfen für die Entschlüsselung der Symbolik Ihrer Träume benötigen, dann ist folgendes Arbeitsbuch zu empfehlen: Klausbernd VOLLMAR, *Handbuch der Traumdeutung.* Königsförde 1993.

Machen Sie sich die symbolische Ebene dieses Chakras bewußt. Malen Sie vielleicht vorher ein Bild dazu oder visualisieren Sie diese Ebene. Danach nehmen Sie sich vor, im Traum genau diese Ebene zu besuchen. Nehmen Sie sich irgendein Symbol, das für Sie dieses Chakra charakterisiert. Sie können sich zum Beispiel gut an die Elemente halten und sich für das Wurzelchakra ein frisch gepflügtes Feld vorstellen (Erde), für das Sexualchakra einen See, das Meer oder einen Bach (Wasser), für das Nabelchakra ein Feuer (Feuer) und für das Herzchakra den Wind (Luft), den man sich am besten anhand seiner Auswirkungen verdeutlichen kann. Sobald Sie sich bewußt sind, daß Sie träumen, versuchen Sie sich dieses Symbol vorzustellen. Es dient Ihnen als Schlüssel zu der Bilderwelt desjenigen Chakras, mit dem Sie sich im Traum beschäftigen wollen.

Es ist auch möglich, mit Affirmationen zu arbeiten, indem Sie sich zum Beispiel sagen, daß Sie heute nacht von Ihrem Nabelchakra träumen möchten. Vergessen Sie bei der Affirmation nicht zu sagen, daß Sie den entsprechenden Traum auch behalten werden. Eine solche Affirmation könnte zum Beispiel die folgende sein:

Heute nacht werde ich von meinem Nabelchakra träumen und diesen Traum leicht und vollständig behalten und verstehen.

Sie können sich eine eigene Affirmation nach diesem Modell bilden. Wichtig ist nur, daß die Affirmation nur positiv formulierte Aussagen enthält und möglichst knapp gefaßt ist.

Sie sagen sich Ihre Affirmation dreimal täglich vor. Besonders konzentriert sprechen Sie diese innerlich vor dem Einschlafen, wobei Sie nicht mit der Affirmation im Bewußtsein einschlafen sollten. Vertrauen Sie darauf, daß Ihr Unbewußtes diesen Wunsch aufnehmen wird, und zwingen Sie ihn nicht in Ihr Unbewußtes hinein.

Es braucht meist einige Tage, bis die Affirmation wirkt. Betrachten Sie all Ihre Träume daraufhin, ob sie eine Symbolik aufweisen, die auf Ihr Nabelchakra zu beziehen ist. Falls ja, interpretieren Sie diesen Traum ausführlich.

Wenn Sie vorhaben, auf der Ebene Ihres Nabelchakras etwas zu ändern, zum Beispiel sich Ihrer Aggressivität bewußter zu sein, nehmen Sie sich

vor, einen Traum mit dem Thema Aggression zu träumen. In diesem Traum versuchen Sie jetzt bewußt, in die Richtung zu handeln, in die Sie sich verändern wollen. Nehmen wir ein Beispiel:
Sie träumen davon, angegriffen zu werden, und laufen vor dem Angreifer weg. Um Ihr Nabelchakra zu stärken, ist es zunächst einmal wichtig zu sehen, daß Sie sich Ihrer Aggressivität wenig bewußt sind. Aus diesem Grund wird Ihre Aggression auf eine andere Person projiziert. Um die Verwandlung und Integration Ihrer Aggressivität einzuleiten, nehmen Sie sich vor, daß Sie den Angreifer im nächsten Traum wieder treffen. Statt wegzulaufen, planen Sie, ihn anzusprechen oder noch radikaler, ihn zu umarmen. Bedenken Sie immer bei solchen bewußten Traumhandlungen, daß Sie den Traum dazu benutzen, neue Verhaltensweisen auf der Ebene des entsprechenden Chakras auszuprobieren.

Traumdeutung und Chakrenarbeit: Auch wenn Sie nicht bewußt träumen wollen oder können, helfen Ihnen Ihre Träume, die Energie des betreffenden Chakras zu erkennen. Jeder Traum weist eine Beziehung zu einem bestimmten oder seltener zu mehreren Chakren auf. Wichtig ist, die Träume auf diese Aussage hin zu deuten. Um leichter erkennen zu können, welche Träume auf welches Chakra zu beziehen sind, gebe ich hier eine kurze Aufstellung von häufigen Traumtypen, die sich auf spezielle Chakren beziehen:

Die Ebene des **Kronenchakras** liegt jenseits der Träume, da Träume von Projektionen auf dieser Ebene leben, aber nicht mehr projiziert wird. Tibetische Yogis halten auf der Ebene des Kronenchakras ein volles Bewußtsein auch während des Schlafes aufrecht. Falls sich dennoch einmal Bilder im Schlaf einschleichen sollten, werden diese sogleich in ein helles, klares Licht aufgelöst. So wird zum Beispiel vom Karmapa, dem Oberhaupt der Kagyüpa-Linie des Tibetischen Buddhismus, berichtet, daß er seinen Körper zwar des Nachts ruhen läßt, aber nie schläft. Sein Geist bleibt immer klar und wach. Auch die Mönche werden im Tibetischen Buddhismus dazu angehalten, selbst während des Schlafs

bewußt zu bleiben. Das Dröhnen der großen Hörner, die am Abend geblasen werden, gemahnt sie daran, während des Schlafs in einer tiefen Bewußtseinsschicht mit den meditativen Übungen fortzufahren.
Auf der Ebene des **Stirnchakras** treten meist Träume mit ausgeprägt archetypischen Symbolen auf. Märchenhafte, an Sagen erinnernde Träume und solche, in denen männliche und weibliche Helden- und Götterfiguren auftreten, müssen im Stirnchakra lokalisiert werden. Ferner können alle Träume, in denen es um Verschmelzung, Verbindung und Vereinigung von Gegensätzen geht, auf dieser Ebene verstanden werden.
Zum **Kehlchakra** gehören zunächst einmal alle Träume, in denen Sprache, Wörter und Kommunikation eine wichtige Rolle spielen. Auf dieser Ebene bekommt man neue Informationen vermittelt oder man versteht Informationen nicht. Deshalb gehören hierher Träume mit Geheimnissen, in fremden Sprachen und überhaupt solche, in denen dem Träumer die Situation äußerst fremd und unverständlich erscheint. Bestandteil dieser Ebene sind auch Träume, in denen wir vereisen und speziell in denen wir uns in fremden Ländern und Kulturen begeben oder in denen wir Musik (besonders sakrale Musik und Gesänge) hören. Alle Träume, in denen wir über Grenzen gehen, an Schlagbäume kommen und mit dem Zoll zu tun haben, sind auf der Ebene des Halschakras zu deuten. Das Halschakra ist die Grenze zwischen Kopf und Bauch.
Zum **Herzchakra** gehören alle Träume, in denen Liebe, Verliebtheit, Beziehungen, Familie und Helfen eine wichtige Rolle spielen. Fast jeder Traum, in dem Menschen vorkommen, kann über die Ebene des Herz- oder des Kehlchakras verstanden werden. Auch Träume, in denen Sie sich gefühlsmäßig sehr berührt fühlen, sind hier anzusiedeln.
Zur Ebene des **Nabelchakras** gehören zunächst einmal alle Träume, in denen Aggression eine Rolle spielt, wobei es belanglos ist, ob die Aggression gegen Sie gerichtet ist oder von Ihnen ausgeht. Besonders Verfolgungsträume sind hier typisch. Bedenken Sie bei dem Verständnis solcher Träume immer, daß dasjenige, was Sie verfolgt oder angreift, von Ihnen aufgenommen werden möchte. Auf diese Ebene gehören auch diejenigen Träume, in denen Feuer und Feuersymbole wie Öfen, Herde,

Feuerzeuge, Streichhölzer etc. eine wichtige Rolle spielen. Besonders positiv sind auf dieser Ebene Traumbilder, in denen ein besonders klares, sonniges Licht und eventuell die Sonne selbst vorkommt.
Auf der Ebene des **Sexualchakras** deutete Sigmund FREUD die meisten Träume seiner Patienten. Alle Träume, in denen eindeutig phallische oder vaginale Symbole vorkommen, wie zum Beispiel Schlüssel und Schloß, Bohrer und ähnliche Werkzeuge, tiefe feuchte Kuhlen, Falten etc. Alle Träume, in denen sinnliche Gefühle eine wichtige Rolle spielen. Träume, in denen eine Wassersymbolik auftaucht. Hierbei ist besonders auf die Qualität des Wassers zu achten, die Rückschlüsse auf den Zustand dieses Chakras zuläßt. Fließendes, klares Wasser ist ein sehr günstiges Bild, wobei sumpfiges, faules, stehendes Wasser wie Eis eher auf eine Blockierung dieses Chakras verweist. Hohe Wellen, Überschwemmungen zeigen wie Staudämme eher eine Angst vor den Energien dieses zweiten Chakras an und machen darauf aufmerksam, daß diese Ebene mehr ausgelebt werden möchte. Ferner kommt es darauf an, in welchem Kontakt wir zu dem Wasser stehen: Sehen wir es nur, erleben wir es von einem Schiff aus oder schwimmen wir in ihm? Je direkter der Kontakt mit dem Wasser, um so direkter sollte unser Kontakt zu den Energien des Sexualchakras sein. Auch alle Träume, in denen der Mond eine Rolle spielt, weisen auf dieses Chakra hin.
Zum **Wurzelchakra** gehören alle Träume mit Erdsymbolik, wie zum Beispiel solche, die in Höhlen, unter der Erde wie im Tunnel oder im Keller stattfinden. Träume, in denen Sie in der Erde graben, dort einen Schatz oder was auch immer finden, verweisen ebenfalls auf Ihr Wurzelchakra. Und schließlich stammen Träume, in denen Schlangen, Eidechsen, Kröten, aber auch Stiere und Elefanten auftauchen ebenfalls aus der Ebene des untersten Chakras wie auch alle Träume, in denen es um Festigkeit, Struktur und Sicherheit geht.

Meiner Erfahrung nach gehören eine sinnvolle Chakrenarbeit und die Traumarbeit unbedingt zusammen. Denn Traumarbeit zeigt unbestechlich, in welchem Zustand sich unsere Chakren befinden und was wir

projizieren. Daher ist es wichtig, Träume dementsprechend regelmäßig zu deuten. Der dänische Lama Ole NYDAL beschreibt zum Beispiel, wie er nach jeder seiner wesentlichen Einweihungen durch einen hohen Lama von klaren Träumen heimgesucht wurde, die ihm seinen Bewußtseinszustand anzeigten.[1] Es gibt im Tibetischen Buddhismus eine Praxis der Traummeditation, »Milam« genannt, bei der man seinen Geist und seinen Bewußtseinszustand erkennt. Dabei lernt man, die Botschaft der eigenen Träume klar zu erkennen und auf seine Chakren zu beziehen. Wie FREUD erkannte, geht auch diese Milam-Meditation davon aus, daß Träume letztendlich wie unser Wacherleben nur Projektionen unseres Geistes darstellen. Und diese Projektionen sind es, die unsere Chakren aus der Harmonie bringen.
Die Chakrenmeditation mit Hilfe der Traumarbeit setzt eine Einweihung oder zumindest eine Anleitung durch einen Meditationslehrer voraus.

Bach-Blütenessenzen

Die einzelnen Chakren können vorzüglich durch homöopathische Mittel und Bach-Blütenessenzen angesprochen werden. Das Schwingungsmuster dieser Heilmittel korrespondiert über die Seele in deutlicher Weise mit den einzelnen Chakren.
Seitdem ich 1984 ein Zuordnungssystem zwischen den einzelnen Chakren und den Bach-Blütenessenzen entwickelte und veröffentlichte, hat sich dieses System derart bewährt, daß es von vielen Autoren übernommen wurde. Naomi OZEANIEC führt es zum Beispiel in ihrem detailliert recherchierten Chakrabuch[2] als zu empfehlendes System an, und so stelle ich es hier noch einmal mit einigen neuen Erläuterungen vor. Die Bach-Blütenessenzen sind in der Reihenfolge ihrer Wichtigkeit für das entsprechende Chakra aufgeführt.

1 Ole NYDAHL, *Die Buddhas vom Dach der Welt. Mein Weg zu den Lamas.* Köln 1979, bes. interessant S. 226.

2 Naomi OZEANIEC, *Die Chakras.* Braunschweig 1993, S. 87 f., 118, 135, 152 und 167.

Schema 5-5: Heilende und harmonisierende Bach-Blütenessenzen für die Chakren		
Chakra	*Bach-Blütenessenz*	*Wirkung*
Stirnchakra	35 weiße Kastanie (white chestnut)	unterstützt Konzentration
	5 Bleiwurz (cerato)	öffnet für die innere Stimme
	33 Walnuß (walnut)	stärkt Vertrauen in inneren Führer
	7 Kastanienknospen (chestnut bud)	hilft, vom Leben zu lernen
	23 Olive (olive)	schafft Vertrauen in höhere Kräfte
	32 Weinrebe (vine)	schärft den Blick für echte Autorität
	3 Buche (beech)	lehrt Toleranz
	12 bitterer Enzian (gentian)	hilft, das zu akzeptieren, was ist
Kehlchakra	36 Wald-Trespe (wild oat)	fördert die Kommunikation mit der eigenen Seele
	1 Odermenning (agrimony)	verbindet Fühlen und Denken
	38 Weide (willow)	schafft Raum für den Selbstausdruck
	21 Ackersenf (mustard)	stärkt Selbstvertrauen
Herzchakra	25 rote Kastanie (red chestnut)	fördert die Kommunikation reiner Liebe
	4 Tausendgüldenkraut (centaury)	fördert das Dienen
	14 Heidekraut (heather)	fördert die bedingungslose Liebe
	8 Zichorie (chicory)	fördert Hingabe
	15 Stechpalme (holly)	läßt Liebesenergie fließen
	26 Sonnenröschen (rock rose)	dient der Ich-Überwindung
	16 Geißblatt (honeysuckle)	unterstützt das Leben im Hier und Jetzt

Chakra	*Bach-Blütenessenzen*	*Wirkung*
Nabelchakra	2 Espe (aspen) 19 Lärche (larch) 29 Milchstern (star of Bethlehem) 28 Knäuel (scleranthus) 17 Hainbuche (hornbeam) 18 Springkraut (impatiens)	fördert Angstüberwindung fördert Selbstbewußtsein fördert Freude an der Tat fördert innere Balance unterstützt die Verwirklichung von Zielen gibt Geduld
Sexualchakra	22 Eiche (oak) 37 Heckenrose (wild rose) 27 Quellwasser (spring water) 31 Eisenkraut (vervain) 20 Gauklerblume (mimulus) 11 Ulme (elm) 10 Holzapfel (crab apple)	schafft Hingabefähigkeit fördert Lebensfreude verbindet Sich-gehen-lassen mit Disziplin läßt dem anderen Freiheit läßt Freiheit genießen fördert die Umsetzung von Ideen fördert die Ausscheidung von Unverdaulichem
Wurzelchakra	9 gemeine Waldrebe (clematis) 6 Kirschpflaume (cherry plum) 24 Föhre (pine) 30 Edelkastanie (sweet chestnut) 13 Stechginster (gorse)	schafft Erdung hilft loszulassen trägt zur verantwortungsvollen Gestaltung des Alltagslebens bei schafft Vertrauen in die eigene Entwicklung unterstützt die Integration von positiven und negativen Gefühlen

Zu dieser Zuordnung ist hinzuzufügen, daß die Bach-Blüten Bleiwurz (Nr. 5) und Walnuß (Nr. 33) auch gut für das Kehlchakra verwendet werden können. Besonders günstig wirken sie, wenn das Kehlchakra überenergetisiert ist und man Schwierigkeiten hat, ruhig zu werden.

Sie können sich von den zuvor aufgeführten Bach-Blütenessenzen entweder eine einzelne zu dem entsprechenden Chakra heraussuchen oder bis zu vier zu einem Chakra passende Essenzen kombinieren. Von der gewählten Essenz oder Essenzenmischung nehmen Sie dreimal täglich drei Tropfen. Meistens greift man zur Kombination, es sei denn, man würde das Gefühl haben, exakt die passende Blütenessenz gefunden zu haben. Das nehmen jedoch nur Anfänger häufig an.
Wenn Bach- oder andere Blütenessenzen in der Chakrenarbeit verwendet werden, dann sollte man über einen längeren Zeitraum an einem bestimmten Chakra arbeiten. Den Zeitraum von etwa zehn bis 14 Tagen würde ich für sinnvoll halten, da einmal die Bach-Blütenessenzen eine gewisse Zeit zur Entfaltung ihrer vollen Wirkung bedürfen und sich zum anderen nach zwei Wochen oft das Thema der Arbeit geändert hat.

Geistesübungen

Jede Meditation beginnt damit, daß man entscheidet, worauf man meditieren will. Selbst bei der Meditation auf die vielzitierte Leere besitzt man ein bestimmtes Konzept von der Konzeptlosigkeit dieser Leere. Bei den Chakren trifft das noch in viel deutlicherem Maße zu. Wer nichts über die Chakren weiß, wird auch schwerlich auf sie meditieren können.
Es hat schon einen großen Effekt, wenn man das theoretische System der Chakren zu verstehen sucht. Der Intellekt muß als fester Bestandteil des Menschen unbedingt an der Chakrenarbeit beteiligt werden. Insofern dient das rein informatorische Lesen dieses Buches der Chakrenarbeit: Es stellt zumindest den ersten Schritt für eine sinnvolle Chakrenarbeit dar. Wer nichts über das System und die Vorstellung der Chakren weiß, kann nur mit größten Schwierigkeiten, wenn überhaupt, an seinen Energiezentren arbeiten.
Je besser wir das Chakrensystem verstehen, um so klarer wird uns, wie wir angemessen mit unseren Chakren arbeiten können. Aus diesem Grund hilft eine ausgiebige Kontemplation über das System der sieben

Energiezentren und der sie verbindenden Energieströme. Dabei können Sie sich, ausgehend von den hier präsentierten Vorstellungen, ohne weiteres eigene Gedanken über das Chakrensystem machen – ja, vielleicht kommt es gerade darauf an, mit eigenen verinnerlichten Bildern die Chakrenübungen durchzuführen. Wie schon gesagt, die Chakren sind nicht etwas Lebloses und Starres, sondern ein Modell, das Sie in sich zum Leben erwecken können. Dazu gehört auch ein intellektuelles Konzept, das Ihnen als Gebrauchsanweisung für Ihr Handeln dient.
Auf der anderen Seite ist ein intellektuelles Konzept immer etwas Gefährliches, da es die Tendenz hat, sich zu verselbständigen. Es wäre völlig falsch, bei den entsprechenden Übungen immer nur das bestätigt finden zu wollen, was Sie verstandesmäßig begriffen haben.
Ein sinnvoller Umgang mit dem intellektuellen Verständnis in der Chakrenarbeit wäre es hingegen, bestimmte Übungen auszuprobieren und sich bei ihrer Ausführung für deren Wirkungen völlig offen zu halten.

Die Meditation in der Chakrenarbeit

Da die Chakren unter anderem ein Ausdruck des menschlichen Bewußtseins darstellen, sind sie direkt durch verschiedene Meditationstechniken ansprechbar. Meditation bedeutet in der Chakrenarbeit die Konzentration des Bewußtseins auf das Hier und Jetzt und, von dieser Basis ausgehend, auf sieben verschiedene Bewußtseinsstufen. »Meditation« ist im Grunde ein Sammelbegriff für eine Vielzahl von Bewußtseinsübungen, die alle das Ziel haben, den Übenden in einen Zustand zu versetzen, in dem es zu der Erfahrung des Erwachens kommen kann. Dabei ist zu betonen, daß die Meditation keinesfalls als Flucht vor der Wirklichkeit mißverstanden werden darf.

Übung

Zu dieser Übung wurde ich von meinem englischen GURDJIEFF-Lehrer Ronnie STENNETT-WILSON inspiriert.

- ➢ Setzen Sie sich entspannt und mit möglichst gerader Wirbelsäule in einer Ihnen vertrauten Meditationshaltung hin. Sie können dazu ein Meditationsbänkchen oder ein Kissen benutzen oder sich im Schneidersitz auf den Boden hocken.
- ➢ Schließen Sie Ihre Augen und achten Sie genau darauf, was Sie nun spüren. Versuchen Sie Ihren Körper so deutlich wie möglich zu erfahren und bemühen Sie sich, jede Spannung, die Sie entdecken, sofort aufzulösen.
- ➢ Zugleich werden Sie sich des Gedankenstroms in Ihrem Kopf bewußt. Betrachten Sie die aufsteigenden Gedanken und Bilder, ohne sie festzuhalten und ohne sich mit ihnen zu identifizieren. Lassen Sie die Gedanken kommen und gehen. Beobachten Sie dabei, wie der Gedankenstrom langsam verebbt.
- ➢ Es stellt sich nun eine tiefe Ruhe ein.
- ➢ Aus dieser Ruhe heraus konzentrieren Sie Ihre Bewußtseinsenergie auf Ihr Wurzelchakra am Ende Ihrer Wirbelsäule. Versuchen Sie Ihr Bewußtsein ohne Abschweifen für fünf Atemzüge am Ende Ihrer Wirbelsäule zu halten. Wenn Ihnen das gelingt, werden Sie in Ihrem Wurzelchakra ein Gefühl der Wärme spüren.
- ➢ Nachdem Sie so Ihr Wurzelchakra angesprochen haben, gehen Sie in der gleichen Weise mit den übrigen sechs Chakren vor.
- ➢ Sie beenden diese Übung, indem Sie sich ausgiebig recken und strecken und danach Ihre Augen öffnen.

Falls Ihnen die eigentliche Meditation, das Ruhigwerden zu Beginn dieser Übung, schwerfällt, können Sie mit folgender ausführlicher Meditationsübung erlernen, schnell in einen tief entspannten und ruhigen Zustand zu fallen:

- ➢ Setzen Sie sich in gewohnter Meditationshaltung auf die Erde oder auf einen Stuhl.
- ➢ Lockern Sie bewußt alle Muskeln.
- ➢ Fangen Sie mit Ihren Gesichtsmuskeln an, da von der Entspannung

des Gesichts weitgehend die Entspannung des übrigen Körpers abhängt. Entspannen Sie bewußt das Gebiet um Ihre Augen, lassen Sie den Unterkiefer herunterfallen, und richten Sie dann langsam absteigend Ihre Aufmerksamkeit auf die Entspannung Ihrer Schultern, Ihres Rückens, des Brustraums und so weiter bis hinab in Ihre Füße und einzelnen Zehen.

- Denken Sie immer daran, daß ein entspannter Körper die Voraussetzung für entkrampfte Emotionen und einen ruhigen Geist bietet.
- Nach dieser systematischen Entspannung richten Sie Ihre Aufmerksamkeit auf Ihren Atem, den Sie ruhig, regelmäßig und rund fließen lassen. Sie können sich dazu still im Inneren die Standardformel des Autogenen Trainings sagen: »Es atmet mich.«
- Danach verschmelzen Sie mit der Ruhe und der Dunkelheit, die Sie umgeben, und konzentrieren sich nur noch auf Ihre Körperempfindungen.
- Hiernach wenden Sie sich, wie oben beschrieben, Ihren Chakren zu.

Kommentar

Bei dieser kleinen Meditationsübung kommt es darauf an, daß Sie lernen, Ihr Bewußtsein in dem entsprechenden Chakra ruhen zu lassen, ohne auch nur mit einem Gedanken abzuschweifen. Das mag sich leicht anhören, zumal die Zeitspanne von fünf Atemzügen einem zunächst kurz vorkommt. Diese Konzentration zu halten ist aber nicht so einfach, da unser Geist die Tendenz besitzt, sich permanent auf andere Objekte seines Interesses zu stürzen. Um diese Übung, genau wie hier beschrieben, durchführen zu können, brauchen Sie sehr viel Zeit und Geduld. Es kommt aber, zumindest zu Beginn, gar nicht darauf an, die Übung perfekt zu absolvieren, sondern ihre Wirkung liegt im beständigen Versuch, sie immer wieder so gut wie möglich auszuführen.

Durch die Konzentration auf die sieben Chakren sprechen Sie diese dahingehend an, daß sich der Energiefluß in ihnen von selbst reguliert. Sie werden bei der Übung lernen, daß Konzentration und Entspannung nicht zweierlei sind, sondern daß sich beides gegenseitig bedingt. Indem

Sie sich auf die Chakren konzentrieren, entspannen Sie diese zugleich. Das ist der Sinn dieser Meditationsübung, denn ein entspanntes Chakra ist zugleich ein lebendiges und aktives Chakra.

Indem Sie in der beschriebenen Weise auf Ihre Chakren meditieren, leiten Sie Lebensenergie in Ihre Energiezentren hinein. Die Chakren nähren sich von Prana, und je mehr ihnen davon zugeleitet wird, um so besser arbeiten sie. Das heißt, je mehr Sie Ihre Chakren energetisieren, um so offener steht Ihnen die Bewußtseinsebene der einzelnen Chakren. Wenn Sie auf Ihre Chakren meditieren, sollten Sie sich damit zurückhalten, sie in eine bestimmte Richtung beeinflussen zu wollen. Der menschliche Intellekt ist meist zu begrenzt, um wirklich auf die Chakren in sinnvoller Weise wirken zu können. Machen Sie sich klar, daß es sich hierbei um komplexe Bewußtseinsvorgänge handelt und daß die Veränderung in einem Chakra notwendig Veränderungen in anderen Chakren, ja letztendlich im gesamten Chakrensystem, nach sich zieht.
Das meditative Einschwingen auf die Chakren hat den Vorteil, daß man sie von allen Einbindungen, in die sie unser Geist zwängt, befreit. Man spricht seine Energiezentren an, um ihnen die Freiheit zu geben, sich selbst gemäß ihrer eigenen Dynamik zu regulieren und zu entwickeln. Man kann die Chakrenmeditation, wie in der Übung oben beschrieben, ohne oder auch mit Vorstellungsbildern und Symbolen für die einzelnen Chakren durchführen. Ohne Vorstellungsbilder zu meditieren, hat den Vorteil, daß man wirklich das Chakra selbst erlebt, ohne sich von einem künstlichen Bild einengen zu lassen. Jedes Bild begrenzt ja, indem es sich zwischen den Betrachter und das betrachtete Objekt stellt. Ziel ist das direkte Erspüren dessen, was wirklich ist, und nicht das Wiedererkennen einer Sache, die uns ein Vorstellungsbild nahelegt. Das ist aber nur die eine Seite der Münzen. Auf der anderen Seite hilft gerade dem ungeübten Meditierenden ein Vorstellungsbild, um seine gesamte Konzentration, ohne abzuschweifen, auf ein Objekt fixiert zu halten. Sie sollten beide Methoden versuchen und dann entscheiden, welche Möglichkeit Sie mehr anspricht.

Übung

Es handelt sich hierbei um eine klassische Meditationsübung.

- Die Harmonisierung Ihrer Chakren wird unterstützt von einer fünfminütigen Meditation mit blinzelnden Augen auf eine brennende Kerze, die Sie etwa 30 Zentimeter vor sich hinstellen.
- Sie halten Ihre Augen halb geöffnet.

Elektronische Stimulation der Chakren

Der Vollständigkeit halber sei hier auch die elektronische Stimulation der Chakren angeführt.

Mind-Machines (zum Beispiel Mind-Xplorer Mega, Brainman, Cyberman oder Orpheus) stimulieren das Gehirn dahingehend, daß die sieben Chakren direkt angesprochen werden. Man könnte hierbei von einer elektronisch gesteuerten Meditation sprechen. Ich selbst habe gute Erfahrungen mit dieser postmodernen Meditation gemacht. Es mag wohl manchen Puristen abschrecken, mit elektronischen Mitteln seine Energiezentren meditativ zu beeinflussen, aber auch hier kommt es wie bei all diesen Techniken auf den Bewußtseinsstand des Anwenders an und was er daraus macht. Mind-Machines dienen lediglich dazu, elektronisch gesteuerte, klar definierte Bewußtseinszustände zu erzeugen. Forscher wie der Amerikaner Michael HUTCHINSON behaupten, daß eine zwanzigminütige Sitzung mit einer Mind-Machine Bewußtseinszustände erzeugt, die man normalerweise erst nach zwanzigjähriger Meditation erreicht. Wie dem auch sei, der Erleuchtung ist es sicherlich egal, wie schnell sie erreicht wird. Ich konnte an mir selbst und in meinen Workshops feststellen, daß die Chakrenarbeit mit einer entsprechend programmierten Mind-Machine sehr effektiv ist und gerade demjenigen hilft, der Schwierigkeiten mit der Meditation hat. Diese elektronischen Maschinen sollten freilich die »normale« Chakrenmeditation nicht ersetzen, sondern im Gegenteil ihr größere Tiefe geben. Dies geschieht, indem sie unser Gehirn dahingehend trainieren, sich konzentrierter und ruhiger zu verhalten.

Lassen Sie mich anhand eines Magnetfeldgenerators erläutern, wie man zum Beispiel die Chakren mit einer Mind-Machine ansprechen kann. Jedes Chakra hat als Energiewirbel eine bestimmte Schwingungsfrequenz. Sie wird unter anderem von dem elektromagnetischen Strahlungspegel unseres Planeten unterstützt, der wiederum ein Magnetfeld erzeugt, das teilweise mit dem Kompaß gemessen werden kann. Allerdings sind die wichtigsten Magnetfelder derart schwach pulsierend, daß sie nur mit speziellen Meßgeräten sichtbar gemacht werden können. Es ist anzunehmen, daß diese schwach pulsierenden, natürlichen Magnetfelder unter anderem die Stärke der einzelnen Chakren des Menschen bestimmen. Positive Kraftorte wirken durch genau diesen Effekt auf die Chakren, indem sie mit ihren eigenen Schwingungen diejenigen der menschlichen Chakren unterstützen. An den meisten Orten der Erde überlagern jedoch durch Fernseh- und Computerbildschirme, durch Funk und andere Elektrogeräte künstlich erzeugte Magnetfelder das natürliche Feld der Erde, so daß ein künstlicher »Frequenzsalat« entsteht, der zumindest auf die Dauer zu einer Störung der natürlichen Chakrenschwingungen führt.

Um den Körper und damit die sieben Chakren wieder der natürlichen Schwingung der Erde auszusetzen, wurden Geräte wie der Brainman und der Cyberman entwickelt, welche die natürlichen Schwingungen unserer Chakren stützen. Das geschieht, indem sie die natürliche Erdfrequenz aussenden und damit das ursprüngliche Feld der Erde wiederherstellen. Die elektromagnetischen Schwingungen der Mind-Machines können die Chakren harmonisieren, wobei dieser Vorgang so subtil und langsam vor sich geht, daß man seine Wirkung nur nach langfristiger, regelmäßiger Anwendung bemerkt. Nach etwa einem Monat täglicher, zwanzigminütiger »Übung« beginnt der »Meditierende« in der Regel eine Harmonisierung aller seiner Chakren zu spüren.

Um diese Wirkung zu stabilisieren, kann man manche Brain-Machines mit einer Farblichtlampe verbinden, die mit der entsprechenden Blinkfrequenz und Farbe das ausgewählte Chakra beleuchtet. Dabei muß der Strahl des Farblichts auf die nackte Haut an die Stelle des Chakras gerichtet werden. Größere Wirkungen erreicht man meiner Erfahrung nach jedoch erst mit einer Bestrahlungsdauer von etwa einer Stunde. Diese relativ lange Bestrahlungsdauer ist immer dann angesagt, wenn eine größere Disharmonie in einem Chakra akut behandelt werden soll oder wenn man durch äußere Umstände gehindert wird, eine kürzere Bestrahlung von etwa einer Viertelstunde regelmäßig täglich durchzuführen.

Für die einzelnen Chakren bieten sich die in der Tabelle angegebenen Frequenzen und Farben an. Die Zahlen in der Spalte »Filter« geben die einzelnen zu kombinierenden Filter des Spektro-Chrom-Systems nach Dinshah P. GHADIALI[1] an, mit dem die Farblampe der Mind-Machine Brainman arbeitet.

Schema 5-6: Farbbestrahlung der Chakren mit Mind-Machines (Brainman)

Chakra	*Frequenz*	*Farbe*	*Filter*
Kronenchakra	172, 06 Hz	—	—
Stirnchakra	221, 23 Hz	violett	6, 7, 8, 9, 9
Halschakra	141, 27 Hz	blau	5, 7
Herzchakra	136, 10 Hz	grün	5
Nabelchakra	126, 22 Hz	gelb	4
Sexualchakra	210, 42 Hz	orange	2, 3
Wurzelchakra	194, 18 Hz	rot	1

Bei dieser Chakrenstimulation und -harmonisierung durch elektromagnetische Felder und Farblampe handelt es sich um eine sanfte, aber äußerst effektive Chakrenarbeit für den faulen und gestreßten Menschen.

1 Dieses Farbsystem nach GHADIALI eignet sich nicht nur vorzüglich zur Stimulation der einzelnen Chakren, sondern auch zum Farbheilen. Vgl. dazu genauer: Darius DINSHAH, *Es werde Licht. Praktischer Leitfaden für Dinshahs 12-Farben-Chromotherapie.* Malaga/NJ 1989. Dieses Buch kann wie die Farblampe über Alexander WUNSCH, Medizingeräte, Bergheimer Str. 16, D-69115 Heidelberg bezogen werden.

Alexander WUNSCH, der den Brainman entwickelte, erstellte auch Chakrenprogramme für audiovisuelle Mind-Machines, die über akustische und optische Signale auf unsere Gehirnschwingungen wirken. Bei solchen Geräten wird mit Kopfhörer und Leuchtdioden in einer Brille gearbeitet. Die Chakrenarbeit mit audiovisuellen Mind-Machines darf jedoch nicht von Epileptikern, Personen mit Psychosen, Hirnschäden oder Netzhautablösung durchgeführt werden.

Natürlich kann an dem Einsatz von Mind-Machines in der Chakrenarbeit kritisiert werden, daß hier in äußerst passiver Weise die Chakren angesprochen und harmonisiert werden. Aber zeugt es nicht von einer starren Moral, wenn wir davon ausgehen, daß wir fortwährend eine Leistung erbringen müssen, um uns entwickeln zu können? Zugegeben, in den meisten Fällen trifft diese Ansicht zu. Dennoch kann ich durch die hier erwähnten Mind-Machines meine Chakren vorzüglich harmonisieren – und das ganz passiv. Ich schalte einfach das Gerät an und gebe mich dem hin, was mit mir geschieht. Schon allein das ist eine gute Übung der Hingabe. Außerdem gestaltet sich die Chakrenarbeit mit Musik, Düften und Steinen auch nicht aktiver.
Für mich war das Erlebnis mit dieser neuen Generation der Mind-Machines ähnlich wie der Kontakt, den ich zu einem nordindischen Guru und Yogi hatte. Der Weise berührte meine Chakren und harmonisierte sie damit. Seit ich diesen Vorgang der Harmonisierung einmal gespürt hatte, konnte ich selbst meine Chakren viel schneller und leichter ausrichten. Vergleichbar gibt die Harmonisierung der Chakren durch Mind-Machines dem Übenden eine klare Vorstellung davon, wie sich ein harmonisiertes Chakra anfühlt. Und was man am eigenen Leib spürt, kann man meist selbst – auch ohne Maschinen – erzeugen.

Affirmationen und Visualisierungen

Affirmationen und Visualisierungen kann man ebenfalls unter dem Oberbegriff der Geistesübungen sehen, da Sie mit Hilfe der Konzentration die Bewußtseinsenergien in eine bestimmte Richtung leiten.
Getreu der esoterischen Formel »Energie folgt den Gedanken« kann man durch Visualisierung und Affirmationen Lebens- und Bewußtseinskraft in die Chakren lenken. Ihr Effekt ist um so größer, je mehr emotionale Energie in ihr gebunden ist. Falls Sie mit den im vorigen Abschnitt erwähnten Mind-Machines arbeiten, dann kann man diese auch zur Verstärkung von Affirmationen und Visualisierungen benutzen.
Beginnt man mit Affirmationen und Visualisierungen zu arbeiten, stößt man zuerst oft auf verborgene Negativität, die man sich objektiv betrachten sollte, um ihr damit die Energie zu entziehen und sie so unschädlich zu machen. Meine Lehrer betonten beständig, daß man sich seine Negativität bewußt von allen Seiten wie eine Skulptur zu betrachten hat. Man sollte diese Negativität hassen und als seinen Feind betrachten, denn: »Der Mensch gibt einzig das auf, was er abgrundtief haßt« (arabisches Sprichwort).
Erst wenn man alle Negativität in bezug auf das zu erreichende Ziel ausgeräumt hat, kann man produktiv Affirmationen und Visualisierungen einsetzen.

Affirmationen werden auch Autosuggestionen genannt. Das heißt, man überzeugt sich selbst von der Erreichbarkeit eines Ziels oder eines Erfolges, den man haben will. Auf die Chakrenarbeit bezogen bedeutet das, daß man sich selbst davon überzeugt, daß man ein bestimmtes Chakra vollständig leben und erleben kann.
Falls Sie Ihre Chakren mit Affirmationen ansprechen und energetisieren wollen, setzt das zunächst voraus, daß Sie sich über den Zustand Ihrer Energiezentren im klaren sind. Verdeutlichen Sie sich, was Sie an einem oder mehreren Chakren ändern wollen, um diese wieder ins Gleichge-

wicht zu bringen. Dazu kann Ihnen die oben geschilderte Verbindung von Traum- und Chakrenarbeit wichtige Dienste leisten.
Sobald Sie wissen, was Sie ändern wollen, versuchen Sie, den Idealzustand des bestimmten Chakras zu beschreiben und ihn in einem kurzen positiven Satz so auszudrücken, als sei er schon erreicht. Für das Stirnchakra könnte die Affirmation beispielsweise lauten:
Ich erfreue mich an meiner beständigen Aufmerksamkeit.
Diese Affirmation sprechen Sie sich leise möglichst dreimal pro Tag über einen Zeitraum von zwei bis drei Monaten vor. Spätestens dann sollten Sie eine deutliche Wirkung spüren. Allerdings ersetzen Affirmationen nicht andere Formen der Chakrenarbeit; sie ergänzen diese sinnvoll.
Man kann Affirmationen für bestimmte Chakren sehr effektiv einsetzen, wenn man sie sich wie ein Mantra während der Arbeit an diesem Chakra beständig im Inneren vorsagt. Affirmationen lassen sich sehr gut mit der körperlichen Chakrenarbeit verbinden.

Schema 5-7: Heilende und harmonisierende Affirmationen für die Chakren

Chakra	*Affirmation*
Stirnchakra	Wie oben, so unten Ich bin eins mit allem (tat tvam asi)
Kehlchakra	Ich kommuniziere ehrlich und direkt mit mir und anderen Ich stelle mich offen und frei dar
Herzchakra	Dein Wille geschehe Ich erfreue mich meiner Gefühle
Nabelchakra	Ich bin offen Ich erfreue mich an meiner Kraft
Sexualchakra	Das Einlassen auf meine Umwelt gibt mir täglich neue Ansätze zur Veränderung Ich schwimme im Fluß der Lebensfreude
Wurzelchakra	Ich stehe fest mit beiden Beinen im Leben Ich lasse mich freudig auf das Spiel des Alltagslebens ein

Sie können bei **Visualisierungen** genauso wie bei den eben besprochenen Affirmationen vorgehen, indem Sie sich den positiven Zustand auf der Ebene des entsprechenden Chakras bildlich vorstellen. Haben Sie zum Beispiel Schwierigkeiten auf der Ebene des Halschakras, weil es schwer für Sie ist, spontan und offen auf andere Menschen zuzugehen, dann stellen Sie sich bildlich vor, wie Sie locker auf einer Party kommunizieren. Malen Sie sich diese Situation in allen Details aus. Gehen Sie die Bilder immer wieder wie einen Film in Ihrem Gehirn durch. Was Sie sich im Detail vorstellen und planen, hat erstaunlich gute Chancen einzutreten. Visualisierungen fallen besonders denjenigen Menschen sehr leicht, die eine Betonung der Feuerzeichen[1] in ihrem Horoskop aufweisen. Das Feuer als Lichtspender ist dem Sehen verbunden.

Übung

Es handelt sich hierbei um eine von der Farbenmeditation inspirierte Übung.

➢ Sie begeben sich in einen meditativen Zustand, nachdem Sie sich vorher Papier und Farbstifte oder Farben bereitgelegt haben.
➢ Nun stellen Sie sich nacheinander auf jedes der sieben Chakren ein und malen oder zeichnen, was Ihnen dazu einfällt.
➢ Folgen Sie Ihrer Intuition, und malen Sie das Bild für jedes Chakra auf ein neues Stück Papier, so daß Sie am Ende sieben Bilder vorliegen haben.
➢ Nun können Sie
  – diese Bilder daraufhin betrachten, wie sich die Energie des betreffenden Chakras in Ihnen ausdrückt,
  – diese Bilder weiter zu einem idealen Ausdruck des Chakras hin überarbeiten.
➢ Die überarbeiteten Bilder benutzen Sie als Visualisierungsvorlage, wenn Sie auf ein bestimmtes oder auf alle sieben Chakren zugleich meditieren wollen.

1 Das Feuerelement wird in der Astrologie durch die drei Zeichen Widder, Löwe und Schütze wiedergegeben.

Kommentar

Diese Visualisierungsübung läßt sich bestens mit anderen Formen der Chakrenarbeit, vorzüglich mit der Körperarbeit verbinden. Versuchen Sie nicht, das Künstlerische bei der Gestaltung dieser Visualisierungsvorlagen in den Vordergrund zu stellen. Es kommt auf Ihre spontane Kreativität an und nicht auf eine ästhetische Gestaltung.

Sie können sich ferner Symbole für jedes Chakra ausdenken, die für Sie den Idealzustand des betreffenden Chakras charakterisieren. Zum Beispiel einen klaren, plätschernden Bach beim Sexualchakra oder einen eleganten Tiger beim Nabelchakra. Sie können aus dem Symbolismus aller Völker und Zeiten frei wählen. Wichtig ist einzig, daß das erwählte Symbol für Sie auch wirklich den Idealzustand des entsprechenden Chakras verdeutlicht.

Übung: Visualisierungen zu den einzelnen Chakren

➢ Stirnchakra: Visualisieren Sie ein klares Licht – wie Sonnenlicht –, das von Ihrem Dritten Auge ausgeht und mit dem Sie alle Menschen, die Sie lieben, berühren und heilen können. Stellen Sie sich vor, welche Menschen Sie berühren und heilen.

➢ Kehlchakra: Visualisieren Sie einen blauen Strahl, der aus Ihrem Kehlchakra wie das Licht eines Leuchtturmes hervorkommt. Sehen Sie, wie Sie Ihre Umgebung mit diesem blauen Licht berühren.

➢ Herzchakra: Sie visualisieren ein helles grünes Licht, das aus Ihrem Herzen heraus leuchtet und Ihre gesamte Umgebung erhellt. Stellen Sie sich vor, daß Sie in dieses Licht zuerst Ihre rechte, dann Ihre linke Seite einhüllen, und konzentrieren Sie danach dieses Licht auf die Größe eines Stecknadelkopfes in Ihrem Herzchakra. Meditieren Sie drei Minuten auf diese Lichtkonzentration in Ihrem Herzchakra.

➢ Nabelchakra: Stellen Sie sich so genau wie möglich vor, daß in Ihrem Bauch ein Feuer angenehm warm brennt. Sie sehen, wie dieses Feuer alle Unreinheiten in Ihrem Körper auflöst, so daß sie wie der Rauch im Wind vergehen.

- Sexualchakra: Visualisieren Sie, daß ein orangenes Licht Ihre Sexualorgane angenehm warm wie ein Bach durchströmt. Sehen Sie Ihre Sexualorgane in diesem Licht glänzen und halten Sie diese Vorstellung für etwa eine Minute. Dann nehmen Sie dieses Licht in Ihren Körper hinein und lösen es dort wieder auf. Konzentrieren Sie sich anschließend für etwa zwei Minuten auf Ihren Damm (das Gebiet zwischen dem Geschlechtsorgan und dem Anus) und visualisieren Sie, daß Sie in einem klaren Bach hocken und das Wasser Sie dort angenehm berührt.
- Wurzelchakra: Visualisieren Sie, daß sich ein Licht am Ende Ihrer Wirbelsäule ausbreitet und daß dieses Licht nach unten zur Erde hin aus Ihrem Wurzelchakra ausströmt. Lassen Sie dieses Licht immer deutlicher rot werden.

Eine komplexe Übung, die Visualisierung, Atemübung und Meditation miteinander verbindet, stellt die folgende dar. Diese Übung halte ich für sehr effektiv und dabei zugleich für sehr einfach durchführbar.

Übung: Ich-Bin-Übung – die Verbindung des Kronen- mit dem Wurzelchakra

Man kann durch eine Atem- und Visualisierungsübung gut und relativ einfach das unterste und das oberste Chakra ansprechen:

- Sie legen oder setzen sich bequem mit möglichst gerader Wirbelsäule hin und sagen dann im Rhythmus Ihres Atems »Ich Bin«. Dabei atmen Sie bei »Ich« tief ein und bei »Bin« möglichst vollständig aus.
- Wenn Sie auf »Ich« einatmen, stellen Sie sich vor, daß Sie den Atem bis an das Ende Ihrer Wirbelsäule herunterziehen und er Ihr Wurzelchakra belebt.
- Wenn Sie dann auf »Bin« ausatmen, stellen Sie sich vor, daß der Strom Ihrer Atemluft durch das Kronenchakra Ihren Körper verläßt und es dabei reinigt.
- Nach einiger Erfahrung mit dieser Übung visualisieren Sie, wie »Ich«

in roten Buchstaben beim Einatmen am Ende Ihrer Wirbelsäule zu sehen ist.

➢ Beim Ausatmen sehen Sie »Bin« in violetten Buchstaben an Ihrem Kronenchakra.

Die Selbstbeobachtung

Eine der zentralen Bewußtseins- und Meditationsübungen stellt für mich die objektive Selbstbeobachtung dar, die in allen bekannten spirituellen Systemen auf die eine oder andere Weise gelehrt wird. Es ist wichtig zu sehen, daß die Chakrenarbeit und -meditation nicht etwas ist, das man eine Stunde täglich im stillen Kämmerlein übt. Natürlich ist auch dieses Üben notwendig, aber es stellt keinen Selbstzweck dar, sondern soll uns dazu befähigen, bewußt und mit offenen Chakren durch das alltägliche Leben zu gehen. Die Chakrenarbeit hat wie die Meditation mit unserem Alltagsleben zu tun.

Diese nun im folgenden beschriebene Übung kann man sein ganzes Leben lang täglich durchführen und dabei immer neue Aspekte erkennen. Sie erschöpft sich nie. Wenn Sie auf alle anderen Übungen dieses Buchs verzichten können, so würde ich Ihnen empfehlen, unbedingt mit dieser Übung Erfahrungen zu sammeln. Meines Erachtens kann sie alle anderen Chakrenübungen ersetzen. Sie ist aber auch die schwierigste aller bisher angeführten. Ihr Ziel ist es, uns zur Wirklichkeit erwachen und uns erkennen zu lassen, daß wir, statt bewußt die Energie unserer Chakren zu leben, meist automatisch handeln und uns in Illusionen verstricken. Es geht also um das Gewahrsein und die Aufmerksamkeit. Auf der Ebene eines Chakras ist es wichtig, wie bewußt der Betreffende das Spezifische dieser Ebene versteht und zu nutzen vermag.

Übung

Die objektive Selbstbeobachtung, eine von GURDJIEFF inspirierte Übung, die hier auf die Chakrenarbeit bezogen wird. Für mich ist G. I. GURDJIEFF der erste, dem es gelang, das Wissen und die Weisheit der östlichen

Lehren in einer Form zu vermitteln, die für westliche Menschen unserer Zeit geeignet ist. GURDJIEFF war ein Genie darin, Übungen des Orients für uns moderne westliche Menschen in eine nutzbringende Form zu kleiden. Eine der zentralen Übungen GURDJIEFFS, die mir sehr geholfen hat und mit der ich sehr große Schwierigkeiten hatte, möchte ich im folgenden anführen.

- Bei dieser Übung wird die Haltung der objektiven Selbstbeobachtung gefordert, bei der man nichts verändert. Wenn man nämlich etwas auf der Ebene eines Chakras ändert, müßte man das zugleich auch in den anderen Energiezentren tun. Um diese Änderungen jedoch sinnvoll durchführen zu können, reicht unser Bewußtsein normalerweise nicht aus. Deswegen greifen wir nicht ein und werden bemerken, daß Änderungen paradoxerweise durch die objektive Beobachtung ohne Eingreifen von alleine zustande kommen. Eigentlich sind unsere Zentren ideal balanciert, aber wir wirken auf sie ein und bringen sie so aus dem Gleichgewicht. Unsere Aufgabe in der Chakrenarbeit ist es, uns darauf vorzubereiten, daß wir etwas empfangen werden. Wir können im Grunde nichts tun, als uns zu öffnen, damit wir die feinen Energien aufnehmen können, die uns umgeben. Da ist die Sonnenenergie als aufsteigende und die Mondenergie als fallende Energie; beide Energieformen sind von uns aufzunehmen. Darauf bereiten wir uns durch die Übung der objektiven Selbstbeobachtung vor.
- Morgens nach dem Aufstehen setzen Sie sich für etwa fünf Minuten auf einen Stuhl und schließen Ihre Augen.
- Sie halten Ihre Wirbelsäule möglichst gerade. Dieses Geradehalten der Wirbelsäule stellt eine Anstrengung dar, die Sie beständig an die geforderte Bewußtheit oder Wachheit erinnert.
- Sie versuchen Ihre Hände, Ihren Bauch, Ihr Herz und Ihren Kopf so deutlich wie möglich zu spüren.
- Dabei atmen Sie ruhig und regelmäßig und sind völlig entspannt.
- Will man diese Übung intensivieren, dann kann man sich auf eine Stelle zwei Zentimeter über dem Nabel konzentrieren. Man ist sich beim Atmen bewußt, wie der Atem durch die Nase hereingezogen wird,

wie er die Lungen füllt und an der Stelle über dem Nabel ausströmt. Atmet der Meditierende auf diese Weise, verstärkt er seine Erdung.

- Der Meditierende geht in diesem Entspannungszustand in seinen Körper hinein und versucht, zunächst seinen Kopf und dann seinen Bauch von innen zu spüren. Bald wird er einen Energiefluß in seinem Brustraum spüren, der die dort liegenden Chakren miteinander verbindet. Er öffnet sich dieser Erfahrung. Nun versucht er den Energiestrom in den verschiedenen Chakren deutlich zu spüren, indem er in diese Chakren hineinatmet.
- In dieser bewußten Entspannung nehmen Sie sich vor, zwei- bis dreimal zu bestimmten Zeitpunkten am Tage sich so deutlich wie möglich zu fühlen und so bewußt wie möglich Ihre Situation, in der Sie sich gerade befinden, zu erleben. Sie sind sich Ihrer selbst und der entsprechenden Situation völlig bewußt, ohne diese ändern zu wollen. Dabei spüren Sie den Energiefluß in Ihren Chakren.
- Man kann sich entweder Zeitpunkte wie um drei Uhr und um fünf Uhr und so weiter wählen oder morgens beim Frühstück, beispielsweise wenn man den ersten Bissen Essen kaut, während der Arbeit und/oder abends beim Lesen oder beim Sonnenuntergang.
- Zunächst will einem die geforderte Bewußtheit gar nicht gelingen. Wichtig ist, es dennoch weiterhin zu versuchen und sich von der Erkenntnis, wie unbewußt man ist, motivieren zu lassen, sich um die geforderte Bewußtheit stärker zu bemühen. Mit fortlaufender Übung erinnern Sie sich meist erst nach dem gesetzten Zeitpunkt an die erwünschte Bewußtheit. Es wird Sie betroffen machen, daß Ihnen wieder eine Gelegenheit zur Bewußtheit entgangen ist. Werden Sie nicht ungeduldig, nach einiger Zeit gelingt Ihnen die geforderte Bewußtheit zunehmend besser. Je öfter sie Ihnen gelingt, um so größer wird die Wahrscheinlichkeit, daß die Bewußtheit sich immer zum gewünschten Zeitpunkt einstellt.
- In diesem Stadium kann man versuchen, sich besonders in Konfliktsituationen (Ebene des Nabelchakras), in denen man negativ zu reagieren pflegt, seiner selbst zu erinnern. Gelingt einem das, wird

man bemerken, wie man sich nicht mehr mit seinen eigenen Gefühlen identifiziert. Das wird unter der Reinigung der unteren Chakren verstanden. Man ist sich zwar dieser Gefühle bewußt, fühlt sich aber nicht getrieben, sie ausdrücken zu müssen. Dadurch fließt einem eine Menge Energie zu, die man zum Aufbau von noch mehr Bewußtheit und somit zur Änderung seiner Persönlichkeit benutzen kann.

➢ Bei dieser Art der bewußten Selbstbeobachtung ziehen wir uns auf uns selbst zurück. Die Aufmerksamkeit ist nicht mehr auf die Außenwelt gerichtet, die uns fortwährend Energie raubt. So geschieht eine Rücknahme unserer Projektionen (Reinigung von Herz-, Hals- und Stirnchakra). Nach GURDJIEFF ernährt sich unsere Umwelt vampiresk von unseren Projektionen. Projektionen lassen uns die Energie in unseren Chakren nicht mehr spüren, da sie uns verhärten und vom wirklichen Geschehen abschneiden.

➢ Man kann die Übung sehr gut in Situationen anwenden, in denen man sich selbst etwas vormacht. Man beobachtet dazu, in welchen Situationen man sich selbst belügt. Man betrachtet diese Situation, ohne sie ändern zu wollen, und versucht, in den erkannten Situationen so bewußt wie möglich zu sein. Damit durchbricht man nach einiger Zeit automatisch mechanische Reaktionsgewohnheiten. Alle mechanischen, das heißt unbewußten Reaktionen, und besonders Projektionen kann man so mit Geduld und Disziplin ändern. Sie müssen hierbei neben der möglichst beständigen Aufmerksamkeit die Disziplin aufbringen, spontane Handlungs- und Reaktionsimpulse zu unterdrücken. Es liegt erst an zu handeln und zu reagieren, wenn Sie sich über die Situation und Ihre Gefühlslage klargeworden sind. Dies entspricht der Volksweisheit, in problematischen Situationen erst einmal innezuhalten und tief durchzuatmen.

➢ Ein wichtiger Effekt dieser Bewußtseinsübung besteht ferner darin, daß wir uns nach einiger Zeit nicht mehr völlig mit unserer Außenwelt identifizieren und von ihr abhängig sind, sondern zum Beispiel unsere Arbeit als Spiel betrachten. Dieses Spiel bemühen wir uns allerdings, so gut wie möglich zu absolvieren.

- Geht man zusätzlich zu dieser Übung jeden Abend vor dem Einschlafen den vergangenen Tag noch einmal in Gedanken durch oder führt man regelmäßig Tagebuch, hilft das ebenfalls, sein Bewußtsein zu stärken. Man bemerkt hierbei deutlich, wie wenig Bewußtsein man für gewöhnlich im alltäglichen Leben aufbringt. Das ist eine wichtige Einsicht, deren Energie man zum Aufbringen einer höheren Bewußtseinskraft nutzen kann.
- Ist der Übende endlich soweit, daß er an dem vergangenen Tag wirklich öfter bewußt war, dann sollte er sich für den kommenden Tag ein größeres Pensum an Bewußtheit vornehmen.
- Während man mit dieser Übung arbeitet, ist es hilfreich, sich folgendes Buddhazitat, das sich auch zur Meditation eignet, gut sichtbar aufzustellen, damit man es täglich sieht:
  »Wie Sterne, Trübung, Licht und Wasserblase,
  wie Truggebilde, die vorübergehn,
  wie Träume, Blitze, Tautropfen und Wolken,
  so soll man das Bedingte richtig sehen.«

Kommentar

»Grundsätzlich beinhaltet Selbsterinnern unter anderem die Schaffung eines Bewußtseinsaspektes, der sich mit den jeweiligen speziellen Inhalten unseres Bewußtseins nicht identifiziert und der die Verbindung zur Totalität unseres Seins aufrechterhält.«[1]
Selbsterinnern und Selbstbeobachten können in diesem Fall gleichgesetzt werden, wie es auch teilweise der amerikanische Bewußtseinsforscher Charles TART vorschlägt, von dem das Zitat oben stammt. Die Fähigkeit zur Selbstbeobachtung entsteht aus dem Wunsch heraus, verstehen zu wollen, wie man funktioniert. In gewissem Sinne ähnelt die hier vorgestellte Technik der Selbstbeobachtung der Vipassana- oder Achtsamkeitsmeditation, bei der man sich so ehrlich und genau wie möglich beobachtet. Die Selbstbeobachtung darf wie die Vipassaname-

1 Charles TART, *Hellwach und bewußt leben.* München, Bern 1991, S. 188.

ditation nicht in eine Selbstanalyse münden! Es geht hier einzig um ein Sammeln von Fakten. Wir erkennen, wie wir die Ebenen der verschiedenen Chakren leben beziehungsweise nicht leben.
Ein Aspekt dieser Bewußtseinsübung ist, uns zu zeigen, wie sehr wir von der Außenwelt abhängig sind und daß wir eigentlich kein konsistentes Ich besitzen (und damit auch wenig Willen und Disziplin). Durch diese Übung können wir uns ein relativ konsistentes Ich erarbeiten.
Diese Übung zielt direkt auf die Bewußtheit, die dem Stirnchakra zugeschrieben wird. Wir versuchen diese Bewußtheit zu erreichen, und dabei wird uns besonders die Qualität der höheren Chakren immer deutlicher. Im Verlauf der Übung wird uns erst klar, was die Qualität der oberen Chakren ist. Durch den Mangel an Bewußtsein und Aufmerksamkeit verengen wir nämlich unsere Welt, wohingegen der Bereich der oberen Chakren von ihrer Erweiterung gekennzeichnet ist.
Es ist wichtig bei der objektiven Selbstbeobachtung wie auch bei der Arbeit mit dem Kronenchakra, nicht zu viel zu erwarten. Wir schrauben bei solchen Übungen unsere Erwartungen oftmals derart hoch, daß wir die subtilen Effekte übersehen. Die beste Haltung bei der objektiven Selbstbeobachtung besteht darin, nichts zu erwarten. Man konzentriert sich auf seinen Körper oder einen Körperteil, und das ist es. Auf die Dauer wird man dadurch innerlich ruhig, da man dem nie abreißenden inneren Monolog die Energie nimmt. Erst wenn wir unseren inneren Monolog beruhigt haben, können wir unser wahres Sein oder unser wahres Wesen erkennen. Haben wir all unsere Chakren harmonisiert, also die Kundalini steigen lassen, dann tritt Ruhe ein, da alle Energie gleichmäßig strömt und verteilt ist. Erst in diesem Zustand können wir die Wirklichkeit als das erkennen, was sie ist, und stellen nicht mehr ein Bild, eine Vorstellung oder ein Vorurteil zwischen uns und die Realität. Wir haben also die Interpretation und die Wertung der Wirklichkeit aufgegeben, die der innere Monolog permanent ungefragt liefert.
Das Stoppen des inneren Monologs – jenes beständige Geplapper in unserem Inneren – ist deswegen so wichtig, weil es unsere (mentale) Aura zerrüttet und sie in eine diffuse Masse vermischter Farben verwandelt.

Durch diese Störung der Aura wird der Energiefluß in unseren Chakren erheblich beeinträchtigt, was sich dadurch zeigt, daß wir Innen und Außen nicht mehr unterscheiden können und unkontrolliert projizieren.

Damit sind die wichtigsten Übungen beschrieben, durch die Sie mit Ihren sieben Chakren in Verbindung treten können. Fühlen Sie sich frei, Übungen auszuwählen und mit ihnen zu experimentieren. Einige der hier aufgeführten Übungen sollten Sie einige Zeit regelmäßig so durchführen, wie sie hier beschrieben werden. Wenn Sie jedoch ein bis zwei Jahre mit ihnen gemäß der Anleitung gearbeitet haben, sollten Sie sich in der Lage fühlen, sie Ihrem eigenen Stil entsprechend und Ihren Einsichten gemäß für sich persönlich umzuwandeln. Wenn dies nicht geschieht, werden diese Übungen (wie alle Übungen) nach einiger Zeit nicht mehr Ihre Chakren ansprechen, sondern Sie einzig in Ihrer Entwicklung behindern und somit Ihre Chakren schließen.
Die Kunst der Chakrenarbeit liegt darin, den feinen Ausgleich zwischen Disziplin, Beweglichkeit und Offenheit für sich zu erreichen. Jede erstarrte Form kann man als Ausdruck eines geschlossenen Chakras ansehen, jede lebendige Form als Ausdruck eines geöffneten Chakras.
Wenn der indischen Tradition zufolge die Chakrenarbeit diszipliniert, ja geradezu mit preußischem Ernst durchgeführt wird, so liegt das daran, daß dort ein Mangel an Struktur und Disziplin vorherrscht, wie der heutige Zustand des ökonomischen und sozialen Lebens zeigt. Nach Carl Gustav JUNG lebt der Inder eher seine emotionale Seite und zeigt große Schwierigkeiten mit seiner Disziplin. Der Europäer dagegen lebt meist einseitig seine disziplinierte Seite, und er hat oftmals seine Emotionen verdrängt. Was also für den Inder einen Ausgleich bedeutet, nämlich die streng disziplinierte Chakrenarbeit mit festen Übungen zu festen Zeiten, kann für den Europäer leicht zu einer noch größeren Einseitigkeit führen, indem er so noch mehr seine emotionale Seite verdrängt.
Das ist bei all diesen Übungen und Zugangswegen zur Chakrenarbeit zu bedenken. Sie sind selbst dafür verantwortlich, wie die Übungen wirken und was Sie mit ihnen machen.

Kapitel 6

Die einzelnen Chakren

Wurzelchakra

Sanskritbezeichnung: Muladhara, von *Mulha,* »Wurzel«, aber auch »Knochenmark« und *Adhara,* »Unterstützung«.

Positive Energie: Grundlegende Lebensenergie, Energie zum Überleben.

Negative Energie: Machtrausch, einseitiger Materialismus.

Energie überaktiviert: Man ist nur auf die Befriedigung körperlicher Bedürfnisse ausgerichtet. Essen, Trinken, Sexualität und Geld spielen die wichtigste Rolle im Leben. Daraus folgt oft Übergewicht als wichtiger körperlicher Ausdruck der Überaktivierung dieses Chakras.
Egozentrisches und materialistisches Verhalten.
Verlustängste.
Ausnutzung von Machtpositionen.

Energie unteraktiviert: Häufige Ursache von Depressionen und besonders von manisch-depressiven Verstimmungen.
Ängste (Phobien) und Tagträumereien.
Mangel an Eigenständigkeit und Individualität.
Bei diesem Chakra sinkt wie bei allen anderen sechs Chakren bei der Unterenergetisierung der Kreislauf ab. Ein niedriger Kreislauf ist immer ein Zeichen zumindest eines unterenergetisierten Chakras.

Energie ausgeglichen: Harmonische Abgrenzungsfähigkeit gegenüber der Umwelt und Unabhängigkeit.
Man ist lebendig.
Verantwortungsvoller Umgang mit Macht und seinen Trieben.

Sinn: Geruchssinn (Nase). Das erste Chakra kann deswegen gut mit der Aromatherapie angesprochen werden.

Ein gestörtes Wurzelchakra zeigt sich in Nervosität und Zappeligkeit, Lebensangst und Energielosigkeit.
Das Wurzelchakra wird in unserer Kultur bei Jugendlichen schon oft dadurch gestört, daß Eltern und Lehrer sie in ein bestimmtes körperliches Haltungsideal hineinzwingen wollen. Da geistert die überholte Idee vom Turnvater JAHN (Friedrich Ludwig JAHN, 1778–1852) durch die elterlichen Erziehungsvorstellungen, die in der Devise »Brust raus, Bauch rein, Gesäßbacken zusammengekniffen« mündet. Solch eine Haltung blockiert den Energiefluß des unteren Chakras und schneidet uns von den Empfindungen des Wurzelchakras ab. Das westliche Schönheitsideal vom flachen Bauch und platten Gesäß ist einer der Hauptgründe eines blockierten Wurzelchakras. Hinzu kommt noch das viele Sitzen in unserer Kultur, das sich ebenfalls negativ auf die drei unteren Chakren auswirkt. Wir unterdrücken unsere Kraft, indem wir auf ihr sitzen. Ja, in unserer Kultur ist es sogar verpönt, seine Kraft zu zeigen. Das hat unter anderem seinen Grund darin, daß sie zutiefst vom christlichen Ideal geprägt ist. Wie Friedrich NIETZSCHE es ausdrückte, zeigt sich das Christentum noch immer als die Sklavenreligion, die sie von ihrem Beginn an war. Ein Sklave zeigt keine Stärke – das wäre sehr unklug.
Ein langfristig tiefgreifend gestörtes Wurzelchakra führt zur Krebserkrankung. Krebs kann als ein Zeichen des Mißbrauchs von Kraft und Macht angesehen werden. Heiler charakterisieren den Krebs als eine Erkrankung, bei der unser Körper die falsche Kraft am falschen Ort für das falsche Ziel einsetzt. Das bedeutet, der krankhafte Tumor wird so unterstützt und genährt, als ob er geschützt werden müsse.
Auf der *körperlichen Ebene* beeinflußt dieses Chakra alles Strukturgebende und Feste (das Saturn-Prinzip im Körper). Dazu gehören unter anderem die Knochen und die gesamte Wirbelsäule, die Zähne, die Hand- und Fußnägel. Die Hinduisten nehmen an, daß auch der Dickdarm und der Mastdarm von dem Wurzelchakra regiert werden.
Diesem Chakra ist ferner die Nebenniere zugeordnet, die den Adrenalinspiegel im Körper reguliert und somit für die Flucht- und Angriffsreak-

tion des Menschen verantwortlich ist. Es handelt sich hierbei um einen grundlegenden Überlebensmechanismus.
Teilweise wird angenommen, daß das erste Chakra sich vom Ende der Wirbelsäule bis in die Fußsohlen hinein erstreckt, da es dem Element Erde verbunden ist, mit dem es durch die Fußsohlen Kontakt aufnimmt. An diesem untersten Energiezentrum werden die automatischen und autonomen Körperfunktionen gesteuert. Von hier stammt unsere Überlebensenergie, schon alleine weil dieses unterste Chakra unsere Bereitschaft zu Aktion und Reaktion steuert. Vom Wurzelchakra wird unser Selbsterhaltungstrieb und unsere Abgrenzungsfähigkeit gegenüber der Umwelt reguliert. Es enthält die undifferenzierten vitalen Urenergien, es repräsentiert das Element Erde. Im Ayurveda, einem alten ganzheitlichen indischen Heilsystem, wird diesem Chakra die Sonne zugeordnet, die als ursprüngliche Lebensspenderin angesehen wird. Von hier bekommen wir unsere stärksten Energien, die, je nachdem welchen Gebrauch wir von ihnen machen, zur Befreiung oder auch zur Abhängigkeit und Zerstörung führen können. Der Buddha sagte, daß in den dunklen Tiefen des Wurzelzentrums die Keime zu allen Taten liegen.
Es wird immer wieder betont, daß nur ein in Disziplin geschulter Mensch unter Anleitung eines Lehrers dieses Zentrum aktivieren sollte. Um den auf dieser Urebene lauernden Gefahren, die wir heute mit dem JUNG-Schüler Erich NEUMANN als »Rückschlingung ins Unbewußte« bezeichnen würden, zu entgehen, meditieren wir auf der Ebene des Wurzelchakras auf unsere Abhängigkeit von mechanischen Handlungen und auf unsere Unfähigkeit, bewußt zu leben. Wir erkennen auf dieser Ebene, wie wenig wir Meister unseres eigenen Lebens sind, und benutzen die Energie dieser Erkenntnis, um bewußter durchs Leben zu gehen. Anstelle der Auseinandersetzung mit den erdhaft mächtigen (chtonischen) Kräften auf dieser Ebene, deren Gefahr GOETHE anschaulich im *Faust II* beim Abstieg ins Reich der Mütter schildert, stärken wir die Erkenntnis unserer derzeitig unbewußten Lage.
Auf der psychischen Ebene ist das Wurzelchakra vom Unbewußten geprägt. Unsere spontanen und unreflektierten Reaktionen gehören ge-

nauso hierher wie unsere Launen und Verstimmungen. Die Lernaufgabe, die sich in Verbindung mit dem untersten Energiezentrum stellt, besteht in der Befreiung von den uns zwingenden Kräften des Unbewußten. Dazu muß uns erst einmal klarwerden, wie stark wir von unseren unbewußten Kräften abhängig sind. Normalerweise leben wir in der Illusion, die Baumeister unseres eigenen Lebens zu sein. Diese Illusion muß als solche erkannt werden, und die hierdurch freigesetzten Kräfte können uns zu einem Bewußtsein in unseren alltäglichen Handlungen und Gefühlen verhelfen. Es ist uns natürlich unmöglich, uns endgültig von den Kräften des Unbewußten zu befreien. Das kann auch nicht der Sinn der Bewußtseinsarbeit sein, denn das Unbewußte ist nicht nur zu stark und groß, um vollständig in das Bewußtsein aufgenommen werden zu können, es stellt zudem auch die Quelle unserer Kreativität dar.
Auf der *alltäglichen Ebene* geht es mit Hilfe des Wurzelchakras um die Gründung einer Familie, den Aufbau einer Existenz und die Bewußtwerdung der eigenen materiellen Ziele im Leben. Hier werden die Sicherheiten des alltäglichen Lebens geschaffen. Dabei verweist jedoch ein beständiges Kreisen um materielle Sicherheiten auf eine Überaktivierung oder auch Schwächung dieses Chakras. Wir müssen uns auf der Ebene des Wurzelchakras klarwerden, was wir in der Außenwelt erreichen und welche Rolle wir dort spielen wollen. Dieser Klarheit sollten dann die entsprechenden Handlungen folgen. Es nutzt jedoch nichts, sich um die eigene Sicherheit Sorgen zu machen und an den bestehenden Sicherheiten sklavisch hängenzubleiben. Ist Klarheit über die Ziele in der materiellen Welt vorhanden, kann man darauf vertrauen, daß sich alles zum Besten ordnet. Wenn man möchte, kann man mit dem Stirnchakra seinen Weg absichern, indem man genau visualisiert, was man erreichen will. Stellen Sie sich Ihr Lebensziel so vor, als wenn Sie es schon erreicht hätten.
Die *Lernaufgabe* auf der Ebene des Wurzelchakras lautet präzise ausgedrückt: Das Licht des Bewußtseins soll uns unsere vormals unbewußten Handlungen bewußter machen. Darunter fallen besonders unsere mechanischen Handlungen, mit denen wir wie Maschinen auf bestimmte

Umweltimpulse reagieren. Diese mechanischen Handlungen werden wir zwar nicht gleich abstellen können, aber es ist schon ein großer Fortschritt, wenn uns in der Situation klar wird, daß wir wieder mechanisch handeln. Mit Bewußtsein mechanisch zu handeln ist etwas ganz anderes, als unbewußt mechanisch zu handeln.
Hierzu ein Beispiel: Falls ich mich, immer wenn ich mich schlecht fühle, in Arbeit stürze, so daß ich keine Minute Zeit mehr habe, ist das zunächst eine mechanische, unbewußte Reaktion. Wenn mir jedoch dieser Mechanismus bewußt wird, dann mag ich zwar immer noch in der gleichen Weise handeln, aber ich erkenne diese Handlungsweise als Fluchtmechanismus. Was mir bewußt ist, das kann ich auf die Dauer ändern.
Blockaden in diesem Chakra entstehen meistens frühkindlich, indem der hilflose Säugling kein Urvertrauen vermittelt bekam. Das Urvertrauen stellt die Grundlage freier Gefühlsäußerungen dar. Wenn man an der Befreiung dieses untersten Chakras arbeitet, muß man sich mit drei Qualitäten auseinandersetzen:

1. Mit den ursprünglichen Lebensenergien und dem Unbewußten.
   Da wir bei der Beschäftigung mit dem Unbewußten immer mit starken Gefühlen konfrontiert sind, wird oft von esoterischer Seite von der Arbeit an diesem Chakra abgeraten. An dieser Auffassung ist allerdings zu kritisieren, daß man grundsätzliche Probleme nie unter den Teppich kehren, sondern sie statt dessen dem Licht des Bewußtseins aussetzen sollte. Was man verdrängt, das wirkt nur unkontrollierter. Was man aufdeckt, dessen Wirkung kann man beobachten.
2. Mit dem Urvertrauen.
   Hier stellen sich oft Fragen wie: Fühle ich mich angenommen und sicher in meiner Umwelt? Von diesem Urvertrauen ist der persönliche Lebenswille abhängig.
3. Mit der eigenen Arbeit und der Einstellung den materiellen Werten gegenüber.
   Dieser Punkt macht die Betrachtung sozialer Fragen notwendig, wie

komme ich zum Beispiel mit meinem Alltagsleben zurecht. Kann ich mein alltägliches Leben befriedigend organisieren, und macht mir meine Arbeit Spaß oder nicht? Auf der Ebene des Wurzelchakras wäre zu analysieren, ob ich mit meinem Geld auskomme oder nicht, und wenn nicht, woran das liegt.

Zusammenfassend kann man sagen, daß auf der Ebene des untersten Chakras die zwanghafte oder mechanische Abhängigkeit vom Unbewußten abzuschwächen ist und die Auseinandersetzung mit der Arbeits- und der materiellen Welt anliegt.

Der männliche Archetyp drückt sich im Wurzelchakra in der Betonung der Tat und der Handlung aus, der weibliche in den kreativen unbewußten Kräften, die hier herrschen. Wie alle unteren Chakren weist auch dieses eine stärkere weibliche Komponente auf. Aus diesem Grund wurden die unteren Chakren dämonisiert, da der patriarchalischen Gesellschaft das erdhaft Weibliche immer beängstigend erscheint. Das Männliche hat hier mit Kräften zu tun, die nicht einfach lenkbar und voraussehbar sind, das macht angst. Aus dieser Angst heraus läßt sich die Warnung vor der Arbeit besonders am untersten Chakra verstehen, zumal die institutionalisierten Formen des Hinduismus, des Buddhismus, der Theosophie und Anthroposophie zutiefst vom männlichen Archetypen durchdrungen sind.

Als Meditations-Buddha (Dhyani-Buddha) für das Wurzelchakra stellt sich der fortgeschrittene Meditierende den Buddha Amogasiddhi vor, der »der allmächtige Verwirklicher aller Ziele« genannt wird. Man vergegenwärtigt sich dessen Energie in den Beinen. Es genügt aber auch, wenn man auf die Energie zur Verwirklichung seiner Ziele meditiert und sich dabei seiner Beine und Füße (Erdung) deutlich bewußt wird.

Fragen zu diesem Chakra

Je mehr Fragen Sie mit »Ja« beantworten, um so intensiver sollten Sie sich mit diesem Chakra auseinandersetzen:

- Haben Sie öfter den Eindruck, zu wenig Energie für die Bewältigung Ihres Alltagslebens zu haben?
- Haben Sie teilweise das Gefühl, den Boden unter den Füßen zu verlieren?
- Leiden Sie an Übergewicht?
- Macht es Ihnen Schwierigkeiten, selbständig zu handeln und zu entscheiden?
- Können Sie sich nur schwer von anderen Menschen abgrenzen?
- Fehlt Ihnen oftmals das Vertrauen in die Menschen Ihrer Umgebung?
- Reagieren Sie häufig mechanisch und unbewußt in problematischen Situationen?

Sexualchakra

Sanskritbezeichnung: Svadhishthana, von *Sva,* »dasjenige, das sich selbst gehört«, und *Dhishthana,* was »sein ursprünglicher Ort« bedeutet.

Positive Energie: Arterhaltungstrieb, körperliche Kommunikation und Anziehung.

Negative Energie: Distanz und Haß, Neid und Mißgunst.

Energie überaktiviert: Sexuelle Getriebenheit.
Häufiges Sodbrennen.

Energie unteraktiviert: Impotenz und Frigidität. Zwanghafte sexuelle Phantasien bei gleichzeitiger Angst vor dem anderen Geschlecht.

Energie ausgeglichen: Kreativität.

Sinn: Geschmackssinn (Zunge), der mit Gewürzen angesprochen werden kann. Diese Art der Chakrenarbeit ist allerdings weitgehend verlorengegangen. Der französische Heiler Gérard EDDE[1], der eine große Kenntnis des ayurvedischen Heilens besitzt, schlägt folgenden Einsatz von Gewürzen vor, die meiner Erfahrung nach über das Sexualchakra auf die anderen Chakren wirken:

Schema 6-1: Die Wirkung von Gewürzen auf die Chakren	
Chakra	*Gewürz*
Kronenchakra	Kalmus
Stirnchakra	Basilikum, Süßholz
Kehlchakra	Gewürznelke
Herzchakra	Lotossamen[2]
Nabelchakra	schwarzer Pfeffer, Kümmel
Sexualchakra	Koriander
Wurzelchakra	Lotoswurzel[3]

Da das Wurzel- und das Sexualchakra sehr nahe beieinanderliegen, haben sie teilweise einige Funktionen gemeinsam.

Auf der *körperlichen Ebene* regiert das Sexualchakra den gesamten Beckenbereich und, da es dem Element Wasser verbunden ist, die Niere und die Blase mit ihrer reinigenden Funktion, aber auch das Blut und die Lymphe, die Verdauungssäfte und die männlichen wie weiblichen Sexualsekrete. Natürlich werden auch die Eierstöcke, die Prostata und die Hoden von diesem Chakra gesteuert.

Das zweite Energiezentrum ist nach indischer Vorstellung bis zur Puber-

1 Gérard EDDE, *Das Heilbuch der fünf Elemente.* St. Goar 1993, S. 105.

2 Lotossamen ist leider nur sehr schwer zu bekommen. In asiatischen Gewürzhäusern findet man ihn am ehesten.

3 Auch die Lotoswurzel ist wie der Lotossamen nur sehr schwer erhältlich. Falls man sie nicht in asiatischen Gewürzhäusern bekommt, kann man selbst die Stengel der Pflanzen vorsichtig im Backofen bei niedriger Hitze trocknen.

tät inaktiv, was jedoch westlichen psychoanalytischen und entwicklungspsychologischen Forschungen radikal widerspricht. Die Pubertät stellt zumindest eine sehr kritische Zeit für die Entwicklung dieses Chakras dar. Die meisten Entwicklungsstörungen dieses Chakras sind auf pubertäre Schwierigkeiten zurückzuführen.

Ein gestörtes Sexualchakra macht sich häufig durch zwanghafte oder exzessive sexuelle Energien bemerkbar oder eine Anfälligkeit für Pilzerkrankungen und Infektionen der Genitalien. Das zweite Chakra steht unter der Devise: »Ich erfreue mich meiner Sinnlichkeit, also bin ich.« Störungen dieses Chakras werden immer von Störungen im Ausleben der eigenen Sinnlichkeit und dem Akzeptieren der Sinnlichkeit anderer begleitet. Der Islam und die christliche Religion stellen die Hauptursachen für kollektive Störungen des Sexualchakras dar.

Ermöglicht uns das Wurzelchakra, uns selbst als energievoll zu erleben, so versetzt uns das Sexualchakra in die Lage, nachzuempfinden, was ein anderer Mensch fühlt. Die Wahrnehmung der Gefühle unseres Partners, aber auch unserer Arbeitskollegen, Freunde und Kinder ist immer dann gestört, wenn wir die Energien im Sexualchakra abblocken. Sind unsere Energien auf dieser Ebene chronisch blockiert, neigen wir oftmals zu großer Schüchternheit und einem Minderwertigkeitsgefühl, da wir in jedem anderen Menschen einen stärkeren Menschen als uns selber vermuten.

Wie das Sexualchakra der reinigenden Kraft des Wassers (des Flüssigen) auf der körperlichen Ebene verbunden ist, so drückt sich diese Reinigung auf der Gefühlsebene im Loslassen und Verzeihen aus. Zugleich besitzt das Wasser auch einen hervorragenden Symbolwert für viele Initiationen: Ich erinnere nur an die keltische Segnung durch die Benetzung mit Wasser, von der die Christen ihre Taufe abschauten, und an die Tempelseen im alten Ägypten, welche die Urwasser symbolisieren sollten.

Auf der Ebene des Sexualchakras geht es um den Aufbruch zum Du. Der Mensch wünscht sich, sich auszudehnen und mit dem Mitmenschen in Kontakt zu treten. In Asien sagt man, daß das Sexualchakra die Ebene des weiblichen Aspektes Gottes darstelle. Dem weiblichen Archetypen

ist es zu eigen, daß er sich mit seinem Gegenteil zur Ganzheit vereinigen möchte.
Auf der *psychischen Ebene* ist das Sexualchakra ein zentraler Aspekt der Psychologie Sigmund FREUDS. Alles ist hier erregend, und wir werden von den kühnsten Wünschen heimgesucht. Sexualität und das Begehren scheint das aufregende Ziel des Lebens zu sein. Dennoch sollten wir nicht die Enttäuschungen und Frustrationen übersehen, die mit der Sexualität verbunden sind. Wir leben in einer Massengesellschaft, und da heißt es, auf das Ausleben der Triebe im Sinne der Kultur zu verzichten. FREUD nannte das »Sublimation«. Dennoch können uns die sexuellen Erfahrungen dieses zweiten Chakras zur Erkenntnis des Göttlichen führen; darauf gründet sich das rote Tantra.
Mit dem Sexualchakra ist ferner angesprochen, wie wir unsere Nahrung aufnehmen und wieder ausscheiden. Hier ist der Bewußtseinsgrad der Nahrungsaufnahme wichtig. Wir müssen uns zunächst jedoch einmal klarmachen, daß wir uns von dreierlei Art Nahrung ernähren: der grobstofflichen Nahrung (Lebensmittel), der Luft, die wir ein- und ausatmen, und den Sinneseindrücken, denen wir uns aussetzen. Je bewußter wir jede dieser drei Nahrungen in uns aufnehmen können, um so mehr verfeinern sie unsere Gefühle und stärken unsere kreativen Fähigkeiten, mit denen wir uns in unsere Umwelt ausweiten.
Auf der Ebene des zweiten Chakras spielen sich unsere ursprünglichen Gefühle wie Sinnlichkeit, Erotik und Sexualität ab, aber auch das kindliche Staunen gehört hierhin. Hier kommt die Ausstrahlung unserer Körperlichkeit voll zur Entfaltung. Hier »verschenken und verströmen wir uns in der sexuellen Vereinigung«, wie es Trudi THALI treffend ausdrückt.[1] Ist dieses zweite Energiezentrum blockiert, fehlt uns der Zugang zu den körperlichen und sinnlichen Lebensfreuden und zur Begeisterung wie zum Staunen. Meistens projizieren wir dann völlig unpassende Bilder auf andere Menschen und sehen uns selbst in einem falschen, meist idealisierenden Licht. Blockierungen dieses zweiten

1 Trudi THALI, *Das Vaterunser als Chakra-Meditation.* Freiburg/Br. 1992, S. 77.

Chakras sind meist auf Fehlentwicklungen in der Pubertät zurückzuführen, während der die natürliche Sexualentwicklung des angehenden Erwachsenen durch die rigide Sexualmoral der Umwelt gehemmt wurde. Auf der Ebene des Sexualchakras finden viele Beziehungsdramen statt, wobei hier immer bedacht werden sollte, daß der andere uns stets selbst widerspiegelt und als ideale Hilfe zur Selbsterkenntnis genutzt werden kann. Letztendlich vermögen wir auf der Ebene dieses zweiten Energiezentrums zu lernen, daß ein Partner oft unser wichtigster Lehrer ist. Aus dieser Einsicht heraus sah GURDJIEFF die Tradition der Klöster und der Einsiedler als perverse Fehlentwicklung des menschlichen Bewußtseins an.

Da dieses zweite Chakra dem Element des Wassers zuzuordnen ist, sollten Sie sich auf dieser Bewußtseinsebene daraufhin beobachten, wie Sie mit Ihren Gefühlen umgehen – und wie gesagt: objektiv beobachten, ohne das Beobachtete verändern zu wollen. Sie sollen »nur« faktisch erkennen, wie Sie Ihre Gefühle verarbeiten, ausdrücken und einsetzen.

Die *Lernaufgabe* des Sexualchakras ist also die Auseinandersetzung mit der Sexualität. Allerdings ist Sexualität im Sinne Sigmund FREUDS zu betrachten, dessen Verdienst es ist, den Sexualitätsbegriff zu Beginn dieses Jahrhunderts aus der engen Genitalfixierung zu lösen und ihn auf das weite Gebiet des Gebens und Nehmens im zwischenmenschlichen Bereich auszudehnen. Dennoch ist auf der Ebene des zweiten Chakras natürlich auch unsere genitale Sexualität zu betrachten. Alle vom weiblichen Archetypen geprägten Religionen pflegten die Sexualität als heilige, bewußtseinsschaffende Äußerung anzusehen. Ich würde sogar behaupten, daß von Frauen geprägte Kulturen dem Körper huldigen, während von Männern geprägte Kulturen den Körper ablehnen. Aber zurück zum Archetypen: Auf der Ebene des Sexualchakras muß man sich mit den Bedürfnissen seines Körpers auseinandersetzen. Da dies patriarchalischen Institutionen ein Dorn im Auge ist, verleugnen sie das Sexualchakra oft und nehmen typischerweise an seiner Stelle ein unverfänglicheres Milzchakra an. Allerdings zeigt die Symbolik nur überdeut-

lich, daß es hier tatsächlich nur um Abwehr geht, denn die Milz ist bekanntlich ein Organ, das unsere Abwehrfunktion maßgeblich steuert.
Ein weiteres wichtiges Thema des Sexualchakras sind unsere fünf Sinne. Hier steht nicht nur die Frage nach unserer Sinnlichkeit an, sondern auch, wie wir mit unseren Sinnen wahrnehmen. Normalerweise stellen wir nämlich ein Bild zwischen unsere Sinneswahrnehmung und das Wahrgenommene. Wir blicken durch den Schleier unserer Vorstellungen. Dadurch gestatten wir es unseren Sinnen nie, uns ein direktes, reales Bild von der Umwelt zu liefern. Immer wehrt der Geist durch seine Assoziationen zum Wahrgenommenen und die Interpretationen der Sinneseindrücke den direkten Sinneseindruck ab. Die Herausforderung heißt hier Offenheit: mit offenen Sinnen durch die Umwelt gehen und so andere Menschen wirklich treffen. Diese wesentliche Reinigung der Sinneswahrnehmungen fängt damit an, daß wir uns unserer permanenten Interpretationen der Welt bewußt werden. Immer werden, wie bei einem endlosen Tonband, Assoziationen parallel zu jeder Sinnesinformation abgespult, die uns alles Neue sofort in schon Bekanntes einordnen helfen. Neues und Anderes macht angst und muß sofort unschädlich gemacht werden, indem Bekanntes und Gewohntes auf Unbekanntes und Ungewohntes projiziert wird. Diese Haltung ist nicht so leicht aufzugeben, man kann sich aber ihrer bewußt werden. Wenn ich mir meines permanenten »inneren Gequatsches« bewußt bin, brauche ich mich nicht mit ihm zu identifizieren und entziehe ihm so seine Energie. Dadurch wird sich der innere Monolog verlangsamen, und ich werde zumindest teilweise die Wirklichkeit wieder mit Kinderaugen staunend sehen und im anderen seine Andersartigkeit bewundern können.
Es ist die Lehre des Sexualchakras, daß wir uns für die Außenwelt öffnen, um sie als das zu sehen, was sie ist, nämlich anders als wir. Das tibetische Mantra »Tat Tvam Asi« (alles bist du) macht uns auf unsere permanenten Projektionen aufmerksam, die uns selbst zum Nabel der Welt machen, der wir aber in Wirklichkeit gewiß nicht sind.
Auf dieser Ebene lohnt es sich, auf die klassische griechische Unterscheidung zwischen dem »Zoon politikon« und den »Idiotes« zu meditieren.

Der Mensch ist grundsätzlich ein soziales Wesen (Zoon politikon); es gibt aber viele Menschen, die sich vor der sozialen Verantwortung ins Privatleben zurückziehen, und diese wurden bezeichnenderweise »Idiotes« genannt.
Kurz zusammengefaßt geht es auf dieser Ebene um den sexuellen und sinnlichen Ausdruck und um die Reinigung der Sinne, um der Welt offen entgegentreten zu können.

Fragen zu diesem Chakra

Je mehr Fragen Sie mit »Ja« beantworten, um so intensiver sollten Sie sich mit diesem Chakra auseinandersetzen:
- Fällt es Ihnen schwer, Ihre Erotik und Ihre Sexualität auszudrücken?
- Haben Sie häufig Verdauungsprobleme (besonders Durchfall oder Verstopfung)?
- Leben Sie in einer problematischen Beziehung?
- Müssen Sie einfach manchmal plötzlich grundlos weinen, und können Sie im allgemeinen Ihre Emotionen häufig nicht kontrollieren?
- Finden Sie es schwierig, Ihre Gefühle spontan auszudrücken?
- Steht es Ihnen fern, sinnliche Lust zu genießen?

Der Orgasmus aus der Sicht der Chakren

Der Orgasmus findet nicht nur im Sexualchakra statt. Ein tiefgehender Orgasmus setzt die Öffnung aller Chakren voraus, denn die Energie des Wurzel- und besonders des Sexualchakras muß bis hinauf zum Stirnchakra aufsteigen, um dort die Neurotransmitter anzuregen, welche die eigentliche Orgasmuserfahrung erzeugen. Während der Sexualität muß also ein Energieaufbau zwischen beiden Partnern stattfinden. Diese Energieerhöhung kommt dadurch zustande, daß bei beiden Partnern die männliche Energie des ersten Chakras in das zweite Chakra einfließt.

Nur so kann genügend Energie erzeugt werden, daß es zu ihrem Aufsteigen bis ins Stirnchakra kommt. Die indische Liebesschule des *Kamasutra* (etwa 300 n. Chr.) versucht diese Energie noch dadurch zu steigern, daß die sekundären Chakren durch Kratzen, Beißen und Reiben stimuliert werden. Für die Orgasmuserfahrung bedarf es einer großen Menge von Energie – mehr als für die meiste alltägliche Arbeit. Orgasmusstörungen können deswegen häufig auf ein schwaches Wurzelchakra von einem der Partner zurückgeführt werden.
Neben der Energieerzeugung geht es bei erfüllter Sexualität zugleich auch um Hingabe. Die Energie des Wurzelchakras muß von dem Sexualchakra beider Partner aufgenommen werden können. Das heißt, man muß genau spüren, wann man die Energie vorantreiben und abgeben sollte und wann man sich dem Energiestrom hingeben muß. Aus dieser Polarität entsteht eine wellenartige Bewegung, die unsere Energie steigen läßt.
Der Orgasmus kann als eine Erfahrung des Steigens der Kundalini angesehen werden. Dieses wellenartige Bewegen der Energie, dieses Drängen und Sichhingeben ist genau die Technik, mit der der Yogi die Kundalini zum Aufsteigen bewegt. Es ist wohl eher ein Vorurteil der zölibatär lebenden Priesterkaste, daß der Orgasmus nicht als Erleuchtungserfahrung beziehungsweise als Aufstieg der Kundalini angesehen wird.
Das amerikanische Medium Rosalyn L. BRUYERE betont zu Recht, daß gerade für heilende und helfende Berufe tiefe sexuelle und Orgasmuserfahrung notwendig ist. Mit dieser Erfahrung lädt man alle seine Chakren auf, das heißt, man hebt deren Energiepegel. Wird man mit physischen und psychischen Krankheiten konfrontiert, kann diese Konfrontation einem sehr schnell viel Energie entziehen, was man als Negativität wahrnimmt. Hat der Heilende jedoch seine Energiezentren hoch aufgeladen, wirkt das nicht nur als Schutz gegen die saugenden Tendenzen der Chakren der Kranken, sondern er kann positive Energie abgeben, da er genügend besitzt.

Nabelchakra

Sanskritbezeichnung: Manipura, von *Mani,* »Juwel«, und *Pura,* die weibliche Form von »Kraft«. Das Wort Manipura kann als »leuchtendes Juwel« oder »Ort der Juwelen« übersetzt werden.

Positive Energie: Mut.

Negative Energie: Angst, verletzt zu werden, andere zu verletzen und vor Veränderung.
Machtbesessenheit und Machtmißbrauch, Ungeduld.

Energie überaktiviert: Aggressivität und große Reizbarkeit.
Extreme Aktivität (Manie), Gier.
Magengeschwüre und alle anderen streßbedingten Erkrankungen.

Energie unteraktiviert: Schlaffheit, wir fühlen uns kraft- und lustlos, Energieprobleme, Überanpassung.
Magersucht (anorexia nervosa).

Energie ausgeglichen: Wir fühlen uns kraftvoll.

Sinn: Gesichtssinn (Auge). Dieses dritte Energiezentrum kann besonders gut mit der Farbtherapie angesprochen werden.

Auf der *körperlichen Ebene* entsprechen diesem Chakra die Leber, die Gallenblase, die Milz, der Magen und der Dünndarm.
Im Nabelchakra wird Pranaenergie bevorzugt aufgenommen und verteilt. Hier wird nach hinduistischer Vorstellung Prana mit Apana verbunden, das heißt, es geht um Energieaufnahme und Ausscheidung. Die Aufnahme und das Abgeben von Energie müssen am Nabelchakra ins Gleichgewicht gebracht werden. Nach klassisch hinduistischer Auffassung überschneiden sich teilweise die Funktionsbereiche des Sexual- und des Nabelchakras. Vielleicht könnte man die Differenzierung darin sehen, daß im Sexualchakra das Abgeben und Aufnehmen mehr auf der sozialen Ebene geschieht, während das Nabelchakra eher die Umwandlung feinstofflicher Energien regelt. Außerdem liegt der Schwerpunkt des Sexualchakras in der Offenheit, derjenige des Nabelchakras im Gleichgewicht der Kräfte.

Im alltäglichen Leben erkennen wir ein gestörtes Nabelchakra daran, daß wir übermäßig emotional sind oder große Angst vor Gefühlen zeigen. Ein längerfristig gestörtes drittes Chakra führt zu Entzündungen im Körper. Ist es chronisch gestört, kommt es zu Arthritis oder Bluthochdruck. Bei der Arthritis wird die Wut in die Gelenke gelenkt, beim Bluthochdruck lenkt man sie in den Kopf. Die Aura eines Bluthochdruckpatienten zeigt ein Fehlen des Kronenchakras und besonders ein schwaches Nabelchakra.

Sie alle kennen Menschen, die Ihnen Energie rauben. Sie sind wie Vampire: Sie saugen an Ihren Energien, ob Sie es wollen oder nicht. Sie besitzen ein verletztes oder stark unterenergetisiertes Nabelchakra und füllen dessen Leere mit der Energie anderer Menschen auf. Meistens sind es emotionale Gesprächsthemen, mit denen sie in Ihnen eine Resonanz erzeugen. Dazu kommt noch häufig eine Fixierung mit den Augen und eine große emotionale Intensität, die es Ihnen nicht gestattet auszuweichen. Nur wer selber ein ausgeglichenes und gestärktes Nabelchakra besitzt, kann diesen »Vampiren« widerstehen.

Das Nabelchakra ist die Körperstelle, an der wir große Energie erzeugen und freisetzen können. So beschreibt die französische Tibetkennerin Alexandra DAVID-NEEL (1868–1969), wie Yogapraktizierende zur Übung mit eiskalten nassen Tüchern umwickelt wurden, damit sie sie mit der eigenen Körperenergie trocknen. Das geschieht mit Hilfe des Nabelchakras. Nur dieses Chakra kann ein derartiges Feuer entfachen.

Auf der *psychischen Ebene* des Nabelchakras lernen wir, mit unserem Schatten umzugehen und Negativität in positives Verhalten zu verwandeln. Dieses Energiezentrum läßt uns Sympathie und Antipathie empfinden und uns darüber klarwerden, ob ein anderer Mensch zu uns paßt oder nicht. Ein verkümmertes Nabelchakra drückt sich durch Feigheit, Besorgnis und Ignoranz aus. Alle diese drei Untugenden sind Kinder der Angst, und zwar letztendlich vor dem eigenen Schatten.

Im Bereich des dritten Chakras wird unsere Energie aggressiv. Sie will erobern und besiegen. Befanden wir uns auf der Ebene des Sexualchakras im Bereich der Psychologie FREUDS, so betreten wir mit der Ebene

des Nabelchakras den Bereich der Psychologie Alfred ADLERS, in der es um den Willen zur Macht geht.
Zur Befreiung der positiven Energien des Nabelchakras hilft es uns sehr, wenn wir uns bei aufkommendem Ärger über andere Personen klarmachen, daß dies verborgene Anteile von uns selbst sind, die wir in ihnen ablehnen. Das mag zugegebenerweise eine Platitüde sein, aber dennoch ist diese Haltung äußerst wirksam, wenn sie konsequent durchgehalten wird. Allerdings kann diese kleine Übung einzig dann ihre Wirkung entfalten, wenn wir uns von der Erkenntnis unseres Selbst im anderen auch emotional berühren lassen. Alleine als intellektuelle Einsicht nutzt diese Übung freilich wenig.
Vom Zustand unseres Nabelchakras ist unsere gesellschaftliche Anerkennung, unser Leistungs- und Durchsetzungswille und unsere emotionale Bindungsfähigkeit abhängig. Das erklärt sich daraus, daß hier der körperliche Schwerpunkt liegt, der, bewußtgemacht, zugleich auch einen emotionalen Schwerpunkt zusammen mit dem Herzchakra (als mittleres Chakra) bieten kann. Haben wir uns auf der Ebene des Wurzelchakras mit der grundsätzlichen Voraussetzung zur Erdung auseinandergesetzt, so wird mit dem Nabelchakra wieder das Thema Erdung angesprochen. Diesmal geht es jedoch hauptsächlich um das Finden der eigenen Mitte. Das Nabelchakra bildet nicht nur den Körperschwerpunkt, sondern ist auch der Sitz der Persönlichkeit, also eine Art sozialer Schwerpunkt, von dem die persönliche Kraft und die gesellschaftliche Stellung abhängen.
Etwa zwei Finger breit oberhalb des Nabels befindet sich eine Stelle, die mit der Erdung des Menschen zusammenhängt. Wenn man in diese Stelle hineinatmet oder auf sie meditiert, dann erdet man sich nicht nur vorzüglich, sondern man kann sich auch gut in sich selbst zurückziehen, um bei sich zu sein und sich zu spüren. Wir fühlen dann unsere eigene Mitte als Ort des Schutzes und der Sicherheit, zu dem wir immer wieder zurückkommen können, um neue Kräfte zu schöpfen. Die Meditation auf das Nabelchakra gibt uns Ruhe in bewegten Zeiten und läßt uns unsere Eigenheiten und unsere Individualität bewahren.

Die meisten unserer emotionalen Verwirrungen sind auf der Ebene des Nabelchakras zu finden. Diese Verwirrungen sind am besten über das Herzchakra aufzulösen, das uns mit bedingungsloser Liebe und gewisser Objektivität emotionale Verwirrungen erkennen und somit auch überwinden läßt. Die Ebene des Nabelzentrums selbst bietet sich an, um kreativ mit unseren Aggressionen umzugehen.
Über das Nabelchakra nehmen wir die Emotionen von anderen Menschen auf. Jeder kennt das Gefühl, wenn einem bei bestimmten emotionalen Herausforderungen plötzlich mulmig im Bauch wird. Deswegen stellt man sich bei allen Schutzmeditationen eine goldene Kugel oder ein klares Licht am Nabelzentrum vor. Mit dem Nabelchakra senden wir (meist unbewußt) diejenigen Schwingungen aus, auf welche andere Menschen reagieren. Wir ziehen durch unser Schwingungsmuster immer genau diejenigen Menschen und Situationen an, die uns entsprechen und die uns somit als Spiegel dienen können. Das heißt, daß wir mit den emotionalen Ausstrahlungen unseres Nabelchakras unsere Umwelt bestimmen. Wenn wir eine entwickelte Bewußtseinsstufe erreicht haben, dann können wir unsere Umwelt als unseren Lehrer akzeptieren und sehen.
Das Nabelchakra kann zusammen mit dem Wurzelchakra als der Ort unserer größten Stärke angesehen werden, und es stellt zugleich auch unseren verwundbarsten Angriffspunkt dar. Hier zeigt sich ein allgemeines psychologisches Gesetz, daß nämlich unsere größten Stärken immer zugleich auch unsere größten Schwächen sind.
Das dritte Chakra betrachte ich als den männlichen Pol unseres Chakrensystems. Es geht beim Nabelchakra um die Meisterung der männlichen Kräfte durch die Frau und den Mann. Jede Frau und jeder Mann muß sich auf dieser Ebene unweigerlich mit den eigenen männlichen Anteilen auseinandersetzen. Der männliche Archetyp ist im Gegensatz zum weiblichen des Sexualchakras von Abgrenzung und Differenzierung geprägt. Wer mit der Energie des männlichen Archetypen ins reine gekommen ist, dessen Nabelchakra ist befreit und offen; daß dies für Männer und Frauen gleichermaßen gilt, braucht wohl nicht mehr besonders betont zu

werden. Menschen, die in unserer Gesellschaft Machtpositionen innehaben und großen Einfluß ausüben, besitzen immer ein überaus aktives Nabelzentrum, aus dem heraus sie leben.
Das Nabelchakra wird dem Element des Feuers zugeordnet, und das Feuer stellt die Verwandlung dar. Die Bewußtseinsarbeit wendet sich auf dieser Ebene der Frage zu, wie Sie Ihre Energien verwandeln. Wie transformieren Sie negative in positive Energien, das ist hier die entscheidende Frage.
In tibetischen Erzählungen heißt es, daß es dem Menschen ab dem dritten Chakra gelingen kann, seinen Körper von innen zu sehen und zu spüren. Das Feuer erleuchtet den Körper von innen. Sahen wir auf der Ebene des Wurzelchakras den Körper materiell und von außen, so betrachten wir ihn hier von innen. Wenn der Übende sich in der Meditation in den Schutzraum dieses Chakras zurückziehen möchte, geschieht das, indem er versucht, Körperempfindungen vom Inneren des Körpers her zu spüren. Er beginnt oft mit dem Inneren seiner Hände, da sie ihm am nächsten sind, um sich dann auf Empfindungen im Inneren seines Bauches einzuschwingen. Falls es Ihnen schwerfällt, sich zum Beispiel Ihre Hände von innen her vorzustellen und zu erfühlen, hilft oft der Blick in ein Anatomiebuch, der Ihnen die innere Struktur Ihrer Hände deutlich aufzeigt.
Das Obertonsingen ist eine alte, sanfte Technik, mit der man das Nabelchakra ansprechen kann, da man spürt, wie die Obertöne im Inneren des Nabelchakras vibrieren. Härtere Techniken, um das Feuer dieses Chakras zu verfeinern, stellen die Kampfsportarten dar, in denen der Umgang mit der Aggression kultiviert wird. Es kommt auf der Ebene des Nabelchakras darauf an, einen bewußten Zugang zu seiner Aggression zu finden. Dieser Zugang bietet oft die Möglichkeit, sich seiner Schattenprojektionen bewußt zu werden, denn sie werden zumeist von abgespaltener Aggressivität genährt. Aggressionen müssen unbedingt nach außen und dem Licht des Bewußtseins ausgesetzt werden, da sie sich sonst als verinnerlichte negative Kräfte gegen den eigenen Körper richten. Alle Tumore und besonders die verschiedenen Krebsarten stellen einen ma-

teriellen Ausdruck dieser im Inneren wütenden Aggressionen dar. Der angemessene Umgang mit Aggressionen wird verkörpert durch das sogenannte »positive Kämpfen«, bei dem mit vollem Bewußtsein Aggressionen offen gezeigt werden, ohne sie jedoch zerstörerisch gegen sich und andere einzusetzen. Auch ein spiritueller Mensch darf manchmal einen Wutanfall haben, vorausgesetzt er hat ihn bewußt und er nimmt diesen Energieverlust in Kauf.

Der Umgang mit der Aggression scheint mir ein großes ungelöstes gesellschaftliches Problem zu sein, das andeutet, daß die Menschheit insgesamt ihre Mitte verloren hat. Wer aus seiner Mitte fällt, der ist grundsätzlich vor lauter Angst unberechenbar aggressiv.

Wie immer man mit diesem Chakra arbeitet, es geht auf seiner Stufe um Umwandlung, Ausgleich und Assimilierung unbewußter in bewußte Kräfte. Hier steht eine der schwierigsten Bewußtseinsarbeiten an. Diese Ebene ist gemeint, wenn Jungsche Analytiker davon sprechen, daß der Schatten letztendlich nie vollständig integriert werden kann.

Die *Lernaufgabe* des Nabelchakras liegt also in der Auseinandersetzung mit dem eigenen Schatten und damit auch mit Aggressivität.

Auf der Ebene des Nabelchakras meditiert der fortgeschrittene Übende auf den Meditations-Buddha Ratnasambhava, der das Gefühlsleben, die Augen und somit das Sehen beherrscht. Sein Sitz ist im Nabel. Man kann sich auch ein reinigendes Feuer in der Nabelgegend vorstellen und dabei sein Bewußtsein auf die Körperinnenseite des Nabels fixieren.

Nach C. G. JUNG ist der »normale westliche Mensch« in seiner Bewußtseinsentwicklung nur bis zum dritten Chakra gekommen, einzig ganz besonders erweckte Menschen unserer Kultur haben das vierte Chakra erreicht. Im Tibetischen wird bisweilen behauptet, daß sich Menschen, die auf der Ebene der ersten drei Chakren leben, nur wenig von den Tieren unterscheiden. Daher müssen sie durch Macht in ihre Grenzen verwiesen werden, was ein Ausdruck des dritten Chakras ist.

Fragen zu diesem Chakra

Je mehr Fragen Sie mit »Ja« beantworten, um so intensiver sollten Sie sich mit diesem Chakra auseinandersetzen:
- Fühlen Sie sich oftmals sehr aggressiv und voller Ärger?
- Sind Sie nervös, gereizt, überaktiv und unruhig?
- Haben Sie in Ihrem Leben häufig den falschen Liebespartner gewählt?
- Haben Sie in Konfliktsituationen meistens ein flaues Gefühl im Magen?
- Quälen Sie oft Sorgen und Befürchtungen?
- Sind Sie eher feige als mutig?
- Kennen Sie das Gefühl absoluter Machtlosigkeit und Ohnmacht?

Herzchakra

Sanskritbezeichnung: Anahata, bedeutet »nicht angeschlagen« und verweist so auf den ewigen, menschenunabhängigen Schöpfungston.

Positive Energie: Sensibilität und Selbstbewußtsein, Mitgefühl und Lebensklugheit.

Negative Energie: Gier nach Geld und Einfluß auf andere, Kälte und Herzlosigkeit (sehr deutlich in dem Märchen »Das steinerne Herz«).

Energie überaktiviert: Man ist launisch, überempfindlich und schnell beleidigt.

Energie unteraktiviert: Mangelnde Sensibilität und Einfühlungsvermögen. Undankbarkeit.
Abhängigkeit von der Liebe und Anerkennung anderer Menschen.
Verlangsamter Stoffwechsel.

Energie ausgeglichen: Wir sind liebesfähig und können uns in selbstloser Weise hingeben.

Sinn: Tastsinn (Haut), hier kann besonders gut mit Mudras gearbeitet werden.

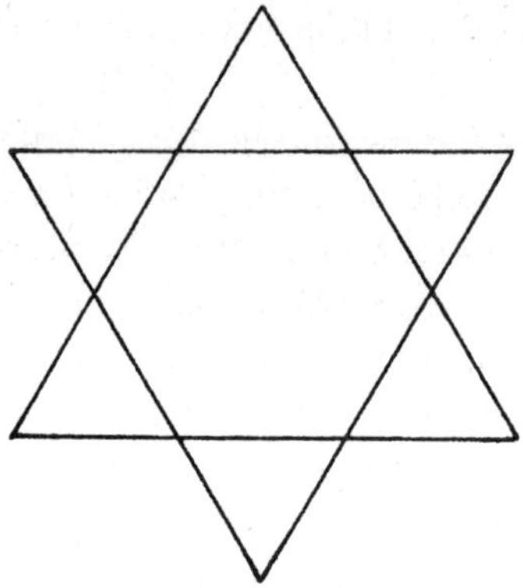

Abb. 6-1: Das Siegel Salomons

Den tibetischen Buddhisten zufolge wohnt der menschliche Geist im Herzchakra. Er wird durch 42 friedvolle Gottheiten symbolisiert, die seine verschiedenen Eigenschaften repräsentieren.

Das Symbol dieses Chakras stellt das sogenannte Siegel Salomons dar, ein Sechseck, das aus der Überschneidung von zwei gleichseitigen Dreiecken entsteht. Dieses Symbol, das in der Alchimie die Gesamtheit aller Elemente verbildlicht, zeigt anschaulich, wie sich hier die drei unteren Zentren (Dreieck mit Spitze nach unten) mit den drei oberen Zentren (Dreieck mit der Spitze nach oben) verbinden. Dabei kann man den Bereich der drei unteren Chakren als physisch-psychischen und denjenigen der drei oberen Chakren als geistig-spirituellen Bereich beschreiben. Auch der Tantrismus kennt dieses Symbol und benutzt es als Sinnbild der Verbindung der weiblichen (Dreieck mit der Spitze nach unten) mit der männlichen Kraft (Dreieck mit der Spitze nach oben). Ganz zentral steht im Tantrismus das Sri-Yantra, das den vollständigen Kosmos aus der Verbindung der männlichen mit der weiblichen Energie darstellt.

So wie das Herzchakra den Mittelpunkt des Menschen als Mikrokosmos bildet, so geben die Dreiecke des Sri-Yantras den Mittelpunkt des Makrokosmos wider. Der Makrokosmos wird dabei als kosmischer

Mensch gesehen, dessen Mittelpunkt das Herzchakra als Kreismittelpunkt aufzeigt.
Mutter Theresa und die Bodhisattvas, die aus Mitgefühl heraus auf das Nirvana verzichten, verkörpern die positive Energie dieses Chakras. Seine Heiligkeit der Dalai Lama gilt als Reinkarnation von Chenresi (tibetisch: sPyan-ras-gzigs, wörtlich: »der mit klaren Augen Schauende«), dem das Mitgefühl symbolisierenden Bodhisattva.
Auf der *körperlichen Ebene* entsprechen dem Herzchakra das Herz und die Arme. Wir erkennen ein gestörtes Herzchakra oft daran, daß der Betroffene weitaus mehr gibt, als ihm und anderen guttut. Er zeigt ein übertriebenes Liebesbedürfnis oder er weist oft Herzschmerzen und eine »enge Brust« auf. Das sind die Bänder um die Brust, die dem Diener Heinrich des entzauberten Froschkönigs im gleichnamigen Grimmschen

Abb. 6-2: Das Sri-Yantra

Märchen zerspringen. Die enge Brust zeigt uns nur zu deutlich, daß wir unserer Herzkraft nicht genug Raum geben und unser Liebesbedürfnis unterdrücken. Damit ist sowohl das Bedürfnis zu lieben als auch das, geliebt zu werden, gemeint.

Außerdem macht sich ein gestörtes Herzchakra in Spannungen im Nacken- und Schulterbereich bemerkbar, die bei fast jedem Menschen in unserer Kultur auftreten. Diese Spannungen beginnen meistens auf der Rückseite des Herzchakras (Rücken) und hängen mit unterdrückten oder unbefriedigten Liebessehnsüchten zusammen.

Die meisten sexuellen Dysfunktionen und gynäkologischen Störungen gehen weniger auf ein schwaches Sexualchakra als auf ein gestörtes Herzchakra zurück. Unregelmäßige Monatsblutungen, Scheidenentzündungen und schwere Geburten zeigen oft an, daß es dieser Frau nicht gelingt, mit ihrem Herzchakra Kontakt aufzunehmen. Das liegt daran, daß dieses mittlere Chakra der Sitz des Vertrauens ist. Ein Mangel an Vertrauen führt oft zu diesen Frauenproblemen. Allerdings wird die Frage des Vertrauens auch häufig als Ausrede benutzt, um sich nicht von ganzem Herzen einzulassen. Wer sich nicht um Vertrauen bemüht, der kann zwar auch nicht verletzt und enttäuscht werden; wer jedoch immer auf das große Vertrauen wartet, der wird letztendlich immer enttäuscht und findet nie zur Liebe.

Auf der *psychischen Ebene* stellt das Herzchakra wie das Sexualchakra das Tor zum Du dar. Jedoch steht auf der Ebene des Herzchakras nicht mehr die körperliche Anziehung des anderen im Vordergrund, sondern das emotionale Mitempfinden. Wenn das Herzchakra völlig offen ist, gelingt es dem Menschen, bedingungslose Liebe auszudrücken, die nichts mehr mit der körperlichen Ebene der Liebe gemein hat. Man gibt nicht mehr, um zu empfangen, sondern man gibt ohne Wunsch und Hoffnung auf eine Gegengabe.

Wenn man sich anderen Menschen emotional öffnen möchte, meditiert man auf sein Herzchakra beziehungsweise man atmet tief in es hinein. Auf der Ebene dieses mittleren Chakras findet die Umwandlung von Energie in Liebe statt. Hier wird man aufgefordert, sein nur auf den eigenen Vorteil ausgerichtetes Denken aufzugeben, denn, wie es in esoterischen Schriften über diese Ebene heißt, im Herzchakra durchdringt der höhere Geist die niedere Materie. Liebe wird nun nicht mehr wie im Sexualchakra als körperliche Energie erlebt, sondern als eine Energie des Geistes, das heißt als eine Bewußtseinsenergie, die alles verbindet. Das symbolisiert auch die Zuordnung des Herzchakras zum Luftelement, denn Luft verbindet und durchdringt alles. Außerdem berührt Luft alles, ohne gesehen zu werden, genauso wie die Liebe alle Menschen berührt und doch nicht direkt sichtbar ist.

Sowohl im gesamten ostasiatischen Bereich als auch in der Lehre GURDJIEFFS nimmt man an, daß das eigentliche Denken des Menschen durch das Herzchakra stattfindet und nicht im Gehirn. Die Sufis behaupten zum Beispiel, daß sie mit ihrem Herzen das verstehen, was die größten Gelehrten nicht mit ihrem Denken verstehen können. Das wirkliche Denken wird im Osten mehr mit der Intuition und dem Gefühl verbunden, während es im Westen mit dem abstrakten, begrifflichen Denken gleichgesetzt wird. Das Herzchakra ist das Zentrum des inneren Denkens und steht damit in enger Verbindung mit dem Stirnchakra, das als »Herz des Kopfes« bezeichnet wird. Im Stirnchakra erfaßt das innere Denken jedoch nicht mehr die äußere Welt, sondern es ist ganz durch Konzentration und Meditation auf die Erkenntnis der inneren Welten ausgerichtet.

Nach den Erfahrungen der Kräfte unseres Unbewußten und der Sinnlichkeit auf der Ebene der beiden unteren Chakren und unserer Aggressivität auf der Ebene des Nabelchakras gelangen wir auf der Ebene des mittleren Chakras zur Ruhe und zum Ausgleich. Liebe im Sinne des Herzchakras kann man als eine Kraft der Harmonie und des Ausgleiches ansehen. Liebe verbindet, schafft Einheit und damit eine Ruhe, die es auf den unteren Ebenen der Dualität nicht gab.

Ist das Herzchakra geschlossen, führt das meistens zu einem Streben nach Kontrolle. Da man selbst das Urvertrauen verloren hat, daß alles gut ist und für einen gesorgt ist, verfällt man der Illusion, Sicherheit durch Kontrolle statt durch Herzenswärme erzeugen zu können. Dabei mani-

puliert man seine Mitmenschen und wird zuletzt selber Opfer seiner eigenen Manipulationen.
Ferner drückt sich ein geschlossenes Herzchakra in der sogenannten »Coolheit« aus. Man läßt sich nicht mehr von seiner Umwelt emotional berühren und reagiert distanziert und intellektuell abwehrend. Damit fällt man aus seiner Lebendigkeit heraus und gerät in die Gefahr zu erstarren. In diesem Fall ist die Arbeit an den eigenen Rationalisierungen angesagt. Der Intellekt versucht, jedes aufkommende Gefühl sogleich zu erklären und damit zu verscheuchen. Bemerkt man diese verbreitete Abwehrhaltung bei sich, dann sollte man besonders mit Atemübungen versuchen, dieses Zentrum zu befreien. Es ist auf der Ebene des Herzens wichtig einzusehen, daß das Gefühl genauso sichere Erkenntnisse liefern kann wie der Intellekt. Jedes wahre Verständnis findet auf der emotionalen Ebene des Herzchakras statt.
Dieses mittlere Chakra wird dem Element der Luft zugeordnet, das mit Weite, Klarheit und Freiheit verbunden ist. Diesem Chakra werden körperlich nicht nur das Herz, sondern auch die Atemorgane zugeordnet. Jeder Mensch, der sich nicht selbst liebt, wird eine Einengung des Brustraums spüren. Die klassische Bioenergetik spricht in diesem Falle vom »Brustpanzer«.
In der tibetischen Tradition wird das Herzzentrum als Organ des intuitiven Geistes betrachtet. Auch die Sufis, deren Meditation sich speziell auf dieses mittlere Energiezentrum konzentriert, sprechen von »der Weisheit des Herzens«. Der intuitive Geist wird als vergeistigtes Mitgefühl angesehen. Der Mensch erlebt bewußt seine Umwelt und sieht deutlich, wie diese vom Ideal eines bewußten, verantwortungsvollen Lebens abweicht. Er reagiert auf diese Diskrepanz mit einem allumfassenden Mitgefühl.
Dem Herzchakra ist der Tastsinn zugeordnet, denn es regiert die Arme bis hinein in die Fingerspitzen. Durch die Hände und den Tastsinn berühren wir den anderen, wir streicheln ihn und spenden ihm so Trost oder erregen ihn und erwecken seine Liebe. In den Handinnenflächen liegt ein wichtiges Nebenchakra, aus dem wir heilende Kräfte heraus-

fließen lassen können. Die Heilungsenergie stellt eine der wichtigen Energien dieser Ebene dar. Man stellt sich vor, daß der Heiler seine Hände mit seinem Herzen verbindet und die Herzkraft durch seine Hände in den zu heilenden Menschen leitet. Daher spricht das Herzchakra vorzüglich auf alle Arten von Massage (besonders auf Rückenmassage) und auf energetisches Heilen durch Handauflegen an (Reiki).
Die *Lernaufgabe* des Herzchakras kann kurz und knapp als Öffnung für eine überpersönliche Liebe, die sich im Mitgefühl ausdrückt, zusammengefaßt werden.
Der fortgeschrittene Meditierende konzentriert sich beim Herzchakra auf den Meditations-Buddha Akshobya, der blau wie das Wasser des Gefühls ist und über das menschliche Herz herrscht. Man kann hier auch über das Bewußtsein oder die Klugheit des Herzens meditieren.
Das Herzchakra weist ein Nebenzentrum auf, das Lalana- oder Kalpavrik-Chakra (teilweise auch als Kala-Chakra bezeichnet) heißt. Dies soll der hinduistischen Tradition zufolge der Ort sein, von dem aus persönliche Wünsche in Erfüllung gehen. Wird dieses Zentrum jedoch aktiv, bezieht sich jeder Wunsch auf das Wohlergehen von anderen.

Fragen zu diesem Chakra

Je mehr Fragen Sie mit »Ja« beantworten, um so intensiver sollten Sie sich mit diesem Chakra auseinandersetzen:
- Kennen Sie in Konfliktsituationen das Gefühl, daß Ihnen das Herz stehenbleibt?
- Sind Sie oft launisch?
- Fehlt es Ihnen an Liebes- und Hingabefähigkeit?
- Sind Sie meistens auf Ihren eigenen Vorteil bedacht?
- Fühlen Sie sich öfters starr, unharmonisch und meinen alles unter Kontrolle haben zu müssen?
- Reagieren Sie auf Streß mit starkem Herzklopfen?
- Können Sie sich meistens nur schwer in andere Menschen einfühlen?

In der tibetischen Tradition sagt man, daß die jetzt folgenden drei Energiezentren, die keinem Element mehr zugeordnet werden, der Qualität des Lichtes entsprechen. Das heißt, ab hier kann der Meditierende bereits eine bestimmte Bewußtseinskontinuität aufrechterhalten. Er ist darum bemüht, seine Bewußtseinsstärke immer mehr auszubauen, auf daß er in immer längeren Zeitabschnitten voll bewußt durchs Leben gehen kann.

Kehlchakra

Sanskritbezeichnung: Vishuddha, von *Vishuddi,* »sich reinigen«.
Positive Energie: Verantwortungsgefühl.
Negative Energie: Erstarrte Konvention, Ignoranz auf vielen Gebieten, deutliches Auseinanderfallen von Intellekt und körperlichen Bedürfnissen.
Energie überaktiviert: Wir sind laut und drücken andere damit leicht an die Wand.
Probleme mit meditativen Techniken.
Energie unteraktiviert: Leise Stimme, Hemmungen im Umgang mit anderen und Schüchternheit.
Absinken der Immunabwehr.
Energie ausgeglichen: Kreative Möglichkeiten des Selbstausdrucks stehen einem zur Verfügung, angemessene Selbstdarstellung.
Gutes Gehör.
Sinn: Gehör (Ohr), hier bietet sich die Arbeit mit Mantras und die Musiktherapie an.

Das Halschakra wird auf der *körperlichen Ebene* den Ohren, den Stimmbändern, der Zunge, der Speiseröhre und dem Kiefer zugeordnet. Verspannungen der Halswirbel stehen ebenfalls mit einem geschlossenen Halschakra in Zusammenhang. Die Stimme wird öfter in der esoterischen Literatur als »Kundalinizentrum der drei oberen spirituellen Cha-

kren« bezeichnet. In allen Schöpfungsmythen ist es der Klang der Stimme, der die Erde und alles Leben ins Sein ruft.
Im alltäglichen Leben zeigt sich ein gestörtes Halschakra dadurch, daß es einem fast unmöglich scheint, eine eigene Meinung zu vertreten, und daß man von der Außenwelt leicht manipulierbar ist.
Nachdem wir uns unseres Unbewußten, unserer Sinne, unseres Schattens und unserer Herzkraft bewußt geworden sind, ist es uns endlich möglich, bewußt zu handeln und zu kommunizieren. Jetzt können wir offen und ohne Angst spontan unsere Gefühle und Bedürfnisse ausdrücken. Im Grunde bildet sich erst auf dieser Ebene ein zielgerichteter Wille aus, da wir über die entsprechende Einsicht und Bewußtseinskraft verfügen, welche die Grundlagen für einen solchen Willen darstellen. Deswegen sind wir auf dieser Stufe voll verantwortlich für unsere Kommunikation und unser Handeln. Mit all diesen Fähigkeiten ist auch die Ausbildung des Unterscheidungsvermögens verbunden, die dann auf der Ebene des Stirnchakras weiter verfeinert wird.
In diesem fünften Chakra wird das Tierische und Körperliche in uns geläutert, so daß eine Vergeistigung stattfinden kann. Die Energien, die auf der Ebene der ersten drei Chakren nach außen gerichtet wurden, werden jetzt nach innen gewandt und können so von innen heraus den Menschen verändern. Nur was im Inneren bleibt, kann eine längerfristige Veränderung in uns bewirken. Was sogleich ausgedrückt und nach außen gewendet wird, das vergeht und wird nur allzu schnell wieder vergessen.
Auf der *psychischen Ebene* ist »Kommunikation« das charakterisierende Stichwort des Halschakras. Dieses Chakra wird auch »Bharati-Sthana« genannt, was »Wohnort der Göttin Sprache« bedeutet. Kommunikation ist hier nicht nur an Worte gebunden, sondern jeder Ausdruck des eigenen Selbst in Gestik, Mimik und so weiter ist angesprochen. Das weite Feld der nonverbalen Kommunikation gehört also ebenfalls zu diesem Chakra. Was immer wir nach außen vermitteln, geht auf einen Impuls des Kehlchakras zurück. Ein harmonisches Halschakra führt oftmals zu einem kreativen Selbstausdruck.
Da man sich in seiner Kommunikation und speziell mit seiner Stimme

nicht wirklich verstellen kann, befürchten Menschen mit einem geschlossenen Halschakra häufig, demaskiert zu werden. Man könnte diese Angst jedoch auch als Chance sehen, sich so darzustellen, wie man wirklich ist. Das geschieht sowieso, denn die Außenwelt besitzt ein sehr feines Gefühl für das, was in der Kommunikation echt und unecht ist.
Auf der Ebene dieses Chakras findet auch die Urteilsbildung statt. Durch die Fähigkeit zu einer persönlichen Meinung wird der Mensch erst zum Individuum. Diese Urteilskraft stellt die Voraussetzung für den freien Willen dar.
Der Hals ist anatomisch gesehen die Schnittstelle zwischen Kopf und dem übrigen Körper. So verwundert es nicht, daß das Halschakra die Verständigung zwischen dem Kopf (Intellekt) und dem übrigen Körper regelt. Um Kopf und Bauch verbinden zu können, bedarf es eines geöffneten Halschakras. Man kann es sehr leicht öffnen, indem man morgens fröhliche Lieder singt oder zumindest summt.
Ein befreites Halschakra läßt uns unser inneres Empfinden klar und ungehemmt nach außen vermitteln, wodurch unsere zwischenmenschliche Kommunikation reich und tief wird. Ein geschlossenes Halschakra hat dagegen mit Gehemmtheit, übertriebener Schüchternheit und besonders mit der in unserer Gesellschaft weitverbreiteten Trennung von Kopf und Bauch zu tun. Ein geöffnetes Halschakra drückt sich hauptsächlich durch Ehrlichkeit in der Kommunikation aus. Man macht sich selbst und anderen nichts mehr vor, sondern man stellt sich nach außen und nach innen so dar, wie man ist. Wenn Sie sich selbst beobachten, werden Sie erstaunt sein, wie oft Sie sich selbst belügen. Man möchte seiner eigenen Realität nicht ins Auge blicken, und so schafft man ein Abbild von sich selbst, das einen besser darstellt, als man ist. Im Zeitalter des Image-Styling und der institutionalisierten Lüge, die durch Werbung und Politikerauftritte in den Medien massenhaft verbreitet werden, ist es äußerst schwer, das Halschakra geöffnet und rein zu halten. Einer der Wege, um zu einer ehrlichen Kommunikation zu gelangen, liegt darin, sich jeder Kommunikation, die nicht unbedingt notwendig ist, zu enthalten. Nehmen Sie einmal für einen Zeitraum vom Small talk und geistlosem

Geplapper Abschied, und genießen Sie die Stille und Ruhe, die Sie damit schaffen. Nach solch einer Erfahrung werden Sie Ihre und die Kommunikation anderer mit völlig neuen Augen betrachten.
Zur positiven Energie des Halschakras gehört die kreative Kraft des Wortes und der nonverbalen Sprache wie auch die Fähigkeit, bewußt zuzuhören. Es ist mit dem Halschakra jedoch nicht nur die Kommunikation mit anderen angesprochen, sondern auch diejenige mit unserem eigenen inneren Führer. Es geht nicht nur darum, anderen einfühlend zuzuhören, sondern auch darum, auf unsere eigene innere Stimme zu horchen. Ein aktives Kehlchakra läßt uns unsere Lebensaufgabe besser verstehen, da wir Kontakt mit unserer inneren Stimme haben. Dieses Chakra ist der meditativen Stille verbunden, in der wir mit unserem höheren Selbst Kontakt aufnehmen.
Auf diese Ebene gehört auch die Arbeit mit Träumen, da wir uns bei ihr der inneren Stimme öffnen. Ich würde sogar so weit gehen zu sagen, daß jede Arbeit an der Energie des Halschakras die Traumarbeit mit einschließen muß. Unser höheres Selbst versucht uns durch unsere Träume zu leiten und zu führen, weswegen die Bibel davon ausgeht, daß Gott zu uns im Traum spricht. Und daß man auf die Sprache Gottes hören sollte, wird jeder sogleich einsehen. Bei der Arbeit mit dem Halschakra ist besonders auf wiederkehrende Träume zu achten. Hierunter verstehe ich Träume, die das gleiche Thema mit immer wieder unterschiedlichen Bildern ansprechen. Mit diesen Träumen macht uns unser höheres Selbst, unsere Seele, Gott oder wie immer Sie auch diese überpersönliche Instanz in uns nennen wollen, auf eine destruktive Hemmung in unserem Leben aufmerksam. Ohne die Hilfe unserer Träume ist es nur sehr schwierig, vor sich selbst ehrlich zu sein, da die Träume uns ungeschminkt in symbolischer Weise unsere Realität vor Augen führen.
Das Halschakra ist das Organ des bewußten Atmens und damit auch des Mantras. Im Sinne des Tibetischen Buddhismus wird hier die Vibration vergeistigt, das heißt, es wird bewußt ein Laut erzeugt, der etwas kommuniziert und damit bewirkt. Ideen und Gedanken werden im fünften Chakra zum kommunizierten Laut, der Verständnis schafft. Auf dieser

Ebene des Bewußtseins wirkt der Meditierende nicht mehr so sehr durch die Tat, sondern vielmehr durch seine bewußte Kommunikation. Hier wird uns der Satz der Bibel »Am Anfang war das Wort« klar, den Faust versucht, durch »Am Anfang war die Tat« zu übersetzen. »Am Anfang war die Tat« gilt für die unteren drei Chakren, »Am Anfang war das Wort« gilt für die oberen drei Chakren.
Die *Lernaufgabe* des Halschakras besteht in dem Bemühen um die ehrliche Kommunikation mit sich selbst und anderen. Ein wichtiger Teil dieser Lernaufgabe besteht in dem Hören auf unsere innere Stimme und ist damit in einer Öffnung zum Überpersönlichen hin.
Der fortgeschritten Meditierende meditiert hier auf den Meditations-Buddha Amithabha, das unermeßliche Licht, das alle Kommunikation reinigt und durchdringt. Dieser Meditations-Buddha der tibetischen Buddhisten geht wahrscheinlich auf zoroastrische Vorstellungen Altpersiens (von etwa 600 v. Chr. bis 650 n. Chr.) zurück, in denen das Licht verehrt wird. Gerade die tantrischen Lichtyogatechniken beziehen sich auf den Buddha Amithabha, der als Geistwesen und Meditationshilfe das reine Licht verkörpert. Der Meditierende stellt sich diesen Buddha im Mund und teilweise auch in der Kehle vor. Man kann hier auch imaginieren, daß man mit jedem Sprechen reines Licht ausstrahlt.

Fragen zu diesem Chakra

Je mehr Fragen Sie mit »Ja« beantworten, um so intensiver sollten Sie sich mit diesem Chakra auseinandersetzen:

- Haben Sie öfter »einen Frosch im Hals« oder das Gefühl, daß etwas Ihnen die Kehle zuschnürt?
- Gibt Ihnen konventionelles Verhalten in einem konventionellen Rahmen Sicherheit?
- Machen Sie gerne anderen etwas vor, indem Sie sich besser, interessanter und großartiger darstellen, als Sie es in Wirklichkeit sind?
- Sprechen Sie häufig in der Öffentlichkeit zu laut oder zu leise?

- Können Sie die Stille nicht ertragen?
- Erinnern Sie sich selten an Ihre Träume, und wenn Sie sich einmal an einen Traum erinnern, können Sie auch dann nur wenig mit ihm anfangen?
- Reden Sie in Konfliktsituationen oft unkontrolliert und viel zuviel?
- Sind Sie auf Parties schüchtern?
- Fällt es Ihnen schwer, sich angemessen selbst darzustellen?

Stirnchakra

Sanskritbezeichnung: Ajna, von *Ajna,* »Wissen«.
Positive Energie: Denklust. Der geistig rege Mensch und der Mensch mit Charisma sind beide von diesem Chakra in dessen befreiter Form geprägt.
Negative Energie: Zu großer Ehrgeiz und/oder Introvertiertheit.
Energie überaktiviert: Verworrene Gedanken, sklavische Abhängigkeit von mentalen Konzepten, Vorurteilen und einseitiger Intellektualität (»Kopflastigkeit«).
Energie unteraktiviert: Gedankliche Trägheit, fehlende Konzentration und Sehstörungen, da man oftmals nicht die Kraft und den Willen aufbringt, genau und tiefer hinzuschauen.
Energie ausgeglichen: Große Intuition und Konzentrationsfähigkeit.

Das Stirnchakra beherrscht die gesamte Kopfregion und besonders das Gehirn. Die Entspannung des Gesichtes, von der die Entspannung des restlichen Körpers weitgehend abhängig ist, wird von diesem Zentrum her reguliert. Hierbei ist besonders auf die tiefe Entspannung unserer Augenpartien zu achten. Das Stirnchakra stimuliert ferner unsere Nase, an deren Spitze nach yogischer Auffassung die beiden »Yoganerven« Ida und Pingala enden. Außerdem beherrscht es die Nebenhöhlen und vor allem das Kleinhirn und das Zentralnervensystem.
Beim Dritten Auge müssen wir uns mit dem klaren und reinen Bewußt-

sein auseinandersetzen. Das ist eine Ebene, auf der man zwar seine Gefühle und inneren Bilder und Gedanken genau wahrnimmt, sich aber mit ihnen nicht identifiziert. Man ist auf dieser Ebene fortwährend ganz gegenwärtig und bewußtseinsklar. Hier gelingt es zum Beispiel, alle Besorgnis, negativen Gedanken und andere Arten von Geistesgiften aufzulösen, indem man ihnen ihre Energie entzieht. Man nimmt zwar solche Gedanken und Bilder noch wahr, aber kümmert sich nicht mehr um sie, wodurch sie mit der Zeit verschwinden. So ist es möglich, sich vollständig auf das Wesentliche für einen selbst zu konzentrieren, ohne abgelenkt zu sein.

Durch diese Konzentrationsleistung und Achtsamkeit gelingt es, der Architekt des eigenen Lebens zu werden. Dieses Chakra kann nämlich als der Ort der Visualisierung angesehen werden. Hier lernen wir mit Hilfe unserer inneren Kreativität, unsere Zukunft zu planen. Uns gelingt es, alle unsere geistigen Energien auf ein Bild der Zukunft zu zentrieren, ohne daß wir durch Zweifel oder andere negative Gedanken gestört werden. Ferner besitzen wir diejenige Konzentrationskraft, die nötig ist, um eine bestimmte Visualisierung lange genug zu halten und sie sich mit voller Aufmerksamkeit im Detail auszumalen. Und was die Grundlage aller Visualisierungen darstellt: Wir besitzen auf der Ebene des Stirnchakras die Fähigkeit, klar zu entscheiden, was wir wollen. Deswegen wird in manchen indischen Yogatexten das Dritte Auge auch als das »Innere Tatorgan« bezeichnet. Die beiden Blütenblätter, die dieses Stirnchakra symbolisieren, werden unter anderem als das Denk- und das Tatorgan angesehen.

Haben wir schon auf der Ebene der unteren Chakren angefangen, uns mit unseren Projektionen auseinanderzusetzen, so ist hier das Ziel erreicht: Die direkte Wahrnehmung der Wirklichkeit ohne Projektion und dazwischentretende Bilder wird hier möglich. Im Grunde sehen wir erst auf der Ebene des Stirnchakras die Wirklichkeit als das, was sie wirklich ist. Auch die Intuition und die Fähigkeit des ganzheitlichen Denkens und des Überschauens komplexer Strukturen hängt von der Aktivierung dieses Chakras ab. Das kann man dadurch erklären, daß ein aktiviertes Stirnchakra beide Gehirnhälften miteinander verbindet. Die synthetische als auch die analytische Sicht der Welt ergänzen sich so. Auf diese Weise ist wahre Kreativität und Produktivität möglich, die sich auf der innerpsychischen Ebene ausdrückt, indem sich hier der männliche und der weibliche Archetyp miteinander verbunden haben. Es ist also die Vollständigkeit erreicht, die auf der Ebene der anderen Chakren nur als ideal in weiter Ferne erahnt werden konnte.

Alle diese Fähigkeiten zusammengenommen machen das aus, was wir oft leichthin als eine Öffnung zur spirituellen Ebene bezeichnen. Dort sprechen sicherlich keine personifizierten Geistwesen zu uns, und das ist auch nicht der Ort der Engelchen. Um allerdings die auf der Ebene des Stirnchakras erlebte Geistesklarheit zu beschreiben, griff man früher oft zur Personifizierung solcher Kräfte wie Bewußtseinsklarheit, direkte Wahrnehmung, Konzentrations- und Vorstellungskraft. Denn was auf dieser Ebene geschieht, liegt letztendlich jenseits der Wörter. Mit Beschreibungen kann man nur eine Neugier auf die Erfahrungen dieser Ebene wecken, und ohne diese Neugier wird keiner die Mühen auf sich nehmen, diese Stufe zu erreichen.

Sehr schön wird die Ebene dieses Chakras in DANTES *Göttliche Komödie* beschrieben: Beatrice, die Seelenführerin DANTES, symbolisiert dieses Chakra. Sie ist die Manifestation der Schönheit und der göttlichen Gnade, sie ist geprägt von der Liebe zur Welt, die zur höchsten Erkenntnis führt.

Das moderne Channeling, wo RAMTHA um sein Urheberrecht kämpft und sich andere geistlose »Geistwesen« in atemberaubenden Plattheiten auslassen, gehört nicht auf diese Ebene, sondern ist eher angetan, die Vorstellungen über diese geistige Ebene zu verwirren. Das, was GURDJIEFF in seinen Schriften als den Menschen des Typs sechs bezeichnete, trifft diese Ebene genau.[1] Dieser Typ wird von GURDJIEFF als Mensch

1 Vgl. hierzu genauer: Klausbernd VOLLMAR, *Das Enneagramm. Praktische Lebensbewältigung mit Gurdjieffs Typenlehre.* München 1993, S. 178 und Klausbernd VOLLMAR, *Arbeitsbuch zum Enneagramm.* München 1994.

charakterisiert, der zwar seine volle Entwicklung und die Einheit seiner Persönlichkeit erreicht, seine Eigenschaften allerdings noch nicht stabilisiert hat. Dieser Mensch kann zwar bewußt sich selbst und andere aus seinem Gefühls-, Körper- und Bewegungszentrum heraus verstehen, er besitzt ein einheitliches Ich und keine widerstrebenden Tendenzen mehr in sich selbst und weiß genau, was er will und kann dieses auch ausführen, aber er hat sich in all diesen beachtlichen Fähigkeiten noch nicht stabilisiert. Erst der Mensch vom Typ sieben kann all diese erstrebenswerten Eigenschaften nicht mehr verlieren. Er erst entspricht der Ebene des Kronenchakras.[1]

Der indische Yogalehrer SATYANANDA empfiehlt, dieses Energiezentrum als erstes zu öffnen, da man dann sogleich den Kontakt mit der spirituellen Ebene herstellt und nicht mehr fehlgehen kann.

Letztendlich kann man auf dieser Ebene nicht mehr so recht von einer Lernaufgabe sprechen, da hier im Grunde alles gelernt ist. Die einzige Aufgabe besteht darin, das Gelernte auszubauen und miteinander zu verbinden. So wird die Bewußtseinsklarheit zu einer permanenten Bewußtseinsklarheit erweitert. In der Visualisierung wird die Fähigkeit zur Konzentration und zum klaren Sehen mit dem bewußten Willen verbunden. Sieht man die Chakren als hierarchische Bewußtseinsebenen an, dann kann man bis zu dieser Ebene durch Übungen aufsteigen, wobei meiner Erfahrung nach für die Ebene des Dritten Auges ein Lehrer notwendig ist.

Auf der Ebene des Stirnchakras stellt sich der fortgeschritten Meditierende den Meditations-Buddha Vairocana vor, der als der im Kopf wohnende Urbuddha gedacht wird. Man kann sich hier auch in seinem Kopf eine klassische Buddhafigur vorstellen, deren Bild man mit einem Gefühl für das Innere seines Kopfes zu halten versucht.

1 Diese Menschentypen dürfen nicht mit den Enneagrammtypen verwechselt werden. Nach GURDJIEFFS Auffassung des Enneagramms würde der Menschentyp sieben am neunten Enneagrammpunkt stehen.

Fragen zu diesem Chakra

Je mehr Fragen Sie mit »Ja« beantworten, um so intensiver sollten Sie sich mit diesem Chakra auseinandersetzen:
- Sind Sie denkfaul?
- Können andere Menschen oftmals Ihren Gedanken nicht folgen?
- Haben Sie häufig Kopfschmerzen?
- Leiden Sie unter Konzentrationsschwierigkeiten?
- Sind Ihre Augen häufig sehr angespannt?
- Sehen Sie schlecht?
- Machen Ihnen regelmäßig negative Gedanken zu schaffen?

Kronenchakra

Sanskritbezeichnung: Sahasrara, der tausendblättrige Lotos.

Wir betreten die Ebene des kosmischen Bewußtseins.
Auf dieser höchsten Ebene unseres Bewußtseins sind wir mit unserem höheren Selbst verbunden. Es ist dem höheren Selbst zu eigen, daß es weder lobt noch verurteilt und Erfahrungen weder in »gut« noch in »böse« einteilt. Diese urteilsfreie Haltung auf der Ebene des Kronenchakras wird als »Einssein« oder »Einverstandensein« bezeichnet.
S. SHARAMON und B. BAGINSKI charakterisieren die Öffnung dieses Chakras wie folgt:
»Wenn sich das Kronenchakra zu öffnen beginnt, wirst du immer häufiger Augenblicke erleben, in denen die Trennung zwischen deinem inneren Sein und dem äußeren Leben aufgehoben ist. Dein Bewußtsein ist vollkommen still und weit, und in dieser Stille erlebst du dein eigentliches Wesen als das allgegenwärtige reine Sein, in dem alle Dinge existieren.«[1]

1 Shalila SHARAMON und Bodo J. BAGINSKI, *Das Chakra-Handbuch.* Aitrang 1989, S. 155.

Diesem höchsten Energiezentrum ist kein einzelner Bereich des Körpers mehr zugeordnet, sondern man könnte sagen, daß dieses Chakra den gesamten Menschen als Einheit von Körper, Seele und Geist regiert. Erstaunlich ist in diesem Zusammenhang, daß bei Säuglingen bis zu maximal zwei Jahren die Fontanelle (Verbindung der Schädelknochen an der Stelle des Kronenchakras) noch geöffnet ist und damit auch das Kronenchakra. Säuglinge leben bis zu diesem Alter in einer Ureinheit, in der Innen und Außen noch nicht getrennt ist.
Zur Ebene dieses Chakras scheint mir sehr gut folgende Inschrift auf einer Steinfigur eines chinesischen Buddhas (aus dem Jahre 746 nach unserer Zeitrechnung) zu passen:

> »Das höchste Wahre ist ohne Bild.
> Gäbe es aber kein Bild,
> so gäbe es keine Möglichkeit,
> wodurch es sich als das Wahre
> zu manifestieren vermöchte.
>
> Das höchste Prinzip ist ohne Worte.
> Gäbe es aber überhaupt keine Worte,
> wodurch könnte es sich dann als
> Prinzip offenbaren?«[1]

Das Kronenchakra, so sagt die klassische Yogaphilosophie, wird nur ohne Lehrer und ohne vorgegebene Techniken erreicht. Der Meditierende hat sich endlich von allen Systemen, Vorschriften und den regressiven Vaterprojektionen auf den Lehrer befreit. Er braucht keinen Lehrer mehr, er ist endlich erwachsen und ein Individuum geworden: Er vertraut seiner eigenen Kraft und Intuition. Aus diesem Grund wird diese höchste Bewußtseinsebene sehr individuell und sehr unterschiedlich erfahren und es würde ihrem Wesen widersprechen, hier allgemein verbindliche

1 Zitiert nach Manfred KLUG, *Augenblicke der Stille.* München 1986, S. 12.

Übungen vorzuschlagen. Mit dem Mysterium des Kronenchakras hängt es zusammen, daß oftmals spirituelle Lehrer ihre besten Schüler ab einer bestimmten Bewußtseinsstufe verstoßen haben. Wer sich von seinem Lehrer, von seinem System und seinen Übungen nicht wieder befreien kann, kurzum wer nicht den Weg, den er bis hierher gegangen ist, wieder loslassen kann, der wird niemals diese höchste Bewußtseinsebene erreichen.

Der Heiligenschein aus goldenem Licht ist eine künstlerische Darstellung dieses Chakras. Ebenfalls wird die Königskrone als ein Hinweis auf dieses höchste aller Chakren verstanden, und zugleich soll sie die Kraft des Scheitelchakras verstärken.

Im Tibetischen Buddhismus wird diese Ebene als »Ebene der Befreiung« oder als »Nirvana« bezeichnet. Hier ist alles Begehren erloschen – selbst das Begehren nach Weiterentwicklung, denn diese Ebene steht jenseits von Entwicklungshierarchien.

Für mich hat der deutsche Mystiker Meister ECKHART am schönsten die Aufgabe dieses siebten Chakras ausgesprochen, wenn er schreibt:

»Das Höchste und das Äußerste, was der Mensch lassen kann, das ist, daß er Gott um Gottes willen lasse.«[1]

In der indischen Tradition nimmt man teilweise noch ein Nebenchakra des Kronenchakras an. Es ist das sogenannte Som- oder Soma-Chakra, das als geheimes Chakra angesehen wird, das über dem Kronenchakra liegt. Alles, was in den unteren Chakren existiert, wird in diesem Chakra noch einmal auf höherer und gereinigter Ebene ausgedrückt.

Die Reise durch die Chakren ist beim Kronenchakra keineswegs beendet. Wie sagt Lao Tse so treffend:

»Wer sich am Ziel glaubt, der geht zurück.«

Das Kronenchakra kann man als den Übergangspunkt zu einem neuen, erweiterten Bewußtsein verstehen. Dieses Bewußtsein liegt jedoch jenseits unserer Vorstellungen. Es scheint mir wichtig zu sehen, daß es auf der Ebene des höchsten aller Chakren keinen Stillstand gibt. Man ist zwar

1 Zitiert nach: Joseph CAMPBELL, *Mythen der Menschheit.* München 1993, S. 163.

innerlich und äußerlich ruhig, da man sich nicht mehr mit den Impulsen der Innen- und Außenwelt identifiziert, aber man steht nicht still. Stillstand ist Tod – zumindest in dieser Welt, in der wir leben.

Fragen zu diesem Chakra

Je mehr Fragen Sie mit »Ja« beantworten, um so intensiver sollten Sie sich mit diesem Chakra auseinandersetzen:
- Bewerten Sie leicht Menschen und Situationen?
- Sind Sie ein moralischer Mensch, der sofort weiß, was gut und was böse ist?
- Glauben Sie an Autoritäten?

Die Chakren im Überblick

Auf der **physischen Ebene** reagieren das *Wurzelchakra,* das *Sexualchakra* und teilweise das *Nabelchakra.* Diese drei Chakren regulieren unsere Alltagsaktivitäten (die Tat).

Auf der **Gefühlsebene** reagieren das *Wurzelchakra,* das *Sexualchakra,* das *Nabelchakra,* das *Herzchakra* und teilweise das *Halschakra.*

Auf der **Bewußtseins- und Gedankenebene** reagieren das *Nabelchakra,* das *Herzchakra,* das *Halschakra,* das *Stirnchakra* und das *Kronenchakra. Stirn-* und *Kronenchakra* werden auch als göttliche Chakren angesehen.

Das heißt also:
- das *Wurzelchakra* reagiert hauptsächlich auf der physischen, aber auch auf der Gefühlsebene;
- das *Sexualchakra* reagiert ebenfalls hauptsächlich auf der physischen und der Gefühlsebene;

- das *Nabelchakra* reagiert hauptsächlich auf der Gefühls-, aber auch auf der physischen und der Gedankenebene;
- das *Herzchakra* reagiert hauptsächlich auf der Gefühls-, aber auch auf der Gedanken- und Bewußtseinsebene;
- das *Halschakra* steht am Übergang zu der höheren Bewußtseinsstufe, die durch die Gedanken- und Bewußtseinsebene geprägt ist. Diese Ebene zeichnet sich bei den letzten drei Chakren durch ein Bewußtseinskontinuum und eine hohe Konzentrationsfähigkeit aus. Das Halschakra reagiert hauptsächlich auf der Gedankenebene, aber auch teilweise auf der Gefühlsebene.
- *Stirn-* und *Kronenchakra* reagieren nur auf der Gedanken- beziehungsweise der Bewußtseinsebene. Meiner Auffassung nach entsprechen in der Lehre Gurdjieffs die beiden oberen Chakren dem höheren Fühl- und dem höheren Denkzentrum.

Nach klassischer tantrischer Tradition gibt es drei große Hindernisse in der Chakrenarbeit, die »Knoten« oder »Granthi« genannt werden:

1. *Wurzelchakra:*
   Hier befindet sich der sogenannte »Brahma Granthi«, der das Hindernis der materiellen Anhaftung und der Unwissenheit ausdrückt. Ohne die Überwindung der materiellen Anhaftung kann kein höheres Bewußtsein erlangt werden, da die Bindung an die Materie den Meditierenden in den Bereich der niederen Chakren bindet. Ferner kann er nicht weitergelangen, wenn er nicht weiß, was er zu tun und zu unterlassen hat.
2. *Herzchakra:*
   Im Herzchakra befindet sich der sogenannte »Vishnu Granthi«. Dieser Knoten symbolisiert die gefühlsmäßigen Anhaftungen, die unweigerlich – nach der Lehre Buddhas – Leiden bringen.
3. *Stirnchakra:*
   Dort befindet sich der »Rudra Granthi«, der die sogenannte psychische Anhaftung verkörpert. Damit ist die Verzauberung durch die

eigenen Visionen und intuitiven Eingebungen gemeint. Wenn man bei diesen Phänomenen wie zum Beispiel dem Channeling (moderner Mediumismus) stehenbleibt, dann ist keine weitere Bewußtseinsentwicklung mehr möglich. Jede Fähigkeit, mit der man sich identifiziert, wird zu einem Hindernis für die Bewußtseinsentwicklung.

Man kann auf abstrakterer Ebene die sieben Chakren folgendermaßen sinnvoll einordnen:

Schema 6-2: Die abstrakte Ebene der Chakren

Chakra	*abstrakte Ebene*
Kronenchakra Stirnchakra	Zenith des Bewußtseins Auflösung aller Bewußtseinszustände in den überbewußten Zustand
Halschakra	Artikulation Formgebung und Gestaltung des Bewußtseins
Herzchakra Nabelchakra	Gefühl bewußte Formung des Gefühls
Sexualchakra Wurzelchakra	Ebene der ungeformten Impulse formlose Impulse, die aus dem Unbewußten aufsteigen

Die Bedeutung, die Wirkung und der mit den einzelnen Chakren verbundene Bewußtseinsstand ist jedoch keine absolute Größe. Die tibetischen Buddhisten betonen immer wieder, daß die dem speziellen Chakra innewohnende Gottheit keine natürliche Qualität dieses Energiezentrums ausdrückt, sondern ein Symbol jener Kräfte darstellt, mit denen wir das entsprechende Zentrum füllen sollten. Die einzelnen Energiezentren des menschlichen Körpers bekommen ihre Bedeutung je nach dem Bewußtseinsstand der mit ihnen arbeitenden Person. Es hängt von den entwicklungs- und bewußtseinsbedingten Assoziationen des Meditierenden ab, was er auf der Ebene der einzelnen Chakren realisiert. Das heißt ganz praktisch ausgedrückt, daß wir alle zum Beispiel auf der

Ebene des Stirnchakras Erfahrungen machen, sonst könnten wir gar nicht visualisieren, und selbst die Erfahrung der Bewußtseinsklarheit hat jeder von uns schon mindestens einmal in seinem Leben gehabt. Hätten wir nicht diese Erfahrungen schon einmal kurz gemacht, dann würden wir uns diesen höheren Ebenen wahrscheinlich niemals nähern können. Der buddhistische Tantriker fragt so auch typischerweise weniger, was das einzelne Chakra bedeutet und was auf dieser Stufe anliegt, sondern eher, was er mit dem, das ihm auf der entsprechenden Stufe des Chakras begegnet, machen kann.

Allerdings darf man die Abhängigkeit der Bedeutung der Chakren vom Bewußtseinsstand des auf sie Meditierenden auch nicht überbetonen. Die Bedeutung und Wirkung eines Chakras ist nicht völlig relativ und bewußtseinsabhängig, sondern sie folgt sehr wohl eigenen Gesetzmäßigkeiten. Diese habe ich hier aufgezeigt. Dennoch halte ich sie für nicht mehr und nicht weniger als lediglich *einen* Hauptgesichtspunkt des speziellen Chakras, der im individuellen Fall und innerhalb bestimmter Grenzen abgeändert werden kann.

Es ist ein verbreitetes Mißverständnis zu glauben, daß es darauf ankäme, einzelne Chakren besonders zu aktivieren oder zu öffnen. Das Ziel der Chakrenarbeit ist keineswegs, ganz bestimmte Chakren besonders anzuregen, sondern alle sieben Chakren in ein harmonisches Verhältnis zu bringen. So sagt Lama GOVINDA:

»Ihr [der Chakren] gegenseitiges Verhältnis ist wichtiger als die mit ihnen assoziierten organisch-körperlichen Funktionen oder irgendein mit ihnen verbundener objektiver Inhalt.«[1]

Meiner Erfahrung nach hängt sowieso das Chakrensystem als Ganzes zusammen, und wenn man ein Chakra besonders anspricht, entsteht sofort ein Energieungleichgewicht im Gesamtsystem. Das spezielle Ansprechen eines einzigen Chakras ist nur dann sinnvoll, wenn dieses Chakra unteraktiviert oder auch überaktiviert ist. Fast immer ist jedoch in diesem Fall noch ein anderes Chakra betroffen. So zeigt zum Beispiel

1 Anagarika Lama GOVINDA, *Grundlagen tibetischer Mystik,* a.a.O., S. 210.

die Erfahrung, daß ein unteraktiviertes Sexualchakra häufig mit einem unausgeglichenen Halschakra zusammenhängt. Das kann man leicht bei der Behandlung von psychogenen vaginalen Infekten beobachten, die bei der Behandlung zuerst oft in den Hals verschoben werden, wo es zu Entzündungen der Mandeln oder anderer Stellen des Rachenraums kommt.

Um die Ordnung der Chakren zu verstehen, hilft es, sie auf das Enneagramm zu beziehen. Das Enneagramm stellt unter anderem ein Symbol für die verschiedenen Bewußtseinszustände des Menschen dar. Es wurde zum ersten Mal 1916 in der Lehre GURDJIEFFS angewendet, um den Prozeß der menschlichen Bewußtseinsentwicklung zu verdeutlichen. Der Gebrauch dieses Symbols geht allerdings auf eine sehr viel ältere Tradition zurück, die etwa genauso alt ist wie die Wurzeln des Yogas. Vermutlich kann man den Ursprung des Enneagramms in Babylon und Chaldäa vor etwa 2500 Jahren vor unserer Zeitrechnung ansetzen.[1] Nach meinem Verständnis der Chakren stellen diese – genauso wie GURDJIEFFS Enneagramm – ein Modell der Bewußtseinsentwicklung dar, das eine Landkarte für den schwierigen Weg zu einem kontinuierlichen Bewußtsein hin darstellt. Auf diesem Weg kann man sich leicht verirren, und deswegen ist eine Landkarte sehr notwendig. Mich verblüfft immer wieder, wie sehr sich die Landkarten des Bewußtseinsweges bei GURDJIEFF, den Hinduisten und ganz besonders bei den Tibetern ähneln. Sicherlich hängt das einmal damit zusammen, daß wir es bei den Chakren mit archetypischen Vorstellungen eines Bewußtseinsentwicklungsweges zu tun haben, das Areal – eben das menschliche Bewußtsein – ist ja immer das gleiche, einzig der Stil der Landkarte ändert sich. Auf der anderen Seite hat GURDJIEFF eine Zeitlang in Tibet gelebt und dort hoch initiierte Lamas getroffen. Meiner Ansicht nach hat er von dort das

1 Vgl. zum Enneagramm genauer: Klausbernd VOLLMAR, *Das Enneagramm – Praktische Lebensbewältigung mit Gurdjieffs Typenlehre.* München 1993 und Klausbernd VOLLMAR, *Arbeitsbuch zum Enneagramm.* München 1994.

Enneagramm mitgebracht, das ja einem Mandala erstaunlich ähnelt. Und Mandalas sind bekanntlich die tibetischen Landkarten für das Reich unseres Bewußtseins.
Schauen wir uns einmal an, was die Verbindung des Enneagramms mit dem System der Chakren erklären kann:

Dem Wurzelchakra entspricht der Enneagrammpunkt 1. Die ersten beiden Enneagrammpunkte beschreiben Vorgänge auf der körperlichen Ebene, und genau darum geht es auch bei den beiden unteren Chakren. Auf der Ebene des Wurzelchakras beschäftigen uns unsere Grundbedürfnisse. Von hier bekommen wir die Energie, unser alltägliches Leben zu leben. Das Wurzelchakra hängt mit unserer Erdung zusammen. Im alltäglichen Leben wird uns bewußt, daß wir etwas in unserem Leben ändern müssen, um nicht im Kreislauf der ewigen mechanischen Wiederholungen steckenzubleiben. Der Enneagrammpunkt 1 markiert dieses Unbehagen mit unseren neurotischen Wiederholungen und unbewußten, oft zwanghaften Handlungen. Am ersten Enneagrammpunkt wie auf der Ebene des Wurzelchakras entsteht der Wunsch nach Veränderung, wenn man auch noch nicht so recht weiß, wie man sich verändern soll und wohin.

Dem Sexualchakra entspricht der zweite Enneagrammpunkt. Immer noch befinden wir uns auf der Ebene des Körpers beziehungsweise der Materie. Der Wunsch nach Veränderung ist entstanden, und wir sehen, daß wir uns als soziales Wesen wandeln müssen. Auf der körperlichen Ebene drückt sich unsere Verbindung mit dem anderen zuerst einmal in der mächtigen sexuellen Anziehung aus. Wie wir mit der Macht der Sexualität umgehen, entspricht unserer allgemeinen sozialen Fähigkeit. Wir erahnen, was an Liebe und positivem Ausdruck möglich ist. Dadurch werden wir nur noch mehr motiviert, uns zu verändern, zumal sich unsere Probleme auf der Beziehungsebene besonders deutlich zeigen und wir uns häufig unglücklich fühlen. An diesem zweiten Punkt des Enneagramms sind wir nach all den gescheiterten Beziehungen zum anderen derart motiviert, uns zu wandeln, daß wir alle möglichen Informationen sammeln, um zu erfahren, wie wir dies tun können.

Am *dritten Enneagrammpunkt,* an dem uns auf unserem Weg ein Impuls von außen hilft, finden wir einen Lehrer oder ein Buch, das uns auf den rechten Pfad zur Selbstveränderung bringt. Diesem sogenannten Schockpunkt des Enneagramms entspricht kein Chakra.

Dem Nabelchakra entspricht der Enneagrammpunkt 4. Hier betreten wir das Feld der Gefühle. Wir treffen zuerst auf unsere Aggressionen und unsere dunkle Seite, die mit dem Nabelchakra verbunden ist. Das ist der Schatten, den wir beständig auf den anderen projizieren, da wir ihn nicht als Teil unseres Selbst ertragen können. Der Enneagrammpunkt 4 wie auch das Nabelchakra stellt uns die Aufgabe, mit unserer dunklen Seite und unserer Aggression konstruktiv umzugehen. Hier können wir lernen, wie wir negative Gefühle dazu benutzen, uns weiterzuentwickeln.

Übung

Diese von mir entwickelte Übung ist von Techniken der Bewußtseinserweiterung nach GURDJIEFF angeregt worden.

- Man nimmt sich morgens im Bett nach dem Aufwachen vor, seine negativen Gedanken sogleich im Entstehen zu bemerken und sie nicht auszudrücken.
- Man ist sich zwar dieser Gefühle bewußt, das heißt, man verdrängt sie nicht, aber man drückt sie auch nicht aus.
- Dadurch entsteht eine Bewußtheit über die eigene negative Seite, die uns nicht mehr mechanisch der Negativität ausliefert, sondern uns dem bewußten Umgang mit unseren (negativen) Gefühlen zuführt.

Kommentar

Es wird einige Zeit dauern, bis Sie sich wirklich jedesmal dessen bewußt sind, daß Sie spontan negativ reagieren wollen. Anfangs werden Sie sich erst nach der Reaktion Ihres negativen Ausdrucks bewußt. Das hilft

Ihnen bereits zu sehen, welche Energien Ihnen unnötigerweise von Ihrem Aggressionsausdruck geraubt werden. Diese Einsicht wird Sie dazu motivieren, noch mehr Energie in Ihre Aufmerksamkeit zu leiten. So werden Sie sich dem Ziel, dem bewußten Umgang mit den Emotionen, immer mehr annähern.

GURDJIEFF sagte einmal, daß er Gott für all seine negativen Seiten danken würde, denn gerade diese würden ihm zur Bewußtseinsentwicklung helfen. Genau damit ist die Ebene und die Aufgabe des dritten Chakras und vierten Enneagrammpunktes angesprochen.

Dem Herzchakra entspricht der fünfte Enneagrammpunkt. Immer noch befinden wir uns im Bereich des Gefühls, und nach den Erfahrungen durch die Arbeit mit unserer dunklen Seite entwicklen wir jetzt Mitgefühl und eine tiefe Positivität. Diese Positivität ist jedoch nicht mit oberflächlichen Techniken des positiven Denkens zu verwechseln, wie sie im New Age in waren. Diese Positivität entspricht dem, was die Sufis die Weisheit des Herzens nennen. Indem der Lernende bewußt mit seinen Gefühlen umgeht – das heißt, daß er sich seiner Gefühle bewußt ist, ohne sich jedoch mit ihnen zu identifizieren –, kann er sich auch bewußt aus seinem tiefen Inneren für das Mitgefühl und ein liebevolles Zugehen auf den anderen entscheiden. Er wird bemerken, daß ihm das selbst guttut und daß er dadurch Energie gewinnt, die er für seine weitere Bewußtseinsentwicklung braucht. Hier sieht der Suchende zum ersten Mal sein Ziel klar vor Augen: liebendes Mitgefühl. Er leidet oft darunter, daß er es auf dieser Stufe noch nicht vollständig zu leben vermag, da ihm immer wieder Perioden des Schlafs (Momente und längere Zeiträume, in dem man völlig unbewußt ist) übermannen.

Der *sechste Enneagrammpunkt* stellt wieder einen Schockpunkt dar, der keinem Chakra entspricht und an dem ein neuer Impuls von außen dem Suchenden hilft, seinem Ziel näher zu kommen. Dieser Impuls kann abermals ein Lehrer, ein Buch, ein Psychotherapeut oder ein Freund sein.

Dem Stirnchakra entspricht der Enneagrammpunkt 7. Hier verschreiben wir uns der Bewußtseinsarbeit völlig. Oftmals beginnen wir ab diesem Punkt, diesen Weg zum höheren Bewußtsein zu lehren. Deswegen ist diesem Chakra auch die Kommunikation und insbesondere das Wort zugeordnet.

Dem Kehlchakra entspricht der achte Enneagrammpunkt. Hier haben wir die erste Stufe unseres Ziels erreicht. Wir betreten den Bereich des Bewußtseins, und nach all den Mühen und Frustrationen des Anfangs gelingt es uns, den ganzen Tag über ein mehr oder weniger kontinuierliches Bewußtsein aufrechtzuerhalten. Auf alle Fälle können wir nun bewußt handeln, was freilich auch bedeutet, daß wir ab hier voll für unsere Handlungen verantwortlich sind.

Dem Kronenchakra entspricht der neunte Enneagrammpunkt. Die Vollendung unseres Bewußtseinsweges wird hier erreicht. Zugleich stellt dieser, der Beschreibung nicht mehr zugängliche Punkt den Übergang zu einem neuen Zyklus der Bewußtseinsentwicklung dar, der jetzt auf einer höheren Stufe wieder den gleichen Weg durchläuft.
Im Grunde können wir erst auf dieser Ebene des Kronenchakras echtes Mitgefühl ausdrücken und erleben, denn die wahre Qualität der hier erlebten Leerheit ist das Mitgefühl. Auf der Ebene des Herzchakras müssen wir uns zwar auch schon mit dem Mitgefühl auseinandersetzen, aber unser Geist möchte noch immer in tausend Gedanken fliehen.

Schema 6-3: Die Zuordnung der Chakren zu den Enneagrammpunkten
Ebene des Körpers
Wurzelchakra – Enneagrammpunkt 1 Ich bemerke, daß die ewigen Wiederholungen mich unglücklich machen, und in mir entsteht der Wunsch, mich zu ändern.
Sexualchakra – Enneagrammpunkt 2 Ich erlebe, daß ich mit meinen Beziehungen nicht glücklich bin, und das motiviert mich, Informationen zur Veränderung zu suchen.
Enneagrammpunkt 3 Ein Impuls von außen läßt mich mit der Bewußtseinsarbeit beginnen. Das ist entweder ein Lehrer, ein Buch oder ein Psychotherapeut.
Ebene des Gefühls
Nabelchakra – Enneagrammpunkt 4 Hier muß ich mit meinem Schatten und besonders mit meinen Aggressionen und meiner Negativität arbeiten. Durch diese Arbeit lerne ich, mir meiner Gefühle bewußt zu werden.
Herzchakra – Enneagrammpunkt 5 Auf dieser Ebene geht es um meine Positivität und um die Bewußtheit über meine Emotionen, ohne daß ich mich mit ihnen identifiziere.
Enneagrammpunkt 6 Wieder hilft mir ein Impuls von außen, trotz aller Schwierigkeiten meinen Weg weiter zu gehen.
Ebene des Bewußtseins
Kehlchakra – Enneagrammpunkt 7 Auf dieser Ebene habe ich mein Ziel erreicht, weil ich ein gewisses Bewußtseinskontinuum aufrechterhalten kann. Ich falle nicht immer wieder in den Schlaf zurück und bin nun aber auch für meine Handlungen voll verantwortlich.
Drittes Auge – Enneagrammpunkt 8 Ich baue meine Bewußtseinsarbeit aus und beginne zumeist, an dieser Stelle den Bewußtseinsweg zu lehren.
Kronenchakra – Enneagrammpunkt 9 Die Vollendung des Bewußtseinsweges und der Übergang zu einem neuen Zyklus.

Um die Charakteristik der sieben Chakren abschließend noch einmal kurz im Zusammenhang zu verdeutlichen, möchte ich hier eine Darstellung anführen, die von Lama Anagarika GOVINDA stammt.[1] In anschaulicher Weise erklärt er das Chakrensystem als »die sieben Kostbarkeiten«:

Kronenchakra: wird von einem tausendspeichigen Rad symbolisiert, das alle Möglichkeiten anzeigt

Stirnchakra: wird von einem edlen Pferd verkörpert, das den schnellen Weg zur Befreiung ausdrückt

Kehlchakra: wird von einem guten Ratgeber symbolisiert, der einem sagt, wo es langgeht

Herzchakra: wird von der idealen Gattin verkörpert, die Liebe und Mitempfinden ausdrückt

Nabelchakra: wird von einem flammenden Edelstein symbolisiert, der das innere Feuer verdeutlicht

Sexualchakra: wird durch den guten Bürger oder Hausvater verkörpert, der um das Wohl anderer besorgt ist

Wurzelchakra: wird durch den Elefanten verkörpert, der Unerschütterlichkeit und Stärke symbolisiert

Die Reinigung der Chakren

Niederwerfungen

Die klassische Reinigung der Chakren findet durch Niederwerfungen statt. Eine richtig ausgeführte Niederwerfung macht die Energiebahnen des Körpers durchlässig und schafft die Haltung der Demut und des Mitgefühls. Sie richtet einen auf die notwendige Geistesklarheit aus.

1 Diese Aufstellung finden Sie in dem philosophischen Werk zum Buddhismus: Anagarika Lama GOVINDA, *Buddhistische Reflexionen. Wege der Befreiung ohne Verleugnung der eigenen Wurzeln.* Freiburg/Br. 1983, S. 213.

Um zu einer Grundreinigung der Chakren zu kommen, benötigt man nach der tibetischen Auffassung 111 111 Niederwerfungen. Zuerst kann man die Wirkung der Niederwerfungen an seinem Herzchakra erfahren, das sich spürbar öffnet.
Um die Niederwerfung korrekt durchzuführen, sollte man sie sich in einem buddhistischen Zentrum zeigen lassen.

Übung: Meditation

- ➢ Legen Sie sich mit Ihrem Rücken flach auf den Boden und schließen Sie Ihre Augen. Lassen Sie sich tiefer und tiefer in den Boden sinken und entspannen Sie sich immer mehr.
- ➢ Nun stellen Sie sich Ihre Wirbelsäule als ein durchsichtiges Rohr vor, das mit farbigem Wasser gefüllt ist. Die Farbe können Sie spontan nach Ihrem Belieben wählen.
- ➢ Atmen Sie bewußt, ohne Ihren natürlichen Atemrhythmus zu ändern, und stellen Sie sich dabei vor, daß bei jedem Einatmen die Wassersäule langsam bis in Ihr Kronenchakra hochsteigt und sie mit jedem Ausatmen wieder in Ihr Wurzelchakra zurückfällt. Diese Vorstellung halten Sie so lange, bis sie Ihnen leichtfällt.
- ➢ Nun visualisieren Sie während der nächsten fünf Atemzüge die Wassersäule am Ende Ihrer Wirbelsäule im Steißbeinbereich. Sagen Sie sich leise im Inneren: »Das ist mein Wurzelchakra, aus dem ich meine grundsätzlichen Lebensenergien bekomme.« Hören Sie in sich hinein, und Sie werden sich bewußt werden, wie Sie mit diesen Lebensenergien umgehen.
- ➢ Nach dieser Antwort heben Sie abermals für einige Atemzüge die Wassersäule bis in Ihr Sexualchakra. Stellen Sie sich dabei genau vor, wie die Wassersäule Ihr Sexualchakra erreicht, dort für einen Moment stehenbleibt und dann wieder hinabfällt. Sie sagen sich leise im Inneren: »Das ist mein Sexualchakra, mit dem ich andere Menschen anziehe.« Hören Sie wieder in sich hinein und warten Sie auf eine Reaktion.
- ➢ In gleicher Weise gehen Sie jetzt mit Ihrem Nabelchakra vor, wobei

Sie sich diesmal sagen: »Das ist mein Nabelchakra, an dem ich meinen Schatten treffe.«

- Nach der Reaktion auf diese Aussage wenden Sie sich Ihrem Herzchakra zu, in das Sie die Wassersäule steigen lassen, und sagen sich hier: »Das ist mein Herzchakra, in dem ich Energie in Liebe umwandele.«
- Nach der Reaktion auf diese Aussage heben Sie die farbige Wassersäule in Ihr Halschakra und sagen sich dort: »Das ist mein Halschakra, mit dem ich die Verantwortung für mein Handeln übernehme.«
- Genauso gehen Sie dann mit Ihrem Dritten Auge und dem Kronenchakra vor, wobei Sie bei Ihrem Dritten Auge folgenden Satz benutzen: »Das ist mein Drittes Auge, der Ort meines klaren Bewußtseins.« Und beim Kronenchakra: »Das ist mein Kronenchakra, das die Verbindung mit meinem höheren Selbst darstellt.«
- Am Schluß dieser Übung lassen Sie noch einige Male die farbige Wassersäule mit jedem Einatmen von Ihrem Wurzelchakra bis in Ihr Kronenchakra steigen und beim Ausatmen wieder in Ihr Wurzelchakra zurückfallen.
- Wenn Sie sich bereit fühlen, öffnen Sie Ihre Augen. Sie recken und strecken sich ausgiebig und beenden damit die Meditation.

Übung: Das reinigende Sieb

Die Anregung zu dieser effektiven Übung verdanke ich Genevieve Lewis PAULSON.[1] Ich stelle diese Visualisierung in einer eigenen Abwandlung vor.

- Sie legen sich flach auf den Rücken und lassen sich tiefer und tiefer in den Boden sinken.
- Stellen Sie sich vor, daß Sie mit jedem Einatmen Entspannung einatmen und mit jedem Ausatmen all Ihre Spannungen ausatmen.
- Wenn Sie sich völlig entspannt fühlen, visualisieren Sie ein feines Sieb, das etwas größer als Ihr Körper ist.

1 Genevieve Lewis PAULSON, *Das Kundalini-Handbuch,* a.a.O., S. 50.

➢ In der tiefen Entspannung sinken Sie langsam durch dieses Sieb hindurch, und dabei werden alle Ihre negativen Energien, Blockaden und Ängste herausgesiebt. Lassen Sie sich sozusagen durch dieses Sieb hindurchfließen, und bitten Sie dabei darum, daß Sie rein werden und Ihre Energien frei fließen lassen können.

Reinigen der Chakren mit Kristallen

Die Reinigung der Chakren mit Kristallen wird besonders in der nordamerikanischen Tradition, die sich auf indianisches Wissen bezieht, sehr betont. Ich möchte Ihnen hiermit eine Methode vorstellen, die sich in meiner eigenen Arbeit bewährt hat.

Ich arbeite mit Bergkristallen, wobei ich für jedes der sieben Chakren einen eigenen Kristall benutze. Zu dieser Idee wurde ich durch die amerikanische Heilerin Page BRYANT aus Sedona/Arizona angeregt, mit der ich mich ausführlich über das Heilen mit Kristallen beriet.

Die verwendeten Bergkristalle müssen unbedingt länglich sein, damit man sie gut anfassen kann.

1. Der Stein für das *Wurzelchakra* sollte immer in der Erde vergraben aufbewahrt werden, da er sich mit Erdenergien aufladen muß. Ich stelle mir vor, daß der Erdmagnetismus den Kristall auflädt. Zur Reinigung meines Wurzelchakras halte ich diesen Stein mit der Spitze für maximal 20 Atemzüge an mein Steißbein und atme ruhig und regelmäßig die Energie dieses Steines durch das Wurzelchakra ein.
2. Der Bergkristall für das *Sexualchakra* wird von mir in Wasser aufbewahrt, da diesem Chakra das Element Wasser entspricht. Auch mit seiner Spitze berühre ich von vorne mein Sexualchakra für ebenfalls maximal 20 Atemzüge und stelle mir abermals vor, daß ich die klare Energie dieses Steines einatme.
3. Den Bergkristall für mein *Nabelchakra* bewahre ich an einem besonders hellen Platz in der Sonne auf. Da dieses Chakra mit dem Feuer und damit mit dem Licht verbunden ist, wird der Bergkristall durch das Licht mit dem Feuer der Sonne aufgeladen. Dabei halte ich es für wichtig, den Bergkristall direkt dem Sonnenlicht auszusetzen (ich

lege ihn draußen auf die Fensterbank eines Südfensters). Mit diesem Kristall berühre ich meinen Nabel für etwa zehn bis 15 Atemzüge, bei denen ich mir vorstelle, daß ich reines, klares Licht einatme und alle Verunreinigungen mit meinem Ausatmen loslasse.

4. Der Stein für das *Herzchakra,* das der Luft zugeordnet ist, hängt bei mir in einem Baum, dort wo der Wind ihn berühren kann. Mit diesem Kristall berühre ich für etwa 15 Atemzüge mein Herz und stelle mir vor, wie die Klarheit und Beweglichkeit des Windes mich reinigt.
5. Den Kristall für das *Halschakra* bewahre ich wie den Stein für das Dritte Auge und denjenigen für das Kronenchakra in einem Kästchen mit den folgenden entsprechenden Farben auf:
   - Halschakra-Kristall: blaues Kästchen
   - Drittes-Auge-Kristall: violettes Kästchen
   - Kronenchakra-Kristall: hochrotes (purpur) Kästchen

Mit diesen drei oberen Chakren, die dem Bewußtsein und keinem Element mehr zugeordnet werden, gehe ich wieder wie gewohnt vor: Ich berühre mit der Kristallspitze für etwa 15 bis 20 Atemzüge das entsprechende Chakra.

Um die Kristalle für die einzelnen Chakren gut auseinanderhalten zu können, empfiehlt es sich, jeden der sieben Kristalle durch einen kleinen Aufkleber mit der entsprechenden Farbe zu kennzeichnen.

Übung: Reinigen der Chakren durch Massage

Am einfachsten können Sie Ihre sieben Chakren durch ein leichtes Massieren reinigen.

- ➢ Legen Sie sich auf den Rücken und entspannen Sie.
- ➢ Atmen Sie in Ihre Finger hinein, und konzentrieren Sie sich vollständig auf Ihre Finger.
- ➢ Dann berühren Sie Ihre Chakren und beginnen von unten nach oben ein Chakra nach dem anderen leicht zu massieren.
- ➢ Folgen Sie dem Impuls Ihrer Finger, die von selbst wissen, was das entsprechende Chakra braucht.

Nachwort

Ein ganz normaler Tag

Zum Abschluß möchte ich Ihnen beschreiben, wie ich die Chakrenarbeit in meinem Tagesablauf integriere.

Morgens, wenn ich aufstehen muß, bleibe ich noch immer ein paar Minuten im Bett liegen, bevor ich mich wirklich erhebe. Dann atme ich entspannt in das Ende meiner Wirbelsäule und stelle mir vor, daß ich all die Energie für die Bewältigung des kommenden Tages aus meinem Wurzelchakra bekomme. Ich konzentriere mich auf mein Wurzelchakra und freue mich auf den neuen Tag. Danach stehe ich auf, stelle mich für eine kurze Zeit ganz gerade hin und visualisiere, wie mir aus der Erde Energie in mein Wurzelchakra zufließt. Jetzt weiß ich, daß ich an diesem Tag wenig Energieprobleme haben werde. Sollte ich dennoch müde oder schlaff werden, lege ich mich kurz hin und konzentriere mich abermals auf mein Wurzelchakra, in das ich energievoll und tief hineinatme. Am wirksamsten ist für mich das Feueratmen, das in Windeseile all meine Müdigkeit verscheucht.

Früher war mir das Aufstehen immer ein Greuel, so daß ich den Satz prägte: »Morgenstund ist aller Laster Anfang.« Mit solch einer Haltung am Morgen aufzustehen, macht es nicht gerade leicht, den kommenden Tag zu überstehen. Seitdem ich mich morgens auf mein Wurzelchakra konzentriere, gehe ich meist mit positivem Schwung in den Tag. Wenn ich bemerke, daß sich des Morgens die alten negativen Gedanken wieder einschleichen wollen, dann mache ich mir diese Gedanken bewußt. Ich werde mir dabei zugleich auch darüber klar, daß solche Gedanken mir das Leben nur unnötig schwermachen. Ich entspanne mich so tief wie möglich und konzentriere mich auf meine beiden Hände und halte meine Konzentration dort für etwa fünf bis zehn Atemzüge. Ich versuche dabei, völlig in der Situation anstatt in meinen Phantasien und meinem Kopf zu

sein. Das entzieht normalerweise den negativen Gedanken ihre Energie, und sie lösen sich von selbst auf.
Einen meiner Tiefpunkte erlebe ich mittags nach dem Essen. In dieser Zeit hat fast jeder Mensch in unserer Kultur seinen Tiefpunkt, der um so stärker ist, je mehr man gegessen hat. Statt eines Mittagsschlafes lege ich mich kurz auf den Boden und atme ganz bewußt und tief zu einer schönen Musik von unten nach oben in alle meine Chakren hinein. Vielleicht braucht heute ein Chakra besondere Aufmerksamkeit. Nach der Aktivierung aller übrigen Chakren konzentriere ich mich speziell auf dieses Chakra und wende mich ihm liebevoll zu. Für mich ist es am leichtesten, mich über einen summenden Ton mit diesem Chakra zu verständigen. Ich sende diesen Ton in das Chakra hinein und lasse alle Gefühle aufsteigen, die aufsteigen möchten, ohne mich mit ihnen zu identifizieren und besonders auch ohne sie zu bewerten. Allerdings bin ich voll wach und mir dieser Gefühle bewußt. Nach einer gewissen Zeit verebbt meist der Strom der Gefühle, und dann recke und strecke ich mich ausgiebig und gehe wieder an meine Arbeit. Ab und zu – besonders wenn ich wenig motiviert bin – benutze ich auch meine Mind-Machine und gebe mich demjenigen Chakrenprogramm hin, das ich gerade zu brauchen meine.
Früher bin ich bei meinen Übungen regelmäßig eingeschlafen. Immer wenn mein Bewußtsein sich mit schwierigen Gefühlen auseinandersetzen sollte, flüchtete es aus der Situation in den Schlaf. Heute geschieht mir das nur noch selten. Ich glaube, das ist einfach eine Frage der Übung und manchmal, meine ich, muß man auch seinem Bewußtsein die Leviten lesen. Ich schimpfe des öfteren mit meinem trägen Bewußtsein und sage ihm, daß ich mir dieses und jenes nicht mehr von ihm gefallen lasse. Ich bin doch nicht sein Diener. – Irgendwie wirkt das.
Am Abend zum Abschluß des Arbeitstages wende ich mich ausführlich meiner Chakrenarbeit zu. Es ist für mich inzwischen ein liebgewonnenes Ritual, daß ich gegen sechs Uhr kurz meditiere und mich dann auf den Teppich zur Chakrenarbeit lege. Ich beginne immer damit, einen summenden Ton in alle sieben Chakren zu senden, da ich sie so sehr gut

spüren kann. Es entsteht eine Art Kribbeln in den einzelnen Chakren. Nach dieser Vorbereitung wende ich mich Körperübungen und Visualisierungen zu.

Für mich ist es lange Zeit ein beständiger innerer Kampf gewesen, regelmäßig meine Chakrenübungen durchzuführen. Es war ein Kampf gegen die Trägheit meines Körpers und meines Geistes. Aber es lohnt sich, in dieser Sache standhaft zu bleiben, und das ist sicherlich die effektivste Übung zur Stärkung des Nabelchakras. Heute frage ich mich nicht mehr, ob ich denn nun die Chakrenarbeit machen möchte oder nicht. Sie liegt für mich jenseits des Lustprinzips, und ich mache sie einfach.

»Jenseits des Lustprinzips« bedeutet jedoch nicht, daß ich keine Lust während der Übungen empfinde. Ganz im Gegenteil, ich halte es für äußerst wichtig, sich für die Chakrenarbeit eine Atmosphäre zu schaffen, die diese Übungen als Quelle der Lust und Befriedigung erleben lassen. Für mich hängt das mit einer ästhetischen Umgebung zusammen. Ich habe meine »Chakraecke«, in der ich mir einen Raum geschaffen habe, an dem ich mich einfach wohl fühle. Ich liebe ätherische Öle, die ich dort in einer Räucherlampe verdampfen lasse. Da steht auch ein Bild von Chenresig und eine dicke weiße Kerze.

Ich habe zur Genüge feststellen können, daß ich mich nach den Übungen immer so viel besser, eben wie neugeboren fühle, auch wenn ich mich zu Beginn nur mit größtem Widerstand den Übungen zuwende.

Regelmäßige Chakrenarbeit ist besonders zu Beginn ein Kampf. Mir hat die Einstellung geholfen, daß ich sie einfach tue, ohne mich weiter zu fragen, ob ich das nun heute auch wirklich will oder nicht. Solche Fragen verwirren mich nur und führen zu inneren Auseinandersetzungen. Einige meiner Ichs sind nämlich unendlich faul und träge, wieder andere eifrig und diszipliniert. Sie kämpfen in mir darum, wer sich nun durchsetzt. Solche Kämpfe kosten mir zuviel Energie, und so habe ich einfach völlig autoritär beschlossen, jeden Tag – komme, was will – an meinen Chakren zu arbeiten. Als Gegengewicht zu dieser Härte gestalte ich meine Übun-

gen täglich nach meinem Bedürfnis neu und lasse es mir richtig gut bei ihnen gehen. Jetzt genieße ich meine Übungen.
Ein wichtiger Teil der Chakrenarbeit besteht in der Schulung der Disziplin und der Stärkung des eigenen Willens. Denn erst wenn wir unseren Willen und unsere Disziplin gestärkt haben, können wir alle Gefühle zulassen und mit den Energien, die durch die Chakrenarbeit freigesetzt werden, verantwortungsvoll arbeiten. Heute ist mir die Chakrenarbeit zur Selbstverständlichkeit geworden. Manchmal denke ich, solche Routine ist sehr heilsam; aber ich frage mich bisweilen auch, wieviel Routine ich zulassen kann, um nicht wieder ein mechanischer Mensch zu werden.

Jetzt wünsche ich Ihnen viel Spaß bei der Chakrenarbeit, denn wie gesagt, sie muß Spaß machen und Freude bereiten. Und zum Abschluß noch ein letzter Ratschlag: Versuchen Sie all die hier aufgeführten Übungen so entspannt wie möglich durchzuführen, dann kommt die innere und äußere Freude von alleine.

Glossar

Affirmation: Eine positive Aussage, die ein Ziel als schon erreicht darstellt. Sie hat die Tendenz, daß dieses Ziel auch wirklich erreicht wird.

Ajnachakra: Das sechste Chakra, das auch Drittes Auge oder Stirnchakra genannt wird. Es liegt zwischen den Augenbrauen.

Akasha: Äther als das fünfte Element oder die Quintessenz der Elemente.

Amithaba: Das Prinzip des formlosen Anfangs. Dieses Prinzip besagt, daß es erst dann Erleuchtung beziehungsweise Befreiung gibt, wenn alle fühlenden Wesen erleuchtet sind. Dieser → Buddha des Mitleids bringt das letzte fühlende Wesen zur Erleuchtung.

Anahatachakra: Das mittlere Chakra des menschlichen Körpers, das auch Herzchakra genannt wird.

Ananda: Bedeutet ursprünglich Glückseligkeit. Einer der berühmtesten Schüler Buddhas.

Anima: Nach C. G. Jung der weibliche Archetyp im Mann, nach neuerer Auffassung auch in der Frau. Die Anima entspricht dem Weg der → Ida in der Chakrenarbeit.

Animus: Begriff, den die analytische Psychologie C. G. Jungs prägte. Der männliche → Archetyp in der Frau und dem Mann. Der Animus entspricht dem Weg der → Pingala in der Chakrenarbeit.

Archetyp: Eine der menschlichen Psyche innewohnende Struktur, die unser seelisches Erleben ordnet. Archtetypische Bilder weisen zeit- und kulturunabhängig die gleiche Bedeutung auf.

Asana: Körperübung oder Körperposition im Yoga.

Ashram: Yogaschule (auch: Einsiedelei)

Astralebene/Astralkörper: Das Reich oder der Körper des Bewußtseins und der Wachheit. Das ist die Ebene, auf der wir träumen und unseren Körper verlassen können. Diese Ebene ist eng dem → Anahatachakra verbunden.

Atman: Das Selbst im Sinne C. G. Jungs (teilweise auch: Geist und Seele). Atman ist das Unveränderliche im Menschen. Auch der Name eines Nebenchakras, das oberhalb des → Sahasrarachakras besteht.

Aura: Das Energiefeld, das von einem Lebewesen über die Körpergrenzen hinaus ausgestrahlt wird. Eine leuchtende und farbige Strahlung, die von allen fühlenden Wesen ausgeht. Man kann die Aura auch als die Atmosphäre oder Ausstrahlung beschreiben, die uns umgibt. Die Aura kann nur von besonders sensiblen Menschen gesehen werden, allerdings scheint es möglich, sie mit Hilfe der → Kirlian-Photographie zu dokumentieren.

Avalokitesvara: Tibetisch: Chenresig [Tschenresig]. Einer der bedeutendsten → Bodhisattvas, der das Prinzip des Erbarmens symbolisiert. Seine Heiligkeit der Dalai Lama wird als eine Reinkarnation Chenresig angesehen.

Bar: Tibetische Bezeichnung für die menschlichen Kräfte und das → Anahatachakra.

Bodhisattva: Ein erleuchtetes Wesen, das die absolute Perfektion und Vollkommenheit der Tugend übt und so lange auf das Eingehen ins → Nirvana wartet, bis alle Wesen erlöst sind.

Brahma: Hinduistischer Schöpfergott. Er stellt die absolute Wirklichkeit dar, das Bewußtsein an sich und die letzte Wahrheit. Yogischen Vorstellungen zufolge lebt Brahma im → Muladhara- oder Wurzelchakra.

Brahman: Das Absolute

Buddha: Ein Mensch, der die vollkommene Erleuchtung erreicht hat und somit von dem Kreislauf der Wiedergeburten erlöst ist. Der historische Buddha ist Shakyamuni.

Chakra: Energiezentrum des menschlichen Körpers und der Erde. Die Chakren sind feinstoffliche Bewußtseinszentren, die man sich vor und hinter der Wirbelsäule gelegen vorstellt. Sie werden in sieben Haupt- und unzählige (manche Schriften sprechen von 130, andere von mehreren tausend) Nebenchakren eingeteilt. Chakra bedeutet wörtlich »Rad«, und damit ist ein sich drehendes Lichtrad gemeint. Gleichzeitig entsprechen den sieben Chakren sieben verschiedene Bewußtseinsstufen und Sichtweisen der Welt.

Chenresig: → Avalokitesvara

Ching/Chi: auch Ch'i genannt. Chinesischer Ausdruck für die → Lebens- und Sexualenergie.

Chöd: Tibetische Yogaschrift, die ausführlich auf die Arbeit mit den → Chakren eingeht.

Dakini: Die inspiratorische Bewußtseinskraft, die meist als nackte Frauengestalt symbolisiert wird. Ihre Nacktheit zeigt sie als die unverhüllte Wahrheit.

Dewachen: Das reine Land, in dem die Befreiten sich treffen. Es entspricht in etwa der christlichen Vorstellung vom Himmelreich.

Dharma: Die rechte Art der Lebensführung und die buddhistische Lehre vom rechten Weg.

Energie: Im physikalischen Sinne die Fähigkeit, Arbeit zu leisten. In dem hier verwandten engeren Sinne bezeichnet die Energie die Fähigkeit zu handeln und aktiv zu sein.

Enneagramm: Ein kosmisches Diagramm, das einen Entwicklungs- und

Erleuchtungsweg des Menschen wiedergibt. Dieses Diagramm, das den → Mandalas vergleichbar ist, wurde zuerst 1916 von G. I. Gurdjieff verwandt, der in ihm seine Lehre verschlüsselte.

Frequenz: Die Zahl der Wiederholungen eines periodischen Prozesses in einer bestimmten Zeiteinheit. Zum Beispiel werden unter der Frequenz die Anzahl der Schwingungen (Richtungsänderungen) pro Zeiteinheit verstanden.

Gsan-Gnas: Bedeutet im Tibetischen »der geheime Ort« und bezeichnet die beiden unteren Chakren → Muladhara und → Svadishthana.

Guru: wörtl.: derjenige, der die Finsternis entfernt. Ein geistiger Lehrer (speziell einer, der Einweihungen gibt).

Hakini: Die weibliche Energie des → Ajnachakras.

Halasana: Eine klassische Yogaübung, die auch »der Pflug« genannt wird.

Hara: Der Schwerpunkt des menschlichen Körpers im Bereich des Bauchnabels. Dieses Zentrum, das besonders in den japanischen Kampfsportarten betont wird, entspricht dem → Manipura- oder Nabelchakra im Yoga.

Hatha Yoga: wörtl.: Sonne-Mond-Yoga. Ein praktischer Zweig des Rajayoga, der aus Atem-, Körper- und Geistesübungen besteht. Ziel dieses Yoga ist es, durch Übungen Kontrolle über den physischen Körper zu gewinnen. Es ist dasjenige Yogasystem, das meistens im Westen gelehrt wird.

Ida: Der weibliche oder der → Yinaspekt der Lebensenergie. Einer der drei sogenannten → Yoganerven, das heißt einer der Kanäle, durch den die → Lebensenergie aufsteigt.

Indra: Gott aus den → Veden. Er wird als höchster, stärkster und kräftigster Gott des vedischen Pantheons verehrt.

Jin Shin Jyutzu: Eine Therapiemethode, bei der nach einem vorgeschriebenen Schema mit beiden Händen zwei verschiedene Körperpunkte verbunden werden. Durch diese Art der Therapie werden die Körperenergien ausgeglichen. Es können mit dieser Technik akute und chronische Krankheiten geheilt werden, außerdem unterstützt sie den Energiefluß in den → Chakren.

Kagyü-Tradition: Lebendige Übertragungslinie im Tibetischen Buddhismus. Einer der großen Orden und Meditationsschulen des Tibetischen Buddhismus, der vom → Karmapa geleitet wird.

Kakini: weibliche Energie des → Anahatachakras.

Karma: wörtl.: Handlung. Das Gesetz von Ursache und Wirkung. Dahinter steht die Überzeugung, daß der Mensch sich seine Zukunft selbst schafft.

Karmapa: Oberhaupt des → Kagyü-Ordens im Tibetischen Buddhismus.

Kether: Der höchste Punkt im Baum (Sephirot) der Kabbala, der im Yoga dem → Sahasrarachakra entspricht. Kether ist Hebräisch und heißt »die Krone«.

Kirlian-Photographie: Die Kirlian-Photographie stellt eine Methode dar, mit hohen Frequenzen photographisch die → Aura von Menschen, Tieren oder Pflanzen auf einer photographischen Platte in Farbe festzuhalten. Man zweifelt es allerdings heutzutage an, ob diese Photographie wirklich die Aura wiedergibt.

Krishna: Inkarnation → Vishnus

Kruzibel: Chinesischer Ausdruck für Chakra.

Kundalini: Potentielle spirituelle Energie, die bei bestimmten Übungen durch die Chakren fließt, um diese zu öffnen. Die Kundalini stellt die höchste Lebensenergie im Menschen dar, die alle körperlichen, emotionalen und geistigen Funktionen beeinflußt. Das kontrollierte Aufsteigen der Kundalini ist das Ziel des → Yoga. Man stellt sich die Kundalini als Schlange zusammengerollt im → Muladharachakra liegend vor.

Lakini: Weibliche Energie des → Manipurachakras

Lebensenergie: → Prana, → Kundalini. Die Lebensenergie wird im Yoga entweder Prana – in ihrer grundsätzlichen Form – oder Kundalini – wenn sie kontrolliert durch die sieben Chakren aufsteigt – genannt.

Lotosblüten: Poetischer und bildhafter Name für die sieben → (Haupt-) Chakren. Die Lotosblüte, die nach unten zur Erde weist, symbolisiert ein geschlossenes, diejenige, die nach oben weist, verbildlicht ein geöffnetes Chakra.

Lte-Bahi Padma: Tibetische Bezeichnung für das → Manipurachakra.

Mandala: wörtl.: Kreis. Symbolische Darstellung kosmischer Kräfte im Kreis. Mandalas sind Meditationshilfen.

Manipurachakra: Das Nabel- oder Solarplexuschakra, das den Schwerpunkt des Körpers markiert. Es ist das dritte → Chakra, das dem → Hara im Japanischen entspricht.

Mantra: Ein heiliges Wort oder eine heilige Silbe, die bei meist monotoner Wiederholung den Geist reinigt. Die gebräuchlichen Mantras in der Chakrenarbeit stammen meist aus dem → Sanskrit oder dem Tibetischen. Es geht bei dem Mantra weniger um den Inhalt (Semantik) als um die Tonschwingung (Phonetik).

Maya: Illusion (aber auch: Erleuchtung). Mutter → Buddhas.

Meditation: Konzentration auf ein bestimmtes Ziel. Geistige Zentrierung verschiedenster Ausprägung. Das Ziel der Meditation ist, sich nicht mit seinen Gefühls- und Geistesinhalten zu identifizieren.

Meru: Der heilige Berg, der die Wirbelsäule symbolisiert.

Moksha: Zustand der Befreiung im Hinduismus.

Mudra: Bestimmte symbolische Finger- bzw. Handhaltung, welche die Zentrierung und die Konzentration in der → Meditation fördert.

Muladharachakra: Das Wurzelchakra. Es ist das unterste → Chakra des menschlichen Körpers und gilt als der Wohnort der → Kundalini.

Nadis: Auch Yoganerven genannt. Nervenartige Kanäle im menschlichen Körper, in denen die → Lebensenergie bzw. → Kundalini aufsteigt. Diese Kanäle sind nicht materiell, obwohl sie den Meridianen in der Akupunktur vergleichbar sind.

Nirvana: wörtl.: verlöschen. Zum einen ein Zustand der Befreiung und Erleuchtung, zum anderen das Aussteigen aus dem Kreislauf der Wiedergeburten.

OM: auch AUM. Die Urschwingung oder das Urmantra. Es ist das vollkommene Wort, das die gesamte Spanne aller Laute umfaßt und aus dem alle → Mantras hervorgehen.

Padma: Lotos, Symbol der → Chakren, die auch → »Lotosblüten« genannt werden.

Pingala: Der männliche oder → Yangaspekt der → Lebensenergie. Pingala wird im Yoga als einer der drei sogenannten Yoganerven oder → Nadis angesehen, der die sieben → Chakren miteinander verbindet.

Po: Tibetische Bezeichnung der Körperseele.

Powa: Eine Meditation auf den Tod, bei der man lernt, seinen Geist aus dem → Sahasrarachakra austreten zu lassen. Diese Meditation wird im Tibetischen Buddhismus, besonders in der Meditationsschule der → Kagyü-Tradition, geübt.

Prana: Lebenskraft, Bewegungsenergie. Urform der → Lebensenergie, die unter anderem mit der Atmung aufgenommen wird. Prana stellt die Grundenergie dar und aus ihr leiten sich alle anderen Energien ab, die im menschlichen Körper wirken. Teilweise wird Prana als die Energie bezeichnet, welche die Psyche an den Körper bindet.

Pranayama: Atemübung im Yoga.

Rakini: Weibliche Energie des → Svadishthanachakras.

Rotes Tantra: Im roten Tantra wird die Sexualität als ein Fahrzeug zur Selbstverwirklichung und darüber hinaus zur Verwirklichung des göttlichen Prinzips genutzt. In der rituellen sexuellen Ekstase, in der die → Kundalini durch die Chakren aufsteigt, kann jegliche Begrenzung und Illusion aufgehoben werden. Frau und Mann treffen sich im roten Tantra, das auch linkshändiges Tantra genannt wird, unpersönlich als → Shiva und → Shakti, also als Gott und Göttin.

Rtsa: Im Tibetischen die zentrale Achse, auf der die Lebensenergie steigt und fällt.

Sahasrarachakra: Das siebte Chakra, das auch Scheitelchakra genannt wird.

Samadhi: wörtl.: vereinigen. Völlig klares, ruhiges Bewußtsein, höchste Konzentration, »Überbewußtsein«.

Samsara: Der Lauf des menschlichen Lebens.

Sanskrit: Die älteste der indoeuropäischen Sprachen. Die klassische Sprache Nordindiens, in der die → Veden geschrieben sind.

Sat Chakra Nirupana: Der wesentlichste → Sanskrittext, der ausführlich die sieben → Chakren abhandelt.

Sefirot: Die zehn Erscheinungsweisen der Gottheit in der Kabbala, die in drei Triaden eingeteilt werden. Die zehn Sefirot kann man auch als Urkräfte ansehen. Sie bilden den Baum der Kabbala.

Shakti (sakti): Das weibliche Prinzip, das im → Muladharachakra lebt. Die weibliche Kraft, die als die Gefährtin der Götter dargestellt wird.

Shambala: Mystischer Ort in der Wüste Gobi, aus dem die Kalchakralehren stammen und der als die Quelle des Glücks angesehen wird.

Shankara: Eigentlich Shankaracharya, 788–820. Einer der wichtigsten Nachfolger Buddhas, der ein bedeutender religiöser Reformator war.

Shat-Chakra-Nirupana: Dieser 1577 von Guru Pandid Purananda niedergeschriebene Text gilt als der ausführlichste über die Arbeit und das Wesen der Chakren.

Shiva (siva): Das männliche Prinzip und Gott der Zerstörung. Dieses männliche Prinzip wohnt im → Sahasrarachakra.

Smad: Tibetische Bezeichnung der irdischen Kräfte und der drei unteren Chakren.

Stod: Tibetische Bezeichnung der kosmischen Kräfte und der zwei oberen Chakren.

Sushumna: Der Zentral- oder neutrale Aspekt der → Lebensenergie. Wird in der Chakrenarbeit als einer der drei Kanäle oder → Nadis angesehen, durch den die → Kundalini durch alle → Chakren aufsteigt. Dieser mittlere Sushumnakanal folgt in etwa der Wirbelsäule und beginnt am unteren und endet am oberen Chakra.

Sutra: wörtl.: Faden. Ein Lehrkapitel. Die Yogasutras wurden von Patanjali im zweiten Jahrhundert vor unserer Zeitrechnung niedergeschrieben und gelten als die Autorität im Yoga.

Svadishthanachakra: Das Sexual- oder Sakralchakra. Das zweite Chakra des menschlichen Körpers an den Sexualorganen gelegen.

Swami: Mönch

Tantras: Schriften, die einen Dialog zwischen → Shiva und → Shakti darstellen. Sie beinhalten Regeln für Rituale, Meditation, Selbstzucht und bieten allgemeine Kultvorschriften.

Upanishaden: Sie bilden den philosophischen Schlußteil der → Veden. In ihrem Mittelpunkt steht die Bedeutung von → Atman und → Brahma. In den Dhyanabindu-Upanishaden finden wir eine ausführliche Darstellung der Chakren.

Veda (Veden): Die ältesten arischen Schriften Indiens (höchste Autorität im Hinduismus).

Verbundenes Atmen: oder auch Feueratmen. Ein Atmen ohne Pause zwischen dem Ein- und Aus- und dem Aus- und Einatmen. Wird außer im Yoga auch im Rebirthing verwandt.

Vishnu: In der hinduistischen Dreifaltigkeit das Prinzip der Erhaltung.

Vishuddhachakra: Das fünfte menschliche Energiezentrum, das auch Kehl- oder Halschakra genannt wird.

Yang: Der helle, aktive oder männliche Archetyp, der der positiven Polung entspricht.

Yantra: Eine Art → Mandala. Geometrische Meditationsform, welche die Konzentration des Betrachters stärken soll.

Yin: Der dunkle, passive oder weibliche Archetyp, der der negativen Polung entspricht.

Yoga: wörtl.: Joch, Anbindung oder Einheit, Übungen zur Vereinigung der individuellen Seele mit dem Absoluten.

Yoganerven: → Nadis (oder auch: → Ida, → Pingala und → Sushumna)

Yogi: Derjenige, der → Yoga übt.

Kommentiertes Literaturverzeichnis

ALLEN, Marcus: *Tantra im Westen.* Rowohlt Vlg., Reinbek 1988
Eine eingängig geschriebene Einführung in die verschiedenen Techniken des klassischen Tantra.

ANAND, Margot: *Tantra oder die Kunst der sexuellen Ekstase.* Goldmann Vlg., München 1990
Eine umfangreiche Einführung in modernes westliches Tantra, das weitgehend von den Methoden der humanistischen Psychologie und von Oshos Lehren (Baghwan Sri Rajneesh) beeinflußt worden ist.

AVALON, Arthur: *Die Schlangenkraft.* O. W. Barth Vlg., Weilheim 1961
Dieses äußerst schwer zu lesende Buch gilt als der Klassiker der Chakrenarbeit. Es stellt eine detaillierte Studie der Vorstellungen der Energiezentren des menschlichen Körpers dar.

AVALON, Arthur: *Tantra of the Great Liberation.* Dover Public., New York 1972
Eine nicht einfach zu lesende Übersetzung und Erläuterung des Mahanirvana Tantra. Dieses Buch wendet sich im Grunde nur an Spezialisten.

BACH, Edward: *Heile dich selbst: Die 38 Bachblüten.* Goldmann Vlg., München 1998
Hier stellt der englische Arzt und Heiler E. Bach selber die von ihm entwickelte Blütentherapie dar, mit der man vorzüglich die Chakren beeinflussen kann.

BOURNE, Lois: *Autobiographie einer Hexe.* Droemer-Knaur Vlg., München 1987
Ein Buch, das sehr geschickt und kenntnisreich das Wissen verschiedener Kulturen verbindet.

BOURNE, Lois: *Erfahrungen einer Hexe.* Droemer-Knaur Vlg., München 1990
Hier findet man u. a. interessante Ausführungen über die Meditation und das Symbol des Kreises.

BRENNAN, Barbara Ann: Das menschliche Energiefeld und seine Zentren. In: Weltzien (Hrsg.), Diane von: *Das große Praxisbuch der Esoterik.* Goldmann Vlg., München 1992, S. 183–225
Eine ausführliche Schilderung der Chakren aus der Sicht eines Mediums.

BRUYERE, Rosalyn L.: *Chakras. Räder des Lichts. Eine Einführung.* Synthesis Vlg., Essen 1990
Eine sehr differenzierte Einführung in die Welt der Chakren aus der Sicht eines Mediums, dessen Schwerpunkt das Erleben der menschlichen Aura darstellt.

BRUYERE, Rosalyn L.: *Chakras. Räder des Lichts. Das Wurzelchakra.* Bd. 1 Synthesis Vlg., Essen 1991
Eine Einführung in die rote Schwingung des Wurzelchakras mit dem Schwerpunkt Heilen.

CAMPBELL, Joseph: *Mythen der Menschheit.* Kösel Vlg., München 1993
Ein hervorragendes Buch des bekannten amerikanischen Mythenforschers, das unter anderem auch in die Vorstellungswelt des Buddhismus und Hinduismus anschaulich einführt.

DAVID-NEEL, Alexandra: *Liebeszauber und schwarze Magie.* Sphinx Vlg., Basel 1983
Ein relativ dunkler, teilweise autobiographischer Roman, der obskure tantrische Techniken spannend darstellt.

DAVIDS, Rhys (Hrsg.): *Stories of the Buddha. Being selections from the Jataka.* Chapman & Hall Publ., London 1929
Eine sehr schöne Ausgabe der Lehrgeschichten Buddhas.

DEVI, Indra: *Yoga für Sie.* Ariston Vlg., Genf, München 1991
Ein sehr praktisch ausgerichtetes Yogabuch, das bes. einen Weg weist, wie man Ängste und nervöse Spannungen mit Hilfe von Yoga auflöst.

DÜRCKHEIM, Karlfried Graf von: *Hara.* O. W. Barth Vlg., München 1956
Wohl eine der kenntnisreichsten Abhandlungen über das Nabelchakra.

EDDE, Gérard: *Chakras und Heilung. Der Weg zur ganzheitlichen Gesundheit durch die energetische Medizin des Tantra und Ayurveda.* Edition Tramontane, St. Goar 1993

Eine der besten Darstellungen der Verbindung zwischen Ayurveda und der Auffassung des Tantra in bezug auf die Energiezentren des menschlichen Körpers.

EDDE, Gérard: *Das Heilbuch der fünf Elemente. Die Harmonie der Lebensenergie in den Chakras durch die Therapie mit Edelsteinen, Metallen, Düften, Klängen, heilenden Gesten und Farben.* Edition Tramontane, St. Goar 1993

Dieses Buch stellt eine Verbindung der überlieferten Heilweisen aus dem Ayurveda, Tantra und Yoga dar und kann als einzigartige Darstellung einer ganzheitlichen Heilmethode auf der Grundlage der Chakrenvorstellungen angesehen werden.

GONDA, J.: The Indian Mantra. In: *Oriens 16,* Leiden 1975, S. 224–297

Ein grundlegender Aufsatz über mantrische Techniken.

GONDA, J.: *Die Religionen Indiens.* 2. Bde., Stuttgart 1978

Dieses ausführliche Nachschlagewerk der indischen Religionen und Kulte ist leider vergriffen.

GOVINDA, Anagarika: *Der Weg der weißen Wolken. Erlebnisse eines buddhistischen Pilgers in Tibet.* Scherz Vlg., Bern, München, Wien 1973

Eine kenntnisreiche und spannend zu lesende Einführung in den Tibetischen Buddhismus von einem deutschen Lama geschrieben.

GOVINDA, Anagarika: *Grundlagen tibetischer Mystik.* Fischer Vlg., Frankfurt/Main 1979

Der deutsche Lama schrieb mit diesem Klassiker u. a. eine hervorragende philosophische Einführung in die buddhistische Chakrenarbeit.

GOVINDA, Anagarika: *Buddhistische Reflexionen. Wege der Befreiung ohne Verleugnung der eigenen Wurzeln.* O. W. Barth Vlg., Freiburg 1983

Ein hochphilosophisches Werk, das die Bedeutung der Philosophie und praktischen Methoden des Buddhismus in differenzierter Weise für den westlichen Menschen darstellt. Dieses Buch gilt als die Quintessenz der Lebenserfahrung dieses berühmten deutschen Lamas.

GREGORIUS (Pseud.): *Die magische Erweckung der Chakras im Ätherkörper des Menschen.* Magische Reihe, Berlin 1978
Das einzige mir bekannte Buch, das ausführlich auf die Nebenchakren eingeht. Es beschreibt 14 Chakren. Interessante Abschnitte über Mantrentechnik.

GUENTHER, Herbert V.: *The Tantric View of Life.* Shambala Publ., Boulder, London 1976
Dieses Buch führt sehr kenntnisreich u. a. in das Symbolsystem der tantrischen Welt ein.

HAICH, Elisabeth: *Sexuelle Kraft und Yoga.* Drei Eichen Vlg., Engelberg, München 1971
Einzig mir bekannte differenzierte Auseinandersetzung mit der Rolle der Sexualität im Yoga.

HAUER, J. W.: *Der Yoga.* Vlg. Bruno Martin, Südergellersen 1983
Eine Einführung anhand der Originaltexte in das klassische indische Yoga.

HINZE, Oscar M.: *Tantra Vidya.* Aurum Vlg., Freiburg/Br. 1983
Ein äußerst kluges, an Goethes vergleichenden Naturstudien ausgerichtetes Buch über den menschlichen Körper und seine Energien.

IYENGAR, B. K. S.: *Licht auf Yoga.* Scherz Vlg., München et al. 1975
Einer der modernen Klassiker des Yoga des zeitgenössischen indischen Yogameisters.

IYENGAR, B. K. S.: *Licht auf Pranayama.* Scherz Vlg., München et al. 1984
Eine der differenziertesten, aber auch (unnötig) komplizierten Einführungen in die Atemtechniken des Yoga.

JOHARI, Harisch: *Das große Chakra-Buch.* Bauer Vlg., Freiburg/Br. 1979
Eine Einführung in die indische Symbolik der Chakren und zugleich ein Malbuch. Dieses Buch gibt es seit 1993 als Taschenbuch.

JUNG, Carl Gustav: *Gesammelte Werke.* Walter Vlg., Olten, Freiburg 1979f.
Auch bei C. G. Jung finden wir über seine Werke verstreut Anmerkungen zu den Energiezentren des menschlichen Körpers und zum Yoga. Hier halte ich bes. den Aufsatz: Yoga und der Westen (1936), in: Bd. 11 für äußerst wichtig, da er die Gefahr der kulturellen Entwurzelung beim Yoga für den westlichen Menschen betont.

KHANNA, Madhu: *Das große Yantra-Buch. Das Tantra-Symbol der kosmischen Einheit.* Aurum Vlg., Freiburg/Br. 1980
Ein äußerst schön aufgemachtes Buch, das in die Kunst der Mandalas und Yantras einführt.

LEADBEATER, Charles: *Die Chakras.* Bauer Vlg., Freiburg 1983
Dieses gut bebilderte Standardwerk der Theosophen stellt die Chakren aus der Sicht eines hellsichtigen Menschen dar. Ich befürchte, daß es sich hierbei weitgehend um Projektionen handelt. Die meisten modernen Medien, die sich über die Farben der Chakren auslassen, haben hier abgeschrieben.

LYSBETH, André: *Durch Yoga zum eigenen Selbst.* Mosaik Vlg., Bern 1985
Einführung in das Hathayoga, besonders gute pädagogische Anleitung zu den Körperübungen.

MICHEL, Peter: *Das Weltbild der Yoga-Meister.* Aquamarin Vlg., München 1982
Die unterschiedlichsten Yogameister mit verschiedenartigsten Ansichten kommen hier zu Wort.

MOACANIN, Radmila: *Archetypische Symbole und tantrische Geheimlehren. Der tibetische Buddhismus im Lichte der Psychologie C. G. Jungs.* Ansata Vlg., Interlaken 1988
Ein hervorragendes, leider jedoch vergriffenes Buch, das differenziert und kenntnisreich in den Tibetischen Buddhismus einführt.

MOTOYAMA, Hiroshi; BROWN, Rande: *Chakra-Physiologie. Die subtilen Organe des Körpers und die Chakra-Maschine.* Aurum Vlg., Freiburg/Br. 1980
Ein pseudowissenschaftliches Buch über die Geist-Körper-Verbindung und die Parallele zwischen Chakren und dem chinesischen Meridiansystem.

NYDAHL, Ole: *Die Buddhas vom Dach der Welt. Mein Weg zu den Lamas.* Diederichs Vlg., Köln 1979

Eine sehr mitreißende Schilderung über Erfahrungen mit dem tibetischen Weg der Kagyü-Tradition, von einem dänischen Lama aus westlicher Sicht geschrieben.

OZANIEC, Naomi: *Die Chakras.* Aurum Vlg., Braunschweig 1993

Eine kurze Einführung in die hinduistische Sicht der Chakren.

PETERSEN, Erling: *Das Yoga-Übungsbuch.* Irisiana/Hugendubel Vlg., München 1986

Eine äußerst systematische Einführung in die Yogaasanas.

RENDEL, Peter: *Einführung in die Chakras.* Sphinx Vlg., Basel 1983

Ein kleines Büchlein zur ersten Information über die Chakren.

SELBY, John: *Kraftquelle Kundalini. Die Sublimierung männlicher Sexualenergie.* Ariston Vlg., Genf, München 1993

Über die Verwandlung der männlichen Lebensenergie in geistige, berufliche und politische Ziele.

SERRANO, Miguel: *El/Ella* Sphinx Vlg., Basel 1982

Ein äußerst interessanter Roman, der drei Reinkarnationen im alchimistisch-tantrischen Bereich betrachtet. Dieses kleine Buch ist leider vergriffen.

SHARAMON, Shalila; BAGINSKI, Bodo J.: *Das Chakra-Handbuch.* Windpferd Vlg., Aitrang 1993

Ein Buch, das systematisch und einfühlsam in die Vorstellung der Chakren einführt.

SHERWOOD, Keith: *Kraftzentren des Lebens.* Bauer Vlg., Freiburg/Br. 1985

Ein leicht lesbares Buch über die Harmonisierung der Chakren.

SIVANANDA Yoga Zentrum: *Yoga für alle Lebensstufen – in Bildern.* Gräfe & Unzer Vlg., München 1985

Das wohl ästhetischste deutsche Yogabuch, das zugleich hervorragend in die verschiedenen Yogaübungen einführt.

TANSLEY, David V.: *Die Aura des Menschen.* Synthesis Vlg., Essen 1993
Ein umfangreiches Buch, das im Detail die Aura des Menschen aus verschiedenen Perspektiven betrachtet.

TRUNGPA, Chögyam: *Feuer trinken, Erde atmen.* Diederichs Vlg., Köln 1981
Eine kenntnisreiche und teilweise auch verwirrende Einführung in die tantrische Tradition des Vajrayana (Diamant Fahrzeug). Interessante Abschnitte über Mandala und Visualisierung.

VOLLMAR, Klausbernd: *Fahrplan durch die Chakren. Ein Übungsbuch zur Aktivierung der Energiezentren.* Rowohlt Vlg., Reinbek 1993 (4. Auflg.)
Eine umfangreiche Einführung in die Chakrenarbeit für den westlichen Menschen, die viele unterschiedliche Aspekte der Chakrenarbeit mit Übungen genau darstellt.

VOLLMAR, Klausbernd: *Chakren. Lebenskraft und Lebensfreude aus der eigenen Mitte.* Gräfe & Unzer Vlg., München 1993
Eine systematische Einführung in die Chakrenarbeit anhand von Körper- und anderen Übungen.

VOLLMAR, Klausbernd: *Das Geheimnis der Farbe Weiß. Unschuld und Verführung.* Verlag Bruno Martin, Südergellersen 1989
Dieses Buch setzt sich mit der Farbe Weiß auseinander und betrachtet deren psychologische und spirituelle Anwendung.

VOLLMAR, Klausbernd: *Farben – ihre natürliche Heilkraft.* Gräfe & Unzer Vlg., München 1991
Dieses Buch führt in die drei Grundfarben ein, in ihren Gebrauch, ihre bewußte Wahrnehmung und die Benutzung der Farben zur Steigerung der Lebensenergie.

VOLLMAR, Klausbernd: *Schwarz–Weiß. Bedeutung und Symbolik der beiden gegensätzlichsten Farben.* Goldmann Vlg., München 1992
Dieses Taschenbuch erläutert den Umgang und die
Farben Schwarz und Weiß in der Heilpraktik, der Ps
tion und Visualisierung, verbunden mit umfangreic
Untersuchungen.

VOLLMAR, Klausbernd: *Das Geheimnis der Farbe Rot. Ein Lese- und Übungsbuch zur Symbolik und Psychologie einer starken Farbe.* Edition Tramontane, St. Goar 1993
Hier finden Sie unter anderem Ausführungen über den Umgang mit den Energien des Wurzelchakras.

VOLLMAR, Klausbernd: *Das Enneagramm. Praktische Lebensbewältigung mit Gurdjieffs Typenlehre.* Goldmann Vlg., München 1993
In diesem Buch wird eine spezielle Methode der Bewußtseinserweiterung dargestellt, die der Chakrenarbeit in vielen Punkten erstaunlich ähnlich ist.

WELTZIEN, Diane von (Hrsg.): *Das große Praxisbuch der Esoterik.* Goldmann Vlg., München 1992
In diesem Buch finden Sie die unterschiedlichsten Aufsätze, die Körperarbeit, Atemtechnik, Meditation, Tantra und die Energiezentren des menschlichen Körpers kenntnisreich behandeln. Eine äußerst informativ zusammengestellte Anthologie.

WELTZIEN, Diane von (Hrsg.): *Das große Praxisbuch der Aura- und Chakra-Arbeit.* Goldmann Vlg., München 1993
Eine hervorragende Aufsatzsammlung, die verschiedenste Aspekte der Chakrenarbeit beleuchtet.

WHITE, John (Hrsg.): *Kundalini-Energie – Die spirituelle Schlange in uns.* Goldmann Vlg., München 1990
In dieser Aufsatzsammlung finden wir unter anderem viele kritische Aufsätze zur Chakrenarbeit und zum Erleuchtungsbegriff.

WILBER, Ken: Gibt es die Chakras wirklich? In: White, J.: *Kundalini-Energie – Die spirituelle Schlange in uns.* Goldmann Vlg., München 1990, S. 107–118
Ein wesentlicher Aufsatz, der die metaphorische Auffassung der Chakren und der Kundalini betont.

Klausbernd Vollmar ist der Autor folgender Bücher:

- *Fahrplan durch die Chakren*
- *Chakren, Lebenskraft und Lebensfreude aus der eigenen Mitte*
- *Chakren-Arbeit*
- *Das Enneagramm. Praktische Lebensbewältigung mit Gurdjieffs Typenlehre*
- *Handbuch der Traumsymbole*
- *Dream-Power, Handbuch für Träumer*
- *Gelebte Träume sind die besten Träume* (zusammen mit Johannes Fiebig)
- *Arbeitsbuch zur Traumdeutung*
- *Farben – ihre natürliche Heilkraft*
- *Schwarz–Weiß. Bedeutung und Symbolik der beiden gegensätzlichsten Farben – ihre innere Heilkraft*
- *Das Geheimnis der Farbe Rot. Ein Lese- und Übungsbuch zur Symbolik und Psychologie einer starken Farbe*
- *Magisch Reisen: England*
- *Der letzte Schrei aus dem Jenseits. Das Channeling-Buch*
- *Autogenes Training für Kinder*

Für Kurse, Vorträge und Workshops zur Chakrenarbeit
steht der Autor gerne zur Verfügung

Klausbernd Vollmar, Dipl.-Psych.
Cobblestones
Cley next the Sea
Holt
Norfolk Nr 25 7 RE
Fax + Tel.: 02 63 - 74 03 04
Great Britain